Reines et princesses
au temps des Capétiens

Gaëlle Audéon

Reines et princesses au temps des Capétiens

D'Aliénor d'Aquitaine à Blanche de Castille

PERRIN

92, avenue de France
75013 Paris
Tél. : 01 44 16 08 00

ISBN : 978-2-262-10613-3
Dépôt légal : février 2025

Mise en pages : Peter Vogelpoel

À Daniel

Abréviations

Ambroise	Ambroise, *L'Estoire de la guerre sainte*, éd. et trad. Gaston Paris, Paris, 1897.
Annales de Saint-Denis	*Chronicon Sancti Dionysii ad cyclos paschales*, Paris, Bibliothèque de l'École des chartes, 1879, p. 261-295.
Anonyme de Béthune	*Histoire des ducs de Normandie et des rois d'Angleterre*, éd. Francisque Michel, Paris, 1840.
Bernard le Trésorier	*Continuation de l'histoire des croisades de Guillaume de Tyr, par Bernard le Trésorier*, éd. M. Guizot (fr.), in *Collection des mémoires relatifs à l'histoire de France*, Paris, 1824.
Cal. Doc. France	*Calendar of Documents Preserved in France*, 1, *918-1206*, éd. John Horace Round, Londres, 1899.
Cart. Cysoing	*Cartulaire de l'abbaye de Cysoing et de ses dépendances*, éd. Ignace de Coussemaker, Lille, sans date.
Cart. Ponthieu	*Cartulaire du comté de Ponthieu*, Abbeville, Mémoires de la Société d'émulation d'Abbeville, 2, 1897.
Chr. de Guines et d'Ardre	*Chronique de Guines et d'Ardre par Lambert, curé d'Ardre (918-1203)*, éd. Godefroy Meniglaise, Paris, 1855.
Chr. Louis VIII	*Chroniques du règne de Louis VIII*, Clermont-Ferrand, Éditions Paleo, 2021.
Clovis Brunel, *Actes des comtes de Ponthieu*	Clovis Brunel, *Recueil des actes des comtes de Pontieu*, Paris, 1930.
Cont. Guillaume de Tyr	*Continuation de Guillaume de Tyr (1184-1197) (La)*, éd. Margaret Ruth Morgan, Paris, Librairie orientaliste Paul Geuthner, 1982.
CTB	*Correspondence of Thomas Becket, Archbishop of Canterbury, 1162-1170 (The)*, éd. et trad. Anne J. Duggan, Oxford, 2000 (2 vol.).

Deeds of Pope Innocent III	*Deeds of Pope Innocent III by an Anonymous Author (The)*, trad., présentation et notes par James M. Powell, Washington D. C., The Catholic University of America Press, 2004.
Delisle, *Catalogue*	Léopold Delisle, *Catalogue des Actes de Philippe-Auguste*, Paris, 1856.
Fragment	« Un fragment du compte de l'Hôtel du prince Louis de France pour le terme de la purification 1213 », éd. Robert Fawtier, *Moyen Âge*, n° 43, 1933, p. 225-250.
GCF	*Grandes chroniques de France*, éd. Jules Viard, Paris, Champion, 1920-1953 (10 vol.).
Gervais de Canterbury, t. 1	Gervais de Canterbury, *The Historical Works of Gervase of Canterbury*, éd. William Stubbs, *The Chronicle of the Reigns of Stephen, Henri II and Richard I*, Londres, Rolls Series, 1879-1880 (2 vol.).
Gesta Innocentii III	*Gesta Innocentii III*, 1, éd. Baluze, Paris, 1682.
Gesta Regis, t. 1 *Gesta Regis*, t. 2	*Gesta Regis Henrici Secundi Benedicti Abbatis : The Chronicle of the Reigns of Henry II and Richard I*, éd. William Stubbs, 1867 (2 vol.).
Gilbert de Mons	Gilbert de Mons, *Chronique de Hainaut*, éd. Denis-Charles Godefroy de Ménilglaise (lat., fr.), Tournai, 1874, (2 vol.).
Giraud de Barri, *De Principis Instructione*	Giraud le Cambrien (ou Giraud de Barri), *De Principis Instructione Liber*, éd. George F. Warner, *Giraldi Cambrensis Opera*, 8, Londres, 1891.
Giraud de Barri, *Expugnatio Hibernica*	Giraldus Cambrensis, *The Conquest of Ireland (Expugnatio Hibernica)*, éd. *In parentheses Publications, Medieval Latin Series*, Cambridge, Ontario, trad. Thomas Forester, Thomas Wright, 2001.
Guillaume de Newburgh	*Historia regum Anglicarum, Chronicles of the Reigns of Stephen, Henry II, and Richard I*, 1 et 2, éd. Richard Howlett, Londres, 1884, 1885.
Guillaume de Tyr	Guillaume de Tyr, *Histoire des croisades*, éd. M. Guizot (fr.), *Collection des mémoires relatifs à l'histoire de France*, Paris, 1824 (3 vol.).
Guillaume le Breton, *La Vie de Philippe II*	Guillaume le Breton, *La Vie de Philippe II Auguste*, trad. M. Guizot, éd. Jean-François Merle, Clermont-Ferrand, Éditions Paleo, 2017.
Guillaume le Breton, *Philippide*	Guillaume le Breton, *Philippide*, éd. M. Guizot, *Collection des mémoires relatifs à l'histoire de France*, Paris, 1825.
Guillaume le Breton, *Philippidos*	Guillaume le Breton, *Philippidos*, éd. H.-F. Delaborde, *Œuvres de Rigord et de Guillaume le Breton*, 2, Paris, 1885.

Hériman de Tournai	Hériman de Tournai, *Historia Restauratae S. Martini Ecclesiae*, RHF 13.
Historia gloriosi regis Ludovici	*Historia gloriosi regis Ludovici*, éd. Molinier, Paris, 1887.
Historia Pontificalis	Jean de Salisbury, *Historia Pontificalis*, éd. et trad. Marjorie Chibnall, *The Historia Pontificalis of John of Salisbury*, Oxford, Clarendon Press, 1986.
Hoveden, *Annals*	*Annals of Roger of Hoveden (The)*, éd. T. Riley, 1853 (2 vol.).
Hoveden, *Chronica*	Roger de Hoveden, *Chronica*, vol. 3, éd. William Stubbs (lat.), Oxford, Cambridge, 1868-1871 (4 vol.).
Inscriptions de la France, t. 1	*Inscriptions de la France du Ve siècle au XVIIIe : ancien diocèse de Paris*, éd. Ferdinand de Guilhermy, Paris, 1873-1883 (5 vol.).
Itinerarium Regis Ricardi	*Itinerarium Peregrinorum et Gesta Regis Ricardi*, éd. William Stubbs, Londres, 1864.
Jacques de Guyse	Jacques de Guyse, *Histoire de Hainaut*, 14, Paris, Paulin, 1882.
Jean de Salisbury, *Letters*	Jean de Salisbury, *The Letters of John of Salisbury*, 2, éd. W. J. Millor, S. J. & C. N. L. Brooke, Oxford University Press, 1979.
Joinville	Joinville, *Vie de saint Louis*, trad., présentation et notes de Jacques Monfrin, Paris, Le Livre de poche, Lettres gothiques, 1995.
Jubainville	M.-H. d'Arbois de Jubainville, *Histoire des ducs et des comtes de Champagne*, Paris, 1859-1869 (8 vol.).
La Légende dorée	Jacques de Voragine, *La Légende dorée*, Paris, Éditions du Seuil, 1998.
Le Nain De Tillemont	Le Nain De Tillemont Louis Sébastien, *Vie de Saint Louis*, éd. Renouard, 1847-1851 (6 vol.).
Les Sainte-Marthe	*Histoire généalogique de la maison de France…*, par Scevole et Louis de Sainte-Marthe, 1, Paris, 1647.
LTC	*Layettes du Trésor des chartes*, éd. Alexandre Teulet, t. 1 et 2, Paris, 1863, 1866.
Martène et Durant, *Thesaurus anecdotorum*	Martène et Durant, *Thesaurus novus anecdotorum*, 1, Paris, 1717.
Martène et Durant, *Veterum scriptorum*	Martène et Durant, *Veterum scriptorum et monumentorum historicorum*, Collectio, 1, Paris, 1724.
Matthieu Paris	*Grande Chronique de Matthieu Paris*, A. Huillard-Bréholles (fr.), Paris, 1840-1841 (9 vol.).
Ménestrel de Reims	Ménestrel de Reims (Le), *Récits d'un ménestrel de Reims*, éd. Natalis de Wailly, Paris, 1876.

MGH SS	Monumenta Germaniae Historica *(Scriptores)*
Nicétas Chôniatès	O *City of Byzantium, Annals of Niketas Choniates*, trad. angl. Harry J. Magoulias, Detroit, Wayne State University Press, 1984.
Nicolas de Bray, *La Geste*	Nicolas de Bray, *La Geste de Louis VIII, suivie de la Vie de Louis VIII*, trad. François Guizot (fr.), éd. Nathalie Desgrugillers, Clermont-Ferrand, Éditions Paleo, 2004.
Odon de Deuil	Odon de Deuil, *Histoire de la croisade de Louis VII*, éd. M. Guizot (fr.), *Collection des mémoires relatifs à l'histoire de France*, Paris, 1825.
P. Anselme	Anselme (P.), *Histoire généalogique et chronologique de la maison royale de France, des pairs, grands officiers de la Couronne, de la Maison du Roy et des anciens barons du royaume...*, 1726-1733, (9 vol.).
Philippe Mousket	*Chronique rimée de Philippe Mouskes*, 2, éd. Baron de Reiffenberg, Bruxelles, 1838.
PL	*Patrologie latine* (J.-P. Migne).
PR, Henri II	*The Great Rolls of the Pipe of the Reign of Henry the Second*, 5th to 34th years, Londres, Pipe Rolls Society, 1884-1925 (30 vol.).
PR, Richard I	*The Great Rolls of the Pipe for the First Year of the Reign of King Richard the First A. D. 1189-1190*, éd. Joseph Hunter, Londres, 1844.
Ralph de Diceto	Ralph de Diceto, *Radulfi de Diceto decani Lundoniensis opera historica*, éd. W. Stubbs, *The Historical Works of Master Ralph de Diceto*, Londres, 1876 (2 vol.).
Recueil Ph. Aug. 1	*Recueil des actes de Philippe Auguste*, 1, éd. Henri-François Delaborde, Paris, 1916.
RHC	*Recueil des historiens des croisades. Historiens occidentaux*, 1, Paris, 1844.
RHF	*Recueil des historiens des Gaules et de la France*, éd. Martin Bouquet et al., Paris, 1734-1904 (24 vol.).
Richard de Devizes	Richard de Devizes, *Chronicon Ricardi Divisiensis de Rebus Gestis Ricardi Primi*, éd. E. Josepho Stevenson, Londres, 1838.
Rigord	Rigord, *Histoire de Philippe Auguste*, trad. fr. Élisabeth Charpentier, Georges Pon et Yves Chauvin, Paris, CNRS Éditions, 2006.
Robert de Clari	Robert de Clari, *La Conquête de Constantinople*, traduction, présentation et notes par Jean Dufournet, Paris, Honoré Champion, 2004.

Robert de Torigny	Robert of Torigny, *Chronicles of the Reigns of Stephen, Henry II, and Richard I*, 4, éd. Richard Howlett, Londres, 1889.
Royal and Other Historical Letters	*Royal and Other Historical Letters Illustrative of the Reign of Henry III*, 1, éd. Walter Waddington Shirley, Londres, 1862.
Suger, *Œuvres*	Suger, *Œuvres*, t. I, *Écrit sur la consécration de Saint-Denis. L'Œuvre administrative. Histoire de Louis VII*, éd. et trad. Françoise Gasparri, Paris, Les Belles Lettres, 2008.
Vie de Louis VIII	Nicolas de Bray, *La Geste de Louis VIII, suivie de la Vie de Louis VIII*, trad. François Guizot (fr.), éd. Nathalie Desgrugillers, Clermont-Ferrand, Éditions Paleo, 2004.
Villehardouin	Geoffroy de Villehardouin, *La Conquête de Constantinople*, trad. et présentation par Jean Dufournet, Paris, Éditions Flammarion, 2004.

Préface

Les deux femmes dont le nom figure dans le titre de ce livre sont généralement les seules que les Français et les Françaises peuvent citer, après sainte Clotilde et avant Catherine de Médicis, au titre des reines qui ont compté dans l'histoire de leur pays. Encore n'évoquent-ils guère que des images d'Épinal. L'école nous a appris que la civilisation européenne était née avec les Égyptiens, qu'elle s'était étoffée avec les Grecs, qu'elle avait grandi avec les Romains, avant de s'épanouir dans des royaumes de l'ouest du continent – en dépit de quelques Germains et de leur interlude « barbare ». D'un temps à l'autre, d'une guerre à l'autre, ce sont des groupes d'hommes ou des hommes particuliers que nous associons à cette épopée, en dépit d'une certaine Cléopâtre que notre mémoire doit davantage au cinéma qu'à l'école, d'une Élisabeth Ire d'Angleterre surtout rencontrée en tableau, et de Catherine II de Russie dont il a bien fallu nous parler puisque Diderot lui rendit visite.

L'histoire de l'Occident est pourtant remplie de femmes qui comptèrent : non pas quatre ou cinq autres, qu'on aurait malheureusement oubliées, mais des centaines, que les chroniqueurs ont passées sous silence, que les historiographes ont effacées, que l'on continue d'ignorer ou de négliger, au mépris de la réalité historique et politique. Des femmes qui gouvernèrent, administrèrent, combattirent, négocièrent, pesèrent, influencèrent. Des femmes qui furent l'objet de conflits, de négociations, de changements de camp, de guerres. Des femmes si nombreuses, à certaines époques, que l'étiquette d'« exceptions » longtemps utilisée pour parler d'elles est tout bonnement ridicule.

Ce livre nous en donne une idée, en se concentrant sur une période relativement courte : quatre-vingt-dix ans, du premier mariage de Louis VII (1137) à la mort de Louis VIII (1226), comme le dirait la tradition, ou plutôt, comme le veut le changement de perspective proposé ici, du mariage d'Aliénor d'Aquitaine à l'arrivée au pouvoir de Blanche de Castille. Entre les deux hommes, un seul roi : Philippe Auguste. Et bien sûr quelques autres, dont tout le monde a entendu parler (toujours plus ou moins grâce au cinéma ou aux romans) : les Plantagenêts Henri II d'Angleterre, Richard Cœur de Lion, Jean sans Terre. Mais que de femmes ! Des mères, des belles-mères, des sœurs, des filles, des épouses, des concubines... La plume agile et acérée de Gaëlle Audéon révèle ici, enfin, la réalité de ces existences royales, comtales, ducales, c'est-à-dire de *familles* qui tentent tant bien que mal de se maintenir au pouvoir dans cet espace ouest européen qui s'étend alors jusqu'en Syrie, puisque c'est le temps des croisades, et qu'avec leurs armées, les grands et grandes ne cessent de séjourner à Acre, à Jérusalem, à Chypre, à Constantinople... et même y règnent. Que de filles et de fils mariés dans l'espoir de consolider une possession, de maintenir une alliance nécessaire à la tenue d'une autre ! Que de retournements de situation, en quelques années, requérant d'autres échafaudages, d'autres alliances, d'autres personnes à épouser, à investir ici, à placer là, à rapatrier ! Que de divorces, de répudiations, de ruptures, de remariages, de ratages !

L'extraordinaire intérêt de ce livre est de nous ouvrir à un monde parfaitement inconnu, aussi exotique et fabuleux que les fictions imaginées de nos jours par les scénaristes les plus visionnaires. Sauf que, comme nous en avertit l'introduction, ce n'est « ni un roman ni un conte de fées ». C'est la réalité de ce que furent, en cette période où rien ne fait règle, où tout se discute, où tout engagement peut être trahi, les relations de pouvoir entre les hommes, entre les femmes, entre les hommes et les femmes, entre parents et enfants, entre frères et sœurs... Une réalité toujours à remettre dans son contexte, mais qui ne cesse de nous parler aussi du temps long, et même du temps qui dure encore ! La misogynie crasse de beaucoup de puissants, par exemple, qui est à l'origine de bien des décisions, voire s'étale au grand jour, comme lorsque Richard Cœur de Lion décide qu'aucune femme n'assistera à son sacre (hormis sa mère), ou quand Louis VII se désole de sa « multitude de filles » – alors que les filles de rois sont le meilleur moyen de se faire des alliés.

Les violences que subissent ces femmes sonnent aussi étrangement à nos oreilles. Nous savons que la plupart étaient mariées très jeunes, mais nous sommes désormais plus sensibles à la pédocriminalité, qui règne ici en maîtresse absolue. Nombre d'entre elles sont livrées, entre dix et douze ans, à des hommes dans la quarantaine, dans la cinquantaine, dans la soixantaine... L'Église conseille d'attendre que les filles soient nubiles pour que les mariages soient consommés, mais elle ferme les yeux si ce n'est pas le cas, comme pour Philippe Auguste, qui viole à quinze ans sa première épouse, qui en a dix. Bien de ces épouses-enfants sont aussi séparées de leur famille, brutalement et définitivement, parce qu'elles sont conduites dans un autre pays, où elles sont parfois confrontées aux maîtresses de leur époux et où elles ne commencent à avoir une puissance quelconque qu'après avoir mis au monde des enfants – dont au moins un garçon. D'autres au contraire attendent des lustres, dans un château, qu'on veuille bien les unir à leur promis, comme Aelis de France, transplantée en Angleterre à douze ans, fiancée avec le futur Cœur de Lion, mais que son beau-père garde « pour lui seul », et que ledit fiancé repousse finalement – pour cause de non-virginité ! Ingeburge de Danemark, elle, consomme bien son mariage à un âge décent (19 ans), mais avec un homme qu'elle a rencontré la veille (Philippe Auguste) et qui la répudie le lendemain publiquement, avant de la faire enfermer et d'attendre vingt ans pour la « reprendre » à ses côtés ! D'autres encore sont mariées trois ou quatre fois, parce que leur père, ou leur frère, ou leur tuteur les remet sur le marché matrimonial après le décès de chaque mari. Quant aux mères de famille nombreuse, elles ne sont pas rares, à l'image d'Aliénor et Blanche, victorieuses de périls auxquels tant d'autres ne survivent pas.

Mais les plus grandes surprises que nous offre ce livre ne viennent pas de cet inventaire de violences masculines, courantes ou exceptionnelles. Elles résident dans les capacités de ces femmes à résister aux difficultés, et même à les vaincre. Fatiguée d'un mari qui la néglige et la croit coupable d'infidélité, Aliénor demande le divorce et l'obtient. Menacée d'être répudiée par Philippe Auguste, Isabelle de Hainaut (à quatorze ans !) s'habille en mendiante et va d'une église de Senlis à l'autre, pour prier Dieu d'intercéder en sa faveur et montrer au peuple quel genre d'homme est son roi – que le scandale oblige à reculer. Soumise à d'innombrables pressions et mauvais traitements pour qu'elle « lâche » Philippe Auguste, Ingeburge ne cède rien : elle est et mourra reine de France. Isolée, trompée, privée de ses revenus, Isabelle d'Angoulême quitte l'Angleterre après la mort de Jean sans Terre, laissant les enfants dont il l'a séparée, et elle revient chez elle où elle retourne la situation à son profit. Plus étonnant encore : ces femmes peuvent accepter de plein gré des situations qui nous semblent insupportables pour échapper à d'autres qui le sont encore plus à leurs yeux. La plupart acceptent d'être mariées, même à des barbons, comme la sœur d'Aliénor, qui n'a hérité de rien et qui resterait sinon dans sa dépendance ; ou refusent d'être répudiées, parce qu'il n'y a plus alors que le couvent qui les attend.

Quant au pouvoir de certaines femmes – celles qui ont survécu aux mariages, aux accouchements, aux enlèvements, aux défaveurs, aux emprisonnements (Aliénor d'Aquitaine elle-même) –, il peut être immense. Leurs dots et leurs douaires – quand tout va bien – leur assurent des revenus et des positions remarquables. Les absences ou la mort de leurs époux les voient exercer la régence. En leur présence, elles signent les chartes. Elles sont témoins dans les traités entre grands de ce monde, qui bien souvent les concernent. Leurs biens peuvent se transmettre à leurs héritières ou leurs héritiers – ce fameux matrimoine auquel on s'intéresse de nouveau – à l'image des comtesses de Boulogne, dont le comté passe de mère en fille. Et bien entendu, les filles de rois pourraient régner en cas d'absence d'héritier mâle. En France même, où l'on théorisera bientôt cette impossibilité, l'éventualité se présente deux fois au cours de la période examinée ici. Même si on la redoute, personne ne met en cause l'hypothèse d'une succession féminine, et le pape l'admet.

C'est alors l'ultime intérêt, et non le moindre, de cet ouvrage : mettre en évidence le rôle crucial de l'historiographie défavorable au pouvoir des femmes, responsable du vide qui règne dans nos esprits. Non pas la construction du mythe de la loi salique, encore à venir, mais la distance creusée entre les faits et gestes de ces femmes tels qu'on les dit de leur vivant ou peu après leur mort, et ce qu'en racontèrent les commentateurs des générations et des siècles suivants. Dirigeantes accusées d'être stériles quand leur mari les ignorait, d'être lubriques quand les témoins les disaient vertueuses, d'avoir fait dépecer leurs amants quand ils étaient morts dans leur lit… Mais aussi, dès leur temps, femmes ignorées des chroniqueurs, non répertoriées dans les cérémonies décrites, oubliées des récits rétrospectifs… Si le narratif ultérieur n'est pas encore là (pour résumer : les reines de France n'ont jamais gouverné, sauf par délégation restreignant leur pouvoir ou par effraction et violence faite aux institutions), les éléments sur lesquels on va pouvoir l'appuyer le sont déjà. Comprendre l'injustice qu'on leur a faite – qu'on nous a faite –, c'est commencer à s'en défaire.

Éliane Viennot, septembre 2024

Introduction

Beaucoup d'entre nous connaissent Aliénor d'Aquitaine. Première reine capétienne richement possessionnée, elle est aussi la première à partir en croisade, à demander le divorce – et finalement l'obtenir –, à remonter sur un trône après avoir quitté l'autre, enfin, à bâtir un empire aux côtés de son second mari, Henri Plantagenêt, qui change durablement les enjeux territoriaux de l'Ouest européen. Aliénor a vécu plusieurs vies dans une vie, du Poitou à l'Île-de-France, de Constantinople au royaume de Jérusalem, de l'Angleterre à l'Espagne. Sa longévité inhabituelle pour l'époque lui fait parcourir presque tout le XIIe siècle et l'amène à côtoyer des femmes puissantes comme Adélaïde de Maurienne et Mathilde l'Emperesse – ses deux belles-mères – ou sa petite-fille, Blanche de Castille, qui devient reine de France grâce à elle. Aux côtés des rois successifs – époux et fils –, elle assume les fonctions de souveraine, de régente, d'administratrice, de conseillère ou encore de diplomate. C'est aussi une mère prolifique et attentionnée, à l'étonnante santé. Ce n'est donc pas un hasard si, après sa mort en 1204, « l'empire Plantagenêt » entame un déclin aussi spectaculaire que son essor au siècle précédent, avec notamment la perte de la Normandie, et si la reine et duchesse a retenu l'attention de si nombreux biographes[1].

1. Sur l'année 1204 comme date essentielle, voir l'introduction de Martin Aurell, « Pourquoi la débâcle de 1204 ? », in *Plantagenêts et Capétiens : confrontations et héritages*, éd. Martin Aurell et Noël-Yves Tonnerre, Turnhout, Brepols, 2006, p. 3-14.

Les deux biographies récentes et documentées sont celles de Jean Flori (*Aliénor d'Aquitaine*, Éditions Payot et Rivages, 2004) et Ralph V. Turner (*Aliénor d'Aquitaine*, Fayard, 2011). Parmi les travaux remarquables, trois études (en anglais) méritent d'être

Aliénor est sans conteste une femme exceptionnelle, mais sa notoriété a éclipsé durablement de très nombreuses reines et princesses aux vies remarquables et dont nous ne connaissons parfois pas même le nom. Il y a celles qui lui sont liées comme Alix, sa sœur affectionnée, Marguerite et Aelis de France, ses belles-filles au centre des enjeux territoriaux et successoraux franco-anglais, mais aussi sa fille Jeanne d'Angleterre, et bien d'autres. Il y a des princesses capétiennes à la destinée romanesque et parfois tragique comme Agnès de France ou Marie de Champagne, qui deviennent impératrices de Constantinople, l'une grecque, l'autre latine ; la *Damsel de Chypre*, qui tente de faire valoir ses droits sur l'île, tandis que des héritières nées en Terre sainte revendiquent des fiefs occidentaux. Et puis il y a les princesses et reines malheureuses, celles que les rois emprisonnent, maltraitent, répudient – comme Isabelle de Hainaut ou Ingeburge de Danemark. Celles qui doivent se battre pour leurs droits et leur comté, telle Marie de Ponthieu. Celles, nombreuses, qui meurent en couches.

Car ce livre n'est ni un roman ni un conte de fées. Écrire aujourd'hui l'histoire de ces princesses, c'est s'engager dans une voie difficile pour approcher leur réalité. Le choix des mots est important : une princesse violée par un roi n'est pas sa « maîtresse », les rapts d'une religieuse ou d'une fillette pour des mariages forcés ne sont pas des « amours tumultueuses », une princesse qui doit « réclamer » son douaire n'est pas « cupide ».

De même, il est temps de réhabiliter ces reines douairières souvent évoquées pour leurs pieux veuvages, leurs remariages hypogamiques nécessairement suspects ou leurs velléités malvenues de se mêler de politique. Le terme « douairière » induit évidemment en erreur, puisque l'on se représente de vieilles femmes qui ne devraient penser qu'à leur retraite – au couvent, de préférence –, alors qu'elles sont bien souvent dans la force de l'âge. Ni Adélaïde de Maurienne, ni Adèle de Champagne, ni Bérengère de Navarre, ni

citées : *Eleanor of Aquitaine, Lord and Lady*, éd. Bonnie Wheeler et John C. Parsons, New York, Palgrave Macmillan, 2002 ; Colette Bowie, *The Daughters of Henry II and Eleonor of Aquitaine*, Turnhout, Brepols, 2014 ; *Norman to Early Plantagenet Consorts. Power, Influence, and Dynasty*, Aidan Norrie, Carolyn Harris, J. L. Laynesmith, Danna R. Messer, Elena Woodacre (éd.), Palgrave Macmillan, 2023. Il faut encore signaler l'exceptionnelle biographie de Matthew Strickland, *Henry the Young King, 1155-1183*, New Haven et Londres, Yale University Press, 2016.

Isabelle d'Angoulême ne s'enterrent définitivement dans un monastère à la mort de leur mari. Et elles ne meurent pas de chagrin. Au contraire, elles administrent, elles gouvernent, elles décident et, parfois, elles mènent l'armée. Sans parler d'Aliénor d'Aquitaine, que l'on ne peut guère suspecter d'oisiveté non plus ! Nous nous intéresserons particulièrement aux questions de succession par les femmes, trône de France compris, puisque les Capétiennes, nous le verrons, pouvaient régner.

C'est en suivant l'histoire politique et territoriale de cette période charnière qui couvre presque un siècle, où les Capétiens et les Plantagenêts sont inextricablement liés par les alliances matrimoniales, que nous découvrirons la vie de ces princesses dans leur étonnante diversité. Au-delà des périodisations classiques, notre choix s'est en effet porté sur l'intervalle de temps fascinant où la confrontation de ces deux familles, ces deux dynasties, est à son paroxysme. Du mariage d'Aliénor à la prise de pouvoir de Blanche de Castille – de 1137 à 1227 –, nous côtoierons Louis VII et Philippe Auguste, Henri II d'Angleterre et ses quatre fils rebelles (dont les célèbres Richard Cœur de Lion et Jean sans Terre), et nous achèverons notre récit avec le prince qui a failli conquérir l'Angleterre, Louis VIII. Au passage, nous aurons rencontré les incontournables comtes de Champagne et leurs régentes, le tout-puissant comte de Flandre Philippe d'Alsace et sa femme Élisabeth de Vermandois, ou l'ingérable vassal Renaud de Dammartin, époux de la comtesse Ide de Boulogne.

Sur trois générations, c'est une histoire où des femmes méconnues tiennent toute leur place que nous souhaitons mettre en lumière, en insistant sur des aspects singuliers de leur existence, sur leur capacité d'action, leurs résistances, les épreuves qu'elles ont traversées, leurs ambitions et leurs révoltes, leurs solidarités et leurs inimitiés, leurs déplacements et leurs voyages, leurs sentiments, enfin, qui se révèlent si rarement dans les sources.

Loin du Moyen Âge immobile que l'on se représente souvent, ces princesses mènent des vies mouvementées en raison des guerres et des accidents, de la mortalité infantile ou encore des épidémies. Ce sont aussi des vies en mouvement sur la carte européenne par leur mariage ou remariage en contrées étrangères – une reine d'Angleterre devient reine de Hongrie, une reine de Sicile comtesse de Toulouse… –, leur désir de prendre la croix et, parfois, de mourir en Terre sainte. Nous sommes alors au temps des croisades, et les destinées individuelles ou de lignages sont presque toujours liées au voyage « Outremer », aussi naturel aux hommes qu'aux femmes. Comprendre les princesses du siècle, c'est appréhender la connexion profonde et omniprésente entre l'Occident et la Syrie conquise par les Francs en 1099.

Notre histoire commence quatre décennies plus tard, en 1137, lorsque la jeune duchesse d'Aquitaine épouse le prince Louis, fils de la reine Adélaïde de Maurienne et du roi de France Louis VI le Gros, à l'agonie…

PREMIÈRE PARTIE

Sous Louis VII, l'angoisse de la succession (1137-1180)

1

Aliénor et Louis

« Et il doit aussi se lamenter,
le roi auquel il laissa sa terre et sa fille.
Puisque son domaine s'accroît si grandement,
il serait à blâmer s'il ne se montrait à cheval contre les Sarrasins. »

Cercamon[1]

En 1137, le roi de France Louis VI le Gros peut être satisfait. Il a réussi à imposer la royauté capétienne, pacifier ses domaines et apaiser les conflits entre ses grands barons. Par ailleurs, il a eu la prudence de faire sacrer son fils cadet, Louis, âgé de dix ans, que l'on destinait à la cléricature, dès la mort de l'aîné, Philippe, malencontreusement « tué par un cochon » six ans plus tôt[2]. Un porc gyrovague s'était en effet heurté au palefroi du prince alors qu'il chevauchait imprudemment dans les rues étroites de Paris, provoquant une chute mortelle.

En ce printemps 1137, une actualité aiguë replace justement l'héritier du trône au centre des préoccupations royales. Le duc d'Aquitaine Guillaume X est mort le 9 avril sur le chemin de

1. Jean-Marie-Lucien Dejeanne, « Le troubadour Cercamon », *Annales du Midi : revue archéologique, historique et philologique de la France méridionale*, t. 17, n° 65, 1905, p. 27-62, p. 58. Cercamon est un troubadour de la cour de Guillaume X d'Aquitaine, père d'Aliénor d'Aquitaine.

2. En référence à l'étude de Michel Pastoureau, *Le roi tué par un cochon*, Paris, Éditions du Seuil, 2015.

Saint-Jacques-de-Compostelle, pèlerinage exigé par le célèbre abbé cistercien Bernard de Clairvaux, « intransigeant champion de l'Église », en pénitence des démêlés de Guillaume X d'Aquitaine avec son clergé. Selon les dernières volontés du défunt, le roi Louis VI se voit confier la garde de ses deux filles, Aliénor et Alix. En l'absence de frère ou d'héritier mâle propre à revendiquer le comté – le frère de Guillaume X, Raymond, dont nous reparlerons, a fait carrière à Antioche –, et selon la tradition ducale, l'aînée des filles hérite de tout : le duché d'Aquitaine, le comté de Poitou, les biens meubles, les liquidités… tout. Aliénor, l'aînée, représente désormais le parti et l'alliance les plus enviables du royaume.

En mai, dès la nouvelle connue à Béthisy où il réside alors, le roi, acceptant « l'offre flatteuse » de Guillaume X, décide qu'Aliénor sera mariée à son fils, Louis. Mais il faut se hâter ! D'abord, même si les princesses sont sous la garde de l'archevêque de Bordeaux, sage décision de leur père avant son départ, la superbe héritière n'est pas à l'abri d'un rapt par un baron ambitieux qui l'épouserait de force[3]. Surtout, Louis VI, « énorme de corps » comme son surnom l'indique, qui souffre d'une blessure à la jambe mal cicatrisée et de dysenteries à répétition, est au bout du rouleau. Usant ses dernières forces, il fait procéder aussitôt au mariage par procuration[4], puis il monte une expédition pour aller chercher la promise à Bordeaux, qu'il confie à trois personnages de premier plan : son conseiller Suger, abbé de la basilique de Saint-Denis ; Raoul de Vermandois, comte de Péronne et de Vermandois, son cousin germain et sénéchal, fidèle de longue date ; et Thibaud de Blois, comte de Blois et de Champagne, ennemi de toujours récemment revenu à de meilleurs sentiments envers son souverain.

1137 : un mariage et un enterrement

La procession, « un ost magnifique de cinq cents chevaliers » qui s'ébranle à la mi-juin 1137 vers Bordeaux, a de quoi impressionner. Car au nombre de cavaliers estimés par Suger dans sa *Vie* de Louis VI le Gros, s'ajoutent nécessairement les écuyers et la multitude de serviteurs qui leur sont attachés. Les coffres suivent, chargés

3. Le cas n'est pas rare – nous le verrons.
4. Éric Bournazel, *Louis VI le Gros*, Paris, Éditions Fayard, 2007, p. 203.

de cadeaux pour Aliénor et d'« abondantes richesses », notamment pour payer la solde des troupes et éviter le pillage en chemin, toujours tentant. Si le roi a pris tant de précautions, c'est qu'il craint les troubles lors du voyage et la suite qui accompagne le jeune Louis a autant vocation à montrer la magnificence royale que sa puissance militaire.

Une telle équipée se déplace lentement et, pour l'abbé, l'Aquitaine est un lointain pays qu'ils atteignent un mois plus tard sous une chaleur accablante. Les deux adolescents, Louis, roi désigné – en attendant d'être roi tout court – et Aliénor, duchesse d'Aquitaine et comtesse du Poitou, se rencontrent alors pour la première fois. Des présents sont échangés, et si nous ne connaissons pas ceux apportés par Louis – qui doivent comprendre des joyaux, des étoffes et de la vaisselle de grand prix –, nous savons en revanche qu'Aliénor offre au prince un vase précieux chargé d'histoire. En cristal de roche gravé de nids d'abeilles, en forme de poire, il a été fabriqué en Perse entre le Ve et le VIIe siècle, et offert par l'émir de Saragosse au grand-père d'Aliénor, le célèbre Guillaume IX le Troubadour, qui l'a aidé à conserver le pouvoir dans le sud de l'Espagne. Le vase est le prix de cette étonnante alliance entre chrétiens et musulmans et l'on peut penser qu'Aliénor tient beaucoup à ce bel objet d'une valeur inestimable, que les techniques occidentales ne permettent pas de réaliser à son époque[5].

Le mariage a lieu dans la cathédrale Saint-André de Bordeaux le dimanche 25 juillet 1137 « en présence des hauts barons rassemblés de la Gascogne, de la Saintonge et du Poitou ». Des réjouissances somptuaires, à la hauteur de cette alliance matrimoniale et territoriale, suivent la cérémonie. Un chroniqueur du temps nous dit avec lyrisme qu'il aurait fallu l'éloquence de Cicéron ou la mémoire de Sénèque pour apprécier la munificence des dépenses royales et la variété et la richesse des mets servis[6]. Il ne précise pas que les vins aquitains, déjà réputés, coulent à flots, mais nous l'imaginons très bien ! Les agapes sont cependant courtes, certainement en raison

5. Sur le vase d'Aliénor, voir George T. Beech, « The Eleanor of Aquitaine Vase », *Eleanor of Aquitaine, Lord and Lady*, éd. Bonnie Wheeler et John C. Parsons, New York, Palgrave Macmillan, 2002, p. 366-376. Ce vase est aujourd'hui exposé au Louvre (« Vase d'Aliénor », Vase d'Aliénor - Louvre Collections [en ligne]).

6. *Chronique de Morigny (1095-1152)*, éd. L. Mirot, Paris, 1909, p. 67 ; Ralph V. Turner, *Aliénor d'Aquitaine*, Paris, Fayard, 2011, p. 55.

de la fin pressentie du roi Louis VI, et la suite princière se remet en marche vers Poitiers sous la canicule, très mal vécue par Suger : « Les chaleurs de l'été étaient à ce moment plus pénibles que d'ordinaire. Elles nous épuisaient, nous fatiguaient; nous restions momentanément sans ressort, absolument brisés[7]. » Profitons de la torpeur et de la lenteur du voyage pour faire connaissance avec la famille d'Aliénor, désormais accompagnée de sa sœur affectionnée, Alix.

Leur grand-père paternel, Guillaume IX d'Aquitaine, resté célèbre pour ses poèmes qui lui ont valu le surnom de Troubadour, est non moins fameux à son époque pour ses frasques et ses positions anticléricales – si l'on ose le terme. Marié à Philippa de Toulouse, qui a mis au monde sept enfants, il s'éprend durablement de l'épouse du vicomte de Châtellerault, Amalaberge de l'Isle-Bouchard, qui porte le surnom évocateur de Dangereuse, et les amants vivent leur concubinage adultère sans complexe. La situation scandalise évidemment le clergé et lasse Philippa, qui se retire dans un prieuré ou dans l'une des demeures de son douaire[8].

Parallèlement, Guillaume IX décide d'unir son fils aîné, Guillaume X, héritier du duché[9], à la fille que Dangereuse a eue de son mari avant sa liaison, Aénor[10]. Ce sont les parents d'Aliénor et d'Alix. Les sources contemporaines donnent, hélas !, peu de dates, et nous en sommes souvent réduits aux conjectures. Malgré un consensus établi autour de l'année 1124 pour la naissance d'Aliénor, une date antérieure peut être postulée, vers 1120, et ce n'est bien sûr pas sans incidence sur notre récit[11]. Quoi qu'il en soit, sont nés

7. Suger, *Vie de Louis VI le Gros*, éd. Henri Waquet, Paris, Les Belles Lettres, 1964, p. 283.

8. Ralph V. Turner, *Aliénor…*, *op. cit.*, p. 18.

9. Voir Annexe 2 : « Ascendance paternelle d'Aliénor d'Aquitaine ». Remarquons dans cette curieuse union voulue par Guillaume IX d'Aquitaine une forme d'« assurance-décès » pour préserver sa compagne Dangereuse. Guillaume X est tenu de respecter celle qui n'est plus la maîtresse de son père, mais sa belle-mère à lui.

10. Voir Annexe 1 : « Ascendance maternelle d'Aliénor d'Aquitaine ».

11. Sur cette hypothèse, voir Gaëlle Audéon, « L'âge d'Aliénor d'Aquitaine et de Louis VII », février 2024, p. 1-9, [en ligne], Academia.edu, 2024. Nous montrons que la source retenue aujourd'hui pour fixer l'âge d'Aliénor est d'une part très tardive et misogyne, et d'autre part, cumule les erreurs ou méconnaît des faits essentiels. Elle n'est donc pas fiable. Sur la date de naissance d'Aliénor, voir également Ralph V. Turner, *Aliénor…*, *op. cit.*, p. 32; Jean Flori, *Aliénor d'Aquitaine*, Paris, Éditions Payot et Rivages, 2004, p. 32; Andrew W. Lewis, « The Birth and Childhood of King John », in *Eleanor of Aquitaine, Lord and Lady*, éd. Bonnie Wheeler et John C. Parsons, New York, Palgrave Macmillan, 2002, p. 161.

ensuite Alix, à une date inconnue, puis enfin un fils, Guillaume Aigret, vers 1126[12].

Vers 1130, Aliénor et Alix se retrouvent à dix et sept ou huit ans orphelines de mère, et seules de leur fratrie, Guillaume étant décédé lui aussi, à une date incertaine, ce qui crée entre elles des liens forts[13]. Puis les années passent et le duc Guillaume X, dont la résidence principale n'est pas à Bordeaux, mais à Poitiers, ne semble pas envisager de mariage pour ses filles, surtout pour l'héritière du duché d'Aquitaine et du comté de Poitou qu'est devenue Aliénor. À cela, une raison simple : il n'a pas renoncé à engendrer un nouveau fils. C'est pourquoi, peu avant son départ pour Compostelle, il se fiance à Emma, fille du vicomte Aymar de Limoges, veuve de son état[14]. Les barons limousins, toutefois, redoutent la mainmise du duc d'Aquitaine sur leurs fiefs, puisque Aymar n'a pas de fils. L'un d'eux, qui convoite la veuve, décide de l'enlever et de l'épouser. Le chroniqueur Geoffroy de Vigeois conclut sur ces mots : « Ce rapt aurait été la cause de grands malheurs pour Limoges, si [Guillaume X] ne fut mort peu de temps après à Saint-Jacques de Galice, grâce à l'intercession de St Martial[15]. » Bon débarras, semble-t-il dire ! Ces faits justifient la décision prise *in extremis* par le duc dans un contexte de sérieuses tensions locales, à savoir celle de confier sa fille au roi de France.

Nous avions laissé Aliénor et Louis sur la route de Poitiers. Une halte ménagée au château ami de Taillebourg donne l'occasion au couple de passer la nuit seul à seule. Comprenons que là a lieu la consommation du mariage, dans le but de le rendre indissoluble[16].

---

12. D'après les informations données par Alfred Richard, *Histoire des comtes de Poitou (778-1204)*, t. 2, Paris, éd. Alphonse Picard et fils, 1903, p. 10-11. Seuls Aliénor et Guillaume Aigret sont notifiés dans l'acte de 1127 ou 1129. L'absence d'Alix ne signifie pas nécessairement qu'elle n'était pas née. Comme fille, et cadette, n'étant pas amenée à hériter, elle n'était peut-être pas utile pour l'élaboration des actes.

13. Ralph V. Turner, *Aliénor…*, *op. cit.*, p. 34.

14. Selon l'hypothèse soutenable de l'historien du Poitou qui juge qu'il s'agit de fiançailles plutôt que d'un mariage (Alfred Richard, *Histoire des comtes de Poitou…*, t. 2, *op. cit.*, p. 51 et n. 2).

15. *Chronique de Geoffroy, prieur de Vigeois*, trad. fr. François Bonnélye, Tulle, éd. Mme Veuve Detournelle, 1864, p. 63.

16. À cette date, l'acte sexuel prime encore sur le consentement (voir *Histoire générale du christianisme. Des origines au XVe siècle*, t. 1, Jean-Robert Armogathe, Pascal Montaubin, Michel-Yves Perrin (dir.), Paris, Presses universitaires de France, 2010, 2011, p. 969-970).

Quelques jours après s'être rencontrés, les jeunes gens ont donc leur premier rapport sexuel et la question de leur âge n'est pas sans intérêt, car si l'Église a décrété la majorité canonique à douze ans pour les filles – et quatorze pour les garçons[17] –, âge auquel les religieux estiment que la fille est apte à « l'union charnelle », l'expérience n'est pas équivalente si Aliénor vient d'atteindre cette majorité ou si c'est une jeune fille de dix-sept ans, comme nous le proposons[18]. En outre, il faut rappeler que ni Louis ni Aliénor n'ont eu leur mot à dire sur le mariage décidé par leurs pères respectifs. Qu'ils se plaisent ou non, qu'ils éprouvent une attirance physique ou pas, la « consommation » est obligatoire, et scrutée par l'entourage en raison des enjeux matrimoniaux. Mais les époux sont d'âge égal, Aliénor est promise à un destin de reine, Louis est enfin au centre de l'attention et traité en adulte. On peut alors espérer que cette première nuit conjugale n'ait pas été traumatisante.

Le 8 août, à Poitiers, sous un soleil de plomb, les nouveaux époux ceignent la couronne ducale. C'est là qu'un messager leur annonce la mort de Louis VI survenue le 1er août à Paris. Les chaleurs ont eu raison du roi qui n'a pas survécu à une nouvelle crise de dysenterie. L'abbé Suger, qui n'aime pas les femmes et ne mentionne la reine Adélaïde de Maurienne que deux fois dans sa *Vie* du roi, ne nous dit pas si elle se trouvait aux côtés de son mari. Solidaire et loyale, partenaire politique tout au long du règne, affectionnée de lui, nous présumons que oui.

Le roi est inhumé à Saint-Denis en l'absence de son fils, désormais Louis VII. Aliénor est reine de France.

Aliénor, Adélaïde et Suger

L'arrivée d'Aliénor à Paris entraîne-t-elle une « révolution de palais » ? La nouvelle reine lance-t-elle une mode vestimentaire « extravagante » qui choque la cour ? Aucune documentation contemporaine ne répond à ces questions. On sait seulement que la princesse,

17. Ces âges étaient ceux du droit romain (Corinne Leveleux-Teixeira, « Le sexe des anges. L'Église, les fiançailles et le mariage des enfants. Le point de vue de quelques canonistes méridionaux (XIIIe-XIVe siècles) », *Cahiers de Fanjeaux*, Privat, 2019, p. 237-259, hal-03090503 [en ligne], p. 11, n. xli).

18. Voir note 11.

avant son mariage, a vécu essentiellement à Poitiers[19], résidence privilégiée des ducs d'Aquitaine qui sont avant tout comtes de Poitou et parlent la langue d'oïl[20].

Elle est alors sûrement étonnée par l'île de la Cité – qu'aucune cathédrale n'embellit encore – sillonnée de rues populeuses et sales. Le palais où réside la famille royale est un quadrilatère massif, coincé à l'extrémité occidentale de l'île. La forteresse a une vocation militaire et judiciaire. Les lieux sont humides, le mobilier sommaire[21]. Bref, ce n'est pas un palais de conte de fées.

En outre, un incident survient peu après l'arrivée du couple. En effet, Louis VII se voit reprocher par sa mère ses libéralités, c'est-à dire des dépenses conséquentes. Suger relate que le roi – mais aussi son épouse qu'il ne nomme pas dans son témoignage – « partageait avec sa mère Adélaïde, bien que mariée, la même demeure dans le palais et, pendant un certain temps, il eut communauté de dépenses et de charges liées à la munificence royale[22] ». Le palais comporte peu de logements privés, et Louis et Aliénor vivent donc pour ainsi dire dans les mêmes appartements qu'Adélaïde de Maurienne, devenue reine douairière. Il est probable que la nouvelle souveraine souhaite pour elle et sa sœur Alix des aménagements propres à leur procurer un meilleur confort, ce qui passe par l'achat de tapisseries et de tapis, de coffres ouvragés, de vaisselle neuve. Est-ce là la « munificence royale » qu'évoque un Suger elliptique ? Nous savons que l'abbé est particulièrement opportuniste à ses heures pour soutirer aux rois des cadeaux rares et somptueux qui augmentent le prestige de sa basilique[23]. Il n'est dès lors pas impensable qu'il soit aussi responsable des « libéralités » du roi[24].

Par ailleurs, deux éminentes personnalités du règne de Louis VI s'opposent très vite au nouveau souverain, mais pour des motifs

19. Ralph V. Turner, *Aliénor…, op. cit.*, p. 25. Le déplacement à Bordeaux était annuel.

20. *Ibid.*, p. 15.

21. Jean Guerout, *Le Palais de la Cité à Paris des origines à 1417. Essai topographique et archéologique*, Paris, 1953, p. 151-154.

22. Suger, *Œuvres*, t. 1 : *Écrit sur la consécration de Saint-Denis. L'Œuvre administrative. Histoire de Louis VII*, éd. et trad. Françoise Gasparri, Paris, Les Belles Lettres, 2008, p. 163.

23. Comme en 1135, au chevet de Louis VI qui se croit mourant (Françoise Gasparri, *Suger de Saint-Denis. Abbé, soldat, homme d'État au* XII*e* *siècle*, Éditions A. & J. Picard, Paris, 2015, p. 71).

24. Hypothèse déjà proposée par Jean Flori, *Aliénor…, op. cit.*, p. 57.

différents. Pour commencer, la reine mère Adélaïde, directement concernée financièrement en raison de la communauté de dépenses, réprimande son fils et le supplie de la laisser « reprendre son douaire et en vivre heureuse, à l'écart et tranquillement, loin des tracas du royaume[25] ». On ne peut être plus claire. Adélaïde souhaite son indépendance économique et privée. Chose curieuse et peu remarquée, Louis refuse, et cela ôte l'argument d'une vive mésentente entre Aliénor et sa belle-mère[26]. Si la raison de l'ambiance délétère avait été les relations exécrables entre les deux reines, Louis VII ne se serait pas fait prier pour éloigner sa mère. Il faut donc en conclure qu'un autre mobile le retient. Le plus évident est l'intérêt financier, mais il n'est pas impossible qu'il souhaite garder une conseillère d'expérience auprès de lui, malgré les brouilles. Adélaïde finit cependant par faire appel aux barons de son entourage et à Suger lui-même pour intercéder en sa faveur auprès de son fils.

Parmi ces grands, figure le premier d'entre eux, Raoul de Vermandois, familier de la famille royale. C'est un vieux briscard d'une cinquantaine d'années, borgne depuis qu'il a reçu dans l'œil un carreau d'arbalète lors du siège du château de Livry en 1128[27]. Le nouveau roi, qu'il connaît depuis l'enfance, sollicite apparemment ses deniers puisque Suger n'hésite pas à mettre en cause l'avarice de la mère et du comte qu'il qualifie ironiquement de « grands désespérés ». On imagine qu'Adélaïde et Raoul en arrivent à menacer l'abbé verbalement puisqu'il leur répond que « jamais la France ne [s'est] trouvée répudiée », formule cinglante qui contient de lourds sous-entendus et qui ne manque pas de piquant lorsque l'on connaît la suite de l'histoire. C'est la goutte d'eau qui fait déborder le hanap ! Mère et cousin du roi quittent alors la cour, laissant ainsi le champ libre à Suger.

Peu après, l'abbé insiste très vite pour que Louis reçoive l'hommage du puissant comte de Blois et de Champagne, Thibaud IV, frère d'Étienne de Blois qui vient de s'asseoir sur le trône d'Angleterre. L'itinéraire du roi passe par Auxerre en cet automne 1137. Peut-être Aliénor l'accompagne-t-elle. À Noël, le couple royal tient une assemblée fastueuse à Bourges où « les évêques métropolitains et

25. Suger, *Œuvres*, t. 1, *op. cit.*, p. 163.
26. Que Suger n'évoque pas, mais que plusieurs historiens ont mis en exergue.
27. Suger, *Vie de Louis VI le Gros*, *op. cit.*, p. 255 et n. 4 (Livry est en Seine-Saint-Denis).

leurs suffragants, les comtes et autres personnes de haut rang viennent offrir leur service au nouveau roi[28] ».

Il est ensuite probable qu'en 1138, lors de différentes expéditions punitives ou militaires menées par Louis VII, la reine reste à Paris, ce qui signifie de longs mois de séparation et, bien sûr, aucune opportunité de grossesse. S'intéresse-t-elle aux écrits d'Abélard qui enseigne à la montagne Sainte-Geneviève au grand dam de Bernard de Clairvaux ? On l'ignore, mais ce que l'on sait, c'est que quelques semaines plus tôt, la situation politique et familiale a considérablement évolué. Dans la première partie de l'année, le roi a nommé comme connétable Mathieu de Montmorency, qui se trouvait déjà aux côtés de Louis VI trois décennies plus tôt. Or, sa mère Adélaïde vient de l'épouser alors qu'elle est aux abords de la cinquantaine[29].

La reine mère, dont le veuvage se révèle bref, a choisi un homme qu'elle connaît de longue date, veuf lui aussi, de l'une des filles illégitimes du roi d'Angleterre Henri Ier Beauclerc. Mathieu n'a de toute évidence pas pris ses jambes à son cou devant la laideur légendaire d'Adélaïde qui n'est en réalité qu'une pure invention ! Gilbert de Mons, qui est à l'origine de l'anecdote diffamante, est chancelier de Baudouin V de Hainaut, que nous retrouverons par la suite. Il écrit seulement à la fin du XIIe siècle l'histoire des comtes de cette région – c'est-à-dire cent ans après les faits qu'il relate –, et met en scène Robert le Frison et ses Flamands en guerre contre le jeune comte Baudouin II de Hainaut, dans les années 1080. Un accord est négocié et ce comte promet innocemment d'épouser la nièce du Frison, « homme rusé » qui se fait assigner en gage de la parole donnée le château de Douai, propriété du Hennuyer. Mais lorsque Baudouin voit « l'extrême laideur » de sa fiancée, il « prend en dégoût son physique repoussant », refuse la nièce du Frison, épouse « la sœur du comte de Louvain » et… perd le château de Douai qu'il avait imprudemment donné en garantie[30]. Nous l'avons compris, l'infortunée promise et victime pour la postérité de cette historiette tardive – qui a sans doute pour but de trouver des excuses aux comtes de Hainaut pour la perte de Douai – est Adélaïde de Maurienne qui, à l'époque des faits racontés, n'était

28. Orderic Vital traduit par Yves Sassier, *Louis VII*, Paris, Fayard, 1991, p. 87.

29. Lois L. Huneycutt note sa naissance en Savoie vers 1092 (Lois L. Huneycutt, « The Creation of a Crone : The Historical Reputation of Adelaide of Maurienne », *Capetian Women*, éd. Kathleen Nolan, New York, Palgrave Macmillan, 2003, p. 28).

30. Gilbert de Mons, t. 1, p 58.

probablement pas née. Peut-être d'ailleurs n'a-t-elle jamais été un canon de beauté – nous n'en savons rien –, mais, du reste, son premier mari Louis VI non plus. Les chroniqueurs décrivent à loisir ses yeux chassieux et sa ventripotence[31].

Quoi qu'il en soit, avec Mathieu de Montmorency, Louis VII a un nouveau connétable, et beau-père de surcroît, mais plus notable encore, le comte Raoul de Vermandois retrouve sa charge de sénéchal peu après[32]. Ces revirements dans l'entourage du roi ne sont pas étrangers à sa colère contre le comte de Champagne Thibaud IV de Blois qui ne l'a pas soutenu militairement dans sa campagne en Aquitaine à l'automne alors que les bourgeois de Poitiers, ignorant le pouvoir ducal, s'étaient constitués en commune. On peut y voir aussi l'influence de la reine mère Adélaïde qui prend une revanche sur l'abbé de Saint-Denis. Ainsi, dès la fin de l'année 1138, le comte de Vermandois fréquente à nouveau la cour…

Pétronille, Raoul et la guerre en Champagne

Les évènements curieux et dignes d'intérêt qui suivent illustrent à quel point les mariages royaux ou princiers sont des actes politiques aux conséquences parfois regrettables.

Commençons par le cas du comte Raoul de Vermandois. Ce dernier avait épousé vers 1110 Adèle de Péronne, morte vers 1135[33]. Sans doute peu de temps après, peut-être au début de l'année 1136, il avait convolé en secondes noces avec la sœur du comte Thibaud IV, Éléonore de Blois, à la faveur d'une réconciliation entre les deux hommes, organisée au chevet du roi Louis VI en novembre 1135[34].

---

31. Sur l'obésité des rois de cette époque, voir Michel Pastoureau, *Le roi tué…*, *op. cit.*, p. 24-30.

32. Après le 1er août 1138, même s'il ne semble plus l'exercer « à plein temps », d'après l'explication de Luchaire (Achille Luchaire, *Études sur les actes de Louis VII*, Paris, 1885, p. 45).

33. Romain Waroquier, « Les hommes du pouvoir. L'entourage des comtes de Vermandois au XIIe siècle », *Le Moyen Âge*, De Boeck Supérieur, 2021, p. 572 et n. 57. Jean de Salisbury n'avait pas connaissance de ce premier mariage (*Historia Pontificalis*, p. 14).

34. Selon l'hypothèse d'un mariage en 1136 en raison de la révélation de la première épouse de Raoul qui actait encore en 1135. En outre, la seule période politique favorable pour une union avec Éléonore de Blois semble celle où Louis VI réconcilie les deux barons (La réconciliation est rapportée par Orderic Vital,

En 1142, le comte n'est donc pas libre, mais sa présence régulière à la cour de Louis VII et d'Aliénor n'est pas anodine, car il y rencontre fréquemment la sœur de la reine. Raoul répudie finalement sa femme Éléonore de Blois et épouse Alix d'Aquitaine, la cadette d'Aliénor. Sans que nous puissions prouver que c'est à partir de cet évènement qu'Alix est désormais appelée Pétronille, nous garderons désormais ce prénom sous lequel elle est plus connue aujourd'hui.

En 1142, Pétronille a dix-huit ou vingt ans, tandis que Raoul approche sûrement de la soixantaine. La jeune princesse est-elle tombée éperdument amoureuse du comte ou bien est-ce l'inverse[35] ? Nous ne pouvons exclure le sentiment d'une jeune femme, tôt orpheline, éblouie ou rassurée par la puissance et la loyauté politiques du comte, riche de surcroît, ni le démon de midi d'un Raoul marié sur le tard pour raison d'État à une épouse qu'il n'aime pas et qui n'est sans doute plus toute jeune[36].

Cependant, des motifs plus prosaïques pour envisager cette union ne manquent pas non plus. Car Pétronille n'a hérité de rien. C'est en quelque sorte une Pétronille-sans-Terre. Tant qu'elle n'est pas mariée, elle dépend ainsi entièrement de sa sœur et la recherche d'un bon parti pour elle est certainement dans les préoccupations d'Aliénor. Or, Raoul est apprécié du roi et de la reine mère Adélaïde. Et en l'épousant, Pétronille devient comtesse de Vermandois. Le fief étant frontalier du domaine royal et le comte n'ayant pas de fils, quoi de mieux pour sécuriser la région qu'une alliance avec la sœur de la reine de France ? Cet avantage pèse dans le soutien de Louis VII à un mariage qui ne va pas manquer d'être réprouvé par l'Église. En outre, en l'absence d'enfant du couple royal, Pétronille est héritière du duché d'Aquitaine et le roi préfère sans doute un fidèle Vermandois

---

Historia ecclesiastica, RHF 12, p. 754 C ; Éric Bournazel, *Louis VI…*, *op. cit.*, p. 200). Opportunément, c'est aussi le moment où Raoul se retrouve veuf.

La plupart des ouvrages indiquent qu'Éléonore de Blois est la nièce de Thibaud de Blois, mais elle est bien la fille d'Étienne de Blois et d'Adèle de Normandie, elle-même fille de Guillaume le Conquérant.

35. Régine Pernoud, *Aliénor d'Aquitaine*, Paris, Le Livre de poche, 1965, p. 38 ; Adrien Moreau-Néret, « Le comte de Vermandois Raoul IV de Crépy et Péronelle d'Aquitaine sœur de la reine Aliénor », *Fédération des sociétés d'histoire et d'archéologie de l'Aisne, Mémoires*, t. 18, 1972, p. 97.

36. Voir Annexe 3 : « Ascendance royale de Raoul de Vermandois ».

comme beau-frère plutôt qu'un seigneur gascon aux intentions incertaines[37].

Pour Raoul, la perspective d'engendrer un héritier, ce qui, après plusieurs années de vie commune avec Éléonore de Blois, n'est pas survenu, certainement en raison de son âge[38], est un argument de poids. Le choix de la jeune Pétronille qu'il connaît depuis leur rencontre à Bordeaux en 1137 et qu'il côtoie régulièrement, sans doute avec plaisir, n'est pas désintéressé. En épousant la sœur d'une reine dont Louis VII est visiblement épris, il conforte sa position centrale au sein de la cour. Ainsi, les avantages factuels et nombreux de part et d'autre contrebalancent le mécontentement probable du comte de Blois-Champagne et de l'Église, que l'on peut aisément anticiper.

Trois évêques complaisants – dont l'un, évêque de Noyon, est frère de Raoul – annulent au début de l'année 1142 l'union du comte et d'Éléonore de Blois au motif pratique de consanguinité[39]. La réaction du frère de l'épouse répudiée ne se fait pas attendre : Thibaud IV en appelle au pape dont le légat réunit bientôt un concile à Lagny[40]. Les évêques complices sont suspendus, Raoul est excommunié. Il faut y voir la volonté croissante de contrôle par l'Église sur l'institution du mariage et son caractère sacré et indissoluble[41]. Dans cette optique, l'adultère, finalement, n'est qu'un dommage collatéral.

Fait remarquable : Pétronille, elle, n'est pas incluse dans la sanction ecclésiastique[42]. Il est vraisemblable que le pape Innocent II

37. Cette succession indiscutable de Pétronille au duché d'Aquitaine en cas de décès d'Aliénor sans enfant est validée par un acte de 1141 où la reine ne fait une donation à l'abbaye de Notre-Dame de Saintes qu'avec l'assentiment de sa sœur « Aelith » [Alix-Pétronille] (Alfred Richard, *Histoire des comtes de Poitou…*, t. 2, *op. cit.*, p. 505).

38. Elle devait être née vers 1100 et avait donc atteint la quarantaine.

39. Hériman de Tournai, RHF 13, p. 408 A.

40. Sans doute au printemps car le légat Yves mourut à Trèves le 20 juin 1142 (Jubainville, t. 2, p. 347, n. 1).

41. Voir James A. Brundage, « The Canon Law of Divorce in the Mid-Twelth Century : Louis VII c. Eleanor of Aquitaine », in *Eleanor of Aquitaine, Lord and Lady*, éd. Bonnie Wheeler et John C. Parsons, New York, Palgrave Macmillan, 2002, p. 213.

42. C'est un point important. Ce n'est pas « le couple » qui subit la sentence, mais bien Raoul seul (voir RHF 12, p. 116 C et p. 472D; RHF 13, p. 331 C et P; 408 B). Les sources relatives au concile de Lagny confirment ce fait (voir *Histoire chronologique et dogmatique des conciles de la chrétienté*, par M. l'Abbé André d'Avallon, t. 4, Paris, 1854, n° 1434; *Sacrosancta concilia ad regiam editionem exacta quae olim quarta…*, t. 12, de Philippe Labbe, 1730, p. 1542 D). Une lettre

ait donné des instructions fermes pour épargner la sœur de la reine de France, ce qui prouve l'importance du statut d'Aliénor pour le Saint-Siège. Aliénor et Pétronille, dont le grand-père et la grand-mère ont vécu leur liaison adultère sans se préoccuper des remontrances du clergé, ne sont sans doute pas impressionnées par cette décision du concile contre Raoul, et fort du soutien royal, le couple honni tient bon. Ils sont pourtant vite dépassés par la tournure des évènements.

Louis VII, qui empile les rancunes contre le comte Thibaud, mène la guerre en Champagne durant l'été 1142, ce qui aboutit au drame de Vitry. Au moment de l'attaque, des centaines d'enfants, de femmes et d'hommes – entre mille trois cents et mille cinq cents selon les chroniques[43] – se réfugient dans l'église pour échapper au pillage et à l'incendie de leur village. Mais les flammes incontrôlables atteignent l'édifice et tous meurent brûlés vifs, peut-être sous les yeux de Louis VII, qui aurait pleuré de compassion selon un chroniqueur visiblement dubitatif[44]. Les dévastations se poursuivent et, réduit aux extrémités, Thibaud IV accepte d'intercéder auprès de la papauté pour que l'excommunication de Raoul soit levée. Il missionne prudemment l'abbé Bernard de Clairvaux qui motive la demande à Innocent II par ces mots : « Pour empêcher la désolation complète du pays et la ruine de tout un royaume divisé contre lui-même[45]… » Après quelques rebondissements épistolaires, cette affaire s'ajoutant à une autre qui mécontente la papauté[46], Innocent II jette l'interdit sur le royaume de France.

En 1143, la guerre menace à nouveau. Malgré la tragédie de Vitry, la détermination d'Aliénor et celle de Raoul sont renforcées pour une raison évidente : Pétronille a donné naissance à une fille, prénommée Élisabeth. Pour préserver l'honneur de la famille royale, la séparation n'est plus envisageable et cette héritière du

---

de Bernard de Clairvaux traduite par Jubainville, où l'abbé transcrit un passage d'une lettre reçue du roi Louis VII, est sans ambiguïté sur la personne visée : « Le comte Raoul a été joué […], le voilà de nouveau lié par une excommunication » (Jubainville, t. 2, p. 366).

43. (Vitry en Perthois) Jubainville, t. 2, p. 349, n. 1.

44. *Ex Chronico S. Martini Turonensi*, RHF 12, p. 472 E.

45. Cité et traduit par Jubainville, t. 2, p. 357.

46. La volonté de Louis VII d'imposer comme évêque de Bourges l'un de ses familiers, le clerc Cadurc, un chanoine berrichon devenu son chancelier, au détriment du candidat avalisé par le pape Innocent II est un sujet de discorde.

comté consolide l'alliance territoriale conçue à dessein avec le comte de Vermandois. Bernard de Clairvaux, hors de lui, et qui a bien compris l'origine des résistances, écrit au roi ce qu'il en pense : « Ceux qui vous poussent à renouveler vos attaques contre un innocent [Thibaud IV] ne cherchent pas en cela votre honneur ; ils recherchent leur seul intérêt, que dis-je, ils recherchent la volonté du Démon. Ce sont des ennemis de votre couronne, les plus redoutables perturbateurs du royaume[47]. » Raoul, bien sûr, mais aussi Aliénor sont clairement visés et l'attaque est vive. Accuser la reine de France de pactiser avec le diable ou de ruiner la Couronne, ce n'est pas rien. Se rappelle-t-elle que son père Guillaume X avait plié devant l'abbé ? En tout cas, son opposition ressemble à une fuite en avant, car même si les royaumes survivent aux interdits fulminés par les papes, qui empêchent la tenue des messes et des sacrements, ils n'en sortent pas grandis. De son côté, Raoul l'excommunié multiplie les donations aux établissements religieux pour apaiser sa conscience[48]. Pendant ce temps, l'épouse répudiée, Éléonore de Blois, s'est peut-être réfugiée auprès de sa belle-sœur Marie de Carinthie à la cour de Champagne.

Le comte Thibaud a quant à lui gagné de solides alliés dans l'intervalle grâce à des projets de mariage – notamment celui de son fils aîné Henri avec Laurette d'Alsace, fille du comte de Flandre. Louis VII s'indigne avec une insigne mauvaise foi des liens de parenté des fiancés et Bernard de Clairvaux, outré, écrit à l'un de ses collègues prélats : « De quel front, je vous prie, se donne-t-il tant de mal pour opposer à l'union des autres des empêchements de consanguinité, quand il vit, *tout le monde le sait*, avec une femme qui est sa parente au troisième degré[49] ? » Malgré l'inexactitude du degré de parenté, Aliénor le sait donc aussi.

À l'été 1143, la situation est sans issue, d'autant que le roi hésite à se lancer dans une nouvelle guerre contre un comte de Champagne raffermi. Mais la mort du pape Innocent II en septembre améliore un peu la situation. Le nouveau pontife, Célestin II, lève l'interdit sur le royaume et des entretiens entre le roi, Bernard de Clairvaux et Suger sont initiés, sans grand succès cependant. Une lettre de

47. Cité et traduit par Yves Sassier, *Louis VII, op. cit.*, p. 122.
48. Adrien Moreau-Néret, « Le comte de Vermandois... », *op. cit.*, p. 99-100.
49. Cité et traduit par Jean Flori, *Aliénor..., op. cit.*, p. 61.

l'abbé cistercien nous apprend que Raoul et Pétronille, se considérant comme mariés, vivent ensemble, et que le comte est plus que jamais un familier du roi[50]. Bernard sait que la papauté n'acceptera pas de lever l'excommunication qui pèse sur Raoul de Vermandois, et malgré la lassitude du jeune roi de vingt-deux ans face à ces multiples dissensions et conflits, on ne peut le faire fléchir en raison de l'intransigeance de la reine Aliénor, motivée par l'honneur et son attachement inconditionnel à sa sœur.

La stérilité supposée d'Aliénor et la naissance de Marie

C'est un évènement religieux qui marque la fin du premier épisode des déboires de Pétronille et Raoul. La chronologie n'est pas certaine, mais nous savons que Bernard de Clairvaux veut profiter d'une cérémonie solennelle en la basilique Saint-Denis, organisée en grande pompe par son abbé Suger, pour rencontrer le roi et la reine[51]. C'est le 11 juin 1144, à la Saint-Barnabé, que Suger a donné rendez-vous pour ce grand évènement aux évêques, archevêques et princes de « presque toutes les régions de Gaule[52] ». Nul doute que Bernard arrive en avance pour se ménager des entretiens avec le couple royal. Sa *Vie* nous livre un échange singulier avec Aliénor.

Le début de la rencontre est tendu. Bernard exhorte la reine à œuvrer pour la paix et à donner de meilleurs conseils au roi. Il apparaît ici clairement que son influence sur Louis est prise en considération. Que répond-elle ? Nous l'ignorons, mais sans doute tente-t-elle de justifier son rôle de protectrice de sa sœur cadette. Il n'est pas trop hardi de supposer que Bernard lui a fait remarquer qu'aucun pape ne lèvera la sanction spirituelle et que, d'ailleurs, Pétronille n'est pas excommuniée. La reine pourrait accepter la condamnation de son beau-frère pour favoriser la résolution des autres problèmes en cours. Aliénor, certainement fatiguée par sa vaine opposition, se laisse attendrir, mais l'affaire matrimoniale de Pétronille et Raoul est loin d'être terminée, comme nous le verrons.

50. Jubainville, t. 2, p. 376.
51. *Ibid.*, p. 379 (les dates de l'assemblée ne correspondent pas à celle de juin 1144, pourtant plus probable).
52. Suger, *Œuvres*, t. 1, *op. cit.*, p. 41.

Elle profite de ce moment pour confier à l'abbé son affliction et son inquiétude, après sept ans de mariage, de n'être pas enceinte. Elle a bien eu des espoirs dans les premières années, mais elle a fait une fausse couche et, depuis lors, elle reste stérile. Sa détresse est sans doute accentuée par la naissance de sa nièce Élisabeth de Vermandois, la fille de Pétronille. Elle implore l'abbé d'intercéder pour elle auprès de Dieu ; l'homme d'Église, compatissant, mais moralisateur, lui dit alors : « Travaillez avec force pour la paix, et moi, confiant dans la miséricorde divine, je vous promets que vous enfanterez[53]. » Cette édifiante réponse doit faire comprendre à la reine que la stérilité n'est qu'un châtiment du Ciel pour son comportement néfaste. Qu'elle se range aux vues de Bernard et du pape, et elle pourra avoir des enfants.

Le dialogue, rapporté par un secrétaire et ami de l'abbé, est sans doute incomplet. Aliénor a peut-être soulevé la stricte abstinence de son mari pour les jours où les rapports sexuels sont interdits par l'Église : le dimanche bien sûr, jour du Seigneur, mais aussi le mercredi et le vendredi, les jours de deuil, vingt jours avant les périodes de carême, c'est-à-dire Noël, Pâques et la Pentecôte, et d'autres jours encore, comme les fêtes de certains saints. La proscription concerne additionnellement et notamment la période des règles. À ces limites significatives s'ajoutent les absences du roi lorsqu'il guerroie ou visite ses provinces sans son épouse. Ainsi, la fréquence théorique des rapports sexuels est estimée de 1,8 à 3,7 jours par mois[54] ! Enfin, nous ne pouvons taire ici qu'Aliénor a mis au monde huit enfants qui ont survécu, en treize ans, avec son second époux, Henri Plantagenêt[55]. Dès lors, nul doute que l'éducation monastique et les scrupules religieux du jeune roi sont à l'origine de la stérilité supposée. Car en anticipant une nouvelle fois, Louis VII n'a eu en tout que six enfants de ses trois femmes sur une période de vingt-cinq ans. Hasardons encore que le stress entraîné par tous ces conflits n'améliore pas la fécondité de la reine.

---

53. « Sollicite quaere quae ad pacem sunt, et ego tibi, confisus de divina miseratione, partum promitto » (D'autres traductions dans Jean Flori, *Aliénor…, op. cit.*, p. 63 ; Yves Sassier, *Louis VII, op. cit.*, p. 130). Il existe deux versions de cet entretien ; pour les références, voir Jean Flori, *op. cit.*, p. 448, n. 12.

54. Élodie Lequain, *L'Éducation des femmes de la noblesse en France à la fin du Moyen Âge (XIIIe-XIVe siècles)*, thèse de doctorat, C. Beaune (dir.), Université Paris X-Nanterre, 2005, p. 432. Une estimation de 44 ou 57 jours par an est citée par Ralph V. Turner, *Aliénor…, op. cit.*, p. 78.

55. Voir Annexe 4 : « Descendance d'Aliénor d'Aquitaine et Henri II Plantagenêt ».

Bernard, qui a l'esprit pratique, après avoir discuté avec Aliénor, vainc sans doute momentanément les réticences de Louis à transgresser les sacro-saints empêchements journaliers, et le roi se montre alors plus assidu dans le lit de sa femme.

Toute cette activité de l'abbé finit par porter ses fruits et la paix est conclue avec le comte de Blois-Champagne. Elle est publiquement affichée en ce 11 juin 1144 dans la basilique Saint-Denis où « le seigneur roi Louis lui-même, son épouse, la reine Aanor [Aliénor] et sa mère [Adélaïde], ainsi que les grands du royaume » sont présents. Suger, au centre des attentions, se voit offrir par tous ces princes des pierreries pour orner ses autels et le plus précieux des cadeaux : le vase d'Aliénor, qui, en donnant son accord pour ce don, veut montrer sa bonne volonté en faveur de la paix[56].

Au printemps de 1145[57], neuf mois précisément après la promesse de l'abbé de Clairvaux, dont les conseils ou les prières ont eu un effet remarquable, Aliénor accouche de son premier enfant, Marie, prénom nouveau pour la dynastie capétienne, et hommage des parents à la Vierge. La déception doit être rude malgré tout puisqu'ils espéraient un héritier plutôt qu'une héritière, mais elle prouve à Aliénor une chose essentielle : elle n'est pas stérile.

Depuis le dilemme « Pétronille », où son influence comme sœur et comme épouse est indiscutable, Aliénor est quasiment absente des sources et son rôle politique, même pour l'administration de son duché, reste limité et subordonné aux actes du roi et des hommes qui les relayent en Poitou ou en Aquitaine[58]. Si elle est la première reine de France à posséder un sceau, il semble bien qu'elle se trouve assez vite empêchée politiquement et la justice dans ses fiefs est rendue par Louis VII lui-même[59]. Or, il faut remarquer

---

56. Selon l'hypothèse de Theodore Evergates (Theodore Evergates, *Marie of France, Countess of Champagne, 1145-1198*, Philadelphie, University of Pennsylvania Press, 2019, p. 1) ou Elizabeth A. R. Brown (« Eleanor of Aquitaine Reconsidered : The Woman and Her Seasons », in *Eleanor of Aquitaine, Lord and Lady*, éd. Bonnie Wheeler et John C. Parsons, New York, Palgrave Macmillan, 2002, p. 20). Il n'est pas avéré que le vase d'Aliénor ait été offert à Suger à cette occasion. D'autres moments sont propices à ce présent, comme la naissance du premier enfant du couple ou avant le départ en croisade.

57. Theodore Evergates, *Marie of France…*, *op. cit.*, p. 2.

58. Voir Marie Hivergneaux, « Queen Eleanor and Aquitaine », in *Eleanor of Aquitaine, Lord and Lady*, éd. Bonnie Wheeler et John C. Parsons, New York, Palgrave Macmillan, 2002, p. 56-60.

59. *Ibid.*, p. 61, 59.

que le roi n'a pas eu cet exemple d'une épouse tenue à l'écart du pouvoir, puisqu'il est documenté que sa mère, la reine Adélaïde de Maurienne, était impliquée aux côtés de Louis VI dans les actes, mais aussi diplomatiquement[60]. Il faut donc voir dans son attitude vis-à-vis de son épouse les préventions d'un homme élevé par des clercs et la mainmise initiale de l'abbé Suger sur les affaires.

Du vœu de croisade à Antioche

L'évènement majeur des années qui suivent la naissance de Marie est le vœu de pèlerinage à Jérusalem de Louis VII. Ce dernier l'annonce à Noël 1145, quand la cour royale est à Bourges. C'est une décision inouïe, car aucun roi ne s'est croisé auparavant, et l'assemblée doit être un peu abasourdie. Il confie les « raisons de son cœur » qui, pour certains chroniqueurs, sont de se racheter pour les brûlés de Vitry[61], mais ni les grands du royaume ni les prélats ne sont enthousiastes.

Toujours est-il que rendez-vous est pris à Vézelay à Pâques 1146, où Bernard de Clairvaux prêche la croisade devant le roi, la reine Aliénor et une foule nombreuse[62]. Cette fois, le succès est au rendez-vous, car entre-temps, le pape Eugène III, qui a succédé aux éphémères Célestin II et Lucius II, a pris la mesure du danger qui menace les États latins d'Orient après la conquête du comté d'Édesse par le gouverneur de Mossoul Zengi, survenue un an plus tôt en décembre 1144[63]. Dans deux bulles, il appelle « les plus puissants et les nobles » à porter secours aux chrétiens d'Outremer[64].

La reine Aliénor se croise à la suite de son mari, sans que nous sachions si c'est sa volonté ou celle du roi[65]. Ce pèlerinage, qui se transforme ici de surcroît en secours armé, pour ne pas dire en

60. Éric Bournazel, *Louis VI…, op. cit.*, p. 185-186, 196 ; Lois L. Huneycutt, « The Creation of a Crone… », *op. cit.*, p. 29-30.

61. RHF 12, p. 220 A ; RHF 12, p. 472 E.

62. Jean Flori, *Aliénor…, op. cit.*, p. 65.

63. L'exaltation en faveur de la croisade est souvent reliée à la nouvelle de la chute d'Édesse, alors qu'il s'écoule plus d'une année entre l'évènement et le prêche de Vézelay. La catastrophe était déjà connue à Noël 1145. C'est l'appel du pape qui entraîne les barons à prendre la croix pour le secours à l'Église d'Orient.

64. Voir Jean Richard, *Histoire des croisades*, Paris, Fayard, 1996, 2010, p. 168-169. Les bulles sont datées du 1er décembre 1145 et du 1er mars 1146.

65. *Historia gloriosi regis Ludovici*, p. 158.

guerre, est tout sauf une promenade de santé ou un voyage d'agrément. Qu'ils l'effectuent par mer ou par voie de terre, nombreux sont les pèlerins qui laissent leur vie sur la route, fauchés par la maladie, la famine, la fatigue, la noyade, les attaques des Turcs ou des bandits de grand chemin… Une reine peut espérer échapper à la faim et aux brigands, mais pas à toutes les embûches d'un tel voyage qui, *a minima*, dure entre dix-huit mois et deux ans.

Cependant, plusieurs facteurs peuvent jouer pour une démarche volontaire de la reine ou pour conforter sa décision. Le premier est qu'une fois connu le vœu du roi de France, le prince d'Antioche, Raymond de Poitiers, oncle paternel d'Aliénor, envoie à Louis VII « de nobles cadeaux et des trésors de grande valeur[66] », parmi lesquels certains sont sûrement offerts à la reine elle-même. Ces présents politiques ne sont jamais désintéressés et Raymond espère ainsi gagner les faveurs du roi en vue de ses projets de résistance aux Turcs. Le second argument, hypothèse soutenable pour une Aliénor née en 1120, est qu'elle a gardé de – bons – souvenirs d'enfance de son oncle qui n'a que six ans de plus qu'elle, avant que celui-ci, vers quinze ans, ne quitte l'Aquitaine pour la cour du roi d'Angleterre[67]. Enfin, on ne peut négliger une foi sincère, exaltée par le prêche de l'abbé de Clairvaux.

Quoi qu'il en soit, après s'être croisé, le couple royal part en tournée en Poitou, en Saintonge, en Aquitaine et en Auvergne dans l'objectif crucial de lever des fonds et des contingents prêts à s'associer à l'expédition[68]. Ce n'est qu'en février 1147 lors d'une assemblée à Étampes, que le voyage par voie de terre est décidé, et le rassemblement fixé à Metz pour la Pentecôte.

66. Guillaume de Tyr, t. 2, p. 512.

67. Alfred Richard, *Histoire des comtes de Poitou…*, t. 1, *op. cit.*, p. 470 et n. 3. Guillaume de Tyr décrit Raymond en 1136 comme un homme « jeune encore, et les joues à peine recouvertes d'un léger duvet » (Guillaume de Tyr, t. 2, p. 360). Le « léger duvet » est une expression courante pour désigner le « jeune adulte ». Guillaume le Breton l'emploie pour décrire Philippe Auguste : « Philippe […] n'avait pas encore atteint la moitié de sa quinzième année ; ses joues se couvraient à peine d'un léger duvet » (Guillaume le Breton, *Philippide*, p. 19). Cette indication conforte l'hypothèse d'une naissance de Raymond vers 1115 (Alfred Richard, *Histoire des comtes de Poitou…*, t. 1, *op. cit.*, p. 470).

68. Jean Flori, *Aliénor…*, *op. cit.*, p. 70 ; Marie Hivergneaux, « Queen Eleanor… », *op. cit.*, p. 58-59.

La régence du royaume est confiée à Suger et Raoul de Vermandois[69], mais qui va veiller sur l'héritière du trône ? À cette date, en effet, la petite Marie, âgée de deux ans, est une fille unique, et deviendra reine si son père meurt en croisade. Malgré l'intérêt évident d'une telle question, nul ne semble s'y intéresser – ce qui montre encore une fois le malaise que provoque le possible règne d'une Capétienne. Une seule personne a la confiance d'Aliénor pour une telle charge : sa sœur Pétronille, déjà mère de deux enfants[70]. Dans une éventualité tragique, Louis VII partage sans nul doute ce crédit pour sa belle-sœur, et l'association comme régents de Raoul et Suger, qui ne s'apprécient guère, conforte cette idée. En cas de décès des deux parents, le comte de Vermandois et Pétronille exerceront la régence de fait en attendant la majorité de leur nièce, et son règne.

Puis arrive enfin le jour du départ, le 8 juin 1147. Au seuil de la basilique, en compagnie de la reine douairière Adélaïde[71], au milieu d'une foule compacte, exaltée et gémissante, Aliénor accueille Louis qui vient de faire ses adieux à différents religieux de Paris. Après un rituel en présence du pape Eugène III lui-même, il s'éclipse « dans le dortoir des moines pour échapper à la multitude », laissant sa femme et sa mère « presque suffoquées » en raison des lamentations et de la chaleur. Cela en dit long sur son attention pour les deux reines.

Nous ne pouvons qu'imaginer les impressions d'Aliénor sur les contrées giboyeuses et verdoyantes traversées de Metz à Ratisbonne, de Belgrade jusqu'aux abords de Constantinople. Odon de Deuil, clerc missionné par Suger auprès du roi, et qui n'évoque presque jamais la reine, nous apprend pourtant qu'elle reçoit parfois des lettres de l'impératrice Irène, qui vient d'épouser l'empereur Manuel Ier Comnène[72]. Par ailleurs, un historien byzantin marque sa surprise de voir dans l'ost « des femmes montant leurs chevaux

69. Odon de Deuil est plus précis et plus partial : « Je consigne ici qu'il vous associa l'archevêque de Reims pour le gouvernement du royaume. Je ne sais toutefois si je dois exclure de la communion de ce récit le comte Raoul, qui était alors excommunié, et qui vous fut adjoint en troisième, afin que le glaive séculier ne vous manquât point » (Odon de Deuil, p. 292).

70. Élisabeth de Vermandois, l'aînée, et Raoul, le cadet, désormais héritier du comté de Vermandois.

71. Cette association fréquente dans les sources d'Adélaïde et d'Aliénor montre plutôt la très bonne entente entre les deux femmes.

72. Odon de Deuil, p. 318.

à califourchon, à la manière des hommes[73] ». Il est en effet possible que, pour un aussi long voyage, Aliénor et les femmes qui l'accompagnent[74] préfèrent monter normalement plutôt qu'en amazone, position aussi inconfortable que dangereuse.

Une fois arrivé à Constantinople, au début d'octobre 1147, le couple royal est reçu avec faste par l'empereur qui fait admirer aux Francs les splendeurs incomparables de sa cité. Les palais impériaux comprennent des centaines de pièces en enfilade et recouvertes de mosaïques d'or. Une Sainte-Chapelle grandiose avec ses colonnes de jaspe et de porphyre, un pavement de marbre blanc lisse et clair comme le cristal recèle le trésor le plus prestigieux de la chrétienté : des morceaux de la Vraie Croix, « le fer de lance dont Notre-Seigneur eut le flanc transpercé et les deux clous qu'on lui planta dans les mains [...] ; la sainte couronne[75] ». Même le clerc Odon n'en revient pas : Sainte-Sophie, mais aussi les innombrables églises, sont riches et pleines de reliques. Du palais des Blachernes, le regard domine la ville, la plaine et la mer qui forment un tableau enchanteur et les mets des festins offerts sont exquis[76]. Les impératrices étant présentes aux côtés de leur époux lors des cérémonies officielles et à la fin des banquets[77], Aliénor et Irène se sont certainement rencontrées et entretenues entre dames cultivées. Ce qui est sûr, c'est que le raffinement byzantin est bien supérieur à celui que les princesses connaissent en Occident et l'on imagine sans peine l'effet de ces splendeurs exotiques sur Aliénor.

73. Jean Flori, *Aliénor...*, *op. cit.*, p. 65.

74. Aucune source contemporaine *a priori* ne mentionne les femmes qui accompagnent Aliénor, ce qui est un indice de leur petite noblesse. L'indication parfois reprise de François Armand Gervaise (1660-1751) dans son *Histoire de Suger* qu'Aliénor est « accompagnée de la Comtesse de Blois, de Sibylle Comtesse de Flandres, de Mamille de Roucy, de Florine fille du Duc de Bourgogne, de Tolqueri Duchesse de Bouillon, et la Comtesse de Toulouse, & plusieurs autres Dames de qualité, dont on aurait pu faire une petite armée, quoiqu'un peu embarrassante », est farfelue (F. A. Gervaise, *Histoire de Suger*, Paris, 1721, t. 3, p. 293). Pour ne relever que les invraisemblances les plus frappantes, Florine, qui est la fille du duc Eudes Ier de Bourgogne, a participé à la première croisade. Il n'y a évidemment pas de duchesse de Bouillon au temps d'Aliénor. La comtesse de Toulouse, qui est alors l'épouse d'Alphonse Jourdain, si elle a participé à la deuxième croisade, ce qui est peu probable, aura suivi la même route que son mari, par voie de mer.

75. Robert de Clari, § 82, 83.

76. Odon de Deuil, p. 321.

77. Élia Grabié, *Les Femmes de la cour à Byzance aux XIe et XIIe siècles*, Mémoire de recherche Master 1 études médiévales, Université Toulouse II-Jean-Jaurès, 2016, p. 29.

L'ambiance est cependant ternie en fin de séjour, non seulement en raison de l'hommage des barons français exigé par l'empereur, très mal perçu par les Francs puisqu'il induit une vassalité vis-à-vis des Grecs, mais surtout parce qu'il réclame pour son neveu comme épouse une des parentes de la suite de la reine[78]. Tout porte à croire que cette demoiselle mystérieuse est l'une des filles d'Amédée III de Maurienne, croisé très en vue, frère de la reine Adélaïde et oncle de Louis VII. L'heureuse élue serait donc cousine germaine du roi, et par alliance d'Aliénor[79]. L'offre de Manuel Ier non seulement ne flatte pas le père, mais inquiète ses proches. La réputation sulfureuse de l'empereur[80] fait-elle soupçonner qu'il gardera la promise pour lui comme concubine ? C'est probable. Aussi, Aliénor, Amédée et Robert de Dreux, frère du roi, sans doute de concert, organisent l'exfiltration de la princesse. Robert emmène la jeune fille et se dirige vers Nicomédie, et tous pensent qu'il est grand temps de quitter ces Grecs à l'amitié ambiguë.

Malheureusement, la suite du voyage est une série d'épreuves et une longue marche à travers les montagnes d'Anatolie. L'épisode du mont Cadmos en janvier 1148 est bien connu. À l'avant-garde de l'ost, Amédée de Maurienne, oncle du roi, et Geoffroy de Rancon, vassal de la reine, en ne respectant pas les ordres d'attendre au sommet le reste des troupes, entraînent le massacre par les Turcs de l'arrière-garde menée par Louis VII. À la tombée de la nuit, les rescapés épuisés atteignent le camp dans la vallée et, en apprenant l'attaque, les devanciers sont en plein désarroi : « Chacun parcourait les lieux environnants, l'un cherchant son père, l'autre son seigneur, celle-ci son fils, celle-là son mari ; mais ils ne trouvaient point ce qu'ils cherchaient, et veillant toute la nuit, accablés sous le poids de leurs inquiétudes, ils passaient le temps à redouter tout ce que l'absence peut faire imaginer de plus affreux[81]. »

D'après Odon de Deuil, Louis VII s'en sort de justesse, « couvert de sang et accablé de fatigue[82] ». Mais d'Aliénor, pas un mot.

78. Odon de Deuil, p. 331.

79. On ne peut exclure qu'il s'agisse d'une autre demoiselle, cousine germaine d'Aliénor du côté maternel.

80. « Parlant des amours de Manuel Ier, [Nicétas Chôniatès] en assigne les excès sexuels à la jeunesse [...] » (Angeliki E. Laiou, *Mariage, amour et parenté à Byzance aux XIe-XIIIe siècles*, Paris, De Boccard, 1992, p. 87).

81. Guillaume de Tyr, t. 2, p. 509. Les femmes participant aux croisades étaient nombreuses.

82. Odon de Deuil, p. 365.

Ce silence pourrait-il signifier qu'elle voyageait avec l'avant-garde indisciplinée ? Rien n'est moins sûr puisqu'il semble que les princesses se trouvaient – logiquement – au milieu du convoi[83].

La suite du voyage n'est pas plus joyeuse. On est en plein hiver, la famine s'installe, on mange les chevaux sous des pluies diluviennes. Il n'y a plus de confort royal pour personne et gagner le port d'Antalya est un cauchemar. Sur place, les bateaux manquent pour transporter les hommes vers la Terre sainte et, après cinq semaines de négociations infructueuses avec les Grecs, Louis VII se résigne à prendre la mer jusqu'à Antioche accompagné d'Aliénor et de ses principaux barons. Dupés par la collusion entre les Turcs et les Byzantins, ceux qui restent sont massacrés ou réduits en esclavage et à la conversion à l'islam[84]. L'ost est décimé.

Lors de ces mois éprouvants, Louis VII a failli périr, Aliénor a vu de ses yeux la mort en masse et les désespoirs individuels. Nombre de seigneurs ont disparu. Lorsqu'ils débarquent près d'Antioche, le 19 mars 1148, certainement exténués moralement et physiquement, presque une année s'est écoulée depuis leur départ.

Le pèlerinage en Terre sainte et « l'incident d'Antioche »

Les survivants sont heureusement reçus avec chaleur et faste par l'oncle d'Aliénor, Raymond de Poitiers, devenu prince d'Antioche par son mariage en 1136 avec l'héritière de la principauté, Constance d'Antioche. Il les accueille à la tête d'une solide escorte et le couple royal entre dans la cité au milieu de tout le clergé et du peuple accourus au-devant de leurs pas[85].

La princesse Constance d'Antioche, en 1148, est une femme de vingt-deux ans, mère de deux jeunes enfants, qui a certainement à cœur de « consoler, réconforter et revivifier ces survivants[86] », et qui met à disposition de la reine de France – sa nièce par alliance – tout le confort oriental imaginable. Bientôt, en effet, Aliénor se sent revivre. Elle apprécie tout particulièrement la compagnie de son

83. Jean Flori, *Aliénor…, op. cit.*, p. 77.
84. Odon de Deuil, p. 383.
85. Guillaume de Tyr, t. 2, p. 512.
86. Selon l'expression de Jean de Salisbury.

oncle Raymond avec qui elle a des « entretiens ininterrompus ». Peut-être évoquent-ils ensemble le Poitou de leur enfance, peut-être discutent-ils de stratégie militaire et de l'offensive contre Alep à laquelle le prince tente de rallier Louis VII. Peut-être lui explique-t-il la vie en Terre sainte, les forces en présence, le mode de vie. Peut-être badinent-ils… Bien sûr, nous n'en savons rien.

La reine s'est-elle éprise de cet homme « d'une taille élevée et à la tournure la plus gracieuse et la plus élégante […], plus beau que tous les rois et princes de la terre » et qui « se recommandait par sa manière de parler et par son affabilité », comme le décrit l'historien des croisades Guillaume de Tyr[87] ? C'est possible. Avec un tel portrait, nous ne saurions l'en blâmer. Ce qui est sûr, c'est que Louis VII est vite alarmé par cette complicité entre Raymond et son épouse et le plaisir visible qu'ils prennent à leurs colloques. Jaloux, le roi, qui aime Aliénor « d'un amour presque immodéré[88] », accélère le départ, peut-être seulement après deux ou trois semaines de séjour. Il décide « irrévocablement », avant tout projet militaire, d'aller se recueillir à Jérusalem sur le tombeau du Christ. Raymond, qui n'a lésiné ni sur les cadeaux dès qu'il a su le projet de croisade du roi, ni sur la munificence de son accueil, cache mal son mécontentement.

Aliénor, elle, est furieuse. Elle refuse catégoriquement de quitter Antioche pour Jérusalem et, évènement inouï dans l'histoire de France, elle demande à Louis le divorce au motif d'une parenté au quatrième et cinquième degré[89]. C'est le monde à l'envers, du moins pour les hommes du temps. Comme le remarque Jean Flori, « ce sont les princes qui, d'ordinaire, invoquaient la consanguinité pour rompre un mariage qui avait cessé de leur convenir lorsque l'épouse avait perdu sa fraîcheur, se révélait peu désirable ou incapable de mettre au monde un fils[90] ». Un coup de foudre pour Raymond de Poitiers est-il la raison de ce rejet brutal de Louis VII et du refus de l'accompagner ? A-t-elle, comme nombre d'écrits l'ont évoqué ou affirmé, une liaison incestueuse avec son oncle ?

87. Guillaume de Tyr, t. 2, p. 360.

88. *Historia Pontificalis*, p. 53.

89. *Ibid.* L'Église, officiellement, interdisait les mariages jusqu'au septième degré. Sur les degrés réels de parenté d'Aliénor et Louis, voir Jean Flori, *Aliénor…*, *op. cit.*, p. 500 (Arbres généalogiques) ; James A. Brundage, « The Canon Law… », *op. cit.*, p. 215.

90. Jean Flori, *Aliénor…*, *op. cit.*, p. 334.

Il est certain que la reine de France a bien des raisons d'être lassée de sa situation. Empêchée politiquement comme duchesse d'Aquitaine, subissant la sourde réprobation de ne pas donner un fils à la Couronne alors même qu'elle n'est pas stérile et qu'elle peut aisément imputer à son mari l'absence d'héritier, elle vient de surcroît de traverser de terribles épreuves. Elle profite enfin d'un repos mérité dans le luxueux confort dont une reine est digne, après une année de voyage, et Louis exige d'elle qu'elle remonte à cheval pour un nouveau périple de centaines de lieues, non pour secourir les chrétiens d'Orient, mais pour lui permettre d'accomplir son vœu personnel de pèlerinage. Cette fois, le vase d'Aliénor est plein.

A-t-elle couché avec son oncle ? Qu'il y ait eu affection ou sentiment, tout porte à le penser, mais le passage à l'acte est en revanche invraisemblable[91]. Outre qu'il aurait fallu faire vite entre l'arrivée de la reine à Antioche et son départ – moins de trois semaines –, et qu'elle est nécessairement entourée des nombreuses dames de sa suite, le double adultère se serait produit pour ainsi dire sous les yeux du roi, mais aussi de l'épouse du prince. Or, Raymond ne tient la principauté que *du chef de sa femme*[92], et un « péché mortel » aussi spectaculaire est un énorme risque politique pour lui. Enfin, Aliénor, sans aucun scrupule religieux, et avec une grande duplicité, aurait argué en vue de la séparation d'un lien consanguin avec Louis pour des aïeux ou des cousinages fort éloignés, au moment même où elle entretenait des rapports sexuels incestueux avec son oncle[93]. Ce qui est indiscutable en tout cas, c'est qu'elle n'aime pas – ou plus – Louis VII et que leur entente des premières années n'a pas survécu à l'épreuve du désastre en Anatolie.

Bien vite, un familier du roi conseille fort justement à son souverain de ne pas accepter ce divorce et, pour prévenir toute discussion, dans la première quinzaine d'avril, Louis VII enlève Aliénor et quitte Antioche secrètement, à l'insu de son hôte. Guillaume de

91. Sur « l'incident d'Antioche », bien connu, nous renvoyons au dossier documenté de Jean Flori, *Aliénor…*, *op. cit.*, p. 295-335 ; voir aussi Gaëlle Audéon, « Aliénor d'Aquitaine († 1204). Compléments sur l'incident d'Antioche », mars 2024, p. 1-7 [en ligne] Academia.edu, 2024.

92. Nous rencontrerons souvent cette mention qui met en exergue un mariage hypergamique, où l'homme est d'un rang inférieur à son épouse. On trouve aussi l'expression « de par sa femme » dans les sources ou les traductions du latin.

93. L'accusation d'adultère des reines et princesses royales doit être contextualisée dans un *continuum* de diffamation, aujourd'hui bien documenté (voir *infra*, « Conclusion »).

Tyr peut bien écrire que « celui qui avait été accueilli avec les plus grands honneurs à son arrivée se retira sans gloire[94] ».

Du séjour d'Aliénor en Palestine, il n'y a plus de trace malgré une année entière sur place, puisque sans s'occuper le moins du monde des instances que lui adresse le vieux Suger, accablé par le fardeau des responsabilités, pour qu'il rentre en France[95], Louis VII ne s'embarque à Acre pour le retour vers son royaume qu'après Pâques 1149, sans doute fin mai. La croisade du roi se résume à son recueillement devant le Saint-Sépulcre, l'échec à prendre Damas, et une visite en pèlerin dans de nombreux lieux saints. Pendant ce temps, la reine a peut-être nourri un motif supplémentaire de ressentiment envers son mari, car pendant le voyage, Louis s'est lié d'amitié avec le jeune croisé Henri de Champagne, fils du comte Thibaud IV, au point de lui promettre en mariage leur fille Marie[96]. Or, il est douteux qu'Aliénor ait cautionné cet engagement avec le fils de celui qui a bloqué avec tant de virulence le mariage de sa sœur Pétronille.

À ce moment, la mésentente est telle entre les époux que, lors du voyage retour, ils voguent sur deux galères différentes. La chronologie des évènements est ensuite confuse, mais selon l'un des clercs les plus érudits de son temps, Jean de Salisbury, l'empereur Manuel Ier, averti du départ du roi de France par mer, a posté ses navires pour le capturer, peut-être au large du Péloponnèse[97]. Louis VII échappe à l'enlèvement, mais la nef d'Aliénor est prise. Finalement, les hommes du roi Roger II de Sicile la délivrent et la conduisent à Palerme. Le couple semble se retrouver en Calabre en août, après trois semaines d'attente pour Louis, qui n'a pas caché son inquiétude dans une lettre à Suger[98]. Peu après ces retrouvailles, affaiblie par l'épreuve, sans doute dans un état d'extrême fatigue, Aliénor tombe gravement malade[99] et le roi doit attendre qu'elle se rétablisse pour se rendre à Tusculum, où le pape Eugène III accueille chaleureusement le couple royal le 9 octobre 1149.

La reine, reconnaissante, apprend du pape lui-même que lorsqu'il était en France l'année précédente, il a levé l'excommunication qui

94. Guillaume de Tyr, t. 2, p. 513-514.
95. Yves Sassier, *Louis VII*, *op. cit.*, p. 197.
96. Theodore Evergates, *Marie of France…*, *op. cit.*, p. 4.
97. *Historia Pontificalis*, p. 60-61.
98. RHF 15, p. 513-514.
99. *Ibid.*, p. 518-519.

pesait sur son beau-frère Raoul de Vermandois et enfin prononcé le divorce avec Éléonore de Blois[100]. Pétronille et Raoul ont ainsi pu se marier légitimement devant Dieu et c'est évidemment un immense réconfort pour la reine.

Bien informé de « l'incident d'Antioche », le pape joue le rôle étonnant de conseiller conjugal auprès d'Aliénor et Louis. Il écoute les griefs de chacune des parties puis leur défend de jamais plus évoquer la consanguinité. Il confirme la validité du mariage, oralement et par écrit, et proclame que nul, sous peine d'anathème, ne devra aller à l'encontre de l'union ou ne pourra la dissoudre, pour quelque motif que ce soit. Louis VII est aux anges. Aliénor, elle, cède apparemment aux instances du vieil homme, qui use de son ascendant pour faire coucher les époux dans le même lit, dont il a lui-même choisi les précieuses tentures ! Ne les lâchant pas d'une semelle, il s'applique par ses paroles bienveillantes à « rénover leur tendresse[101] ».

Il leur faut ensuite un mois de plus pour franchir les Alpes et regagner l'Île-de-France. Leur croisade sans gloire aura duré deux années et cinq mois.

Divorce à Beaugency et remariage avec Henri d'Anjou

Les sources sont presque muettes sur les années qui suivent le retour d'Aliénor en France[102], mais trois évènements se produisant peu après l'amènent vraisemblablement à une séparation radicale et définitive avec Louis VII[103].

---

100. Dans les faits, Eugène III a tenu une assemblée à Reims pour entendre les partis, Raoul de Vermandois et l'épouse répudiée Éléonore de Blois, mais tout était joué d'avance. La dot d'Éléonore de Blois avait préalablement été restituée par Raoul à son ex-beau-frère Thibaud IV de Blois, et des prélats témoignèrent de la consanguinité (non sans une « forte suspicion de corruption »). Jean de Salisbury, qui prend le parti d'Éléonore de Blois, montre qu'elle a cédé de guerre lasse, mais aussi parce qu'elle n'avait « aucun désir de retourner au comte qui avait donné son affection à une autre » (*Historia Pontificalis*, p. 12-13). Raoul et Pétronille ne voient donc pas leur mariage validé en raison de la mort d'Éléonore de Blois comme le relatent la majorité des ouvrages.

101. Témoignage de Jean de Salisbury (*ibid.*, 1986, p. 61).

102. Ce point est noté par Elizabeth A. R. Brown, « Eleanor of Aquitaine... », *op. cit.*, p. 8.

103. Aucune source ne démontre que la réconciliation « décrétée » par le pape ait perduré après le voyage en Italie. Le point de vue d'une bonne entente retrouvée

Avant la fin de l'année, la reine apprend la mort de son oncle et prince d'Antioche, Raymond, survenue le 29 juin 1149 alors qu'il portait secours à l'une de ses forteresses attaquée par le fils de l'atabeg Zengi, Nur al-Din[104]. Son chagrin, sans doute violent, est renforcé par la rancune contre son mari qui avait refusé d'aider son oncle à défendre la frontière nord de sa principauté[105]. De là à le rendre indirectement responsable de la mort de Raymond, il n'y a qu'un pas.

Un autre drame, beaucoup plus proche, anéantit la reine. Sa sœur tendrement chérie, Pétronille – qu'elle n'a jamais cessé d'appeler Alix[106] –, meurt prématurément à vingt-huit ans, vraisemblablement dans la première moitié de l'année 1150. C'est sans aucun doute pour cette raison que la seconde fille d'Aliénor, fruit de l'ingérence du pape en octobre au sein du couple royal, est prénommée Alix[107]. Il est difficile de concevoir la tristesse de la reine, qui perd en sa sœur la seule parente proche qui bénéficiait de son indéfectible affection.

La naissance d'une fille enfin, en lieu et place de l'héritier espéré, a déçu Aliénor et plus encore le roi, qui l'a peut-être manifesté. Remarquons au passage que l'intervention personnelle des sommités de la chrétienté semble avoir été nécessaire à cette époque pour la conception des deux enfants de Louis VII, ce qui n'est pas un indice de bonne entente du couple.

Après deux années de croisade éprouvantes, 1150 est une *annus horribilis* pour Aliénor, et l'on imagine avec empathie qu'elle est plongée dans une profonde dépression[108]. Il est peu probable que ses filles l'aident à surmonter son chagrin. Elle n'a pas vu grandir

du couple après cette intervention pontificale tend à faire oublier la demande initiale de séparation de 1148 par Aliénor, au moment du divorce effectif en 1152, et montrer ainsi qu'il est à l'initiative du roi.

104. Jean Richard, *Histoire des croisades…*, *op. cit.*, p. 182.

105. Dans les faits, la situation locale était beaucoup plus complexe et Raymond de Poitiers non exempt de responsabilité dans sa propre perte, mais il est douteux qu'Aliénor ait eu connaissance du détail d'une situation territoriale en instabilité permanente (voir Jean Richard, *ibid.*).

106. Alfred Richard, *Histoire des comtes de Poitou…*, t. 2, *op. cit.*, p. 505.

107. « Denique post illam regressionem ipse genuit unam filiam ex Aleenoride conjuge sua, nomine Aaliz » (*Historia gloriosi regis Ludovici*, p. 161). L'hypothèse d'une naissance consécutive à la nuit « italienne » est consensuelle (Jean Flori, *Aliénor…*, *op. cit.*, p. 80; Ralph V. Turner, *Aliénor…*, *op. cit.*, p. 118). Nous savons par ailleurs que Pétronille est morte vers 1150 car peu après, Raoul de Vermandois se remarie. Cela conforte aussi l'hypothèse que Marie, l'aînée, avait été confiée à Pétronille-Alix.

108. Si le terme n'est pas utilisé, le mal, lui, est bien diagnostiqué par les contemporains, ce que nous verrons dans plusieurs situations.

Marie, élevée selon toute vraisemblance par sa sœur. La petite fille a désormais cinq ans et a été promise sans son accord à Henri de Champagne – que nous appellerons aussi Henri le Libéral[109]. Quant à la cadette, elle ne l'a pas désirée. A-t-elle la force nécessaire pour envisager une nouvelle demande de divorce? C'est peu probable, car Suger, farouchement opposé à la rupture, a toujours la confiance du roi, et peut-être la reine mère Adélaïde, par intelligence politique, la refuse-t-elle également.

Après plusieurs mois de flottement, 1151 est une année déterminante qui solde le passé d'Aliénor avec Louis VII. Le 13 janvier, l'abbé de Saint-Denis meurt à l'âge de soixante-dix ans. Ce décès du vieil ennemi de la reine lui permet de réenvisager la séparation tant désirée depuis Antioche. Raoul de Vermandois, son beau-frère septuagénaire, se remarie quant à lui pour la quatrième fois avec Laurette d'Alsace, fille du comte de Flandre qui avait échappé au projet matrimonial du comte de Champagne[110]. Par ailleurs, Raoul peut désormais s'enorgueillir d'un héritier et de deux filles pour suppléer – Élisabeth de Vermandois et Éléonore de Vermandois. C'est sans doute le signe d'un éloignement de la cour.

Enfin, un nouvel échec militaire du roi confirme aux yeux d'Aliénor, s'il en était besoin, son incompétence comme chef de guerre et sa défaillance dans la défense des intérêts de son royaume – un *loser*, pour ainsi dire! Louis VII a en effet découvert avec dépit après sa longue absence que la situation anglo-normande a évolué défavorablement pour sa souveraineté territoriale. Le comte Geoffroy V d'Anjou a investi son fils aîné Henri du duché de Normandie en s'abstenant de l'hommage dû au roi. Il faut ici dire un mot de la situation particulière et complexe de ce fief dans la vassalité du roi de France, et qui jouxte le domaine royal. Si le comte d'Anjou en est le duc, c'est du chef de son épouse Mathilde, fille du

109. Le comte se nommait lui-même « comte palatin de Troyes » dans ses actes, et non comte de Champagne (Theodore Evergates, *Henry the Liberal, Count of Champagne, 1127-1181*, Philadelphia, University of Pennsylvania Press, 2016, p 35).

110. *Historia Pontificalis*, p. 13. D'autres sources mentionnent ce mariage du comte et de Laurette d'Alsace (voir Heather Tanner, « Elisabeth and Eleanor of Vermandois : Succession and Governance in the Counties of Vermandois, Valois and Amiens », *Medieval Prosopography*, vol. 34, 2019, p. 88, n. 8). L'affirmation de Moreau-Néret d'une fille posthume du comte de Vermandois issue de son union avec Pétronille qui lui aurait survécu est sans fondement (Adrien Moreau-Néret, « Le comte de Vermandois... », *op. cit.*, p. 109, 115).

roi Henri Ier Beauclerc, roi d'Angleterre et duc de Normandie[111], et qui l'a désignée à sa succession, faute d'autres héritiers. Au décès de ce roi en 1135, Mathilde, que l'on appelle l'Emperesse en raison d'un premier mariage avec l'empereur d'Allemagne Henri V, tente de faire valoir ses droits au trône d'Angleterre, mais un cousin, Étienne de Blois, a coiffé sa couronne au poteau ! S'ensuit une longue guerre civile entre Mathilde et son parent, triste période restée dans l'histoire sous le nom d'Anarchie. La situation est tout aussi difficile dans le duché de Normandie où Geoffroy d'Anjou doit prendre les armes pour s'imposer. C'est chose faite en 1145. Au retour de sa croisade, Louis VII a bien des velléités d'entrer en guerre contre son vassal présomptueux, mais Suger s'y oppose en 1150. Pire, le fils aîné de Mathilde et de Geoffroy d'Anjou, Henri – le futur Plantagenêt –, apparaît désormais aux barons d'outre-Manche comme un recours sérieux pour la succession, alors que le roi Étienne de Blois est en grande difficulté. Louis VII, qui avait marié sa sœur Constance de France à Eustache, fils d'Étienne, s'allie à son beau-frère à qui il veut offrir la Normandie pour contrer ces Normands-Angevins, et mène sans aucun succès des offensives au nord comme au sud du duché.

Un compromis est nécessaire et, fin août 1151, le comte d'Anjou et son fils Henri, âgé de dix-huit ans, se présentent à Paris. En échange de l'hommage pour le duché, et de la confirmation de la cession du Vexin normand et de son château de Gisors au roi de France, Louis VII reconnaît Henri comme duc de Normandie[112].

Aliénor préside bien sûr les festivités qui suivent cet accord. Elle entrevoit certainement Henri, lors de cette rencontre, comme sa porte de sortie[113]. Leurs fiefs rassemblés en feraient les plus puissants vassaux du royaume. Elle a bien compris, comme son mari, que le vent tourne en Angleterre et qu'une succession au trône est envisageable pour le jeune duc. Le charme d'une reine, riche duchesse auréolée du statut de croisée, s'accorde bien à la jeunesse

111. Henri Ier Beauclerc est le fils du duc de Normandie Guillaume le Conquérant, qui a conquis l'Angleterre en 1066.

112. Wilfred L. Warren, *Henry II*, New Haven et Londres, Yale University Press, 1973, 2000, p. 42.

113. Sur les différentes appréciations sur la préméditation de l'union avec Henri d'Anjou, voir notamment : Wilfred L. Warren, *Henry II…*, *op. cit.*, p. 42 ; Yves Sassier, *Louis VII*, *op. cit.*, p. 226-227 ; Jean Flori, *Aliénor…*, *op. cit.*, p. 87-94.

prometteuse d'un vassal formidablement possessionné et aux ambitions royales déclarées.

Fort opportunément, une semaine plus tard, le comte Geoffroy d'Anjou meurt à trente-neuf ans. Sans que nous ne puissions rien affirmer sur le calendrier, c'est vraisemblablement à cette période qu'Aliénor se décide : cette fois, elle compte bien divorcer, puis se remarier avec Henri – un projet qu'elle garde secret. Désormais, il n'y a plus qu'à convaincre Louis d'accepter la séparation, ce qui est aisé.

De fait, la dégradation de leurs relations est publique, sa réputation est entachée par des soupçons d'adultère avec son oncle et, surtout, elle ne lui a pas donné de fils. Elle est donc en mesure de poser un ultimatum : sa liberté contre les apparences d'une rupture à la demande du roi, sans quoi elle s'en ira, avec ou sans son accord. Si Louis VII accepte, c'est qu'en plus de ces bonnes raisons qu'il ressasse sans doute lui aussi, leur fille Marie reste l'unique héritière du duché d'Aquitaine et du comté de Poitou malgré la séparation. Voilà, malgré une historiographie constante pour prouver que Louis VII est celui qui désirait la séparation, l'histoire telle qu'elle a pu se produire, car c'est Aliénor, et non Louis, qui, quatre ans auparavant, a demandé le divorce.

En fin d'année, le couple effectue une tournée dans les fiefs de la duchesse et le roi relève ses garnisons[114]. Aliénor et Louis, peut-être apaisés, tiennent leur dernière cour de Noël à Limoges puis rentrent en Île-de-France. Le 21 mars 1152, à Beaugency, la décision « téléphonée » du divorce au motif de consanguinité est actée par une assemblée des plus grands prélats du royaume, qui n'ont traditionnellement rien à refuser à leur souverain, présidée par l'archevêque de Reims, et en présence de l'archevêque de Bordeaux qui avait marié le couple quinze ans plus tôt[115].

Aliénor n'est plus reine de France, mais redevient pleinement duchesse d'Aquitaine et comtesse de Poitou. Elle chevauche vers Poitiers, laissant ses filles Marie et Alix, reconnues légitimes par l'assemblée de Beaugency[116], aux soins de son mari à qui elles

114. Wilfred L. Warren, *Henry II…*, *op. cit.*, p. 42.

115. Sur le divorce d'Aliénor et Louis, voir James A. Brundage, « The Canon Law… », *op. cit.*, p. 213-221.

116. *Ibid.*, p. 218.

appartiennent désormais, et qui peut les utiliser à toutes fins diplomatiques et politiques. Peu importe, cela ne la concerne plus. Femme de trente-deux ans, elle est enfin libre quatre ans après avoir réclamé le divorce, et elle se remarie deux mois plus tard avec le valeureux comte d'Anjou et duc de Normandie, Henri d'Anjou, que l'on appellera désormais Henri Plantagenêt.

Dès lors, le domaine royal français est dangereusement cerné.

2

Les quatre Filles du roi Louis VII

« Et cette ardeur nous avait enflammés aussi,
afin que Dieu nous donne un enfant du meilleur sexe,
car nous étions épouvantés par la multitude de filles. »

Louis VII[1]

Après le remariage immédiat de son ex-épouse Aliénor avec Henri Plantagenêt, les calamités s'accumulent pour Louis VII. Son problème le plus crucial reste l'absence d'héritier mâle dont il se plaint amèrement. L'exemple outre-Manche d'une guerre civile et familiale interminable est assurément un repoussoir pour le roi de France. Il utilise cependant ses filles sans scrupules pour affermir ses frontières, s'assurer des alliés, mais aussi pour prix de sa situation fragile face à ses redoutables vassaux Plantagenêt. Pour comprendre tous les enjeux, un panorama de la situation et des forces en présence s'impose.

Adieu l'Aquitaine !

Avec le mariage d'Aliénor et Henri en mai 1152, l'union des fiefs d'Aquitaine et du Poitou à ceux de la Normandie et de l'Anjou constitue une menace directe pour la sécurité du domaine royal de

1. Duchesne, *Historiae Francorum Scriptores*, t. IV, 1641, p. 657-658.

Louis VII. Elle compromet également l'héritage du duché dévolu à sa fille Marie – et donc à son fiancé Henri le Libéral, comte de Champagne –, dans le cas où Aliénor aurait un fils d'Henri Plantagenêt, en vertu de la succession prioritaire pour les fils.

Parallèlement, la vieille génération s'éteint. Le comte Thibaud IV de Blois est mort en janvier 1152. Raoul de Vermandois, peu après son remariage avec Laurette d'Alsace, tombe gravement malade et se remet difficilement. Son médecin lui recommande alors de s'abstenir de rapports charnels avec son épouse, mais peu après, il détecte « par son urine » que le comte ne respecte pas ses instructions. Il lui conseille de mettre ses affaires terrestres en ordre, car, lui prédit-il, il trépassera dans les trois jours. Jean de Salisbury, à qui nous devons ces détails triviaux, conclut, réprobateur, qu'il est mort par le vice qui l'avait asservi[2]. Ainsi, à l'automne 1152, s'achève la longue vie de celui qui a été, contre vents et marées, le mari de Pétronille d'Aquitaine. L'un de leurs farouches adversaires, l'abbé Bernard de Clairvaux, disparaît à son tour à l'été 1153.

En août de la même année, Eustache de Boulogne, fils du roi d'Angleterre Étienne et époux de Constance de France, sœur de Louis VII, meurt soudainement en même temps que naît Guillaume d'Angleterre, premier fils d'Aliénor et d'Henri. Le choix du prénom par Aliénor est en soi une affirmation de l'héritage aquitain pour ce premier-né puisqu'il est usuellement porté par ses ducs[3]. La princesse Marie de France est mécaniquement déshéritée, et comme nous le verrons, cela rend la jeune fiancée beaucoup moins belle aux yeux d'Henri le Libéral, de presque dix-sept ans son aîné. Plus grave encore pour Louis VII, la mort d'Eustache entraîne la prompte réconciliation en novembre du roi Étienne avec son cousin Henri Plantagenêt, qu'il désigne comme successeur au trône d'Angleterre, mettant ainsi fin à près de quinze années de guerre contre sa cousine Mathilde : à plus ou moins brève échéance, le fils de l'Emperesse deviendra Henri II d'Angleterre. Le rapport de force s'annonce défavorable à l'extrême pour le roi de France, de nouvelles alliances doivent être nouées d'urgence et l'année 1154 est consacrée à cet objectif.

---

2. *Historia Pontificalis*, p. 14-15.

3. Robert de Torigni note le fait (*Chronique de Robert de Torigni*, éd. Léopold Delisle, t. 1, Rouen, 1872, p. 280). Remarquons que c'est aussi le prénom du Conquérant.

En France, un autre homme s'inquiète de l'enfermement territorial, à l'autre bout du royaume : le comte Raymond V de Toulouse. Entre l'Aquitaine au nord et les comtes de Barcelone qui tiennent l'Aragon, mais aussi la Provence, sa situation est inconfortable, d'autant qu'Henri Plantagenêt peut désormais revendiquer son comté du chef de sa femme Aliénor, en vertu des droits de la grand-mère paternelle de cette dernière, Philippa[4].

Il faut donc agir tant qu'il est temps. C'est pourquoi l'alliance de Raymond V et du roi de France est bientôt scellée par le remariage de sa sœur Constance de France, veuve d'Eustache, avec le comte toulousain. Dans le même temps, Louis VII épouse à Orléans en 1154[5] la fille du roi Alphonse VII de Castille, elle aussi prénommée Constance de Castille, peut-être âgée de dix-huit ans. La nouvelle reine de France est sacrée le jour même ou peu après[6] mais la reine mère Adélaïde de Maurienne, malade, n'assiste pas à ces nouvelles noces de son fils. Elle s'éteint à l'automne, à soixante-dix ans, dans l'abbaye de Montmartre qu'elle avait fondée avec son mari Louis VI. Elle s'était séparée l'année précédente de son époux Mathieu de Montmorency pour vivre avec les moniales et achever pieusement sa vie[7].

Le 25 octobre 1154, le roi Étienne meurt lui aussi, et le 19 décembre, Henri et Aliénor sont couronnés ensemble à Westminster. En février 1155, la nouvelle reine d'Angleterre accouche d'un second fils, Henri – que nous nommerons désormais Henri le Jeune –, ce qui ôte définitivement l'espérance à Louis VII de recueillir un jour le duché d'Aquitaine. Désormais, la priorité pour le roi de France est la naissance d'un héritier « du meilleur sexe ».

---

4. Jean-Luc Déjean, *Les Comtes de Toulouse.1050-1250*, Paris, Fayard, 1979, 1988, p. 136, 152, 208. Il faut reconnaître que toutes ces généalogies et leurs enjeux territoriaux sont fort complexes !

5. Un acte du roi de Castille indique un mariage en 1153 (voir Patrick Van Kerrebrouck, *Nouvelle histoire généalogique de l'auguste maison de France, Les Capétiens. 987-1328*, Villeneuve-d'Ascq, 2000, p 103, n. 61).

Il pourrait s'agir d'une date en ancien style.

6. Andrew W. Lewis, « La date du mariage de Louis VI et d'Adelaïde de Maurienne », *Bibliothèque de l'École des chartes*, 1990, t. 148, livraison 1, p. 6, n. 3.

7. Kathleen Nolan, « The Tomb of Adelaide of Maurienne and the Visual », in *Capetian Women*, éd. Kathleen Nolan, New York, Palgrave Macmillan, 2003, p. 48.

Constance de Castille, une reine discrète et éphémère

On ne sait s'il s'applique à la tâche avec énergie, mais ce qui est sûr, c'est que c'est seulement en 1157 – après trois ans de mariage – que la reine Constance de Castille donne naissance à son premier enfant. Malheureusement pour le couple, c'est une fille, que l'on appelle curieusement Marguerite. Le prénom, qui signifie « perle » en latin, est en effet inédit dans la dynastie, et la sainte que l'on honore ainsi est Marguerite d'Antioche. En raison des douloureux souvenirs de Louis VII associés à cette contrée, on peut s'interroger sur ce choix et penser qu'un motif impérieux l'a guidé. Or, selon la légende, avant d'être décapitée au IIIe siècle, sainte Marguerite avait prié pour que toute femme en couches qui invoquerait son nom voie son enfant naître vivant et sain[8]. Des complications sont sans doute survenues lors de la naissance de Marguerite qui ont nécessité d'invoquer la bienheureuse d'Antioche. Pour Louis VII, hélas, la sainte est indifférente au sexe du nouveau-né et le roi se retrouve avec une nouvelle héritière sur les bras.

Le roi est néanmoins consolé par la survie de la mère et de l'enfant, mais aussi parce que les filles ont malgré tout une importance exceptionnelle dans les familles royales et nobles. Leur mariage est l'enjeu d'intérêts politiques, territoriaux et diplomatiques puisqu'elles sont le principal moyen de mettre un terme à un conflit par l'alliance entre deux familles. Il n'est pas rare non plus qu'elles permettent une union hypergamique pour des cadets peu fieffés ou des lignées en mal de titres. Adultes, elles s'entremettent pour assurer la paix entre les hommes belligérants et représentent parfois un frein puissant contre la guerre. Ainsi, dès leur plus jeune âge, elles font l'objet de promesses et de traités qui engagent leur destinée, même si les accords matrimoniaux initiaux n'aboutissent pas toujours, en raison de la mortalité infantile et des renversements d'alliances.

Marguerite de France illustre parfaitement ces pratiques politiques. Peu après sa naissance, en 1158, Louis VII accepte ses fiançailles avec Henri le Jeune, héritier présomptif du trône d'Angleterre âgé de quatre ans, et Henri II Plantagenêt vient en personne négocier la dot et prendre possession du nourrisson, qui devient de fait son otage. Le

8. *La Légende dorée*, p. 391-394.

roi de France accorde à son rival en dot de sa fille le comté du Vexin normand avec ses trois châteaux stratégiques – Gisors, Neauphle et Châteauneuf – qui reviendront au roi d'Angleterre une fois le mariage célébré[9]. De son côté le roi d'Angleterre promet un douaire conséquent à Marguerite : principalement la cité d'Avranches et deux châteaux en Normandie, la cité de Lincoln en Angleterre, une rente de 200 livres angevines et une autre de 1 000 livres anglaises[10]. Malgré l'atmosphère chaleureuse entre les deux souverains, chacun espère que la réalisation des conditions sera le plus tardive possible. Louis VII, qui a le plus à perdre, est contraint et forcé à cet accord malheureux en raison de sa présente faiblesse territoriale et politique, et le Vexin devient dès lors l'enjeu le plus disputé et le plus lourd de conséquences. Le roi a également imposé que l'éducation de Marguerite ne soit pas confiée à son ex-épouse Aliénor[11]. Peut-être est-ce la reine Constance, séparée très tôt de son premier enfant, qui a exigé cette condition aussi symbolique que pratique. C'est donc au sénéchal de Normandie d'Henri II, Robert du Neubourg, que l'enfant au berceau est remis en septembre 1158[12]. En novembre, les souverains français, en pèlerinage au Mont-Saint-Michel, s'arrêtent à Neubourg[13], où ils peuvent vérifier l'attention dont leur fille est entourée et son confort.

Enfin, au début du printemps 1160, la reine Constance est à nouveau enceinte et l'on attend désespérément à la cour de France l'« hoir mâle », d'autant que la reine Aliénor a donné à la dynastie du Conquérant deux autres garçons : Richard – le futur Cœur de Lion – en septembre 1157, et Geoffroy un an plus tard. Dans ce contexte propice aux Plantagenêts, la naissance d'une nouvelle fille le 4 octobre est une amère désillusion pour Louis VII. À l'accablement du roi infortuné s'ajoute le drame de la mort en couches de la

9. Matthew Strickland, *Henry the Young King, 1155-1183*, New Haven et Londres, Yale University Press, 2016, p. 26 ; Lindsay Diggelmann, « Marriage as Tactical Response : Henry II and the Royal Wedding of 1160 », *The English Historical Review*, vol. 119, n° 483, septembre 2004, p. 956 ; Wilfred L. Warren, *Henry II…, op. cit.*, p. 72.

10. Matthew Strickland, *Henry the Young…, op. cit.*, p. 26-27.

11. Jean Flori, *Aliénor…, op. cit.*, p. 109.

12. Matthew Strickland, *Henry the Young…, op. cit.*, p. 27 ; Yves Sassier, *Louis VII…*, 1987, p. 279 ; *Chronique de Robert de Torigni, op. cit.*, t. 1, p. 312.

13. Yves Sassier, *Louis VII, op. cit.*, p. 281 ; *Chronique de Robert de Torigni, op. cit.*, t. 1, p. 314 ; *Chronique du Bec*, éd. Abbé Porée, Rouen, 1883, p. 16, n° 8 ; Gervais de Canterbury, t. 1, p. 166 (la présence de Constance de Castille, mentionnée par Y. Sassier, probable, n'est toutefois pas indiquée dans ces sources).

reine Constance[14], peut-être en raison des séquelles de son premier enfantement. Elle n'a pas vingt-cinq ans. Bien souvent, dans ces moments tragiques, l'enfant ne survit pas à sa mère et c'est sans doute pour cette raison qu'un chroniqueur insiste sur la naissance d'une fille « indemne[15] ». Elle est prénommée Aelis, sûrement en l'honneur de feu la reine mère Adélaïde[16].

Les contemporains rapportent que la mort de la reine Constance de Castille, « modèle de bonté[17] », attriste le roi et le royaume[18]. Peut-être. Mais elle est l'une des reines capétiennes qui ont le moins laissé de traces. Un seul acte répertorié de Louis VII l'évoque en 1161 ou 1162 où il l'appelle sa « chère femme Constance[19] ». Mais peu après sa disparition, les évènements se précipitent.

Adèle de Champagne et les alliances champenoises

Après un deuil que l'on peut qualifier d'express, le roi de France épouse Adèle de Champagne en troisièmes noces à la Saint-Brice, le 13 novembre 1160[20]. Adèle est sacrée le jour même à Notre-Dame en présence de l'archevêque de Sens et de deux légats du pape

14. Les chroniques rapportent la mort en couches de la reine, notamment *Chronique de Robert de Torigni*, *op. cit.*, t. 1, p. 329; *Historia Gloriosi Regis Ludovici VII*, RHF 12, p. 128 C; GCF, t. 6, p. 70. Une seule précise que la reine est morte le 4 octobre 1160 (*Lamberti Waterlos Annales Cameracences*, RHF 13, 517 E). C'est donc le jour de la naissance d'Aelis de France.

15. RHF 13, p. 186 A.

16. Le prénom Aelis fait l'objet de formes variées tant en latin qu'en français : Aelis est utilisé dans la chronique de Rigord et dans les actes de Philippe Auguste (*Recueil des actes de Philippe Auguste*, t. I, n° 376, 508) et semble le plus fidèle, mais on trouve aussi Aaliz (Aubry de Trois Fontaines) ou Adelaidis (Ralph de Diceto).

17. Gilbert de Mons, t. 1, p. 131.

18. *Historia Gloriosi Regis Ludovici VII*, RHF 12, p. 129 A; Gilbert de Mons, t. 1, p. 130; GCF, t. 6, p. 71.

19. « Louis VII donne à la maison de la Pommeraie, la dîme du vin bu à Sens lorsqu'il y vient, avec la reine ou autrement, afin qu'on célèbre l'anniversaire de son père, le roi Louis, de sa mère Adélaïde, et de sa chère femme Constance, tous défunts » (Achille Luchaire, *Études sur les actes…*, *op. cit.*, n° 447). L'épithète « chère » (« carissima ») dans les actes, habituel mais non systématique, montre peut-être l'attachement de Louis VII à son épouse défunte.

20. Les chroniqueurs du parti Plantagenêt exagèrent encore ce court délai, l'un évoquant un remariage « moins de quinze jours » après le décès de Constance de Castille (Ralph de Diceto, RHF 13, p. 186 A), l'autre « quelques jours plus tard » (Robert de Torigni, RHF 13, p. 305 C).

Alexandre III. Elle est âgée d'environ quinze à dix-huit ans[21], et la chronique officielle ne tarit pas d'éloges sur la nouvelle reine : sa nature et son énergie, sa sagesse, son élégance et sa chasteté méritent d'être « exaltées[22] ». L'historien n'en avait pas tant fait pour Constance de Castille et peut-être la louange a-t-elle pour but de faire oublier une union bien hâtive. Outre que Louis VII, qui atteint la quarantaine, mise toujours sur une très jeune fille pour sa descendance masculine espérée – Adèle est du même âge que sa fille aînée Marie –, il renforce par la même occasion sa stratégie d'alliance avec les Blois-Champagne pour contrer les menaçants Angevins-Plantagenêts.

Dès la mort de Thibaud IV de Blois en 1152, Louis VII s'est en effet rapproché de ses dangereux vassaux champenois et n'a pas hésité à utiliser les filles issues de son union avec Aliénor pour sceller cette amitié. On se souvient qu'il avait promis en Terre sainte l'aînée Marie à Henri le Libéral[23]. En 1153, à huit ans, ses fiançailles avec le nouveau comte âgé de vingt-cinq ans sont officialisées, puis la fillette est envoyée en Champagne et confiée aux soins d'une femme respectable de petite noblesse, près de l'abbaye d'Avenay[24]. Six ans plus tard, Marie et Henri se rencontrent officiellement et le comte la nomme sans ambiguïté « la comtesse, ma fiancée », et ses témoins « Marie, comtesse de Troyes », ville dont le Libéral a récemment fait sa capitale. Toutefois, et c'est un point notable, malgré son âge acceptable, la jeune comtesse retourne à Avenay jusqu'à son mariage à l'automne 1164[25]. La fiancée est alors âgée de dix-neuf ans, ce qui devient très singulier, et l'on ne peut s'empêcher de penser qu'Henri a des raisons personnelles de retarder la noce.

Peut-être a-t-il jugé Marie trop jeune et immature pour assumer à la fois des fonctions de mère et son rang de comtesse, et cette hypothèse montrerait que tous les hommes n'étaient pas désireux de s'adjoindre des compagnes à peine sorties de l'enfance. Mais la

---

21. Jean Dufour, « Adèle de Champagne, troisième femme de Louis VII, une reine méconnue », in *Reines et princesses au Moyen Âge : Actes du cinquième colloque international de Montpellier-Université Paul-Valéry (24-27 novembre 1999)*, vol. 1, Les Cahiers du CRISMA, 2001, p. 36-37 ; Jean-Marc Cazilhac, *Le Douaire des reines de France à la fin du Moyen Âge*, Paris, Éditions L'Harmattan, coll. « Historiques », série Travaux, 2017, p. 96.

22. *Historia gloriosi regis Ludovici*, p. 167.

23. Voir *supra*, I., « Le pèlerinage en Terre sainte… ».

24. Theodore Evergates, *Marie of France…, op. cit.*, p. 7.

25. *Ibid.*

suspicion d'un motif moins honorable subsiste, car les mariages retardés cachent presque toujours des ambitions ou des oppositions politiques : Henri se laisse vraisemblablement l'opportunité d'une meilleure alliance qu'une fille de roi, certes, mais point dotée depuis qu'elle a perdu ses droits sur l'Aquitaine.

Et l'on voit que dès 1162, le comte de Champagne joue une partition trouble en se rapprochant de l'empereur Frédéric Barberousse, sur fond de schisme au sein du Saint-Siège, avec deux papes élus depuis 1159, Alexandre III et Victor IV, le premier étant opposé à Frédéric et l'autre son allié. Les développements mènent jusqu'à la menace sérieuse d'une guerre[26]. Or Frédéric, s'il n'a qu'une fille au berceau, couve de ses attentions une nièce fortunée et nubile, Alix, fille de sa sœur Judith de Hohenstaufen et du duc Mathieu Ier de Lorraine. Il se décide finalement pour une alliance avec le duc Hugues III de Bourgogne et fiance sa nièce Alix vers 1164-1165. Ce calendrier rend vraisemblable la déception du comte de Champagne, qui se rabat alors sur sa fiancée initiale. Car à cette date, Louis VII a quatre filles, pas de fils, et malgré plusieurs années de vie conjugale avec la reine Adèle, il n'a pas engendré. Henri peut rêver désormais d'un destin royal aux côtés de la fille aînée du roi, Marie, et se décider enfin à convoler…

C'est aussi à l'automne 1164[27] que Thibaud V, comte de Blois et de Chartres, sénéchal du roi et frère de la reine, épouse l'autre fille d'Aliénor et de Louis VII, Alix, sans que l'on sache à quel moment les tractations ont été initiées[28]. Alix a quatorze ans, Thibaud vingt de plus, et c'est un retournement de situation insolite puisque ce mari avait

---

26. Les succès militaires de Frédéric en Italie ont obligé le pape Alexandre à fuir Rome au début de l'année 1162. Il envisage de trouver refuge en France, mais l'empereur joue l'intimidation et Louis VII renonce à l'accueillir à sa cour. Le roi missionne alors son gendre présomptif, Henri le Libéral, pour traiter avec Frédéric, mais l'ambassadeur en profite pour sceller une entente vassalique avec l'empereur, dans le cas où les conditions de la rencontre prévue entre les deux souverains, notamment pour discuter du schisme, ne seraient pas remplies. La Champagne passerait ainsi sous suzeraineté impériale. Le colloque n'aura pas lieu, mais la confiance du roi dans le comte de Champagne a de quoi être ébranlée. (Voir Yves Sassier, *Louis VII*, *op. cit.*, p. 311-327).

27. Theodore Evergates, *Marie of France…*, *op. cit.*, p. 118, n° 18; Theodore Evergates, *Henry the Liberal…*, *op. cit.*, p. 75.

28. Dupré rapporte que Thibaud V de Blois a été marié à Sibylle de Châteaurenault dont il serait fait mention dans *L'Art de vérifier les dates*. Toutefois, il n'y a aucune note relative à ce premier mariage dans l'édition de 1750 (M. Dupré, « Les comtesses de Chartres et de Blois », in *Mémoires de la Société archéologique d'Eure-et-Loir*, t. 5, Chartres, 1872, p. 224).

essayé en 1152 d'enlever la mère, Aliénor d'Aquitaine, dans l'objectif de l'épouser de force alors qu'elle regagnait le Poitou juste après son divorce[29]. Face à son échec, il se contente finalement de la fille, et l'on mesure à quel point le sentiment est absent de ces unions princières.

Louis VII a donc « casé » ses deux filles aînées pour se ménager de solides appuis aux frontières du domaine royal[30]. Mais il est important de préciser qu'il les a à peine connues. Marie a été envoyée en Champagne à huit ans, et sa sœur cadette a probablement été confiée à quelque abbaye pour son éducation – peut-être Montmartre, fondée par la reine Adélaïde. Il est certain en tout cas que Louis VII ne s'est pas encombré d'elles après son remariage avec Constance de Castille.

C'est pour la petite princesse Marguerite que l'union avec Adèle de Champagne en novembre 1160 entraîne les conséquences les plus radicales. Nous l'avons vu, elle a été fiancée à Henri le Jeune au berceau. Or, le roi d'Angleterre est furibond à l'annonce du remariage de Louis VII et surtout des alliances qu'il induit. Il décide alors de précipiter les noces de son fils et de Marguerite, âgés respectivement de cinq et trois ans, dans l'objectif de s'approprier immédiatement le Vexin normand, clause essentielle du contrat de fiançailles de 1158, et notamment son puissant château de Gisors, dot de la princesse[31]. L'Église ne peut que réprouver le mariage d'enfants inaptes au consentement comme à la consommation, mais Henri II profite d'une conjonction favorable : le pape Alexandre III est alors en difficulté avec le concurrent soutenu par l'empereur d'Allemagne Frédéric Barberousse, comme nous l'avons vu. Contre le soutien à Alexandre, deux légats complaisants accordent « dans l'intérêt de la paix et de la concorde[32] » l'autorisation inhabituelle pour l'union de ces héritiers royaux, célébrée dès novembre au Neubourg, et Henri II met ainsi la main sur les forteresses stratégiques[33].

29. Jean Flori, *Aliénor…, op. cit.*, p. 83 ; Ralph V. Turner, *Aliénor…, op. cit.*, p. 131. Geoffroy d'Anjou, frère d'Henri Plantagenêt, avait essayé également mais, comme le remarque justement Jean Flori, Aliénor n'était nullement intéressée par « ces cadets de famille ».

30. Voir Annexe 6 : « Descendance de Louis VII ».

31. Lindsay Diggelmann, « Marriage as Tactical Response… », art. cit., p. 957 ; Wilfred L. Warren, *Henry II…, op. cit.*, p. 72.

32. Lindsay Diggelmann, *ibid.*, p. 958.

33. Yves Sassier, *Louis VII, op. cit.*, p. 301 ; Wilfred L. Warren, *Henry II…, op. cit.*, p. 90.

Mis devant le fait accompli, Louis VII enrage contre le procédé et l'incurie des légats du pape, mais il s'est tiré une balle dans le pied en épousant Adèle : le degré de consanguinité qu'il aurait pu invoquer pour l'annulation du mariage des deux enfants n'est plus acceptable alors qu'il enfreint lui-même gravement les règles d'affinité et de parenté. Accrochons-nous pour le saisir : la nouvelle reine Adèle de Champagne devient en effet à la fois la belle-mère et la belle-sœur des filles d'Aliénor[34], sa première épouse, tandis qu'il deviendra dans un proche avenir le beau-frère de sa propre fille Marie, fiancée à Henri le Libéral, frère d'Adèle[35] !

En tout état de cause, le Vexin normand est bel et bien perdu et les relations sont désormais exécrables entre les deux souverains. C'est très certainement à cette époque que la petite Marguerite est envoyée à Salisbury auprès d'Aliénor. La mort de son gardien Robert de Neubourg, mais surtout son mariage anticipé ont rendu nécessaire aux yeux d'Henri Plantagenêt la mise en sécurité de la fillette.

À partir de 1164 la guerre ouverte entre Henri II et son ancien chancelier, Thomas Becket, qu'il a nommé deux ans auparavant archevêque de Canterbury et qui s'oppose à la mainmise de son souverain sur l'Église d'Angleterre, donne à Louis VII une opportunité de contrer diplomatiquement son rival en acceptant le prélat comme réfugié politique.

C'est dans ce contexte tendu que Jean de Salisbury rapporte un fait qui jette une lumière crue sur ce que représentent ses filles pour Louis VII. Jean le rencontre en fin d'année 1163 ou au début de 1164. Il en profite pour lui transmettre les bons vœux de sa fille Marguerite, qu'il a vue récemment à Salisbury lorsqu'il a demandé à la reine Aliénor d'Aquitaine l'autorisation de passer en France. Le roi répond qu'il « serait très reconnaissant si elle avait été déjà reçue par les anges du Paradis » – pour le dire autrement : si sa fille était morte. Le messager stupéfait lui répond : « Par Dieu miséricordieux, cela arrivera un jour, mais auparavant, elle apportera la joie à de nombreuses gens. » Mais Louis VII insiste : « Avec Dieu, la chose est en effet possible, mais il est bien plus probable qu'elle sera la cause

34. Ce sont les deux frères d'Adèle de Champagne, Thibaud de Blois et Henri Le Libéral, qui épousent les deux filles d'Aliénor et Louis VII, Marie et Alix.

35. Lindsay Diggelmann, « Marriage as Tactical Response... », art. cit., p. 961. Voir Annexe 6.

de beaucoup de tort dans les temps à venir. » Il conclut : « J'espère à peine que quelque chose de bon vienne d'elle. » La petite Marguerite est alors âgée de sept ans... Même si, fin politique, Jean analyse ces paroles du roi comme l'expression de sa haine du roi d'Angleterre Henri II[36], leur violence est patente.

Quant à la dernière fille du roi, Aelis de France, nous ignorons tout de ses premières années. Elle est vraisemblablement élevée dans une abbaye proche de Paris[37]. Quoi qu'il en soit, les quatre filles du roi sont éclipsées le 22 août 1165 par la naissance du fils tant attendu : « l'illustre reine » Adèle de Champagne met au monde Philippe, que nous appellerons désormais Philippe Auguste, mais que le chroniqueur Rigord qualifie de « Dieudonné[38] ». L'un des parrains de l'enfant est Philippe d'Alsace[39], comte de Flandre, et l'une de ses marraines est sa tante Constance de France[40] – gravement maltraitée par son mari Raymond V de Toulouse, elle vient de se réfugier à la cour de France. On imagine que, désormais, toute l'attention du couple royal est centrée sur ce fils du miracle, élevé « très saintement[41] ».

Louis VII, à près de quarante-cinq ans, qui se disait « épouvanté par la multitude de ses filles » est immensément soulagé.

Les fiançailles d'Aelis et de Richard Cœur de Lion

Puis les années passent. La présence de Thomas Becket à proximité de Paris et l'appel à l'aide des Bretons et des Poitevins contre

36. Jean de Salisbury, *Letters*, L 136, p. 7. Julie Barrau a remarqué ce « dialogue surprenant » dont le but est d'induire la familiarité entre Jean et le roi de France (Julie Barrau, « Jean de Salisbury, intermédiaire entre Thomas Becket et la cour capétienne ? », éd. Martin Aurell et Noël-Yves Tonnerre, *Plantagenêts et Capétiens : confrontations et héritages*, Turnhout, Brepols, 2006, p. 511).

37. Il est peu probable, dans le contexte tendu du mariage de Marguerite et d'Henri le Jeune, que Louis VII ait accepté dès 1161 l'idée de fiançailles entre Aelis et le fils cadet du roi d'Angleterre comme le pensent certains historiens. Roger de Hoveden écrit que Louis VII aurait confié à Henri II ses deux filles en même temps à cette époque, raccourci peu vraisemblable des évènements (Hoveden, *Annals*, t. 1, p. 257-258).

38. « Le roi Louis avait eu de ses trois épouses une nombreuse descendance de filles [mais] il n'avait pas pu avoir d'enfant mâle pour la succession du royaume » (Rigord, § 1, p. 121).

39. Aussi appelé Philippe de Flandre.

40. RHF 12, 133 C.

41. Rigord, § 1, p. 121.

Henri II exacerbent les tensions entre le roi d'Angleterre et le roi de France. Toute action est prétexte à querelle, même quand il s'agit de la collecte de fonds pour l'aide au royaume de Jérusalem. En 1167, Mathilde l'Emperesse tente une médiation entre son fils et Louis VII sur cette question, et peut-être la trêve qui suit est-elle le fruit de son ultime intervention politique[42]. Mais elle s'éteint en septembre et, avec elle, ses tentatives d'apaisement. Elle est inhumée à l'abbaye du Bec, en Normandie, selon son souhait.

Enfin, le 6 janvier 1169 à Montmirail, à une trentaine de kilomètres à l'est du Mans, un traité de paix est signé et c'est là qu'est scellé le destin d'Aelis de France, âgée de huit ans. Henri II, faisant peut-être miroiter à Louis VII que son fils Philippe Auguste régnera un jour sur une sorte de « consortium familial[43] », propose une combinaison d'hommages subtile et ambitieuse : son aîné Henri le Jeune, héritier du trône d'Angleterre – le premier-né, Guillaume d'Angleterre, est mort en bas âge –, reçoit le duché de Normandie et les comtés d'Anjou et du Maine ; tandis que le cadet, Richard, récupère l'Aquitaine, héritage d'Aliénor. Ils prêteront hommage tous deux au roi de France pour ces fiefs. Geoffroy, lui, obtient la Bretagne[44], qu'il tiendra de son frère Henri le Jeune[45]. Et comme aucune bonne négociation ne s'achève sans accord matrimonial, la petite Aelis sera fiancée à Richard Cœur de Lion, alors âgé de onze ans, ce qui constitue la promesse pour elle de devenir un jour duchesse d'Aquitaine et comtesse de Poitou. En revanche, aucune dot n'est allouée à la promise, qui représente un gage de paix suffisant entre les deux rois[46], même si Louis VII reste libre de lui accorder une donation pour son mariage selon ce qu'il lui plaira[47].

Le roi de France n'est pas en mesure de refuser et le traité, brillant, comporte d'ailleurs bien des aspects positifs pour lui. Ses deux filles issues de son union avec Constance de Castille (Marguerite et Aelis) seront duchesses aux frontières du royaume – l'une pour

42. Marjorie Chibnall, *The Empress Matilda…*, *op. cit.*, p. 173.

43. Wilfred L. Warren, *Henry II…*, *op. cit.*, p. 109.

44. Le pape Alexandre III a validé son union avec l'héritière du duché Constance de Bretagne l'année précédente.

45. Wilfred L. Warren, *ibid.*, p. 109 ; Yves Sassier, *Louis VII*, *op. cit.*, p. 392.

46. Matthew Strickland écrit justement que cette importante concession a pour but de réparer l'offense du mariage de Marguerite et Henri le Jeune célébré sans l'accord de Louis VII en 1160 (Matthew Strickland, *Henry the Young…*, *op. cit.*, p. 72).

47. Wilfred L. Warren, *ibid.*, p. 145, n. 2. Confirmation de Jean de Salisbury de sa lettre 272 dans la lettre 288 (Jean de Salisbury, *Letters*, L. 272, p. 565 et L. 288, p. 649).

la Normandie, l'autre pour l'Aquitaine – et leurs époux seront ses vassaux. Pour l'avenir, on peut espérer que les relations entre les fils Plantagenêts et l'héritier du trône de France, Philippe Auguste, leur beau-frère, seront pacifiées.

Dès lors, ou peu après, Aelis est remise à la garde d'Henri II, mais là encore la confiance de Louis VII est dupée. Méfiant, il a demandé en contrepartie de la remise de sa fille que le promis Richard vienne à la cour de France pour y être éduqué et formé. Après une rencontre à Saint-Denis entre les deux souverains, Louis VII raccompagne Henri II jusqu'à Pacy, s'attendant à se voir remettre le jeune homme comme convenu. Le roi d'Angleterre promet... et reporte[48]. Le souverain français et ses conseillers réalisent alors qu'ils ont été trompés : Aelis est bel et bien une otage du Plantagenêt.

Nous ignorons ce qu'elle devient en attendant sa majorité canonique, mais il est probable qu'elle est placée à l'abbaye de Fontevraud, établissement de prédilection d'Aliénor, en compagnie de sa propre fille Jeanne d'Angleterre[49]. La reine et duchesse, qui dans la période 1168-1172 vit essentiellement en Poitou, peut ainsi garder un œil sur la fiancée de son fils sans l'éduquer elle-même pour éviter de froisser Louis VII[50]. Richard, lui, passe ses années d'adolescence aux côtés de sa mère[51], ce qui explique sans doute son attachement inconditionnel et, semble-t-il, exclusif à Aliénor.

Au début des années 1170, la multitude des filles du roi de France est donc engagée ou mariée et le trône est pourvu d'un héritier. En outre, la paix est conclue avec Henri II. Dès lors, qu'importe si une nouvelle fille, Agnès, vient bientôt renforcer la « fratrie » princière. Pour Louis VII et la reine Adèle de Champagne, l'avenir s'annonce enfin plus serein.

---

48. John Gillingham, « The Meetings of the Kings of France and England, 1066-1204 », in *Normandy and its Neighbhours, 900-1250. Essays for David Bates*, éd. D. Crouch et K. Thomspson, Turnhout, Brepols, 2011, p. 38; Matthew Strickland, *Henry the Young...*, *op. cit.*, p. 74.

49. Colette Bowie, *The Daughters of Henry II and Eleonor of Aquitaine*, Turnhout, Brepols, 2014, p. 57.

50. C'est d'ailleurs à partir de 1170 que ses donations à l'abbaye sont les plus importantes (Marie Hivergneaux, « Queen Eleanor... », *op. cit.*, p. 69), ce qui marque sans doute son intérêt accru par la présence des deux fillettes et l'attention qu'elle leur porte.

51. John Gillingham, *Richard Cœur de Lion*, Paris, Éditions Noêsis, 1978, 1996, p. 91; Jean Flori, *Richard...*, *op. cit.*, p. 40; Ralph V. Turner, *Aliénor...*, *op. cit.*, p. 238; Colette Bowie, *The Daughters of Henry II...*, *op. cit.*, p. 39, n. 2 et 40.

3

La grande révolte et ses conséquences

> « De là il advint des complots, des rapines, des incendies ;
> et ce fut (on doit le croire) pour venger le bienheureux martyr Thomas
> que Dieu souleva contre le roi Henri ses propres enfants :
> car jusqu'à sa mort, ils furent ses plus cruels ennemis. »
>
> Matthieu Paris[1]

En dépit des engagements pris, les promesses de paix font long feu. La décennie 1170-1179 est ponctuée d'évènements inattendus et violents, et surtout d'une guerre sauvage qui bouleverse la vie de Marguerite et d'Aelis de France, mais aussi d'Aliénor d'Aquitaine.

À l'origine de tous ces malheurs, l'histoire banale d'un souverain qui refuse le partage du pouvoir et qui ne peut empêcher ses fils d'aspirer à l'indépendance. Les connexions familiales avec le roi de France, imposées par Henri Plantagenêt lui-même, engendrent des réactions et des sentiments complexes des différents protagonistes.

Par ailleurs, l'étendue des fiefs à contrôler, d'outre-Manche en Aquitaine, entraîne une distance inéluctable entre les membres du clan angevin que les cours de Noël ne parviennent plus à resserrer.

De son côté, Louis VII, conscient de sa faiblesse militaire et de la fragilité de sa succession représentée par son unique fils, tente de saisir les opportunités pour protéger ses frontières. Dans ce « jeu

1. Matthieu Paris, t. 2, p. 9. Matthieu Paris est un chroniqueur du XIIIe siècle.

des trônes », ses filles issues de son union avec Constance de Castille tiennent une place nouvelle.

Marguerite : la « jeune reine » d'Angleterre

Un épisode symbolique rallume la mèche du baril de poudre que sont les relations franco-anglaises. Le roi Henri II, qui affiche son intention de partir en croisade, souhaite= pour cette raison, ou plus sûrement pour consolider sa succession, procéder au couronnement de son fils aîné, avec le soutien d'Aliénor[2]. Alors que le sacre à Westminster d'Henri le Jeune et de Marguerite se prépare en juin 1170, Louis VII apprend que sa fille n'a pas quitté la Normandie avec son époux. Ce dernier seul a passé la Manche et a été couronné sans sa femme ! C'est une marque de mépris et de déshonneur que le roi de France assimile pour ainsi dire à une répudiation[3].

Henri II a-t-il agi en toute connaissance de cause pour insulter Louis VII dans le contexte du conflit avec Thomas Becket – toujours réfugié en France – qui, en tant qu'archevêque de Canterbury, aurait dû couronner le jeune roi[4] ? Malgré l'excuse avancée d'une Marguerite qui serait arrivée trop tard, l'obstruction du roi d'Angleterre est patente. Non seulement elle se tenait prête avec sa suite à Caen pour l'embarquement, mais en plus Henri II a demandé à Aliénor de la retenir en Normandie[5]. Henri le Jeune a-t-il protesté ? Nous l'ignorons. Ce qui est sûr, c'est que le Plantagenêt a déjà entendu les échos de la fureur de Louis VII. Peu après le couronnement de son fils, et pour calmer le jeu, il offre à Marguerite de superbes vêtements et des chevaux pour sa venue en Angleterre en espérant que ces présents apaiseront l'indignation ressentie par le père « dont la fille est ainsi insultée[6] ». Louis VII, peu sensible à cette insignifiante réparation, attaque en représailles la

2. Matthew Strickland, *Henry the Young…*, *op. cit.*, p. 77.
3. *Ibid.*, p. 92 ; *CTB*, t. 2, L. 296, p. 1247.
4. *Ibid.*, p. 85.
5. CTB, t. 2, L. 296, p. 1247.
6. Matthew Strickland, *Henry the Young…*, *op. cit.*, p. 81, 92 et p. 354, n. 26, p. 355, n. 27 ; Wilfred L. Warren, *Henry II…*, *op. cit.*, p. 111 ; *CTB*, t. 2, L. 296, p. 1249. La dépense est confirmée dans les comptes royaux pour un montant de 26 livres, 17 sous et 5 deniers (PR, Henri II, vol. 15, p. 15).

frontière normande, ce qui montre l'étendue de l'offense et l'importance du sacre des reines pour la dynastie capétienne.

La symbolique du couronnement n'est pas moins essentielle pour les Anglo-Normands et Henri II le sait très bien. Comme en France, le sacre réginal légitime et renforce le pouvoir royal. C'est avec Aliénor d'Aquitaine qu'il s'est fait lui-même couronner en décembre 1154 par l'archevêque de Canterbury[7]. Depuis Guillaume le Conquérant, toutes les reines anglaises ont été sacrées à Westminster : Mathilde de Flandre, son épouse, en 1068; Mathilde d'Écosse, première femme d'Henri Ier Beauclerc, en 1100; puis la seconde, Adélaïde de Louvain, en 1121 – exceptionnellement à Windsor; enfin, Mathilde de Boulogne, reine d'Angleterre, l'épouse du roi Étienne, en 1136[8].

Le refus du couronnement de Marguerite fait d'Henri le Jeune un roi atypique, marié, mais sans reine. Face à la hargne du souverain français cependant, Henri II est contraint de revenir sur le continent dès la fin du mois de juin 1170, et la rencontre avec Louis VII, puis avec Thomas Becket, règle le principal point d'achoppement : il promet au roi et à l'archevêque un nouveau couronnement de son fils aîné et de Marguerite l'année suivante[9]. La princesse, qui a finalement gagné l'Angleterre et rejoint son époux, mène à partir de cette date une vie conjugale. Elle est alors âgée de treize ans, Henri de quinze.

Sur ces entrefaites, une fragile réconciliation avec Henri II et la promesse de sa sécurité ramènent Thomas Becket en Angleterre le 1er décembre 1170. Mais de malentendus en provocations, de suspicions sincères en dénigrements intéressés, l'archevêque se voit accusé de tous les maux. On lui prête notamment, malgré ses

7. Wilfred L. Warren, *Henry II…, op. cit.*, p. 53; Jean Flori, *Aliénor…, op. cit.*, p. 100; Ralph V. Turner, *Aliénor…, op. cit.*, p. 151. Les chroniqueurs qui ne mentionnent pas Aliénor lors du couronnement ne souffrent-ils pas d'amnésie lorsqu'ils écrivent après la grande révolte de 1173? Gervais de Canterbury, lui, est formel : « Regina quoque Alianor, a rege Francorum Lodovico repudiata, cum ipso coronata est. » (Gervais de Canterbury, t. 1, p. 160).

8. Sally Spong remarque qu'entre 1068 et 1540 seules deux reines d'Angleterre n'ont pas été couronnées (Sally Spong, « Isabella of Gloucester : Heiress, Lord, Forgotten Consort », *Norman to Early Plantagenet Consorts. Power, Influence, and Dynasty*, éd. Aidan Norrie, Carolyn Harris, J. L. Laynesmith, Danna R. Messer, Elena Woodacre, Palgrave Macmillan, 2023, p. 179-195, p. 180); Alison Weir, *Queens of the Conquest*, Londres, Vintage, [Ebook], 2018, p. 105, 194, 285, 337.

9. Hoveden, *Annals*, t. 2, p. 326; Matthew Strickland, *Henry the Young…, op. cit.*, p. 93.

dénégations, la volonté de ne pas reconnaître le sacre du jeune roi et ce dernier, qui exerce momentanément une forme de régence sur l'île, alerte son père sur la menace de désordre. Furieux contre son ancien favori, Henri II profère à grands cris toutes sortes d'horreurs sur son compte et ordonne d'arrêter le prélat. Une délégation officieuse de quatre chevaliers trop zélés, devant la résistance de Becket et l'échange de copieuses injures en français – qui est alors la langue de l'aristocratie en Angleterre –, l'assassine tout simplement dans le transept de sa cathédrale de Canterbury, le 29 décembre 1170, laissant derrière eux un bain de sang[10]. Cet acte sacrilège inouï est aussitôt imputé au roi d'Angleterre par Louis VII qui exige du pape des sanctions exemplaires. Est-ce à cette occasion que la célèbre miresse et philosophe Hildegarde de Bingen écrit à Aliénor un message de consolation ?

« Ton esprit, dit-elle, est comme un mur battu par la tempête. Tu regardes tout autour de toi, mais tu ne trouves pas le repos. Fuis cela et reste ferme et stable, avec Dieu comme avec les hommes, et Dieu t'aidera dans toutes tes tribulations. Qu'il t'accorde sa bénédiction et son aide dans toutes tes entreprises[11]. »

Henri II, lui, choisit momentanément de faire profil bas. Il délègue une ambassade à la curie pour se dédouaner de toute responsabilité dans le meurtre de l'archevêque. Pour se concilier Louis VII, il prend grand soin de sa belle-fille, qui reçoit de nouveaux chevaux et des robes de prix en vue de son retour sur le continent, peut-être pour une ambassade auprès de son père[12]. Entre l'été 1171 et le printemps 1172, dans le temps où il avait prévu de secourir la Terre sainte, Henri II mène une campagne moins lointaine et victorieuse en Irlande, tandis que Marguerite et son mari savourent leur indépendance et tiennent leur propre cour de Noël en Normandie.

En mai 1172, à Avranches puis à Caen, Henri II fait acte de contrition en présence des légats du pape pour le meurtre de Becket.

---

10. Martin Aurell, *L'Empire des Plantagenêt*, Paris, Éditions Perrin, coll. « Tempus », 2003, 2004, p. 86, 80.

11. Cité par Ralph V. Turner, *Aliénor…, op. cit.*, p. 161 ; *Hildegardis Bingensis. Epistolarium*, éd. Lieven Van Acker et Monika Klaes-Hachmoller, Turnhout, Brepols, 2001, p. 78. Cette lettre est proposée entre 1154 et 1170 ; l'hypothèse d'une manifestation de sympathie d'Hildegarde en conséquence de l'assassinat de Becket, fin décembre 1170, est tentante mais incertaine.

12. Matthew Strickland, *Henry the Young…, op. cit.*, p. 109.

Une opportunité n'arrivant jamais seule, il se réconcilie avec Louis VII et organise immédiatement le couronnement de Marguerite. De somptueuses robes sont commandées pour l'occasion et, le 24 août, elle débarque à Southampton. Le 27, à quinze ans, aux côtés d'Henri le Jeune, elle est couronnée et sacrée reine d'Angleterre dans la cathédrale de Winchester par l'archevêque de Rouen[13]. Elle reçoit l'onction et la couronne, puis le prélat lui remet ses *regalia*, le sceptre et la baguette, symboles de son autorité[14]. Du moins théoriquement, puisque la reine Aliénor, qui assiste au sacre de sa belle-fille en l'absence d'Henri II, garde évidemment la préséance. Marguerite, désormais *regina Angliae*, reste désignée comme la « jeune reine[15] ». Peu après, le couple se rend en pèlerinage sur la tombe de Thomas Becket, dont il se dit déjà qu'elle produit des miracles. Là, Henri le Jeune fond en larmes et manifeste ses remords d'avoir rejeté l'archevêque.

Son émotion est cependant vite remplacée par l'irritation lorsque son père le rappelle en Normandie en novembre. Le jeune roi commence à prendre goût à son statut de régent en Angleterre et l'ordre d'Henri II semble sonner la « fin de la récré ». Le motif du retour, pourtant, est louable : Louis VII est « très désireux » de revoir sa fille et Henri II ne peut guère refuser cette demande paternelle[16]. Il n'anticipe pas que cette visite au caractère familial va prendre une dimension politique fatale.

La « guerre sans amour[17] »

Parallèlement, peu avant le sacre de Marguerite en Angleterre, un autre évènement d'importance a lieu en Poitou. En juin 1172, Richard Cœur de Lion est solennellement reconnu comme duc d'Aquitaine. Ce même mois, toujours aux côtés d'Aliénor, il joue

---

13. Roger de Wendover, *Chronica, sive Flores Historiarum*, éd. Henricus O. Coxe, Londres, 1841, t. 2, p. 369.

14. Martin Aurell, *L'Empire…, op. cit.*, p. 131.

15. Matthew Strickland, *Henry the Young…, op. cit.*, p. 116-117. Dans les comptes royaux, elle est désignée « Regina junior » (par exemple PR, Henri II, t. 22, p. 15).

16. Matthew Strickland, *ibid.* ; *Gesta Regis*, t. 1, p. 34.

17. Selon le poème de Jordan Fantosme. Voir Matthew Strickland, *Henry the Young…, op. cit.*, p. 124. Aujourd'hui, cette guerre est appelée la grande révolte.

son premier rôle diplomatique international d'envergure. Le couple mère-fils reçoit les rois Alphonse II d'Aragon et Sanche VI de Navarre, officiellement en pèlerinage[18]. C'est un évènement majeur qui va bientôt illustrer le fossé politique qui se creuse entre Henri II et Aliénor.

En effet, la reine profite de cette rencontre qu'elle a peut-être encouragée ou initiée, pour resserrer des liens avec les rois d'Aragon et de Navarre, ennemis du comte de Toulouse, et qui peuvent s'avérer d'utiles alliés au sud de la Gascogne. C'est le signe que la petite-fille de Philippa n'a pas renoncé à ses ambitions de suzeraineté sur ce comté malgré les échecs militaires de ses deux maris. L'idée d'une union entre Richard et Bérengère de Navarre est-elle évoquée dès cette époque ? Rien n'interdit de le penser, car les « plans B » sont chose courante en matière matrimoniale.

Le projet initial reste cependant plus aisé et plus attractif. En octobre 1172, la princesse Aelis de France, née en 1160, atteint sa majorité canonique et le fiancé, Richard, a quinze ans. Ils sont donc tout à fait en âge d'être mariés. Aliénor n'a assurément rien à redouter d'une si jeune fille et peut même souhaiter cette union qui apportera à son fils une légitimité renforcée. Le mariage marque en effet un passage de l'adolescence à l'âge adulte, entraîne également l'administration d'un hôtel en propre, et parfois d'un fief[19]. Pour Aliénor, c'est aussi un rééquilibrage des influences entre l'aîné de ses fils et le cadet préféré, puisque la sœur d'Aelis, Marguerite, est désormais « jeune reine » d'Angleterre, et qu'Henri le Jeune entretient les meilleures relations avec son beau-père Louis VII. La « jeune duchesse » Aelis pourrait aussi, en son temps, devenir médiatrice entre les deux familles royales. Bref, ce mariage ne présente que des avantages.

À Noël 1172, Henri II et Aliénor tiennent leur cour traditionnelle à Chinon tandis qu'Henri le Jeune et Marguerite président la leur en Normandie. Sont présents en Touraine leurs deux fils cadets, Richard

18. *Chroniques de Saint-Martial de Limoges*, éd. Duplès-Agier, Paris, 1874, p. 58 ; Marie Hivergneaux, « Queen Eleanor… », *op. cit.*, p. 68.

19. Voir Matthew Strickland, *Henry the Young…*, *op. cit.*, p. 31. Georges Duby écrit même que pour les aristocrates « la jeunesse se poursuivait jusqu'au mariage et, pratiquement, se terminait avec lui » (Georges Duby, « Dans la France du Nord-Ouest au XIIe siècle : les "jeunes" dans la société aristocratique », *Annales. Économies, sociétés, civilisations*, 19e année, n° 5, 1964, p. 842).

et Geoffroy, en compagnie probable des fiancées respectives Aelis de France et Constance de Bretagne.

On aimerait connaître la teneur des échanges de cette réunion familiale. Il n'est pas audacieux de former l'hypothèse que Richard, soutenu par sa mère, exige à cette date les pleins pouvoirs sur l'Aquitaine et, selon les arguments évoqués plus haut, demande la célébration de son union avec la princesse Aelis, désormais considérée comme nubile. Henri II, qui n'a pas l'intention de céder une once de pouvoir, refuse cette double émancipation. C'est vraisemblablement à ce moment qu'il s'aliène Richard et Aliénor, et Matthieu Paris rapporte qu'on entendit « des coups de tonnerre subits et effrayants gronder à la fois sur l'Angleterre, sur l'Irlande et sur la France ; ils semblaient ainsi en plusieurs lieux, inviter les hommes à admirer les nouveaux miracles du bienheureux martyr Thomas[20] ».

Quelle que soit la météo en cette fin d'année, l'ambiance est orageuse, en effet. Peu de temps auparavant, en novembre, Henri le Jeune, âgé de dix-huit ans et qui n'est qu'un titulaire honorifique de fiefs qu'il n'administre pas, a rendu avec son épouse Marguerite une visite à son beau-père Louis VII, qui a lui aussi encouragé son désir d'autonomie[21]. En septembre 1170, Henri II, gravement malade et prévoyant le pire, n'avait-il pas confirmé l'héritage Plantagenêt en octroyant à son aîné l'Angleterre, la Normandie et l'Anjou[22] ? Or, dans les faits, ce fils couronné sous tutelle qui ne gouverne pas même un comté ne peut ni choisir les membres de son hôtel ni tenir son rang[23], du moins pas à la hauteur de sa prodigalité, ce qui engendre bien des frustrations[24].

Le roi d'Angleterre va désormais cumuler les griefs contre lui et confirmer les craintes d'Aliénor. Sa préoccupation, à Noël 1172, c'est l'alliance qu'il recherche avec Humbert III de Maurienne – ou de Savoie –, dont le comté stratégique jouxte l'Auvergne qu'il revendique partiellement[25]. Fin janvier ou début février 1173,

20. Matthieu Paris, t. 2, p. 6.

21. John Gillingham, *Richard…*, *op. cit.*, p. 99 ; Matthew Strickland, *Henry the Young…*, *op. cit.*, p. 120 ; Jean Flori, *Aliénor…*, *op. cit.*, p. 135.

22. Jean Flori, *ibid.*, p. 131.

23. Wilfred L. Warren, *Henry II…*, *op. cit.*, p. 116 ; Matthew Strickland, *Henry the Young…*, *op. cit.*, p. 128.

24. Matthew Strickland, *ibid.*, p. 123.

25. Amaury Chauou, *Les Plantagenêts et leur cour. 1154-1216*, Paris, Presses universitaires de France/Humensis, 2019, p. 46-47 ; Dominique Barthélemy, *Nouvelle*

accompagné d'Henri le Jeune, il rencontre en Auvergne le comte Humbert. Les fiançailles d'Alix de Maurienne et du dernier fils d'Henri et d'Aliénor, Jean « sans Terre », sont officialisées en présence de témoins prestigieux, dont le roi Alphonse II d'Aragon et le comte Raymond V de Toulouse venus régler un différend. Henri II les invite à l'accompagner à Limoges où, fin février, il tient une assemblée de ses barons d'Aquitaine, en présence d'Aliénor et de Richard[26]. Là, le conflit familial éclate.

Le « vieux » roi promet en effet à son fils Jean les châteaux de Chinon, Loudun et Mirebeau, c'est-à-dire l'apanage traditionnel du cadet d'Anjou[27]. L'officialisation par Henri II de la cession de ces trois places emblématiques, notamment Chinon, entraîne la fureur d'Henri le Jeune, qui refuse catégoriquement l'arrangement, arguant que son père ne peut en disposer sans son accord. Sa rage est décuplée par le fait qu'il n'a pas même l'usufruit de la dot de Marguerite, le Vexin normand[28]. Il exige alors publiquement d'être investi soit de la Normandie, soit de l'Anjou, soit de l'Angleterre, ce qui veut dire administrer le fief et surtout en tirer les revenus – revendication certainement discutée avec Louis VII lors son récent séjour à la cour de France[29]. Le patriarche s'y oppose à nouveau[30].

Plus grave encore, Richard et Aliénor s'offensent lorsque le comte de Toulouse prête hommage pour ses terres à Henri II, en lieu et place du jeune duc, mais aussi de sa mère la duchesse d'Aquitaine qui devraient être les suzerains directs de Raymond V[31]. Cette

histoire des Capétiens. 987-1214, Paris, Éditions du Seuil, 2012, p. 300.

26. Matthew Strickland, *ibid.*, p. 121.

27. John Gillingham, *Richard…*, *op. cit.*, p. 98 ; Wilfred L. Warren, *Henry II…*, *op. cit.*, p. 117 ; Matthew Strickland, *ibid.*, p. 122.

28. Matthew Strickland, *ibid.*, p. 124.

29. *Gesta Regis*, t. 1, p. 34.

30. Wilfred L. Warren, *Henry II…*, *op. cit.*, p. 117-118 ; Matthew Strickland, *Henry the Young…*, *op. cit.*, p. 122.

31. Ursula Vones-Liebenstein, « Aliénor d'Aquitaine, Henri le Jeune et la révolte de 1173, un prélude à la confrontation entre Plantagenêt et Capétien ? », *in* Martin Aurel et Noël-Yves Tonnerre (éd.), *Plantagenêts et Capétiens : confrontations et héritages*, Turnhout, Brepols, 2006, 9. 75-93, p. 122. En outre, malgré l'implication en 1170 d'Aliénor dans le mariage de sa fille (Colette Bowie, *The Daughters of Henry II…*, *op. cit.*, p. 74), prénommée comme elle Aliénor, avec le roi de Castille Alphonse VIII, on peut s'interroger sur son accord quant à la dot allouée pour l'occasion par Henri II, à savoir la Gascogne, dont hérite sa fille à la mort de la reine d'Angleterre (John Gillingham, « Richard I and Berengaria… », art. cit., p. 161 et n. 20), et qui ampute le sud de son duché à terme.

humiliation publique dans le lieu même où Aliénor a reçu les rois d'Aragon et de Navarre quelques mois plus tôt – ce qu'Henri II ne peut ignorer – remet à sa place l'épouse. Aliénor n'a-t-elle pas modifié récemment la formule de ses actes dans le duché en ne mentionnant que ses seuls fidèles, sans plus de référence à ceux de son mari[32] ? En agissant ainsi, le roi manifeste clairement à ses fils et à sa femme qu'il règne en maître sur toutes les terres outre-Manche ou sur le continent, et qu'il ne leur déléguera pas le contrôle de ses fiefs[33].

Dans l'ambiance délétère qui s'ensuit, Raymond de Toulouse, dont on imagine l'animosité envers Aliénor, alerte Henri II sur un complot familial pour le déposer[34]. Cette grave accusation est suffisamment prise au sérieux par le roi pour qu'il mette ses châteaux en garnison. Il se fait accompagner de son fils aîné qu'il compte surveiller étroitement, et peut-être emprisonner[35]. Henri le Jeune craint-il pour sa sécurité ou même pour sa vie ? C'est probable, car sans aucune préparation, et sans s'assurer de la protection de son épouse Marguerite qu'il aurait pu envoyer auprès de Louis VII, il s'échappe seul nuitamment dans la nuit du 5 au 6 mars 1173, selon l'astuce toujours efficace de saouler les gardiens. Puis il se réfugie à la cour de son beau-père à Chartres, bientôt rejoint par ses frères Richard et Geoffroy qui étaient restés avec Aliénor[36]. Marguerite, sa sœur Aelis et Constance de Bretagne, elles, deviennent des otages de grande valeur pour Henri II et sont gardées sous haute surveillance, sans doute à Chinon, peut-être en Normandie[37].

L'empêchement politique de ses fils, qui corrèle leurs revenus, le refus probable du mariage de Richard et d'Aelis – qui conforterait son statut d'adulte et de duc d'Aquitaine et le rapprocherait du roi de France –, la divergence de vues concernant le comté et Toulouse et la provocation de l'hommage du comte Raymond V, et bien sûr l'absence de vie commune des membres de la famille en raison des

32. Marie Hivergneaux, « Queen Eleanor... », *op. cit.*, p. 69.

33. Jean Flori, *Aliénor...*, *op. cit.*, p. 139.

34. Wilfred L. Warren, *Henry II...*, *op. cit.*, p. 118 ; Matthew Strickland, *Henry the Young...*, *op. cit.*, p. 131 ; Ursula Vones-Liebenstein, « Aliénor d'Aquitaine... », *op. cit.*, p. 86.

35. Matthew Strickland, *ibid.*

36. John Gillingham, *Richard...*, *op. cit.*, p. 99-100 ; Wilfred L. Warren, *Henry II...*, *op. cit.*, p. 118 ; Matthew Strickland, *ibid.*, p. 134.

37. Matthew Strickland, *ibid.*, p. 132.

contingences géographiques et de gouvernement[38] – loin des yeux, loin du cœur –, tout cela a provoqué la grande révolte de 1173, la « guerre sans amour » de l'épouse et des fils contre le « vieux » roi autocrate, avec la sympathie intéressée de Louis VII[39].

Prisonnières du roi d'Angleterre

Face à la menace régicide, Henri II envoie rapidement des ambassadeurs à Louis VII pour raisonner son héritier. « Qui le demande ? » questionne le roi de France. « Le roi d'Angleterre », répondent les envoyés. Louis VII s'étonne : « Le roi d'Angleterre est ici », et il ajoute même, rappelant le partage de 1170, qu'Henri II a « aux yeux du monde entier, résigné son royaume au profit de son fils[40] ». C'est une provocation, certainement interprétée comme telle par le Plantagenêt, surtout lorsqu'il apprend d'une part que Richard et Geoffroy ont rallié Henri le Jeune, mais qu'en outre le roi de France a adoubé son cadet chevalier. En mai, des fidèles de la couronne de France jurent fidélité au jeune roi d'Angleterre, et donc à Marguerite, parmi lesquels le frère de Louis VII Robert de Dreux, les Blois-Champagne, Philippe et Mathieu d'Alsace. La guerre,

38. En 1171, Aliénor tient sa cour de Noël en Poitou avec Richard, mais sans Henri II (Marie Hivergneaux, « Queen Eleanor… », *op. cit.*, p. 68).

39. Matthew Strickland note que pour les contemporains, l'influence d'Aliénor sur ses fils était évidente (Matthew Strickland, *Henry the Young…*, *op. cit.*, p. 134). Sur un mobile différent de la grande révolte de 1173, conséquence latente du meurtre de Thomas Becket en 1170, voir Ursula Vones-Liebenstein, « Aliénor d'Aquitaine… », *op. cit.*, p. 87-91.

L'hypothèse d'une Aliénor jalouse de la maîtresse d'Henri II Plantagenêt, Rosemonde Clifford, souvent discutée comme raison de sa révolte, n'est pas convaincante. Aliénor a dépassé la cinquantaine et c'est déjà une femme âgée pour son époque. En 1173, il y a plusieurs années que le couple marié vingt ans plus tôt ne vit plus ensemble. En outre, Henri II a toujours eu des « aventures » (« comme la plupart des personnages importants de ce temps, pour ne pas dire de tous les temps », Jean Flori, *Aliénor…*, *op. cit.*, p. 173), et même s'il a douze ans de moins que son épouse, la description physique d'un contemporain n'en fait pas un Apollon désirable : de taille moyenne, il cache sa calvitie par une « coupe astucieuse », et tente de juguler son fort embonpoint par des jeûnes et l'exercice (Pierre de Blois cité par Amaury Chauou, *Les Plantagenêts et leur cour…*, *op. cit.* p. 69-70).

40. Wilfred L. Warren, *Henry II…*, *op. cit.*, p. 118 ; Matthew Strickland, *Henry the Young…*, *op. cit.*, p. 138. Dialogue cité par Jean Flori, *Aliénor…*, *op. cit.*, p. 142.

inévitable, éclate alors entre Louis VII associé aux princes anglais, et le roi Henri II.

En fin d'année 1173, la reine Aliénor déclenche la révolte en Poitou contre son mari[41], ce qui est aussi inouï pour ses contemporains que sa demande de divorce à Antioche un quart de siècle plus tôt[42]. Une lettre implorante et sentencieuse de l'archevêque de Rouen en témoigne : « Une épouse qui n'est pas soumise à son mari se met en contradiction avec sa condition naturelle. [...] C'est pourquoi, nous tous, nous déplorons que toi, une femme si sage, tu te sois séparée de ton mari. » Vient ensuite la culpabilisation : « À moins que tu ne reviennes à ton époux, tu seras la cause d'une ruine générale. » Enfin, l'archevêque tente d'amadouer la reine : « Si tu reviens à lui, ni toi ni tes fils ne serez suspectés. Nous sommes tout à fait certains que le roi vous offrira affection et sécurité pleine et entière[43]. » Mais cela ne prend pas. Aliénor a passé la cinquantaine et ce n'est plus la jeune femme impressionnable qu'un pape avait obligée à la réconciliation avec son premier mari. En outre, depuis le meurtre de Thomas Becket, la famille d'Henri II sait à quoi s'en tenir sur ses promesses de pardon et ses garanties de sécurité. La reine tente alors de gagner elle aussi la cour de son ex-époux. Curieux retournement de situation – dont on ne sait ce que la reine Adèle de Champagne peut penser – mais, de toute façon, cette réunion singulière ne se concrétise pas. Malgré son déguisement en homme[44], autre transgression réprouvée[45], Aliénor est reconnue ou trahie, capturée en route, remise à son mari et gardée à Chinon[46].

La guerre entre Louis VII, les fils Plantagenêts et leurs puissants alliés contre le roi Henri II se concentre sur la Normandie, même si d'autres foyers de rébellion s'allument en Bretagne, en Poitou, en Angleterre. Où sont les princesses et comment vivent-elles ces temps de « furie diabolique[47] »? Nous l'ignorons. Henri II, lui,

41. John Gillingham, *Richard..., op. cit.*, p. 102; Matthew Strickland, *Henry the Young..., op. cit.*, p. 136.
42. Jean Flori, *Aliénor..., op. cit.*, p. 145.
43. Lettre citée par Jean Flori, *Aliénor..., op. cit.*, p. 151-152.
44. Ralph V. Turner, *Aliénor..., op. cit.*, p. 275.
45. Ursula Vones-Liebenstein, « Aliénor d'Aquitaine... », *op. cit.*, p. 75.
46. John Gillingham, *Richard..., op. cit.*, p. 104; Jean Flori, *Aliénor..., op. cit.*, p. 153.
47. Cité par Matthew Strickland, *Henry the Young..., op. cit.*, p. 179 (*Gesta Regis Henrici Secundi*).

riposte sur tous les fronts, en Normandie, sur les marches bretonnes, en Anjou, et ses choix tactiques comme sa rapidité de mouvement désarçonnent et découragent ses adversaires[48].

En dernier ressort, une invasion de l'Angleterre est décidée par les rebelles. Henri le Jeune et le comte Philippe d'Alsace s'apprêtent en juin à larguer les amarres du port de Wissant en Flandre pour débarquer en Angleterre avec une large flotte, mais Henri II – qui est à Barfleur – les prend de vitesse avec ses précieuses otages et vogue vers Southampton[49]. Ainsi, le 8 juillet 1174, Aliénor, Aelis et Marguerite de France quittent le continent, en même temps que leurs belles-sœurs présomptives Constance de Bretagne – fiancée de Geoffroy –, Alix de Maurienne – fiancée de Jean sans Terre –, et Jeanne d'Angleterre[50], âgée de neuf ans, dernière fille d'Aliénor et d'Henri II. Après avoir débarqué, Aliénor est laissée sous bonne garde dans la tour de Salisbury, à quelque vingt-cinq kilomètres de la côte, « parmi des gens ignorants et incultes[51] ». Les princesses, elles, sont envoyées à Devizes, dans « le château des confins », loin à l'est de Londres, dans le Wiltshire. Il est dressé sur une hauteur, entouré d'un mur d'enceinte et de fossés, avec à certains endroits des parois abruptes de six mètres de haut. Des appartements privés admettent sans doute un peu de confort, mais l'endroit reste une citadelle à vocation défensive.

La nouvelle de la captivité en Angleterre des deux reines d'Angleterre, Aliénor et Marguerite, est assurément un coup dur pour la coalition de Louis VII et pour Henri le Jeune lui-même. La saisie simultanée du roi d'Écosse, la résistance de Rouen et l'invincibilité apparente d'Henri II entraînent le renoncement du roi de France et de ses alliés, et la paix entre le roi d'Angleterre et ses fils, « sans amour » non plus, est conclue en septembre 1174 à Montlouis, entre Tours et Amboise. Un pardon qui apparaît magnanime aux contemporains et des attributions de rentes conséquentes à ses fils ne résolvent cependant pas l'origine de cette guerre familiale : le gouvernement de « l'empire » reste exclusivement aux mains d'Henri II. En outre, Aliénor est exclue du traité de paix et

48. Wilfred L. Warren, *Henry II…*, *op. cit.*, p. 128-135.
49. Matthew Strickland, *Henry the Young…*, *op. cit.*, p. 193-194.
50. Colette Bowie, *The Daughters of Henry II…*, *op. cit.*, p. 40.
51. Selon le chroniqueur Richard le Poitevin cité par Jean Flori, *Aliénor…*, *op. cit.*, p. 158.

gardée en captivité, ce qui ne peut qu'exacerber la rancune des fils attachés à leur mère, et singulièrement de Richard Cœur de Lion.

Les princesses, elles aussi restent prisonnières. Marguerite bénéficie d'un statut à part et privilégié. Elle est nommée « jeune reine » dans les comptes royaux, tandis que les autres sont laissées dans l'anonymat du terme d'« otages[52] ». Dès 1175, après la réconciliation d'Henri II avec ses fils, elle est libérée, très certainement à l'occasion d'une tournée du père et de son aîné en Angleterre. Marguerite les rejoint sans doute à la Pentecôte à Gloucester, au nord de Devizes, et des vêtements achetés à Londres lui sont offerts, d'un montant significatif de plus de vingt-six livres[53]. Pour sa sœur Aelis, en revanche, l'emprisonnement est un long calvaire qui ne fait que commencer.

Henri II Plantagenêt : « un porc couronné » ?

Henri II a été accusé par de nombreux chroniqueurs contemporains, mais aussi par son propre fils Richard Cœur de Lion, d'avoir abusé d'Aelis, et c'est l'un des tristes « dossiers » de l'histoire des Capétiennes. Le viol est rapporté sans équivoque par au moins cinq contemporains, et non des moindres[54]. L'incertitude porte donc non sur le crime lui-même, fort bien documenté, mais sur la date des premières violences subies par la princesse. Or, l'analyse des sources et des évènements induit des représailles consécutives à la révolte des fils d'Henri II réfugiés chez le roi de France Louis VII : le roi d'Angleterre pratique le viol de guerre.

52. Eyton, *Itinerary*, p. 180 ; PR, Henri II, vol. 21, p. 29.

53. PR, Henri II, vol. 22, p. 15. Eyton déduit de cette dépense qu'elle a traversé de Barfleur à Portsmouth avec eux, mais il est beaucoup plus vraisemblable qu'elle les a rejoints en Angleterre (Eyton, *Itinerary*, p. 190). Une traversée antérieure Angleterre-Normandie de la « jeune reine » aurait sûrement fait l'objet d'une mention spécifique dans les comptes.

54. Roger de Hoveden (Hoveden, *Chronica*, t. 3, p. 99) ; *Gesta Regis*, t. 2, p. 160 ; Richard de Devizes, p. 26 ; Guillaume le Breton, *Philippidos*, p. 89 ; André de Marchiennes, RHF 18, p. 556-557E ; Giraud de Barri, *De Principis Instructione*, p. 232. Ces différentes relations sont présentées au fil du récit. Signalons encore deux chroniques ultérieures qui évoquent le crime, mais qui, comme souvent pour les écrits tardifs, commencent à confondre les protagonistes ou les faits : le Ménestrel de Reims, § 19, p. 10 ; la chronique de Meaux, rédigée à la fin du XIVe siècle (*Chronica Monasterii de Melsa*, 1, éd. Edward A. Bond, Londres, 1866, p. 256).

Il existe en effet un précédent[55]. Le vicomte breton Eudon de Porhoët dénonce Henri II pour avoir violé sa fille vierge – prénommée Aelis elle aussi – et pour l'avoir « mise enceinte », alors qu'il la lui avait donnée en « otage de paix » en 1167[56]. Cette accusation, qui fait dire au fervent historien de la Bretagne Arthur de La Borderie qu'Henri II est un « porc couronné[57] », est rapportée dans une lettre de 1169 par Jean de Salisbury, ce clerc remarquable que nous avons déjà rencontré et qui est généralement bien informé et mesuré dans ses propos[58]. Selon Jean, le père bafoué qualifie Henri II de traître, d'adultère et d'incestueux. Traître parce que en violant sa fille il a renié le traité passé, adultère évidemment parce qu'il est marié à Aliénor, et incestueux enfin en raison de la parenté existant entre Henri II et Aelis de Porhoët[59]. Il s'agit donc là d'une triple transgression, considérée par le roi d'Angleterre avec indifférence ou assumée par provocation en raison du refus de la soumission du vicomte.

En 1173-1174, la situation de la princesse française est tout à fait comparable : guerre d'Henri II contre le père d'Aelis Louis VII, soumission, car elle est une jeune fille à sa garde et par conséquent à sa merci, inceste puisqu'elle est la fiancée de son fils. Il est malheureusement vraisemblable que les premiers sévices sur la princesse aient lieu au moment même de cette grande révolte. Elle n'a que douze ou treize ans[60]. Si Henri II agit sous le coup d'une fureur décuplée par l'offense de la coalition familiale et de la rébellion de son épouse, ses intentions initiales, en revanche, sont calculées. Le viol entache la renommée de la princesse, sa *fama*, et l'empêche ainsi de contracter un mariage prestigieux. Dès cette

55. Évoqué par les historiens Wilfred L. Warren, *Henry II…*, *op. cit.*, p. 119 ; Éric Borgnis Desbordes, *Constance de Bretagne (1161-1201). Une duchesse face à Richard Cœur de Lion et Jean sans Terre* , Fouesnant, Yoran embanner, 2018, p. 107 et n. 17.

56. Arthur Le Moyne de La Borderie, *Histoire de la Bretagne*, t. 3, Rennes, Paris, Picard, 1899, p. 275.

57. *Ibid.*, p. 276.

58. *Ibid.*, p. 275, n. 2 ; RHF 16, p. 590-591.

59. Elle est fille d'Eudon et de Berthe de Bretagne, elle-même fille de Mathilde, enfant naturelle du roi d'Angleterre Henri Ier Beauclerc… également père de Mathilde l'Emperesse. Henri et Aelis sont donc cousins.

60. Jean Flori écrit en évoquant le « collecteur de ragots » Giraud de Barri : « […] Mais d'autres chroniqueurs, sans se montrer aussi précis, font également référence à ce comportement du roi envers la jeune Aélis qui l'assimile en fait à un pédophile » (Jean Flori, *Richard…*, *op. cit.*, p. 450). Il faudrait bien sûr aujourd'hui écrire pédo-criminel, mais nous partageons ce jugement.

date, le roi d'Angleterre ruine définitivement et délibérément les chances d'Aelis de devenir l'épouse de Richard Cœur de Lion et la future duchesse d'Aquitaine. Pour l'heure, il se contente de reporter l'union contre toute raison avouable, sous des prétextes dilatoires, ce qui l'incrimine d'ailleurs aux yeux de ses contemporains.

De fait, en 1175-1176, Henri II réside essentiellement en Angleterre, accompagné d'Henri le Jeune et de Marguerite, qui se voit comblée d'attentions par le roi. La jeune reine et ses demoiselles reçoivent des selles et des ceintures, des robes pour Noël, et elle peut tenir sa cour[61]. Sa sœur Aelis, qui ne l'accompagne pas, et pour des sommes significativement moins importantes, est cependant pourvue à Pâques 1175 d'écarlate, d'une fourrure, d'une zibeline et de vingt-deux aunes de lin[62].

Quant au roi de France, vieux et éprouvé, il reste tranquillement dans ses domaines entre la fin de l'année 1174 et 1176 ; la réconciliation familiale et la paix avec la France sont donc effectives. Alors pourquoi le mariage entre Richard et Aelis n'a-t-il pas lieu ? Cette union aurait en effet l'avantage de clarifier la situation et d'éviter tout sujet de reproche à Louis VII. Pourtant, rien ne se passe.

Or, c'est exactement à cette période que l'historien Giraud de Barri parle de la rumeur publique qui accable Henri II[63]. Il rapporte que le roi songeait à divorcer d'Aliénor pour épouser sa belle-fille présomptive[64]. Mais l'auteur se trompe de femme puisque si l'idée est dans l'air, ce n'est pas pour de secondes noces avec Aelis, mais avec sa maîtresse, la belle Rosemonde Clifford. Fin octobre 1175, le roi d'Angleterre reçoit le cardinal Uguccione et, selon Gervais de Canterbury, le comble de cadeaux et de paroles flatteuses pour obtenir l'accord du pape à son projet de séparation, mais l'ecclésiastique, inflexible, refuse de s'entremettre[65].

Pendant ce temps, Louis VII, lui, s'inquiète pour sa fille[66]. Alors que Richard rejoint son père outre-Manche en avril 1176, le roi de

61. PR, Henri II, vol. 25, p. 11, 14, 47.

62. PR, Henri II, vol. 25, p. 198. La dépense est consignée dans le Hampshire tandis que celles de Marguerite sont issues des comptes de Londres et du Middlesex.

63. Giraud de Barri, *De Principis Instructione*, p. 232.

64. *Ibid.*

65. Jean Flori, *Aliénor…*, *op. cit.*, p. 167 ; Gervais de Canterbury, t. 1, p. 256 ; Eyton, *Itinerary*, p. 197.

66. Márta Pellérdi pose une question légitime : Marguerite de France était-elle au courant et « scandalisée » par le sort de sa sœur ? Márta Pellérdi, « Margaret

France se plaint auprès du pape Alexandre III qu'Aelis est retenue en Angleterre sans qu'il soit question du mariage. Elle est désormais âgée de seize ans et l'anormalité de la situation commence à embarrasser. En mai, le pape s'adresse alors à son légat en France, lui enjoignant de menacer officieusement Henri II d'interdit sur ses domaines normands et anglais s'il refuse de célébrer l'union ou bien de renvoyer Aelis à son père dans un délai de deux mois[67]. Il semble que le Plantagenêt ait botté en touche mais, un an plus tard, en avril 1177, sans doute après de nouvelles plaintes de Louis VII relatives à la séquestration et aux mauvais traitements subis par Aelis[68] – ce qui laisse penser à une détention plutôt qu'à une garde traditionnelle de fiancée –, le pape écrit à nouveau à Henri II et l'avertit qu'il rendra la menace d'interdit publique[69].

Nullement impressionné, le roi d'Angleterre rassemble une flotte à Portsmouth, réclame alors le Vexin français qu'il estime faire partie de la dot de sa belle-fille Marguerite, et demande en sus que Bourges soit assignée à Aelis[70]. Ces revendications aussi exorbitantes qu'illégitimes, justifiées uniquement par la loi du plus fort, ne peuvent que déclencher une riposte, sinon un conflit majeur. C'est dans cette ambiance anxiogène que des ambassadeurs anglais auprès du roi de France exigent également que Marguerite, qui est enceinte de plusieurs mois et qui s'est visiblement réfugiée à la cour de France en accord avec son mari[71], revienne en Normandie. Henri II voit en effet le danger d'un héritier présomptif du trône d'Angleterre aux mains de son rival. Cependant, Henri le Jeune et Louis VII refusent catégoriquement le déplacement de la princesse[72]. Malheureusement pour le jeune couple, et peut-être en raison des pressions et menaces de son beau-père et du stress

of France : Conciliator Queen of England and Hungary », *Norman to Early Plantagenet Consorts. Power, Influence, and Dynasty*, éd. Aidan Norrie, Carolyn Harris, J. L. Laynesmith, Danna R. Messer, Elena Woodacre, Palgrave Macmillan, 2023, p. 139-157, p. 148). Aurait-elle pu alerter Louis VII ?

67. Lionel Landon, *The Itinerary of King Richard*, Londres, Kraus Reprint, 1935, 1974, p. 224 ; Yves Sassier, *Louis VII*, *op. cit.*, p. 462-463.

68. Yves Sassier, *Louis VII*, *op. cit.*, p. 463.

69. Lionel Landon, *The Itinerary of King Richard…*, *op. cit.*, p. 224.

70. Hoveden, *Annals*, t. 1, p. 463 ; Wilfred L. Warren, *Henry II…*, *op. cit.*, p. 145 ; John Gillingham, *Richard…*, *op. cit.*, p. 115 ; Jean Flori, *Richard…*, *op. cit.*, p. 54.

71. L'interprétation selon laquelle, en se rendant à la cour de France, elle aurait souhaité le divorce de son époux Henri le Jeune semble très hasardeuse.

72. Matthew Strickland, *Henry the Young…*, *op. cit.*, p. 237.

occasionné, un fils naît prématurément vers la Pentecôte et meurt trois jours plus tard après avoir été baptisé Guillaume de France[73].

À cette nouvelle qui éloigne le danger d'une autre opposition frontale, Henri II, avec cynisme et bonne volonté, propose une rencontre. Ainsi, le 21 septembre 1177, près de Nonancourt, en présence du jeune roi, du légat du pape et d'une assemblée impressionnante, Henri II renouvelle ses demandes de dots, qui – selon lui – avaient été convenues de longue date. Louis VII conteste ce mensonge éhonté et Henri prend ce prétexte pour refuser le mariage entre Richard et Aelis[74]. Le légat du pape s'entremet pour réconcilier les parties, mais le traité qui ressort de ces pourparlers ne dit pas un mot des préoccupations respectives des deux rois : ils s'engagent principalement à prendre la Croix[75]. On peut douter que Louis VII, âgé de cinquante-six ans et qui a gardé un terrible souvenir de son premier voyage outremer ait envisagé de retourner en Terre sainte. Pour Henri Plantagenêt, c'est désormais un vœu pieux et le prix public à payer pour rester en bons termes avec la papauté.

Quant au mariage d'Aelis et de Richard, il n'a été évoqué qu'oralement et ne fait pas partie des engagements signés[76]. Alors que la princesse n'avait bénéficié d'aucune dépense lors de cette période tendue de 1176-1177, elle reçoit après cet accord, en signe de bonne volonté, un manteau d'écarlate noire, mais reste captive en Angleterre à la disposition de son bourreau. On pressent son profond isolement, car si des servantes sont nécessairement à sa disposition, il n'est jamais fait mention, comme pour sa sœur ou pour la reine Aliénor, de demoiselles ou d'une cour autour d'elle.

Questions de succession : une reine régnante en France ?

Des évènements importants se chargent ensuite de faire passer la princesse Aelis au second plan des préoccupations paternelles. En

73. Matthew Strickland, *Gesta Regis*, t. 1, *op. cit.*, p. 191.

74. Hoveden, *Annals*, t. 1, p. 463-464.

75. Lionel Landon, *The Itinerary of King Richard…*, *op. cit.*, p. 224 ; Wilfred L. Warren, *Henry II…*, *op. cit.*, p. 145, n. 3 ; Hoveden, *Annals*, t. 1, p. 464-466 ; Gervais de Canterbury, t. 1, p. 271-274.

76. *Gesta Regis*, t. 1, p. 191. Pour le traité, Giraud de Barri, *De Principis Instructione*, p. 166-169.

effet, aux environs de Pâques 1179[77], la fille d'Adèle et de Louis VII, Agnès de France, est envoyée vers Constantinople pour être mariée à Alexis II Comnène, âgé de douze ans, fils de l'empereur Manuel Ier, celui-là même qui avait accueilli les croisés puis fait enlever la reine Aliénor trente ans plus tôt. La fiancée n'a guère plus de dix ans, mais contrairement à ses demi-sœurs, on peut penser qu'elle a été élevée auprès de la reine Adèle et l'on imagine le déchirement de la séparation entre la mère et la fillette, qui ne reverra jamais la France.

Des pourparlers avaient déjà eu lieu quelques années plus tôt selon le souhait du pape Alexandre III, opposé à un projet matrimonial allemand[78], mais les motivations du roi pour une alliance si lointaine ne laissent pas d'intriguer. Le seul prestige byzantin peut-il l'expliquer ? Louis VII envisage-t-il Constantinople comme un « camp de base » pour assurer la sécurité de ses vassaux en pèlerinage vers la Terre sainte par voie de terre ? Compte tenu de ses souvenirs et de l'accueil à double tranchant de Manuel Ier, c'est peu probable. Veut-il contrebalancer l'influence sur la Méditerranée d'Henri II, dont la fille Jeanne d'Angleterre est mariée depuis 1177 au roi Guillaume II de Sicile ? Il est bien difficile de le deviner.

Un autre mobile, plus prosaïque, est peut-être à l'origine de cet éloignement. Au printemps, en effet, le roi, à près de soixante ans, « accablé par une mauvaise santé due à la paralysie[79] », songe sérieusement à sa succession[80]. Le sacre de son unique fils Philippe Auguste est fixé à Reims le 15 août 1179, le jour de l'Assomption de la Vierge, mais il est jeune et n'est pas près d'engendrer. S'il décède prématurément, c'est donc l'une de ses filles qui revendiquera le trône, et Louis VII souhaite sans nul doute éviter que ce soit la dernière, que la reine Adèle de Champagne ne manquerait pas d'imposer, facteur inévitable de troubles civils. Écarter Agnès, c'est un problème de moins en perspective et une décision qui attriste autant qu'elle mécontente la mère, non seulement en raison de l'éloignement définitif de sa fille, mais peut-être parce qu'elle cautionnait l'alliance initiale envisagée en 1171 avec un fils de

77. Ralph de Diceto, t. 1, p. 431-432.

78. Voir III. 2., « Le destin d'Agnès de France ».

79. Rigord précise qu'il est déjà paralysé lorsqu'il projette le couronnement de son fils (Rigord, § 2, p. 123).

80. Alexander Cartellieri, « L'avènement de Philippe Auguste (1179-1180) », *Revue historique*, t. 52, fasc. 2, 1893, p. 246.

l'empereur Frédéric Barberousse[81]. Or, justement, le sujet successoral s'invite dramatiquement en cet été 1179.

Pour une raison inconnue, mais vraisemblablement pour complaire au jeune homme qui veut s'adonner à la chasse avant son sacre à Reims, la famille royale se rend avec Philippe Auguste à Compiègne dans les jours qui précèdent[82]. L'héritier de quatorze ans part débusquer le sanglier avec ses compagnons et ses veneurs, mais en poursuivant l'animal, il s'isole et se perd tout à fait, comme dans un conte de Grimm[83]. « Dans cette immense forêt déserte[84] », terrorisé, il erre « sans relâche deux jours et une nuit[85] », avant de rencontrer un paysan ou un charbonnier qui le ramène au palais « par un raccourci[86] ». En état de choc, Philippe tombe si gravement malade que beaucoup doutent qu'il en réchappe[87], et le sacre doit être ajourné.

Louis VII est abattu et son inquiétude est sûrement accrue par le souvenir ravivé de son frère aîné, héritier du trône lui aussi, baptisé Philippe lui aussi, et âgé de quatorze ans lui aussi au moment de son accident de cheval mortel en 1131[88]. Le roi décide alors d'un pèlerinage à Canterbury pour prier saint Thomas Becket de sauver son fils. C'est une démarche subite et un choix extraordinaire puisque aucun roi capétien n'a encore mis les pieds en Angleterre. Louis VII envoie aussitôt un messager à Henri II pour lui demander un sauf-conduit, accordé avec empressement[89]. Cela reste une décision inouïe dans le contexte des relations toujours sur la brèche entre les deux souverains. Ce déplacement incongru explique le silence assourdissant

81. Sur cette hypothèse des Blois-Champagne opposés à l'alliance byzantine voir A. F. Stone, « The Oration by Eustathios of Thessaloniki », *Byzantion. Revue internationale des études byzantines*, t. 73, fasc. 1, 2003, p. 125-126.

82. Rigord, § 2, p. 125.

83. « Un jour, un roi chassait dans une grande forêt. Et il y mettait tant de cœur que personne, parmi ses gens, n'arrivait à le suivre. Quand le soir arriva, il s'arrêta et regarda autour de lui. Il s'aperçut qu'il avait perdu son chemin. Il chercha à sortir du bois mais ne put y parvenir » (*Contes de Grimm*, « Les six cygnes », Paris, Gründ, 1963, 1973, p. 44).

84. *Chronique de Robert de Torigni*, *op. cit.*, t. 2, p. 83.

85. Guillaume le Breton, *Philippide*, p. 15. Rigord réduit cette durée à une seule nuit.

86. Rigord, § 3, p. 127.

87. *Gesta Regis*, t. 1, p. 240.

88. En outre, c'est lors d'une cavalcade avec ses compagnons que son frère a trouvé la mort. C'est en chevauchant avec ses familiers que son fils s'est retrouvé en perdition. Louis VII a pu y voir un signe divin et funeste.

89. Hoveden, *Annals*, t. 1, p. 516.

des chroniqueurs français Rigord et Guillaume le Breton[90], car ce ne sont pas les tombeaux ou les reliques emblématiques qui manquent en France et qui pourraient intercéder pour la guérison du prince, à commencer par la Vierge dont la sainte chemise est conservée à Chartres, ou bien sûr saint Denis lui-même, protecteur des rois de France et qui a le mérite d'une significative antériorité. Une chronique anglaise justifie le choix de saint Thomas Becket par son apparition en songe au roi de France[91].

Ainsi, les troubles envisagés par Louis VII si son héritier Philippe « Dieudonné » décède, et qui l'ont déjà amené à éloigner sa fille Agnès, se précisent dangereusement. La succession de l'une de ses filles est désormais envisageable et deux prétendants ne manqueront pas de se mettre immédiatement sur les rangs : Henri le Libéral, du chef de son épouse Marie de France, aînée des filles du roi ; et Henri le Jeune et Marguerite de France, tous deux déjà couronnés en Angleterre[92]. En se dirigeant vers Canterbury, Louis VII a clairement choisi sa fille Marguerite et son gendre Henri comme successeurs

---

90. Dans la *Philippide*, Guillaume le Breton, par un procédé commode, place le déplacement du roi en 1175, date à laquelle il aurait mis son fils sous la protection du saint (Guillaume le Breton, *Philippide*, p. 18).

91. *Gesta Regis*, t. 1, p. 240 ; Hoveden, *Annals*, t. 1, p. 516.

92. Cet aspect successoral essentiel de l'année 1179, où une femme pourrait accéder au trône, est généralement passé sous silence dans les biographies françaises, comme pour la situation qui s'est posée au moment du départ en croisade de Louis VII et d'Aliénor d'Aquitaine (voir *supra*, I. 1). Jim Bradbury ou Matthew Strickland posent clairement la question : « En effet, c'est un point de discussion de savoir qui aurait succédé si la grave maladie de Philippe en 1179 s'était avérée fatale. Il n'y avait pas de frères, et la question de la succession féminine n'avait pas été affrontée » (Jim Bradbury, *Philip Augustus. King of France 1180-1223*, 1998, New York, Routledge pour cette édition, 2013, p. 40) ; « S'il était mort, la succession au trône de France aurait une nouvelle fois été remise en question et le Jeune Roi, comme mari de la fille de Louis, Marguerite, aurait eu une prétention forte » (Matthew Strickland, *Henry the Young…*, *op. cit.*, p. 262). Márta Pellérdi écrit : « Si Henri [le Jeune] épousait Marguerite, la fille du roi des Francs, et si Louis [VII] mourait sans héritier [mâle], lui [Henri II] ou son fils auraient un titre à la couronne de France » (« Margaret of France… », *op. cit.*, p. 139). Dominique Barthélemy remarque pour le traité de fiançailles de 1159 entre Marguerite et Henri le Jeune qu'en raison de l'absence de fils de Louis VII à cette époque, « l'annulation de son premier mariage pourrait disqualifier les deux filles qu'il a eues d'Aliénor et qu'il a mariées aux Thibaudiens. Marguerite permettrait donc à son Plantagenêt de mari de revendiquer la royauté française » (Dominique Barthélemy, *Nouvelle histoire des Capétiens…*, *op. cit.*, p. 295).

dans l'éventualité du décès de son fils, et il veut d'urgence en discuter avec Henri II, en raison de sa propre santé déclinante.

De nombreuses raisons peuvent motiver cette préférence du roi de France. Louis VII est un *Rex pacificus*[93], qui fait la guerre par nécessité, jamais par goût. La grande révolte lui a montré une fois de plus la puissance et la supériorité de son plus vieil ennemi. Or, si sa fille règne avec à ses côtés Henri le Jeune, les conflits incessants avec le patriarche Plantagenêt n'auront plus de raison d'être. Les frustrations du fils qui ont abouti à sa sédition, et dont les causes n'ont pas disparu puisqu'il n'est pas plus en charge d'un fief après qu'avant la guerre, deviendront sans objet : même avec Henri II vivant, le fils régnera sur le royaume de France, tandis que le père gardera son « empire ». Il y a là de quoi apaiser les impatiences et c'est certainement un argument qu'Henri II peut apprécier à sa juste valeur; l'idée de « consortium familial » du traité de Montmirail de 1169 est à portée de deuil. L'enjeu du Vexin normand disparaîtra lui aussi et rien ne s'opposera plus au mariage d'Aelis et de Richard. Enfin, cette paix occidentale permettra même un secours coordonné et efficace aux chrétiens d'Outremer.

Sur un plan plus intime, de longue date et particulièrement depuis la « guerre sans amour » durant laquelle ils étaient alliés, Louis VII a toujours eu des relations privilégiées et sans doute affectueuses avec son gendre et sa fille Marguerite, et ce n'est pas un hasard si le couple, bravant la colère d'Henri Plantagenêt, a choisi pour la princesse un accouchement à la cour de France. L'affection et l'estime ont cimenté au fil des années les relations filiales, et Louis VII ne pense plus que sa fille sera cause de malheurs dans le royaume. Elle est aujourd'hui la solution.

En revanche, le roi n'a sûrement eu que peu d'occasions de revoir sa fille Marie, et ses relations avec Henri le Libéral sont ambivalentes. En août 1179, de toute façon, les Champenois ont d'autres priorités : le comte de Champagne est en Terre sainte et Marie exerce la régence. On ne peut bien sûr exclure des troubles de ce côté si Marguerite monte sur le trône, mais avec un roi d'Angleterre puissant aux talents militaires confirmés et gardien des intérêts de sa propre famille, l'opposition sera vite réprimée. Il y a donc urgence à rencontrer Henri II.

93. Voir Yves Sassier, *Louis VII*, *op. cit.*, p. 370.

Cette hypothèse d'un pèlerinage qui cache un enjeu infiniment plus politique semble trouver confirmation dans la hâte d'Henri II à rejoindre son homologue. Prévenu, il chevauche aussitôt vers Douvres et trépigne plusieurs jours en attendant l'arrivée du roi de France et de sa suite qui ont embarqué à Wissant. Il l'accueille le 22 août 1179[94] comme son « bien-aimé seigneur-lige et ami[95] », et « avec une telle joie, un tel honneur et de si nombreux cadeaux » que le chroniqueur semble médusé[96]. Le lendemain, les deux souverains se rendent sur la tombe de Thomas Becket, où Louis VII s'abîme en dévotions et en dons envers l'abbaye[97]. La présence du chancelier du roi Hugues de Puiset[98] et d'un nombre suffisant de clercs pour établir des chartes permet aussi d'envisager des accords plus officieux. Nul doute que des échanges confidentiels ont lieu avec le roi d'Angleterre, assurément favorable à ces plans successoraux.

Quel que soit leur degré d'élaboration, ils deviennent caducs dès le retour de Louis VII dans son domaine. Le prince Philippe s'est rétabli, ce qui prouve à tous les pouvoirs thaumaturges du saint. Marguerite de France, elle, perd aussitôt le statut de reine présomptive à peine esquissé et Henri II en est pour ses frais.

La tension et le voyage ont cependant épuisé Louis VII : il est victime d'une nouvelle crise d'hémiplégie qui le laisse impotent et dans l'incapacité presque totale de parler[99]. Il n'assiste pas au sacre de son fils à Reims et tous savent en ce jour de la Toussaint 1179 que la fin du règne approche. L'héritier du trône va faire une entrée fracassante dans l'histoire.

---

94. *Gesta Regis*, t. 1, p. 241.

95. Hoveden, *Annals*, t. 1, p. 517.

96. *Chronique de Robert de Torigni*, *op. cit.*, t. 2, p. 84. La surenchère en la matière est un *topos*.

97. Philippe Auguste confirmera plusieurs actes de son père Louis VII relatifs aux privilèges et dons réalisés en faveur des moines de Canterbury (Delisle, *Catalogue*, t. 1, n° 2, n° 225, n° 261). Voir Rigord, p. 126, n. 19.

98. Hoveden, *Annals*, t. 1, p. 517 ; Yves Sassier, *Louis VII*, *op. cit.*, p. 408.

99. RHF 12, p. 286 E (Hoveden, *Annals*, t. 1, p. 518 ; Rigord, § 3, p. 129).

4

Philippe Auguste entre en scène

« Sur ce qu'il accomplit au début de son règne,
nous avons décidé d'être brefs,
de peur que la longueur de l'ouvrage
et l'excessive simplicité du discours
ne lassent les oreilles délicates des auditeurs. »

Rigord[1]

Les affres du sacre manqué de Philippe Auguste sont totalement oubliées. Le prince de quatorze ans, bien décidé à prendre en main les affaires, se fait sacrer et décide d'un mariage inattendu et polémique. Alors que les observateurs le jugent sous l'influence néfaste du comte de Flandre, Philippe d'Alsace, il impose ses vues, réagit avec vigueur aux oppositions et s'empêtre dans un conflit familial. L'agonie du père, la résistance de la mère et l'innocence de l'épouse forment le décor d'un début de règne énergique et violent.

Le sacre d'un jeune roi

« Vive le roi ! Vive le roi[2] ! » L'acclamation qui s'élève dans la cathédrale de Reims le 1er novembre 1179, lors du sacre de Philippe

1. Rigord, § 4, p. 129.
2. Rigord, § 3, p. 127.

Auguste « du vivant de son père Louis le Pieux », exprime la joie du peuple et l'espoir d'une paix durable entre les princes. Dans la grande et prometteuse assemblée, on remarque le jeune roi d'Angleterre, mais peut-être aussi ses frères Richard Cœur de Lion et Geoffroy, qui offrent de somptueux cadeaux de la part du roi Henri II[3]. Ils sont entourés des grands barons et de nombreuses princesses, comme le couple de Hainaut venu à la demande expresse du comte de Flandre, avec une suite de quatre-vingts chevaliers.

Selon un protocole bien défini, Philippe Auguste entre dans la cathédrale, précédé d'Henri le Jeune, au statut ambigu de beau-frère, sénéchal de France et roi d'Angleterre[4], qui porte la couronne d'or. Devant lui également se trouve son parrain Philippe d'Alsace qui tient l'épée royale. L'archevêque Guillaume aux Blanches Mains oint le *junior rex* de « l'huile préparée des mains des anges par un effet de la puissance divine[5] ». Un poète glorifie lui aussi le moment : « Il saute aux yeux que le transfert [de Sens à Reims] a été fait pour que l'oncle offre au fils de sa sœur le comble de grâce par l'onction qu'un miracle a donnée à saint Rémi[6]. » Pour les spectateurs, la symbolique est forte : le riche clan Plantagenêt tient entre ses mains la couronne de la succession, le clan flamand l'épée de la protection du trône, mais aussi de la guerre, et le clan champenois le saint-chrême du pouvoir spirituel. Si la reine Adèle de Champagne est absente – elle est restée auprès de son époux paralysé et rendu muet par la maladie –, ses frères, les comtes Thibaud V de Blois et Étienne de Sancerre, figurent parmi les grands du royaume[7]. Il n'est pas sûr que les oncles maternels du roi se contentent d'une influence purement cléricale, mais l'heure n'est pas encore aux oppositions ouvertes.

---

3. Voir Alexander Cartellieri, « L'avènement de Philippe Auguste… », art. cit., t. 52, p. 256, n. 3.

4. Sur l'interprétation des contemporains, voir Matthew Strickland, *Henry the Young…*, *op. cit.*, p. 262-264.

5. Guillaume le Breton, *Philippide*, p. 19.

6. Gautier de Châtillon, cité et traduit par Yves Lefèvre, « L'image du roi chez les poètes », *La France de Philippe Auguste : le temps des mutations*. Actes du colloque international organisé par le CNRS, dir. Robert-Henri Bautier, Paris, Éditions du CNRS, 186, p. 133-144, p. 135.

7. La présence de Thibaud de Blois et d'Étienne de Sancerre, frères d'Adèle, consensuellement réputés absents, est pourtant plus que probable (Alexander Cartellieri, « L'avènement de Philippe Auguste… », art. cit., t. 52, p. 255).

Bien qu'elles ne soient pas mentionnées dans les chroniques, par indifférence ou par calcul rétrospectif, trois princesses sont nécessairement à l'honneur au sacre du roi et la première ne nous est pas inconnue[8]. La comtesse Élisabeth de Vermandois est la fille de Pétronille d'Aquitaine et de Raoul. Elle a hérité du comté paternel à la mort de son frère, atteint de la lèpre, mais elle est aussi devenue comtesse de Flandre par son mariage en 1155 avec Philippe d'Alsace[9]. Elle retrouve Marie de France, qui représente son époux le comte de Champagne Henri le Libéral alors en Terre sainte. La « jeune reine » d'Angleterre, Marguerite, complète ce trio de femmes éminentes, qui entretiennent de vifs liens d'affection[10].

Bien sûr d'autres femmes assistent sûrement au sacre de Philippe Auguste et le public admire dans l'éclat de leurs parures la sœur cadette de Marie, Alix de France, comtesse de Blois, de Chartres et de Châteaudun par son mariage avec Thibaud V; la sœur d'Élisabeth de Vermandois, Éléonore de Vermandois, remariée en quatrièmes noces à Mathieu de Beaumont, grand chambrier de France; leur belle-sœur Marguerite d'Alsace, comtesse de Hainaut par son mariage avec Baudouin V; Alix de Lorraine, nièce de l'empereur Frédéric Barberousse et épouse du duc Hugues III de Bourgogne; Béatrice de Saint-Pol, épouse de Jean Ier de Ponthieu, et tant d'autres…

L'allégresse que laisse présager cet évènement considérable qu'est un couronnement royal, prolongé par des festivités dispendieuses et le sensationnel tournoi de Lagny, ne dure cependant pas. Le provocant projet matrimonial du prince renverse les ententes et nécessite une courte rétrospective.

---

8. Il est important de souligner que l'absence des femmes dans les sources narratives, presque toutes écrites par des hommes religieux, n'est pas signe de leur absence dans les faits. Dans le cas présent, la guerre du clan champenois élargi contre Philippe Auguste en 1180 (voir *infra*), et notamment l'opposition mère-fils, a certainement incité les chroniqueurs à effacer leur trace. La chronologie des évènements infirme en effet un conflit déclaré à la Toussaint 1179.

9. Heather Tanner, « Elisabeth and Eleanor… », art. cit., p. 88. Philippe d'Alsace, comte de Flandre, est donc devenu également comte de Vermandois du chef de sa femme.

10. Voir, II. 1. « Marguerite et Marie… ».

Un mariage inattendu et contesté

En effet, au moment du sacre, selon des accords anciens entre les comtes de Champagne et de Hainaut conclus lorsque les fiancés étaient au berceau ou dans l'enfance, l'héritier champenois prénommé Henri est promis à l'aînée du Hainaut, Isabelle, tandis que l'héritier hennuyer, Baudouin, doit épouser la sœur d'Henri, Marie. Ce mariage croisé est réaffirmé solennellement devant témoins en mai 1179 avant le départ d'Henri le Libéral en croisade[11]. Nul doute que le projet est d'attendre son retour pour les célébrations puisque l'aîné des fiancés n'a que treize ans. Pas plus à la Toussaint qu'avant Noël lors d'une visite à Paris de Baudouin V de Hainaut au couple royal, ces accords ne semblent remis en cause puisque le comte est reçu « très gracieusement » par la reine Adèle[12].

Louis VII, près de trois ans auparavant, a lui aussi conçu l'espoir d'une double union. L'héritière du comté stratégique de Boulogne, Ide, fille de Marie de Blois, comtesse de Boulogne, et de Mathieu d'Alsace, frère du comte de Flandre, épouserait son fils Philippe et deviendrait ainsi reine de France, tandis que sa sœur cadette, Mathilde, serait mariée au fils du comte Thibaud V de Blois[13]. Toutefois, ce projet combiné a reçu un accueil mesuré de Philippe d'Alsace, tuteur des deux sœurs, qui s'est engagé auprès d'Henri II Plantagenêt à ne pas marier ses nièces sans son consentement[14]. Avant son départ en croisade en 1177, le comte de Flandre fait donc part au roi d'Angleterre des intentions de son homologue français tout en sollicitant incidemment l'aide promise par le souverain anglais pour accomplir son voyage en Terre sainte[15]. Donnant-donnant : contre un report de la réponse à Louis VII, du « cash » pour son expédition.

11. Theodore Evergates, *Marie of France…*, *op. cit.*, p. 22, 29 ; Gilbert de Mons, t. 1, p. 155, 199.

12. Le fait même qu'Adèle soit mentionnée pour la réception du comte de Hainaut (Gilbert de Mons, t. 1, p. 203) est une preuve de son rôle prédominant.

13. Alexander Cartellieri, « L'avènement de Philippe Auguste… », art. cit., t. 53, p. 267 ; Jean-Louis Kupper, « Mathilde de Boulogne duchesse de Brabant († 1210) », in *Femmes, mariages, lignages. XIIe-XIVe siècles. Mélanges offerts à Georges Duby*, Bruxelles, De Boeck Université, 1992, p. 235, n. 7.

14. Alexander Cartellieri, *ibid.*, p. 266.

15. *Gesta Regis*, t. 1, p. 133.

De fait, en novembre 1179, les deux princesses ne sont toujours pas mariées et l'on peut d'ailleurs se demander si elles ne sont pas présentes avec leur oncle et leur tante Élisabeth de Vermandois au couronnement. Il n'est pas certain que Louis VII et Adèle aient abandonné l'idée d'un rapprochement si avantageux pour le royaume puisqu'il agrandirait significativement l'influence au nord du Ponthieu, qui est allié, et bloquerait l'accès des Anglais sur cette région septentrionale. Le mariage de Mathilde et du fils de Blois, ami lui aussi, conforterait ces visées sécuritaires. Le consentement de Philippe d'Alsace est devenu la clé pour la concrétisation de ces alliances et son influence auprès de Louis VII puis de Philippe Auguste présente pour tous des avantages. Même si Thibaud V de Blois et sa fratrie se sont offensés, comme il est probable, du rôle prépondérant du comte de Flandre au sacre du prince et de sa démonstration de force avec sa suite formidable de cent chevaliers, l'espoir matrimonial « boulonnais » a certainement pondéré l'aigreur.

C'est au début de l'année 1180 que tout s'emballe. Le chancelier du comte de Hainaut, Gilbert de Mons[16], nous apprend que des conseillers de Louis VII – et non Louis VII lui-même, c'est à noter – ainsi que des familiers de son fils Philippe Auguste commencent à évoquer le mariage du nouveau roi et d'Isabelle, toute jeune mais « très belle et vertueuse ». Il s'agit de la fille de Marguerite d'Alsace et de Baudouin V de Hainaut, et surtout de la fiancée de l'héritier champenois[17]. Ce n'est au départ qu'une idée rapportée au comte de Flandre qui ne semble pas être l'initiateur de ce curieux projet. Mais bientôt, ces ouvertures prennent assez de consistance pour que ce dernier intime l'ordre au couple hennuyer de se trouver à Mons pour le carême, à la mi-mars 1180. Là, Marguerite et Baudouin apprennent que Philippe d'Alsace cède en dot à sa nièce Isabelle pour son mariage avec Philippe Auguste les riches cités d'Arras, Omer, Aire et Hesdin[18], ce qui les mécontente grandement. C'est en effet une ponction non négligeable sur la Flandre dont ils doivent hériter si le comte n'a pas de fils, ce qui après vingt-cinq années

16. Sur ces faits contemporains et dont il a été le témoin, Gilbert de Mons est une source particulièrement intéressante. Nous l'avions rencontré au temps d'Adélaïde de Maurienne, où il avait inventé l'historiette sur sa laideur (voir *supra*, I. 1. « Aliénor, Adélaïde… »).

17. Gilbert de Mons, t. 1, p. 205.

18. *Ibid.*

conjugales sans enfant avec Élisabeth de Vermandois est une perspective aussi sérieuse que lucrative[19]. Pour le couple, la dot allouée à leur fille est en conséquence une perte sèche. Par ailleurs, ils ne veulent pas manquer à leur parole récemment confirmée auprès de la comtesse et du comte de Champagne pour les arrangements signés entre leurs enfants. Ils résistent ainsi aux pressions durant trois jours, mais finissent par s'incliner. Ils se consolent par « l'élévation brillante » promise à Isabelle[20].

Si Philippe d'Alsace n'est pas à l'origine du projet, que Louis VII et Adèle envisagent une alliance avec l'autre nièce du comte, Ide de Boulogne, et que le couple de Hainaut s'oppose à cette union en raison de tractations antérieures avec la Champagne, on est en droit de s'interroger : qui, sinon le principal intéressé lui-même, Philippe Auguste, veut ce mariage et, surtout, peut l'imposer ? Plusieurs raisons motivent sans doute le jeune roi. La première est que la célébration des noces et le sacre d'une épouse renforcent le statut royal – nous l'avons vu –, et Philippe, qui n'est âgé que de quatorze ans, est décidé à exercer le pouvoir alors même que son père est encore en vie[21]. Il est aussi vraisemblablement en mal d'émancipation vis-à-vis de sa mère, comme nous le verrons bientôt. Enfin, il est à coup sûr alléché par la dot avantageuse et les revenus immédiats qu'il peut en tirer, car, selon Guillaume le Breton, les caisses du Trésor déjà moyennement remplies ont été vidées par les donations extravagantes de son père « très pieux[22] ». Toutefois, ces trois motifs ne sont pas antinomiques à l'union avec l'héritière de Boulogne. Ici, nous sommes donc réduits aux hypothèses. Le trop jeune prince, qui veut devenir adulte et être respecté comme tel, a peut-être tout simplement refusé une épouse plus âgée que lui d'un lustre, au profit d'une enfant inoffensive dont les parents sont vassaux de l'Empire et ne pourront guère exercer d'influence sur le royaume.

19. Selon un accord de 1177, au moment où Philippe d'Alsace partait en croisade (*ibid.*, p. 189).

20. *Ibid.*, p. 205.

21. Un chroniqueur rapporte qu'il a subtilisé le sceau de son père avant son décès (Ralph de Diceto, t. 2, p. 6).

22. « Car son père avait eu de faibles revenus et ne lui avait rien laissé absolument, si ce n'est sa puissance, afin qu'il lui succédât comme son légitime héritier ; tant les mains généreuses de ce père très pieux avaient d'ailleurs dépouillé le domaine royal, pour l'usage de ceux qui sont les membres du Christ » (Guillaume le Breton, *Philippide*, p. 20).

Hasardons-nous encore plus loin : Philippe Auguste n'a-t-il pas rencontré les deux princesses lors de son sacre ? Si nous ignorons l'apparence d'Ide de Boulogne, nous savons en revanche qu'Isabelle est plus grande que la moyenne et peut-être a-t-elle les cheveux blonds et les yeux bleus de son père[23]. L'avenir nous apprendra que le roi peut éprouver la répulsion comme le coup de foudre.

Tous ces pourparlers, même menés officieusement en début d'année 1180, sont rapidement éventés. Si Louis VII n'est plus en état de contester les volontés de son fils, la reine Adèle réagit mal, et c'est peut-être le plus surprenant : pourquoi une mère qui a failli perdre son unique fils à l'été précédent s'opposerait-elle à son union avec la jeune Isabelle de Hainaut ? Même si ce mariage contrarie les visées champenoises initiales, ne devrait-elle pas donner priorité au souhait de son enfant plutôt qu'aux intérêts de sa fratrie ? Les chroniqueurs ont insisté sur l'influence exclusive du comte de Flandre sur le jeune roi qui en fait un « mauvais conseiller », et sur les persécutions du parti champenois à son instigation[24]. Il n'est pas douteux que l'influence sur Philippe Auguste soit l'enjeu de ces antagonismes, mais cela suffit-il pour expliquer la violence de la querelle entre la mère et le fils qui naît après la révélation du projet matrimonial ?

Il faut se rappeler que, pour Adèle, l'année a été parsemée de douloureuses épreuves. Son époux a été victime au printemps de 1179 d'une attaque qui l'a laissé paralysé ; elle a été séparée pour toujours de sa seule fille qui convole au même moment à Constantinople ; elle a cru perdre son fils héritier du trône en août tandis qu'une nouvelle crise a rendu son mari impotent et incapable de gouverner. Ces fins de règne sont toujours dangereuses pour les reines mères, qui peuvent envisager à l'occasion d'exercer une forme de régence, mais qui peuvent aussi bien être exclues du jour au lendemain de la vie aulique, avec parfois de sérieuses difficultés pour récupérer le douaire censé pourtant leur garantir une retraite honorable et digne de leur rang. Adélaïde de Maurienne n'a-t-elle pas supplié son fils et ses familiers de faire respecter ses droits ? Dans le cas d'Adèle, le

23. Aline G. Hornaday, « A Capetian Queen as Street Demonstrator : Isabelle of Hainaut », *Capetian Women*, éd. Kathleen Nolan, New York, Palgrave Macmillan, 2003, p. 80 et notes.

24. Gervais de Canterbury, t. 1, p. 519.

pouvoir dont elle a pu rêver est manifestement passé en d'autres mains. À trente-sept ans, elle est trop jeune pour être douairière et son fils trop vieux pour désirer sa tutelle. À cette crise personnelle traversée par la reine s'ajoutent les griefs légitimes de sa famille.

Car sans que l'on en connaisse la date exacte, c'est à cette période que Philippe d'Alsace marie sa nièce Mathilde de Boulogne, duchesse de Brabant, au duc Henri de Brabant, ruinant ainsi les espoirs de Thibaud V de Blois pour son fils. L'héritière du comté stratégique, Ide, épouse quant à elle le comte Gérard de Gueldre, de trente ans son aîné[25]. Nul doute que ces unions en cascade sont le fruit d'une réflexion du comte de Flandre pour garder le contrôle au sud de son fief flamand, attirer dans son orbite le Brabant[26], et éviter l'ingérence française.

Enfin, une ultime raison peut chagriner la reine : un chroniqueur anglais, avec un parti pris évident, insiste sur la mésalliance représentée par une fille de Hainaut pour un roi de France comme mobile du conflit[27]. En effet, personne ne s'est encore avisé de reconstituer l'arbre généalogique qui fait descendre la jeune Isabelle de Charlemagne, et le regret d'une Ide de Boulogne du sang des rois d'Angleterre et d'Écosse est sensible.

La mère et le fils se sont-ils expliqués ? Une violente dispute a-t-elle éclaté ? Nous l'ignorons. Ce qui est sûr, en revanche, c'est qu'Adèle s'inquiète pour son avenir et décide de fortifier les places de son douaire[28], constitué notamment d'Étampes, de Corbeil et de Melun[29]. Philippe Auguste, mesurant immédiatement le danger, passe à l'attaque et expulse violemment les gardiens de ces forteresses[30]. Adèle, menacée et sans ressources, se réfugie certainement à Chartres auprès de son frère Thibaud V de Blois et de sa belle-sœur Alix[31]. Le détail des exactions du jeune roi de France contre sa famille maternelle n'est pas connu, mais la situation est suffisamment insupportable pour que la reine et Thibaud sollicitent

25. Alexander Cartellieri, « L'avènement de Philippe Auguste… », art. cit., t. 53, p. 267 ; Jean-Louis Kupper, « Mathilde de Boulogne duchesse de Brabant… », *op. cit.*, p. 235 et n. 9.

26. Jean-Louis Kupper, « Mathilde de Boulogne… », *op. cit.*, p. 235-236.

27. Gervais de Canterbury, t. 1, p. 294.

28. Robert d'Auxerre, MGH SS 26, p. 242-243.

29. Jean Dufour, « Adèle de Champagne… », *op. cit.*, p. 35.

30. Ralph de Diceto, t. 2, p. 6.

31. Theodore Evergates, *Marie of France…*, *op. cit.*, p. 32.

l'assistance d'Henri II en personne. Une ambassade à Louis VII début mars s'étant révélée infructueuse[32], ce qui ne peut surprendre en raison de son état de santé, Henri le Jeune lui-même quitte le continent pour rejoindre début avril son père en Angleterre et l'alerter sur les récents développements de la querelle. Les deux rois reviennent en hâte en Normandie, où Henri II tient une cour à Alençon le 17 avril. La levée d'une armée[33] n'intimide pas le prince français colérique qui, de son côté, prépare une offensive en Auvergne, peut-être pour faire diversion[34]. Et le 28 avril 1180, dans le château de Bapaume, en Flandre, il épouse Isabelle de Hainaut qui vient d'avoir dix ans.

Isabelle de Hainaut : une reine-enfant de dix ans

Les relations conflictuelles entre Philippe Auguste et sa mère ne placent pas la cérémonie sous le signe du bonheur. L'union est néanmoins bénie par l'évêque Henri de Senlis à l'abbaye de Tronc-Bérenger, puis au château de Bapaume, en terre du comte de Flandre. Bien sûr, la famille royale est notoirement absente et les seules assurances sur l'assemblée sont les parents de la mariée, Marguerite d'Alsace et Baudouin V de Hainaut, et sa tante Élisabeth de Vermandois, que les violentes dissensions avec les Champenois ne peuvent manquer d'atteindre.

Pour la fillette – à dix ans, il s'agit bien d'une fillette –, la vie protégée qu'elle a connue auprès de parents aimants est terminée. Avant d'être « remise » à son oncle Philippe d'Alsace, Isabelle a vécu entre Valenciennes et Mons une enfance dans l'opulence, en raison de la richesse du comte de Hainaut qui lui permet d'avoir une table « toujours largement servie » et une maison « splendidement

32. Alexander Cartellieri, « L'avènement de Philippe Auguste… », art. cit., t. 53, p. 269.

33. Cette armée d'Henri II, selon Alexandre Cartellieri, avait plutôt vocation à servir contre l'empereur et assister son gendre Henri le Lion, duc de Saxe, marié à sa fille Mathilde (Alexander Cartellieri, « L'avènement de Philippe Auguste… », art. cit., t. 53, p. 272).

34. Alexander Cartellieri, *ibid.*

tenue[35] ». Entourée de frères et sœurs[36], elle reçoit sans aucun doute une éducation soignée, car sa mère Marguerite est qualifiée de « femme riche de science et de vertus[37] ». A-t-elle été préparée à l'inéluctable nuit de noces ?

Car malheureusement, ce que l'on sait du contexte de cette union – mais aussi de Philippe Auguste – laisse penser qu'il « consomme » dans les jours qui suivent la cérémonie[38]. Sans l'accord de sa famille et avec une officialisation hors du domaine royal, le jeune roi a tout intérêt à adopter le point de vue du canoniste bolonais Gratien, pour qui la consommation rend le mariage indissoluble[39]. Mais il faut insister sur la terreur de cette enfant que l'on a séparée brutalement de sa famille, et qui subit probablement son premier rapport sexuel à dix ans. Si le fait est avéré, c'est un viol, puisque même pour l'Église, c'est bien douze ans qui est l'âge accepté, à défaut d'être acceptable. D'ailleurs, le chroniqueur Gilbert de Mons murmure en évoquant cette « très jeune fille[40] », tandis que Rigord, du parti royal, relatant la première année du règne de Philippe Auguste,

35. Gilbert de Mons, t. 1, p. 163.

36. En juillet 1171, à Valenciennes, la comtesse Marguerite accouche dans des circonstances dramatiques d'un fils prénommé Baudouin. Un incendie ravage en effet la ville et des milliers de maisons partent en fumée (Gilbert de Mons, t. 1, p. 155). Suivent les naissances de Philippe (mars 1174), Yolande (v. 1175), Henri (v. 1176) et Sybille (v. 1179), sans compter au moins un demi-frère bâtard. Plusieurs sources secondaires, sans doute fondées sur Villehardouin (Villehardouin, § 446), mentionnent Eustache comme frère utérin mais les chroniques d'Aubri de Trois-Fontaines (Aubri de Trois-Fontaines, *Chronica*, MGH SS 23, p. 868) et plus tard de Baudouin d'Avesnes (*Istore et croniques de Flandres*, 1, éd. Kervyn de Lettenhove, Joseph-Bruno-Marie-Constantin, Bruxelles, 1879, p. 70) ne l'indiquent pas dans la fratrie. Peut-être est-il l'un des fils bâtards de Baudouin V de Hainaut ?

37. *Ibid.*, p. 133.

38. C'est l'avis d'Éliane Viennot, *La France, les femmes et le pouvoir. L'invention de la loi salique*, Paris, Éditions Perrin, 2006, p. 171. L'historiographie moderne garde sur le sujet un silence pesant et les biographes des rois semblent éviter de mentionner l'âge de l'épousée lorsqu'ils évoquent le mariage, à moins qu'ils ne la vieillissent de quelques années pour la rendre « nubile », au mépris de la source fiable qui donne sa naissance en avril 1170 (Gilbert de Mons, t. 1, p. 153).

39. Constance M. Rousseau, « Neither Bewitched nor Beguiled : Philip Augustus's Alleged Impotence and Innocent III's Response », *Speculum*, vol. 89, n° 2, 2014, p. 413. Rappelons, comme nous l'avons vu plus haut, qu'à cette date, l'acte sexuel prime encore sur le consentement (voir *Histoire générale du christianisme...*, t. 1, 2010, 2011, *op. cit.*, p. 969).

40. « Puelle satis juvenis » (*La Chronique de Gislebert de Mons*, éd. Léon Vanderkindere (lat.), Bruxelles, 1869,1879, p. 129).

évoque sa « continence conjugale[41] ». Les deux ne sont pas incompatibles. Il est tout à fait soutenable qu'après avoir validé son union par l'acte sexuel jugé indispensable, Philippe Auguste ait ensuite laissé son épouse-enfant tranquille jusqu'à ce qu'elle soit « en âge », selon la formule des traités.

Isabelle est ensuite ballottée par les évènements. Car il manque une dernière étape à Philippe Auguste pour être vraiment roi régnant : le sacre de son épouse. À l'Ascension, le 28 mai 1180, un mois seulement après son mariage, Isabelle reçoit l'onction à Saint-Denis de la main de l'archevêque de Sens, assisté des évêques de Paris et d'Orléans, en même temps que Philippe se fait couronner une seconde fois[42]. Les parents d'Isabelle sont présents, ainsi que son oncle Philippe d'Alsace qui porte à nouveau l'épée royale[43].

Mais un incident mémorable survient durant le double couronnement. Selon Rigord, la foule nombreuse et bruyante qui observe le roi et la reine agenouillés devant l'archevêque de Sens provoque l'ire d'un chevalier, qui frappe avec une verge « çà et là au hasard pour calmer le désordre du peuple » et brise « soudain et d'un seul coup trois lampes suspendues devant l'autel majeur, au-dessus des têtes royales ; et c'est par miracle [...] que leur huile se répandit sur la tête du roi et de la reine, comme envoyée du ciel en signe de la plénitude des dons de l'Esprit-Saint, pour étendre la réputation du nom du roi et pour répandre sa gloire tout à l'entour sur la terre entière[44] ». Cette version édifiante qui passe pour un signe du ciel surgi opportunément à Saint-Denis, s'il est avéré, provoque certainement l'effroi d'Isabelle plutôt que son émerveillement.

Il va sans dire que l'archevêque de Reims, Guillaume aux Blanches Mains, est outragé par le choix de Saint-Denis contre la tradition rémoise[45] pour ce sacre de la reine et celui renouvelé de Philippe Auguste, et s'en plaint au pape. C'est là en effet un acte fort du jeune roi que la seule influence de son parrain et mentor ne peut expliquer.

Dans les semaines qui suivent son mariage et son sacre, on ne sait ce que devient la princesse, mais l'on peut penser qu'elle

41. Rigord, § 4, p. 129.
42. Rigord, § 9, p. 139.
43. *Ibid.*
44. *Ibid.*, p. 141.
45. Hoveden, *Annals*, t. 1, p. 520.

accompagne son époux dans son itinérance royale. Toutefois, le plus urgent pour Philippe Auguste, c'est de trouver une sortie honorable au conflit peu reluisant qui l'oppose à la reine Adèle : un fils qui persécute sa mère n'est pas glorieux et les chroniqueurs français préfèrent d'ailleurs passer ces évènements sous silence. Nous aimerions savoir le rôle joué par la comtesse de Vermandois, la comtesse Marie de France et la jeune reine d'Angleterre Marguerite pour la pacification de cette discorde, mais bien sûr les sources le taisent et c'est Henri II d'Angleterre qui est gratifié du succès de l'accommodement. Le 28 juin, son arbitrage entre Gisors et Trie parvient « moitié par de douces paroles, moitié par la menace », à réconcilier le fils à sa mère : Philippe Auguste lui octroie sept livres parisis par jour et s'engage à lui assurer son douaire, mais s'approprie les châteaux et places fortifiées, ce qui bien sûr restreint significativement les droits et pouvoirs d'Adèle[46]. Il semble que Baudouin V de Hainaut assiste également à cette entrevue à la demande de son gendre royal[47]. Ensuite, le jeune roi circule dans ses terres, entre Senlis, Sens, Château Landon, Lorris, Bourges et Fontainebleau[48].

Trois mois plus tard, Isabelle de Hainaut devient pleinement reine de France. Le vieux Louis VII, marié successivement à Aliénor d'Aquitaine, Constance de Castille puis Adèle de Champagne, meurt le 18 septembre 1180, à presque soixante ans, et au terme de quarante-trois ans de règne. Curieusement, il a souhaité être inhumé dans l'abbaye cistercienne de Barbeau qu'il a fondée près de Melun au détriment de la prestigieuse abbaye de Saint-Denis[49]. La reine Adèle fait édifier pour son défunt mari « un sépulcre d'un art admirable, construit en pierre, en or et en argent et très finement orné d'airain et de pierres précieuses[50] ». Dans un message aussi politique que familial, elle fait aussi graver sur sa tombe cette épitaphe qui résonne comme un avertissement à son fils Philippe Auguste : « Ce défunt à qui tu survis, successeur de sa dignité, Tu manques à ta lignée, si tu manques à sa renommée[51]. »

46. Hoveden, *ibid.*; *Recueil Ph. Aug. 1*, n° 7.
47. Gilbert de Mons, t. 1, p. 209.
48. Delisle, *Catalogue*, « Introduction », p. CIII.
49. Yves Sassier, *Louis VII*, *op. cit.*, p. 473.
50. Rigord, § 10, p. 143.
51. Rigord, p. 143, n. 52.

Mais la renommée avec un grand « R » devra attendre. Les deux premières décennies du règne de Philippe Auguste sont semées d'embûches et de passions, de coups de chance et d'infortunes, et ce sont essentiellement ses comportements détestables envers ses épouses qui vont défrayer la chronique.

DEUXIÈME PARTIE

Au cœur de l'empire Plantagenêt (1179-1195)

1

Le roi, son épouse et ses sœurs

« Soror Philippi, regis Francie »
Marguerite de France

Dans l'enchevêtrement des guerres et trêves entre rois et princes, les sœurs de Philippe Auguste s'entraident et agissent toujours à l'arrière-plan. La reine Isabelle de Hainaut tient cependant le devant de la scène lorsque le roi tente de la répudier, et sa réaction se révèle surprenante et dangereuse. Lors de cette « décennie décisive », c'est bien souvent la mort prématurée de leur mari qui bouleverse la vie des princesses, en les replaçant sur l'échiquier matrimonial.

Philippe d'Alsace : ancien mentor, nouvel ennemi (1181-1182)

À Noël 1180, à Sens, Philippe Auguste tient sa cour avec tous les grands du royaume. À cette occasion doit se décider une attaque contre l'empereur d'Allemagne qui vient de déshériter le gendre d'Henri II d'Angleterre et d'Aliénor, le duc de Saxe Henri le Lion, époux de leur fille Mathilde. C'est là qu'Henri le Libéral les rejoint, après une croisade de près de deux ans qu'il a abrégée à la réception d'une lettre du roi sollicitant son aide dans la dispute avec sa mère Adèle[1].

1. Theodore Evergates, *Henry the Liberal*..., *op. cit.*, p. 162 ; Bernard Hamilton, *The Leper King and his Heir*, Cambridge University Press, 2000, p. 150.

Accueilli avec enthousiasme, il constate avec satisfaction que la querelle est réglée et donne des nouvelles à Philippe Auguste de sa sœur Agnès de France, qui vient d'accéder au trône de Constantinople en septembre aux côtés de son époux Alexis II Comnène. Le vieil empereur Manuel Ier qui a vu tant de seigneurs francs passer dans son éblouissante cité s'est éteint aux abords de la soixantaine. Le comte de Champagne, mis au fait du conflit en cours, déconseille la bataille contre l'empereur d'Allemagne et son avis prévaut. Il reste apparemment quelques semaines aux côtés du roi et contribue sûrement à pacifier les relations entre sa famille et le clan flamand.

À peine a-t-il atteint la Champagne qu'il tombe subitement malade au début de mars 1181 et meurt deux semaines plus tard à cinquante-trois ans, sans doute auprès de son épouse Marie de France, dont on suspecte qu'il ne l'a pas aimée, et qu'il a manifestement tenue à l'écart de l'administration du comté avant son départ en Terre sainte[2]. Pour elle, le temps d'une ferme régence commence. Ses enfants sont âgés de deux à quinze ans, et jusqu'à la majorité de son fils Henri II de Champagne, à vingt et un ans, c'est elle qui tient les commandes[3].

Dès l'Ascension, Philippe d'Alsace et le père de la reine Isabelle, Baudouin V de Hainaut, renouvellent avec Marie les accords matrimoniaux que le mariage royal avait mis à mal. Yolande de Hainaut, âgée peut-être de six ou sept ans et qui supplée donc à sa sœur, épousera Henri II, nouveau comte de Champagne, tandis que le fils aîné et héritier du comté de Hainaut, Baudouin, dix ans, s'unira à Marie, sœur d'Henri, comme il était prévu[4]. Si l'un des fiancés meurt, il ou elle sera remplacé par un cadet[5]. C'est alors une clause pragmatique et courante de ces traités qui prennent en considération la triste réalité de la mortalité infantile. Pour l'occasion, des témoins prestigieux sont requis à Provins en assemblée solennelle dans le « magnifique château » de la comtesse Marie : la reine mère elle-même – Adèle de Champagne – est présente, ainsi que ses trois frères – Guillaume aux Blanches Mains, Thibaud V de Blois, et

2. Theodore Evergates, *Marie of France…*, *op. cit.*, p. 36.
3. *Ibid.*, p. 37.
4. *Ibid.*, p. 41.
5. Gilbert de Mons, t. 1, p. 211.

Étienne de Sancerre –, mais aussi le duc Hugues III de Bourgogne et le comte Henri Ier de Bar.

Ce double accord matrimonial que Philippe Auguste n'a pas approuvé représente une coalition des plus dangereuses à l'est du royaume. S'il ne s'inquiète pas outre mesure, c'est qu'il est dans les meilleurs termes à cette époque avec les Plantagenêts, père et fils, qui ont bientôt l'occasion de prouver leur entente. En effet, à la fin du printemps, Philippe d'Alsace et Baudouin V de Hainaut sont aux prises avec le sire de Coucy, proche du roi de France, qu'ils menacent[6]. La mèche est rapidement éteinte grâce à la médiation d'Henri II accompagné d'Henri le Jeune et de Guillaume le Lion, roi d'Écosse, en présence de Philippe Auguste, ce qui fait dire au chroniqueur anglais, admiratif, que se trouvent là réunis quatre rois qui œuvrent pour la paix[7].

Pour tous, l'été 1181 est bien occupé. Marie de France gère les affaires courantes du comté de Champagne[8], Henri le Jeune s'est vu confier de larges pouvoirs en Normandie et la protection discrète du jeune roi de France par son père[9], tandis que Philippe d'Alsace retrouve peut-être son épouse Élisabeth de Vermandois qui semble déjà gravement malade. Ces préoccupations privées, qui laissent aussi entrevoir des difficultés successorales, sont-elles à l'origine de l'humeur particulièrement irascible et belliqueuse du comte de Flandre ? Quelles que soient ses raisons, ce qui est sûr, c'est qu'à la Toussaint, profitant de l'absence d'Henri II qui est en Angleterre, il s'en prend au connétable de France Raoul de Clermont sous un prétexte qui concerne justement le Vermandois : il exige la remise du château de Breteuil, que le comte de Clermont tient de lui[10]. Remarquons au passage que ce Raoul est marié à Alix de Breteuil et qu'il tient de fait cette place du chef de sa femme.

Fort de l'appui du roi, le connétable se rebiffe et l'animosité larvée entre les deux hommes explose en rébellion générale que nous tentons de résumer : tandis que Philippe d'Alsace brûle Noyon « n'y laissant que les murailles », puis marche sur Montdidier avec

---

6. Si l'on suit le récit de Gilbert de Mons, conflit qui se déroulerait cependant à l'été 1181 et non 1182 (*ibid.*, p. 215).
7. Matthew Strickland, *Henry the Young…*, *op. cit.*, p. 266.
8. Theodore Evergates, *Marie of France…*, *op. cit.*, p. 38-41.
9. Matthew Strickland, *Henry the Young…*, *op. cit.*, p. 266.
10. Gilbert de Mons, t. 1, p. 217.

Baudouin V de Hainaut qui dévaste Breteuil, Étienne de Sancerre, avec la complicité ou la neutralité de ses frères champenois, ravage les terres de ses voisins[11]. En raison de la proximité de Paris qui fait craindre une marche sur la capitale, Henri le Jeune arrive de Normandie au secours du roi en même temps que ses frères Richard et Geoffroy portent leurs efforts avec des mercenaires brabançons dans les terres d'Étienne de Sancerre, qui se rend. Après une campagne contre le duc de Bourgogne et contre la comtesse Marie, « sœur de deux rois » et elle aussi partie prenante de ce conflit, Philippe Auguste met le siège devant Senlis pour combattre Philippe d'Alsace, interrompu par une trêve conclue à Noël[12].

La guerre reprend dès janvier 1182 et Baudouin, le père de la reine de France Isabelle, « pille et brûle les terres royales jusqu'à Compiègne et Beauvais ». Puis une nouvelle trêve est conclue à l'approche du carême. Le comte de Hainaut rentre chez lui et son chancelier calcule que ce soutien à son beau-frère d'Alsace lui a coûté 3450 marcs en « poids fort[13] ». Il a beau dédouaner son maître en écrivant que « guerroyer contre le roi son gendre lui déplaisait[14] », on imagine bien que Philippe Auguste n'est guère touché par cette délicatesse et que la jeune reine Isabelle, alors âgée d'à peine douze ans, subit les foudres de son mari, connu pour ses fureurs.

Disons-le d'emblée : nous ne savons rien de sa vie à cette période troublée. Elle est nécessairement entourée de demoiselles et de dames, de servantes, peut-être d'un clerc, d'un chapelain. Son quotidien est occupé par les dévotions, les aumônes, l'étude du latin et de l'histoire, mais aussi les travaux d'aiguille, l'initiation à la chasse au faucon et peut-être la lecture des romans de Chrétien de Troyes – protégé par sa belle-sœur Marie de France qui cause tant de soucis à son mari. Malgré des sources lacunaires, on ne peut s'empêcher d'entrevoir un grand isolement de la reine[15]. Encore enfant dans un monde d'adultes, elle n'intéresse personne, pas même son mari. Dans

11. Robert d'Auxerre, MGH SS 26, p. 246.

12. Voir l'excellente synthèse de ces évènements par Matthew Strickland (*Henry the Young…*, *op. cit.*, p. 268-269).

13. Gilbert de Mons, t. 1, p. 221, 223.

14. *Ibid.*, p. 217.

15. Jacques Falmagne affirme qu'elle fut brimée par sa belle-mère Adèle de Champagne, ce qui n'est pas impossible, mais les références indiquées ne confirment pas cette assertion (Jacques Falmagne, *Baudouin V, comte de Hainaut. 1150-1195*, Presses de l'Université de Montréal, 1966, p. 132 et n. 63). En outre, Adèle vit

l'action, il apprend son métier de roi, chevauche dans son domaine, reçoit, arbitre les différends, rend la justice et, pour l'heure, guerroie férocement contre son père et son oncle. Son caractère autoritaire, impulsif, colérique le fait sans doute plus craindre qu'aimer[16].

Un évènement rebat momentanément les cartes et oblige au compromis. Le 26 mars 1182, l'épouse de Philippe d'Alsace, « l'illustre » comtesse Élisabeth de Vermandois, « chérie des habitants du Vermandois et de la Flandre », s'éteint « après de grands tourments et des infirmités de corps[17] » – nous dirions de longue maladie – à l'âge de quarante ans, sans enfant.

Avant de poursuivre, permettons-nous ici de rétablir la *fama* de cette princesse. L'adultère supposé, que la postérité a largement diffusé, est bien entendu sans fondement[18]. Élisabeth de Vermandois est accusée par les chroniqueurs et chansonniers d'une relation avec un certain Gautier des Fontaines, que le comte Philippe d'Alsace aurait supplicié en représailles : pieds et poings liés, l'amant est bastonné puis suspendu par un pied, la tête dans un égout d'une telle puanteur qu'il meurt asphyxié[19]. Mais il se trouve que le Gautier des Fontaines en question, compagnon d'armes « chéri » du comte Baudouin V de Hainaut, meurt paisiblement en 1183 après avoir pris l'habit, et non torturé par le comte de Flandre[20] ! Le fait que le comte ait administré leurs domaines en bonne intelligence et en associant son épouse jusqu'à sa mort est évidemment une preuve supplémentaire de l'absurdité de cette accusation[21].

---

essentiellement en Champagne après la mort de Louis VII (Theodore Evergates, *Marie of France…*, *op. cit.*, p. 49) et elle voit sans doute peu sa belle-fille.

16. Rigord le décrit volontiers « enflammé d'une terrible fureur » ou « rempli de colère » contre ses ennemis (Rigord, § 8, p. 137 ; § 67, p. 259). Sur ce qui corrobore ces traits de caractère du jeune roi voir notamment : Robert-Henri Bautier, « Philippe Auguste. La personnalité du roi », *La France de Philippe Auguste : le temps des mutations.* Actes du Colloque international organisé par le CNRS, dir. Robert-Henri Bautier, Paris, Éditions du CNRS, 1986, p. 35 ; John W. Baldwin, *Philippe Auguste*, Paris, Fayard, 1991, p. 55-56 ; Jim Bradbury, *Philip Augustus…*, *op. cit.*, p. 45, 66 ; Bruno Galland, *Philippe Auguste, Le bâtisseur du royaume*, Paris, Éditions Belin, 2014, 2016, p. 14.

17. André de Marchiennes, MGH SS 6, p. 420.

18. Cet adultère est encore affirmé dans les études les plus sérieuses et les plus récentes qui se dispensent malheureusement de toute référence.

19. Hoveden, *Annals*, t. 1, p. 402 ; Ralph de Diceto, t. 1, p. 31.

20. Gilbert de Mons, t. 1, p. 243.

21. Pour la réfutation de l'adultère, voir Heather Tanner, « Elisabeth and Eleanor… », art. cit., p. 100-101.

Mais revenons à notre récit. Élisabeth de Vermandois est inhumée le lendemain de sa mort dans l'église d'Arras et le comte verse de grosses larmes[22]. Un autre chroniqueur rapporte le chagrin moins sincère d'un veuf « très affecté, craignant de perdre le Vermandois[23] ». Sa disparition ouvre en effet une succession disputée. Le mari revendique le comté, tout comme la sœur de la défunte, Éléonore de Vermandois, comtesse de Beaumont, et Philippe Auguste soutient bien sûr les droits de cette dernière contre le comte de Flandre. Il prend des mesures pour mettre la main sur le fief et Philippe d'Alsace fait alors appel au conseil de son fidèle vassal, son éternel beau-frère Baudouin V de Hainaut, pour connaître son avis sur la meilleure façon de conserver le Vermandois. Baudouin promeut une prompte attaque et les hommes préparent leurs troupes. Mais Henri II, tout juste débarqué d'Angleterre, rencontre les belligérants à Gerberoy, puis organise en compagnie de son fils Henri le Jeune une nouvelle réunion au sommet à la Grange Saint-Arnoul, près de Senlis, pendant le temps pascal. Sous leur houlette, le roi de France, les deux comtes vindicatifs et le clan champenois – représenté par Guillaume aux Blanches Mains, archevêque de Reims, et ses frères Thibaud V de Blois et Étienne de Sancerre, auxquels s'agrège le duc de Bourgogne – signent un accord. Les conditions semblent honorables pour Philippe d'Alsace comme pour sa belle-sœur Éléonore de Vermandois : il conserve en garantie le Vermandois, moyennant 14000 livres de Chalons, mais en contrepartie il s'engage à livrer bientôt Amiens à Philippe Auguste.

La mort d'Henri le Jeune et le deuil de Marguerite de France (1183)

Alors que les récentes médiations de 1182 du roi d'Angleterre et de son fils aîné laissent espérer une relation durablement pacifiée, les frustrations du jeune roi sans royaume entraînent rapidement un nouveau conflit.

En effet, ce dernier est doublement jaloux de son frère Geoffroy, avec qui il s'entend pourtant très bien, qui a épousé en 1181

22. André de Marchiennes, MGH SS 6, p. 420.
23. Gilbert de Mons, t. 1, p. 239.

Constance de Bretagne et bénéficie d'une grande indépendance dans l'administration de son duché, et de Richard, qu'il hait cordialement, et qui jouit aussi d'une autonomie relative en Aquitaine malgré la détestation assez unanime de ses barons[24].

Henri le Jeune sollicite à nouveau le gouvernement de la Normandie, « où il pourrait demeurer avec sa reine[25] », comme le dit joliment le chroniqueur, et qui lui permettrait de récompenser les chevaliers à son service[26]. Il importe donc au jeune roi de pouvoir vivre dignement avec Marguerite, qu'il associe, et c'est un signe de leur attachement. Sans surprise, son père refuse, ce qui ramène le couple à la cour de France où Henri, certainement en accord avec son épouse qui doit l'accompagner[27], décide de se croiser et de partir en Terre sainte. Pour des raisons mal définies, le roi d'Angleterre s'oppose à cette idée et se hâte d'offrir à son aîné la somme généreuse de 100 livres angevines par jour, et 10 à sa belle-fille Marguerite[28]. Il y a là de quoi tenir une cour. Malgré l'acceptation, qui semble résignée, la rancœur couve à feu lent. Une prestation d'hommage de ses frères à Henri le Jeune, voulue par Henri le père à la fin de l'année 1182 pour tenter de sécuriser l'avenir, tourne au fiasco devant le refus de Richard Cœur de Lion. Sans entrer dans le détail et les rebondissements quasi journaliers de la querelle devenue une très sale guerre de « routiers » aussi cruels qu'efficaces, et qui se concentre autour de la cité de Limoges, disons seulement que cette fois-ci, le jeune roi a le temps d'envoyer Marguerite à la cour de son frère Philippe Auguste au début de l'année 1183[29].

Henri bataille bientôt avec Geoffroy contre son père et Richard[30], endossant tour à tour le rôle d'ambassadeur, de pacificateur ou d'agresseur, sans que l'on sache ce qui prédomine dans son comportement versatile d'un reste d'affection filiale ou de l'indécision. Dans un de ces moments de réconciliation spectaculaires et

24. John Gillingham, *Richard…*, *op. cit.*, p. 127-128 ; Georges Minois, *Richard…*, *op. cit.*, p. 103.

25. Roger de Hoveden cité par Martin Aurell, *L'Empire…*, *op. cit.*, p. 119.

26. Matthew Strickland, *Henry the Young…*, *op. cit.*, p. 275.

27. L'hypothèse est soutenable en raison de la suite des évènements pour Marguerite (voir III. 1. « Marguerite de France… »).

28. Matthew Strickland, *Henry the Young…*, *op. cit.*, p. 276.

29. *Ibid.*, p. 286.

30. Sur ce sujet, voir notamment Matthew Strickland, *ibid.*, chapitre 13, « The Brothers' War, 1183 ».

poignants autant qu'éphémères, il jure solennellement de prendre la Croix et cette fois, son père approuve et promet de l'équiper. Mais des malentendus ressurgissent et l'on se prépare à la poursuite des combats.

Alors que sa coalition obtient le ralliement prometteur du comte Raymond V de Toulouse et de Eudes, fils du duc de Bourgogne, Henri le Jeune est pris de fièvre et de dysenterie et, fin mai, son état semble désespéré. Son père, prévenu, refuse de venir à son chevet, craignant le traquenard, et l'héritier mourant le supplie par lettre de prendre en pitié Aliénor, « sa mère la reine d'Angleterre », toujours captive, et Marguerite, « son épouse, sœur du roi de France Philippe[31] ». Il confie à son *carissimus* Guillaume le Maréchal le soin de remplir son vœu de pèlerinage en Terre sainte[32]. Après une agonie de plusieurs jours et un repentir aussi édifiant qu'émouvant, le jeune roi meurt le 11 juin 1183 dans la petite ville de Martel dans le Quercy, « à vingt-huit ans, quatorze semaines et six jours[33] ». Ainsi s'achève bien tristement la vie d'un prince à l'illustre réputation de chevalier, mais dont la postérité n'a conservé que le surnom de « jeune » quand son frère Richard est devenu un « Cœur de Lion[34] ». De son côté, Marguerite de France devient veuve à seulement vingt-six ans.

Si les clauses de salut semblent parfois stéréotypées, quelques-unes laissent entrevoir un sentiment sincère, et c'est le cas de celle que Marguerite rédige pour l'anniversaire de la mort de son époux soucieuse qu'elle est de « préserver à jamais le souvenir de son seigneur et mari, le Roi Henri le Jeune » et de « maintenir la même union d'esprit une fois morte que celle [existant] de son vivant[35] ». Elle demande alors que des messes soient dites par les chapelains de la cathédrale de Rouen pour le salut d'Henri, qui est inhumé dans le chœur, et la comtesse de Champagne Marie est témoin[36].

31. Matthew Strickland, *Henry the Young…, op. cit.*, p. 306 ; Robert de Torigny, t. 4, p. 306.
32. *Ibid.*, p. 308.
33. Ralph de Diceto cité par Matthew Strickland (*ibid.*, p. 309).
34. Sur l'origine du surnom de Richard, voir Jean Flori, *Richard…, op. cit.*, p. 264-269 ; Martin Aurell, *L'Empire…, op. cit.*, p. 117.
35. D'après la citation de Matthew Strickland, *Henry the Young…, op. cit.*, p. 316, qui note avec justesse le « rare aperçu d'un lien d'affection fort » du couple Marguerite-Henri. Voir aussi Theodore Evergates, *Marie of France…, op. cit.*, p. 49.
36. Theodore Evergates, *ibid.*, p. 49.

La présence de cette dernière n'est pas un hasard : Marie et Marguerite sont demi-sœurs puisque toutes deux filles de Louis VII, mais aussi belles-sœurs, car la comtesse de Champagne et Henri le Jeune, époux de la « jeune reine », sont tous deux des enfants d'Aliénor d'Aquitaine. Après son accouchement et la perte de leur fils au printemps de 1177, Marguerite passe vraisemblablement une partie de l'année aux côtés de sa sœur Marie en contrée champenoise pendant qu'Henri le Jeune court à cette époque la « saison des tournois » dans le nord du royaume, du carême à la Pentecôte[37]. Peut-être, en tante affectionnée, prend-elle soin de l'éducation de ses neveux. Il est probable d'ailleurs que Marguerite ait soutenu sa sœur lors de son accouchement en mai 1179, car en ces moments où les femmes risquent leur vie, elles éprouvent le désir légitime d'être entourées de parentes proches, et le comte Henri le Libéral, précisément à cette époque, avant de partir en Terre sainte, accorde une rente à Marguerite[38].

Ce qui est avéré, c'est qu'après son veuvage, la jeune reine rejoint sa sœur Marie qui, libérée de l'autorité de son époux, tient une cour remarquable attestée par les trouvères renommés qui font référence à la comtesse[39]. Dans une célèbre chanson, Conon de Béthune, cousin de Baudouin V de Hainaut, se plaint du manque de politesse de la reine Adèle de Champagne et de son fils Philippe Auguste qui raillent son accent artésien. Mais ce qui le « chagrine » le plus, c'est que ces moqueries se produisent « devant les Champenois et la Comtesse » Marie[40]. Gace Brulé, l'un des poètes les plus connus de son temps, dit renoncer à écrire, mais « la comtesse de Brie » – Marie est comtesse de Champagne et de Brie –, « à qui [il] n'ose

37. Matthew Strickland, *Henry the Young…*, *op. cit.*, p. 239.

38. Une donation d'Henri Ier le Libéral dont la bénéficiaire serait Marguerite pourrait avoir eu lieu dès avant son départ Outremer en avril-mai 1179 (Theodore Evergates, *Marie of France…*, *op. cit.*, p. 29).

39. Une historiographie récente tente de démontrer que l'importance des femmes pour la diffusion littéraire aux XIIe et XIIIe siècles (notamment la comtesse Marie de France) a été surestimée, malgré les mentions des trouvères dans leurs écrits. Cherchant midi à quatorze heures, les études s'interrogent sur la réalité de dédicaces ou d'évocations pourtant sans ambiguïté. Dans cette mouvance de dévalorisation du rôle des femmes, on trouvera même des doutes sur le fait que la poétesse Marie de France soit… une femme.

40. *Anthologie de la poésie lyrique française des XIIe et XIIIe siècles*, éd. bilingue de Jean Dufournet, Éditions Gallimard, 1989, p. 125 ; Yves Lefèvre, « L'image du roi chez les poètes », *La France de Philippe Auguste…*, *op. cit.*, p. 137.

rien refuser, [lui] a commandé de chanter, et il est juste qu'[il] lui obéisse, puisqu'il lui plaît de le commander[41] ». Chrétien de Troyes écrit *Le Chevalier de la Charrette* à sa demande : « Puisque ma dame de Champagne veut que j'entreprenne de faire un roman, je l'entreprendrai très volontiers, en homme qui est entièrement à elle. » D'ailleurs, « la matière et le sens lui sont donnés par la comtesse » elle-même, qui vaut tant de reines[42]. Enfin, André le Chapelain, auteur des fameux et imaginaires « jugements d'amour » où des princesses se réunissent pour débattre et statuer sur des problématiques amoureuses et sociales – notamment Aliénor d'Aquitaine, Élisabeth de Vermandois et Marie – est un membre du « cercle étroit[43] » de la comtesse de Champagne. Il n'y a ainsi aucun doute sur le fait que Marie, cultivée, ait tenu une cour brillante à Troyes.

Les princesses qui promeuvent les œuvres ne négligent pas pour autant les bonnes œuvres. On les retrouve à l'abbaye de Foissy, où elles assistent en décembre 1184 à la bénédiction par l'évêque de Troyes de jeunes filles qui prennent le voile. Elles écoutent ensemble à Noël un psaume qui leur est dédié par un poète qui loue ces « filles de rois ». L'année suivante, c'est Marguerite qui est témoin d'une dotation de Marie à l'église Saint-Étienne de Troyes[44]. Ces pacifiques activités culturelles ou religieuses ne peuvent cependant éloigner longtemps les enjeux territoriaux, dont les deux veuves, Marie comme Marguerite, sont dans ces années 1183-1186, des pièces maîtresses.

En 1183, en effet, peut-être après l'anniversaire du décès d'Élisabeth de Vermandois, est lancé un projet matrimonial méconnu[45]. Les Champenois, réconciliés à leur roi l'année précédente, et malgré des veuvages récents, abordent l'éventualité d'une union entre le comte de Flandre Philippe d'Alsace et la comtesse de Champagne, leur belle-sœur Marie, veuve depuis 1181. Elle renforcerait puissamment les deux clans en associant les fiefs les plus « riches et dynamiques » au nord du royaume. C'est du moins ce que l'on fait miroiter au comte, qui promet d'y réfléchir, sans grand enthousiasme certainement,

41. *Anthologie de la poésie lyrique…, op. cit.*, p. 137.

42. Chrétien de Troyes, *Le Chevalier de la Charette*, édition critique, traduction, présentation et notes de Charles Méla, Paris, Le Livre de poche, coll. « Lettres gothiques » dirigée par Michel Zink, 1992, p. 47.

43. Theodore Evergates, *Marie of France…, op. cit.*, p. 60.

44. *Ibid.*, p. 50-53.

45. Seul Theodore Evergates à notre connaissance en fait mention (*ibid.*, p. 43-44).

puisque l'idée sous-jacente du roi de France, nécessairement favorable au projet, est de l'empêcher d'avoir une descendance qui compromettrait l'héritage vermandois, la comtesse Marie approchant de la quarantaine. Le comte finit par se décider et confie à deux envoyés la charge de se procurer à Rome la dispense pour consanguinité. Peut-être sont-ils en route à l'hiver 1183-1184, lorsque le comte rappelle soudainement ses ambassadeurs[46]. L'union avec la comtesse Marie a été abandonnée « sans explication ». Le chroniqueur, lui, en trouve une édifiante : Marie, « lascive », a cédé trop tôt aux avances du comte et s'est retrouvée dans son lit, ce qui aurait entraîné le légitime mépris de ce dernier pour la promise! Nul doute qu'il y a là une allusion peu voilée à la lubricité supposée de sa mère, Aliénor d'Aquitaine. Laissons cette explication aux clercs misogynes. Le mobile du désaveu – comme toujours lorsqu'il s'agit de diffamation des femmes de pouvoir – est évidemment politique.

Car à l'automne 1183[47], le comte de Flandre engage des pourparlers avec le roi Alphonse Ier de Portugal pour épouser sa fille Mathilde, une jeune femme d'environ vingt-cinq ans. Il est probable que les tensions toujours palpables avec Philippe Auguste, la perspective de perdre à terme ses droits sur le Vermandois et l'Artois au profit des intérêts du roi de France ont encouragé Philippe d'Alsace à souhaiter un héritier ou une héritière, ce qui est doublement problématique avec la comtesse de Champagne. Bien sûr en raison de son âge, mais aussi parce que même une descendance commune profiterait assurément à Philippe Auguste en raison de ses liens familiaux. Marie de France ne se remarie pas.

À la même période, après la mort d'Henri le Jeune, Philippe Auguste ne tarde pas à demander au roi d'Angleterre la restitution de la dot de la jeune veuve, sa sœur Marguerite, c'est-à-dire le Vexin normand[48]. Henri II est une fois de plus obligé de traiter et la rencontre a lieu entre Gisors et Trie, le 6 décembre 1183. Le roi de dix-huit ans n'est pas encore de taille à imposer ses volontés. Il obtient l'hommage d'Henri II pour ses terres continentales mais il accepte de lui laisser le Vexin normand contre une rente

46. Guillaume d'Andres, MGH SS 24, p. 715.

47. Jacques Falmagne, *Baudouin V...*, *op. cit.*, p. 148, n. 42. L'information n'est pas référencée mais le calendrier est vraisemblable.

48. *Gesta Regis*, t. 1, p. 304.

de 2700 livres pour sa sœur Marguerite. De son côté, Henri accordera le fief convoité à celui de ses fils qui épousera Aelis de France, toujours captive en Angleterre[49]. C'est pour la fiancée une option nouvelle : le roi d'Angleterre laisse entendre ainsi que Jean sans Terre pourrait devenir le mari, alors que ce benjamin est déjà fiancé à Isabelle de Gloucester depuis 1176[50]. Henri cherche dans les faits une issue au refus de Richard Cœur de Lion trois mois plus tôt de céder l'Aquitaine à son frère Jean[51]. À moins qu'il ne gagne tout simplement du temps parce qu'il veut, comme l'accuse le chroniqueur André de Marchiennes, garder Aelis « pour lui seul[52] ». Ou bien encore, comme il est possible, Richard a déjà mis un veto à ce mariage puisqu'en 1184, le roi d'Angleterre reçoit une ambassade de l'empereur Frédéric Barberousse menée par l'archevêque de Cologne et le comte de Flandre Philippe d'Alsace, et donne son accord, sûrement avec celui de Richard, pour l'union de ce dernier avec l'unique fille de l'empereur, Béatrix, issue de son second mariage avec Béatrix de Bourgogne, héritière du comté[53]. Quoi qu'il en soit, aucun de ces motifs n'est de bon augure pour la princesse Aelis.

La répudiation d'Isabelle et sa révolte inattendue

Si la situation de la princesse Aelis de France, toujours otage, est peu enviable, celle de l'adolescente-reine Isabelle de Hainaut est tout aussi précaire. À l'hiver 1183-1184, elle n'a que quatorze ans et Philippe Auguste a de bonnes raisons de ne pas l'aimer. Son père Baudouin V est un allié indéfectible du comte de Flandre et mène la guerre jusqu'aux frontières du domaine royal. Certes, la reine doit hériter de l'Artois à la mort de Philippe d'Alsace, mais ce dernier est sur le point de se remarier avec la jeune Mathilde de Portugal, et

49. *Gesta Regis*, p. 306.

50. Sally Spong, « Isabella of Gloucester… », 2023, *op. cit.*, p. 183.

51. John Gillingham, *Richard…*, *op. cit.*, p. 144; Jean Flori, *Richard…*, *op. cit.*, p. 67.

52. André de Marchiennes, RHF 18, 556 E.

53. Richard est vite libéré de cette perspective matrimoniale par le décès de la promise cette même année (Hoveden, *Annals*, t. 2, p. 34-35. Voir Jacques Falmagne, *Baudouin V…*, *op. cit.*, p. 157 et n. 68; John Gillingham, *Richard…*, *op. cit.*, p. 147; Jean Flori, *Richard…*, *op. cit.*, p. 69).

l'accord sur la dot peut s'avérer caduc si la nouvelle épouse met au monde un héritier ou une héritière, perspective plus que probable puisque c'est sans doute à cette époque que naît au comte un fils bâtard, que nous rencontrerons d'ailleurs ultérieurement[54]. En tout état de cause, cette naissance, même illégitime, prouve que Philippe d'Alsace peut engendrer, malgré le précédent d'un mariage stérile avec la défunte comtesse de Vermandois. En outre, et bien évidemment en raison de son très jeune âge, Isabelle n'a pas encore eu d'enfant. Pour le roi de dix-huit ans, impatient et ombrageux, cela donne bien des arguments pour une répudiation.

En mars 1184, alors que le remariage du comte de Flandre est imminent, Philippe Auguste convoque une assemblée à Senlis dans le but de prononcer le divorce[55]. Les oncles maternels du roi, Guillaume aux Blanches Mains, archevêque de Reims, Thibaud V, comte de Blois, Étienne, comte de Sancerre mais aussi le duc Hugues III de Bourgogne et le comte Raoul de Clermont, connétable de France, appuient Philippe Auguste et ses conseillers dans sa démarche[56]. Mais contre toute attente, Isabelle se rebelle de façon spectaculaire, publique et pacifique devant cette menace. Gilbert de Mons nous dit que la reine, qui n'a pu prévenir ni son père Baudouin ni son oncle Philippe d'Alsace, se dépouille de ses riches habits, se vêt humblement, et, nu-pieds, visite les églises de Senlis en suppliant Dieu de l'assister. Les pauvres et les lépreux, la reconnaissant et compatissant à sa persécution, l'escortent jusqu'au palais où siège le roi et manifestent leur colère par des cris et des conjurations, provoquant une émeute[57]. Cette très jeune fille, en choisissant de se montrer en pénitente – pour les péchés de sa parentèle belliqueuse ? –, semble se

54. Philippe d'Alsace a eu un fils illégitime que nous retrouverons plus tard et qui, selon toute probabilité, est né en 1183, après la mort d'Élisabeth de Vermandois et avant son mariage avec Mathilde de Portugal. Il le prénomme Thierry, comme feu son père. Cette année de naissance de Thierry est cohérente avec les évènements ultérieurs (voir III. 1. « Jeanne d'Angleterre et Damsel de Chypre... »).

55. Aucune source contemporaine *a priori* ne donne le mobile officiel invoqué pour cette répudiation. Plusieurs motifs sont généralement avancés dans les ouvrages, sans référence : la consanguinité, la non-consommation du mariage ou l'absence d'enfants. La source pour ce dernier mobile est la chronique tardive de Baudouin d'Avesnes (voir *infra*).

56. Gilbert de Mons, t. 1, p. 247.

57. Ce que John Carmi Parsons qualifie de « flambée de violence civique » (« outbreak of civic violence ») (John Carmi Parsons, « Violence, the Queen's Body, and the Medieval Body Politic », éd. Mark D. Meyerson, Daniel Thiery and Oren

soumettre à la volonté de son royal mari, mais le place par la même occasion dans une situation inédite et dangereuse.

C'est alors qu'interviennent en faveur d'Isabelle des personnages de première importance, dont Robert Ier de Dreux, frère de Louis VII et oncle du roi. Ce Robert est certainement un défenseur des femmes puisque c'est lui qui, en 1147 déjà, lors de la croisade de son frère et d'Aliénor d'Aquitaine, avait exfiltré la « parente » de la reine convoitée par l'empereur Manuel Ier Comnène pour son neveu[58]. Ses fils, Robert II de Dreux et Philippe, évêque de Beauvais, cousins germains du roi, mais aussi l'évêque d'Orléans, ancien proche de Suger, défendent Isabelle[59], qui a donc de puissants soutiens à la cour, où s'affrontent visiblement les clans paternel et maternel de Philippe Auguste. Les fiançailles rompues récemment avec la comtesse Marie de France par Philippe d'Alsace ne sont d'ailleurs pas étrangères à l'hostilité du clan champenois envers Isabelle – c'est-à-dire, en arrière-plan, envers le comte de Flandre.

Malgré ses défenseurs actifs, il faut cependant souligner le courage nécessaire à cette toute jeune reine de quatorze ans pour s'opposer au roi et à ses conseillers et affronter les effets de leur colère. Il faut aussi remarquer son intelligence politique qui, comme c'est le cas pour de nombreuses femmes, se traduit par un geste religieux – ici, la pénitence.

De l'amour du peuple pour sa reine et du risque de désordre, de l'indignité de son intention que les évêques lui représentent sûrement, ou de la perte assurée de l'Artois (dot de sa femme), quel argument l'a emporté ? Le roi revient en effet sur sa décision et là s'inscrit un dialogue, évidemment tardif et apocryphe, rapporté par Baudouin d'Avesnes, petit-neveu d'Isabelle[60]. Devant la reine sur le départ, Philippe Auguste aurait déclamé : « Dame, je veux que tous sachent que vous ne partez pas en raison d'un méfait de votre part, mais pour rien de plus qu'il me semble que je ne peux pas avoir d'héritiers de vous. Et s'il y a un baron dans mon royaume que vous voulez pour seigneur, dites-le-moi et vous l'aurez, quoi qu'il m'en coûte. » Isabelle, sublime, lui aurait répondu : « Sire, à Dieu ne plaise

Falk, *A great effusion of blood'?: interpreting medieval violence*, Toronto, University of Toronto Press, 2004, p. 241).

58. Voir I. 2., « Le périple... ».

59. Gilbert de Mons, t. 1, p. 248.

60. Fils de la future Marguerite de Flandre à la formidable destinée au siècle suivant.

qu'homme mortel soit allongé dans le lit où vous avez couché. » Subjugué par l'abnégation de sa femme et ses larmes, le roi aurait conclu : « Vous avez bien parlé. Vous ne vous en irez jamais[61]. » Le goût pour la romance est déjà bien ancré au XIIIe siècle lorsque ce dialogue improbable est écrit ! Cependant, la saynète entre en contradiction brutale avec deux informations rapportées par le contemporain Gilbert de Mons.

Après avoir dû renoncer sous la pression à son divorce, ce qui montre peut-être la prééminence des princes du sang sur les grands vassaux, Philippe Auguste ne rendait pas à la reine la « dette conjugale », c'est-à-dire qu'il « n'approchait point du lit », ce qui laisse penser qu'il « l'approchait » avant [62]. Et peu après Pâques, alors que le roi d'Angleterre tente de ramener la paix entre le roi de France et son vassal de Flandre, en présence du comte de Hainaut, ce dernier est missionné à Béthisy – où le roi réside – sans parvenir à un accord. Apparemment accompagné du roi, il décide de se rendre à Pontoise, où se trouve sa fille « qu'il n'avait pas vue depuis longtemps ». Isabelle est donc reléguée là pendant les pourparlers diplomatiques en Normandie. La reine fond en larmes devant son père et tous ses hommes d'armes, c'est-à-dire, une nouvelle fois, publiquement : « Ayez pitié de moi, lui disait-elle en suppliant ; vous avez longtemps offensé le seigneur roi au profit du comte de Flandre ; donnez-lui maintenant votre aide contre cet adversaire rusé, afin que je retrouve l'affection du roi mon seigneur et des Francs[63]. » Le comte de Hainaut, prudent, répond à sa fille et à son gendre qu'il est résolu à faire pour eux tout ce qu'il peut sans manquer à ses engagements, c'est-à-dire, en clair, vis-à-vis du comte de Flandre dont il est l'homme lige. On imagine que cela ne satisfait pas Philippe Auguste, mais fort de cette réunion familiale, il met à profit la visite en faisant figurer son beau-père sur la liste de ses partisans dans la nouvelle trêve qui est signée en mai 1184 avec Philippe d'Alsace, instaurant ainsi une brouille entre les deux beaux-frères qui pendant une année se font la guerre[64] !

61. D'après les citations d'Aline G. Hornaday, « A Capetian Queen… », *op. cit.*, p. 83.

62. Gilbert de Mons, t. 1, p. 248-249.

63. *Ibid.*, p. 251.

64. Suivre l'histoire-bataille de ces temps serait une entreprise presque insurmontable et n'aurait pas d'intérêt pour nous si nous en relations ici les détails car, on s'en doute, nos princesses n'y participent pas.

Entre-temps, en août 1184, Philippe d'Alsace se remarie à Mathilde de Portugal[65]. Cette union bénéficie de l'amical soutien du roi Henri II, qui a missionné des envoyés auprès du père et accordé les sauf-conduits pour le débarquement de la princesse à La Rochelle[66]. De vingt ans sa cadette, Mathilde apporte à Philippe d'Alsace « beaucoup d'or et de précieuses étoffes de soie[67] ». Visiblement enchanté, il l'épouse « avec allégresse » et la dote richement, provoquant la colère à la fois de Baudouin V de Hainaut, à qui il retire pour ce faire notamment Bruges et Gand – on se souvient que Marguerite d'Alsace et Baudouin doivent hériter de la Flandre[68] –, et, plus grave encore, l'ire de Philippe Auguste puisque le comte donne les villes d'Aire et de Saint-Omer à Mathilde, au mépris de la dot précédemment consentie à la reine Isabelle. La guerre reprend, puis un nouveau traité est signé à Boves en juillet 1185 entre le comte de Flandre et le roi de France. Philippe d'Alsace se soumet enfin et « jette l'éponge » : le traité confirme celui de 1182 et renforce la prédominance royale[69].

La fin de ces hostilités coïncide avec les assiduités du roi auprès d'Isabelle. À quinze ans, elle souhaite peut-être ce rapprochement pour conforter sa position de reine dont elle a pu appréhender la fragilité. Ainsi, à une date inconnue, mais que l'on peut présumer en 1186, naît une fille dont nous ne savons pas le nom. Elle meurt sans doute à la naissance et est inhumée près de l'autel de Notre-Dame de Paris. Une belle épitaphe est gravée sur sa tombe :

J'étais enfant du roi et la première joie de mes parents
Avec moi la première lueur de vie fut la dernière[70]

Cet hommage émouvant est précieux, car nous pouvons comprendre que c'est la première joie commune des parents de la nouvelle-née. Elle nous apprend que sa vie a été brève et qu'elle est pleurée par le roi comme par la reine. Cependant, cette naissance prouve qu'Isabelle

65. *Genealogiae Comitum Flandriae*, MGH SS 9, p. 328.
66. Eyton, *Itinerary*, p. 255 ; PR, Henri II, vol. 33, p. 80, 87, 119, 155.
67. Gilbert de Mons, t. 1, p. 267.
68. Voir I. 4., « Le sacre et le mariage… ».
69. John W. Baldwin, *Philippe Auguste…*, *op. cit.*, p. 38 ; Jacques Falmagne, *Baudouin V…*, *op. cit.*, p. 168.
70. Aline G. Hornaday, « A Capetian Queen… », *op. cit.*, p. 87 et n 45 ; « Regis eram proles et gaudia prima parentum / Cum mihi lux vite prima suprema fuit » (Aubri de Trois-Fontaines, MGH SS 23, p. 862, l. 43).

peut enfanter et l'héritier mâle désiré n'est finalement qu'une question de temps. Il est probable que cette espérance crée une forme de solidarité entre Philippe et Isabelle, sinon de l'affection.

Marguerite de France, reine de Hongrie… malgré elle

À l'époque de cette naissance, et malgré l'accord de 1183, Philippe Auguste revendique encore auprès d'Henri II la dot de Marguerite, toujours le Vexin normand, preuve du conflit latent entre les deux rois. Une nouvelle rencontre a lieu le 10 mars 1186, toujours entre Gisors et Trie, en présence de Marguerite elle-même, accompagnée de sa sœur affectionnée Marie de France[71]. Sa connaissance avérée des affaires lui confère un rôle de conseillère juridique bienvenu. L'assemblée imposante, outre le chancelier de la comtesse, comprend notamment ses trois beaux-frères (toujours Guillaume aux Blanches Mains, Thibaud et Étienne) et les comtes de Flandre et de Dreux, qui sont tous témoins de l'accord[72].

Henri II parvient une fois de plus à conserver le comté stratégique contre la rente confirmée de 2700 livres angevines versée à Marguerite sa vie durant et le détail du paiement donne le vertige. Tout est prévu, des échéances à la parité argent-marc-sterling, des garants aux recours en cas de contentieux. Les contrats d'aujourd'hui ne pourraient pas faire mieux ! Il faut aussi remarquer que Marguerite, dans la charte dont elle est signataire, se désigne comme « sœur de Philippe, roi de France », et le mentionne dans le document sans aucun des attributs de noblesse – « illustre » –, de vénération ou d'affection – « très cher » – que l'on retrouve parfois, surtout pour un roi. C'est sans conteste un signe de fraîches relations.

En revanche, et c'est à noter, il n'est nulle part fait mention d'Aelis, prisonnière depuis treize années, et le contrat est donc prolongé par des accords oraux rapportés par les chroniqueurs. Henri II jure que Richard prendra cette dernière comme épouse, et Gisors – et le Vexin normand – comme alors promis au Cœur de Lion[73]. Il ne peut s'agir dans l'esprit du roi de France que d'un transfert après le

71. Ralph de Diceto, t. 1, p. 40.
72. *Calendar of Documents…*, *op. cit.*, p. 383-384, n° 1084.
73. Hoveden, *Annals*, t. 2, p. 55.

mariage avec sa sœur captive, au centre des enjeux mais toujours absente, et pour cause. À vingt-cinq ans, en présence d'un fiancé qui en a vingt-neuf, rien n'empêcherait de célébrer l'union sur-le-champ, au lieu de quoi aucune échéance n'est fixée.

Philippe Auguste, de son côté, fait le serment de ne plus soulever la question du Vexin et de Gisors auprès d'Henri II, de Richard ou de leurs héritiers[74]. Tous sont parjures, car l'on peine à penser que le roi de France croie encore au mariage de sa sœur avec Richard ou que le roi d'Angleterre se figure avoir réglé la question du Vexin normand. Chacun se satisfait de gagner du temps : Philippe Auguste pour être en mesure de s'attaquer militairement au puissant rival; Henri Plantagenêt pour conserver le Vexin et peut-être pour éviter le scandale d'un refus public de Richard pour ses épousailles qui révélerait au grand jour le motif de son rejet – c'est-à-dire une fiancée déshonorée par son propre père[75]. En 1186, en effet, il est possible que les rumeurs ou les accusations rapportées par les chroniqueurs soient déjà parvenues aux oreilles du promis.

Si les chartes manquent de chaleur entre Marguerite et le roi, son frère, on peut en trouver la raison dans le projet matrimonial que Philippe Auguste engage pour elle. Nous l'avons vu, Marguerite mène après son veuvage auprès de la comtesse Marie une existence retirée et sereine en Champagne, où elle est entourée d'affection. Or, sans que l'on sache exactement à quel moment, Béla III, « roi de Hongrie, de Pannonie, de Croatie, d'Avarie, de Dalmatie, de Rama[76] » – rien de moins –, envoie des ambassadeurs au roi de France pour demander en mariage la jeune veuve, à qui il souhaite s'unir « de tout son cœur », autant en raison du prestige du roi que de « la sagesse et la piété de cette reine, dont la renommée rapportée par beaucoup lui était parvenue[77] ». Affirmons ici que la rumeur forgée au siècle suivant d'un adultère – encore un ! – de Marguerite avec Guillaume le Maréchal, familier de son défunt mari Henri le Jeune, n'est qu'une invention de l'auteur[78]. Ainsi, la *fama*

74. *Gesta Regis*, t. 1, *op. cit.*, p. 343-344.
75. Voir supra, I. 2., « Henri II Plantagenêt… ».
76. Rigord, § 47, p. 217.
77. *Ibid.*
78. *Histoire de Guillaume le Maréchal (L')*, éd. Paul Meyer, Paris, 1891-1901, t. 3, p. 66-67. Pour la réfutation, voir Matthew Strickland, *Henry the Young…*, *op. cit.*, p. 278-279.

de Marguerite est excellente. Celle de Béla III ne l'est pas moins. Membre de la dynastie des Árpáds, ce géant est veuf lui aussi[79]. Né en 1148, il a été élevé à la cour de l'empereur Manuel Ier Comnène, qui avait même envisagé d'en faire son héritier avant la naissance de son fils Alexis II Comnène. Là-bas, Béla est marié à Agnès d'Antioche, fille de la princesse Constance d'Antioche et de son second mari, Renaud de Châtillon, qu'elle avait épousé après le décès du premier, Raymond de Poitiers, le fameux oncle d'Aliénor. En 1172, à la mort du roi de Hongrie, sans fils, Béla et Agnès – désormais appelée Anna – montent sur le trône. La reine meurt cependant en 1184 et laisse quatre enfants dont l'aîné n'a que dix ans.

Il n'est pas certain que cette nouvelle union synonyme de déracinement pour une contrée bien lointaine séduise Marguerite, à qui Philippe Auguste ne demande certainement pas son avis. Il tient conseil avec « les archevêques, les évêques et les plus grands princes du royaume[80] », dont il n'a besoin que pour avaliser une opportunité bien arrangeante. La « reine d'Angleterre », douairière avant l'heure, reste une héritière potentielle du royaume de France et ses liens étroits avec la famille Plantagenêt sont à double tranchant. L'éloigner ne présente ainsi que des avantages, d'autant qu'il n'est pas douteux que la rente rondelette qui lui est due par Henri II pour le « transport » du Vexin tombe en son absence directement dans les coffres du trésor royal.

Un évènement justement lié aux Plantagenêts coïncide avec le départ de Marguerite à l'été 1186. Après la mort en 1183 d'Henri le Jeune, Philippe Auguste a attiré dans l'orbite française Geoffroy Plantagenêt, duc de Bretagne du chef de sa femme Constance de Bretagne, dont les relations avec son père Henri II sont occasionnellement conflictuelles, et donc exploitables pour ses intérêts. Il s'est, semble-t-il, attaché à lui d'une « grande tendresse[81] », mais ce cadet se blesse dans un tournoi dont il est aussi friand que son aîné, se fait

---

L'adultère est encore rapporté aujourd'hui comme un fait. Il faut insister sur ces diffamations des femmes puissantes, puisque Élisabeth de Vermandois, Marie de France et Marguerite – qui se connaissent et s'entendent très bien – sont toutes les trois accusées d'adultère ou de « coucherie ».

79. Il mesure 1,90 m. (Miklós Molnár, *Histoire de la Hongrie*, Paris, Hatier Littérature générale, 1996, p. 45).

80. Rigord, § 47, p. 217.

81. Rigord, § 48, p. 219.

atrocement piétiner[82] et, malgré les médecins dépêchés par le roi de France lui-même – ou à cause d'eux ! –, il entre « dans la voie de toute chair[83] » le 19 août 1186.

Philippe le fait inhumer « avec honneur et révérence » à Notre-Dame et il faut même l'empêcher de suivre le défunt dans la fosse, selon un chroniqueur gallois[84]. Il n'est pas impossible que le roi ait voué à Geoffroy des sentiments très forts, car même si cette manifestation exubérante de sa douleur est incontestablement politique[85], elle est cependant suivie de demandes de messes « pour l'âme de son bien-aimé Comte de Bretagne ». À l'issue de la cérémonie funèbre, les sœurs du roi, Marie et Marguerite, et tous les princes le raccompagnent au palais de la Cité « pour le consoler ». Les deux demi-sœurs du duc de Bretagne, Marie et Alix de France, filles elles aussi d'Aliénor d'Aquitaine, participent aux chapellenies fondées par Philippe Auguste en souvenir de Geoffroy, ce qui montre des liens entre eux, d'affection ou d'alliance[86]. Son épouse, Constance de Bretagne, alors enceinte, mettra au monde le 29 mars 1187 un fils posthume qu'elle prénommera Arthur, du nom du fameux roi, farouche défenseur de l'indépendance de la Bretagne et dont la légende vivace sert évidemment l'ambition politique de la duchesse[87].

Mais pour l'heure, le 25 août 1186, la « jeune reine » d'Angleterre, Marguerite, quitte la France pour toujours. C'est avant son départ qu'elle lègue une somme aux chapelains de Rouen pour que des messes soient dites en hommage à son premier époux, et elle promet des sommes généreuses dès que son nouveau mari lui aura octroyé son douaire[88], preuve sans doute qu'elle ne se fait guère d'illusions sur les revenus qu'elle peut recevoir de son frère Philippe Auguste. Puis elle fait ses adieux à sa sœur aimée Marie. Elles s'écriront, mais la princesse Marguerite ne part pas de gaieté de cœur.

82. *Gesta Regis*, t. 1, p. 350. Sur la mort de Geoffroy, voir Jean Flori, *Aliénor…*, *op. cit.*, p. 184-185 ; Éric Borgnis Desbordes, *Constance de Bretagne…*, *op. cit.*, p. 205-212.

83. Rigord, § 48, p. 219.

84. Giraud de Barri, *De Principis Instructione*, p. 176.

85. Martin Aurell, *L'Empire…*, *op. cit.*, p. 224 ; Éric Borgnis Desbordes, *Constance de Bretagne…*, *op. cit.*, p. 209.

86. Rigord, p. 221, n 248 ; Éric Borgnis Desbordes, *Constance de Bretagne…*, *op. cit.*, p. 213.

87. Voir Martin Aurell, *L'Empire…*, *op. cit.*, p. 221-222 ; Éric Borgnis Desbordes, *Constance de Bretagne…*, *op. cit.*, chapitre VIII.

88. Matthew Strickland, *Henry the Young…*, *op. cit.*, p. 316.

Isabelle de Hainaut, reine et mère

Alors que tous enterrent Geoffroy Plantagenêt, la reine Isabelle semble absente. Rigord, le chroniqueur autorisé, l'a-t-il oubliée en raison de son insignifiance politique pour lui ? Ou bien est-elle encore en période de relevailles de sa première-née ? Nous l'ignorons.

Quoi qu'il en soit, au début de l'année 1187, une lettre que le roi lui adresse nous représente une certaine familiarité entre eux. La reine se trouve à Étampes, tandis que Philippe Auguste réside à Orléans. Est-elle souffrante ? Le roi semble la taquiner sur le prolongement de son séjour là-bas et lui intime de venir le rejoindre pour profiter de l'air plus pur d'Orléans et de sa gastronomie. Il ajoute qu'elle illuminera la cité par sa présence[89]. Nul doute qu'Isabelle répond à l'ordre si galamment donné puisqu'elle est bientôt enceinte. Selon Guillaume le Breton, elle sent bouger son fils pour la première fois alors qu'elle s'agenouille devant le grand autel de la cathédrale de Chartres[90].

Au cours de cette même année, pendant sa grossesse, une forte amitié entre le roi et son vassal aquitain Richard Plantagenêt les rend inséparables : ils partagent le même plat, la même nourriture et le même lit. Ces marques excessives de rapprochement font partie de « l'amour des rois » sans qu'il y ait soupçon d'homosexualité pour les contemporains. Ce sont des preuves de l'honneur fait à l'ami ou au parent, et si Richard préfère indiscutablement les hommes, nous le verrons, ces attitudes sociales sont communes à l'aristocratie[91].

Mais indépendamment de ses sentiments pour le charismatique Cœur de Lion, l'intention de Philippe Auguste est politique. Jouant aisément des relations exécrables de la famille angevine, il parvient à convaincre Richard que son père Henri II souhaite marier Jean sans Terre à Aelis – à qui revient désormais le Vexin normand – et lui

89. Lettre datée de janvier 1187 (Aline G. Hornaday, « A Capetian Queen… », *op. cit.*, p. 85).

90. *Ibid.*, p. 86 ; Guillaume le Breton, *Philippidos*, v. 867 *sq.*

91. Voir l'article de C. Stephen Jaeger, « L'amour des rois : structure sociale d'une forme de sensibilité aristocratique », *Annales. Économies, sociétés, civilisations*, 46e année, n. 3, 1991, p. 547-571. Voir aussi Martin Aurell, *L'Empire…*, *op. cit.*, p. 142 et Jean Flori, *Richard…*, *op. cit.*, p. 454-455.

donner en sus l'Anjou, peut-être même le Poitou[92], ce qui n'améliore pas l'ambiance entre le père et celui qui est maintenant l'aîné de ses fils vivants.

Un évènement plus important arrache cependant Philippe Auguste à cet attachement ostentatoire et change la vie d'Isabelle. Le 3 septembre 1187, à Paris, dans l'inconfortable palais de la Cité, elle met au monde l'héritier, prénommé Louis comme son grand-père paternel[93]. La liesse est générale. Les bourgeois illuminent les rues pendant sept jours et sept nuits, rendent grâce à Dieu et le peuple danse et chante sans discontinuer. Le roi fait aussitôt envoyer des courriers dans toutes les provinces et les cours d'Europe et l'enfant est confié à une bonne nourrice[94].

Deux jours après la naissance du futur Louis VIII, Ascalon capitule devant Saladin dans le lointain royaume de Jérusalem. Le désastre d'Hattîn, le 4 juillet 1187, où les Francs se sont illustrés par leurs querelles fratricides et leurs stratégies militaires inconsidérées, est le début de la conquête du royaume par Saladin, qui prend Acre, Beyrouth, Sidon, puis se porte au sud à Ascalon et se dirige enfin vers Jérusalem, qui se rend à son tour en deux semaines, le 2 octobre[95]. La situation de la Syrie franque semble aux dernières extrémités. Bien entendu, ces nouvelles catastrophiques n'arrivent qu'au fil des semaines compte tenu des durées de traversée des navires marchands ou des voyages terrestres, mais il n'est pas impossible que la naissance de Louis coïncide avec l'annonce de la défaite d'Hattîn. Des messagers sont alors dépêchés d'Outremer auprès de Philippe Auguste : Saladin s'est emparé de la Sainte Croix et accessoirement du roi de Jérusalem, Guy de Lusignan. De son côté, le pape Clément III presse les souverains occidentaux pour un secours nécessaire à la Terre sainte et fait partout prêcher la croisade[96].

92. Jean Flori, *Richard..., op. cit.*, p. 74.

93. Rigord, p. 241, n. 295.

94. *Chronique rimée de Philippe Mouskes*, éd. Baron de Reiffenberg, Bruxelles, 1838, t. 2, v. 19331.

95. René Grousset, *Histoire des croisades, II : 1131-1187. L'équilibre*, Paris, Éditions Perrin, coll. « Tempus », 1936, 2006, p. 755-788.

96. René Grousset, *Histoire des croisades, III : 1188-1291. L'anarchie franque*, Paris, Éditions Perrin, coll. « Tempus », 1936, 2006, p. 53.

Querelle parricide et fiancée omniprésente

Dès la déroute d'Hattîn connue, Richard Cœur de Lion décide de se croiser bien qu'il ne soit toujours pas marié à Aelis. Philippe Auguste, qui estime avoir assez patienté, menace en début d'année 1188 de dévaster la Normandie si Gisors ne lui est pas rendu ou si Richard n'épouse pas sa sœur[97]. C'est pourquoi une nouvelle rencontre royale est organisée le 21 janvier, toujours entre Gisors et Trie. Pourtant, on semble éviter prudemment la question qui fâche, et le fait majeur de cette réunion est de répondre à l'appel de l'archevêque de Tyr en faveur d'une croisade immédiate. Les rois se réconcilient et se croisent, ainsi que nombre de leurs barons, dont le redouté comte de Flandre Philippe d'Alsace que nul ne veut laisser derrière lui. L'exclusion des femmes de cette croisade est décidée, « à part peut-être les lavandières », à condition qu'elles voyagent à pied[98]. L'interdiction, contre les usages, vise donc bien les femmes de la noblesse et les princesses qui ont accompagné en nombre, à cheval bien sûr, leurs époux lors des précédentes croisades, et l'on peut voir dans cette mesure un souci d'efficacité, la misogynie des deux leaders, mais peut-être aussi des mobiles plus secrets. L'exclusion de toutes les femmes permet à Richard de repousser encore la perspective d'une union avec Aelis, dont on ne voit pas pourquoi il ne l'aurait pas épousée avant le départ si elle l'avait accompagné, tandis que Philippe Auguste confie à Isabelle la protection vigilante de l'unique héritier du trône. Chacun trouve son compte à cette mesure inhabituelle. En mars, un synode à Paris confirme le vœu de croisé du roi de France et la prise de croix d'une « foule innombrable de chevaliers et de piétons[99] ».

Richard, lui, se rend en Poitou pour mater une nouvelle révolte, puis séjourne à Toulouse. Le roi de France profite de cette absence pour envahir le Berry, et la guerre reprend tout l'été, contre Richard, contre Henri II. Il n'est plus question pour le moment de coucher dans le même lit.

97. Jean Flori, *Richard…*, *op. cit.*, p. 76 ; Hoveden, *Annals*, t. 2, p. 78.
98. Hoveden, *ibid.*, p. 81.
99. Rigord, § 63, p. 249.

Parallèlement, des tractations sont engagées pour un mariage du Cœur de Lion avec la fille du roi de Navarre, Bérengère[100], ce qui amène un troubadour à exhorter le roi de France : « Qu'il se souvienne de sa sœur [Aelis] et du mari qui l'abandonne et refuse de la garder – voilà un forfait qui me paraît devoir blesser[101] ! » La situation déshonorante de la princesse de France est donc de notoriété publique. Un historien dévoué à Richard, lui, nous rapportera plus tard l'enthousiasme du duc d'Aquitaine pour Bérengère : il « l'avait beaucoup aimée depuis le temps où il était comte de Poitiers, son désir l'avait convoitée[102] ». La suite de l'histoire peut cependant laisser sceptique sur ce coup de foudre.

Le 18 novembre 1188, à Bonsmoulins, lors d'une nouvelle tentative de conciliation entre Philippe Auguste, Henri II et Richard, Aelis de France est encore l'enjeu d'âpres discussions. Selon le chroniqueur anglais Hoveden, c'est le roi de France qui propose au roi d'Angleterre la restitution des terres conquises, à condition d'abord que Richard épouse Aelis, et qu'ensuite, en tant qu'héritier du trône, il reçoive l'hommage dans ses fiefs. Pour Rigord, c'est au contraire Richard qui réclame à son père « l'épouse qui lui revient de droit » et le royaume d'Angleterre, puisqu'« il avait été convenu en effet dans les pactes que celui des fils du roi d'Angleterre qui l'aurait pour épouse [Aelis] hériterait aussi du royaume à la mort du roi[103] ».

Dans toutes les versions de Bonsmoulins, nous voyons que le rôle d'Aelis, éternelle fiancée, est central, et l'issue fatale à la paix : face au refus du vieil Henri II, aussi bien du mariage de son fils que de l'officialisation de la succession, Richard prête hommage ostensiblement

100. Ghislain Baury et Vincent Corriol, *Bérengère de Navarre (v. 1160-1230). Histoire et mémoire d'une reine d'Angleterre*, Rennes, Presses universitaires de Rennes, 2022, p. 46-47.

101. Cité et traduit par Ghislain Baury et Vincent Corriol, *Bérengère de Navarre…*, *op. cit.*, p. 47.

102. Cité par Ghislain Baury et Vincent Corriol, *Bérengère de Navarre…*, *op. cit.*, p. 51. La mention unique d'Ambroise relative à cette rencontre entre Richard et Bérengère dès cette époque n'est peut-être pas sans fondement. Ambroise pourrait-il évoquer une rencontre dès 1172 lors de la venue à Limoges de Sanche VI de Navarre, accompagné de sa famille ? (Ann Trindade envisage également cette possibilité des enfants de Sanche VI l'accompagnant : *Berengaria, In Search of Richard the Lionheart's Queen*, Dublin, Four Court Press, 1999. p. 69.)

103. Hoveden, *Annals*, t. 2, p. 99 (curieusement, Hoveden place la rencontre de Bonsmoulins en août) ; Rigord, § 70, p. 263 ; voir Jean Flori, *Richard…*, *op. cit.*, p. 80-81.

à Philippe Auguste « en présence de son propre père[104] ». C'est un point de non-retour. Dans sa *Philippide*, Guillaume le Breton justifiera plus tard l'attitude de Richard : le viol incestueux d'Aelis par le roi d'Angleterre a provoqué la rupture avec son père et son allégeance au roi de France[105].

Une autre conciliation se déroule à la Pentecôte 1189 à La Ferté-Bernard. Mais Philippe Auguste, qui a senti le vent tourner en sa faveur, ne lâche plus et renouvelle ses exigences. Il faut insister sur l'importance pour le roi du mariage entre Richard et Aelis, qui réglerait presque tous les contentieux. Sa sœur, future reine d'Angleterre, et Richard, devenu son beau-frère, seraient d'utiles alliés. Allons plus loin : sans enfants, la dot de l'épouse, le Vexin normand, reviendrait à la couronne française. L'avenir nous apprendra bientôt qu'indéniablement le roi de France a déjà cette idée en tête.

Richard surenchérit en conditionnant la réconciliation avec son père au départ de son frère Jean en croisade en même temps que lui. Henri II, affaibli, isolé, persiste néanmoins dans ses refus, peut-être en raison de sa rancœur envers Richard ou par scepticisme sur une paternité potentielle de ce fils-là. Il propose à nouveau que ce soit Jean qui épouse Aelis[106]. Cela conforte la version de Rigord sur une succession du royaume conditionnée à l'union avec la princesse[107], qui légitimerait au passage l'annexion définitive du Vexin normand par l'Angleterre. Pour cette raison, Philippe Auguste ne souhaite pas que sa sœur promise à Richard, héritier prioritaire du trône d'Angleterre, épouse le frère cadet, et refuse le marché. Tous se quittent la haine au cœur.

Philippe et Richard s'emparent immédiatement de plusieurs places – dont Le Mans, ville natale du roi d'Angleterre où ce dernier s'est réfugié et qu'il doit fuir « dans un état de désespoir[108] ». Il gagne Chinon, épuisé, vaincu. Une ultime rencontre entre les trois princes a lieu à Ballan, en Touraine, le 4 juillet 1189, et Henri II capitule : Philippe Auguste reçoit son hommage direct, et Aelis sera remise à la garde d'un homme choisi par son fiancé. Intervient ensuite une clause à la conséquence néfaste pour la princesse : des

104. Rigord, § 70, p. 263.
105. Guillaume le Breton, *Philippidos*, v. 631 *sq.*
106. Hoveden, *Annals*, t. 2, p. 107.
107. Rigord, § 70.
108. Hoveden, *Annals*, t. 2, p. 108.

hommes d'Henri II devront prêter serment qu'Aelis sera livrée à Richard à son retour de Jérusalem[109].

Le rassemblement pour le départ est prévu au carême 1190 à Vézelay. Chacun sait qu'Henri II, qui tient à peine en selle, n'y sera pas, et malgré le baiser de paix échangé entre le père et le fils, la dissension filiale est irrémédiable. Dernière désillusion : Henri Plantagenêt réclame la liste des vassaux qui ont rejoint Richard et qui, selon les termes du traité, ne lui doivent plus hommage. Son fils préféré, Jean sans Terre, est le premier nom[110]. À l'agonie, il se fait porter devant l'autel de la chapelle du château de Chinon et confesse ses péchés. L'histoire ne dit pas si le viol des princesses confiées à sa garde en fait partie. Il meurt quasi déchu, en la seule compagnie d'un de ses fils bâtards, le 6 juillet 1189.

Au terme de cette vie hors du commun du bâtisseur de « l'empire Plantagenêt », autorisons-nous une prise de recul sur ces hommes du temps. Il est frappant à la lecture de l'histoire familiale autour d'Henri II et d'Aliénor d'Aquitaine, singulièrement pendant la décade de 1180 où Philippe Auguste est d'ailleurs omniprésent, d'observer la violence des actes et des sentiments, des oppositions et des trahisons comme des repentirs ou réconciliations. Les trois frères – Henri, Richard, Geoffroy –, confrontés à un patriarche oppressant qui contrarie leur ambition de gouverner leurs fiefs, entrent en rébellion, s'allient et se désallient au gré des évènements et des rapports de force, penchant tantôt vers le parricide[111], tantôt vers le fratricide. Ces « fils de la colère » s'aiment violemment, se haïssent aussitôt, se

109. Hoveden, *Annals*, t. 2, p. 109. Philippe Auguste perçoit en outre 20000 marcs d'argent et Richard quant à lui recevra l'hommage des vassaux de son père pour les possessions « des deux côtés de la mer » (Roger de Hoveden, *Chronica*..., t. 2, 1853, p. 109). Voir John Gillingham, *Richard*..., *op. cit.*, p. 174 ; Jean Flori, *Richard*..., *op. cit.*, p. 83-84 ; Georges Minois, *Richard Cœur de Lion*, Paris, Éditions Perrin, 2017, p. 140.

110. Wilfred L. Warren, *Henry II*..., *op. cit.*, p. 626 ; Wilfred L. Warren, *King John*, New Haven et Londres, Yale University Press, 1961, 1997, p. 38.

111. Georges Minois relève le sentiment du chroniqueur Roger de Hoveden : « Roger de Howden ajoute une touche symbolique lourde de sens : quand Richard arrive en présence du cadavre, dit-il, celui-ci se met à saigner du nez, "comme si son esprit éprouvait de la colère de le voir s'approcher". Le sous-entendu est clair : Richard, s'il n'a pas tué de sa main son père, est responsable de sa mort. » (Georges Minois, *Richard*..., *op. cit.*, p. 141). L'historien intitule d'ailleurs sans ambiguïté son chapitre V « Le meurtre du père 1183-1189 », et le dernier sous-titre du chapitre « Le dernier acte : Richard le parricide (janvier-juillet 1189) ».

réconcilient sincèrement puis se détestent et se combattent à nouveau, à un rythme stupéfiant, l'ami du jour devenant l'ennemi du mois suivant, le fils repentant du matin le comploteur ou le traître du soir. Leur statut royal, les enjeux financiers et la brutalité de l'époque[112]… tout contribue à des déchaînements sans limites, parfois proches de la furie.

À l'origine, il y a le conflit générationnel si commun à ceux qui détiennent le pouvoir et que Giraud de Barri analyse finement dans une description d'Henri II : « Il était le plus gentil des pères pour ses enfants légitimes durant leur enfance et leur jeunesse, mais comme ils avançaient en âge, il les voyait d'un mauvais œil, les traitant pire que s'il était un beau-père ; et bien qu'il ait eu des fils si illustres et distingués, que ce soit parce qu'il ne voulait pas qu'ils réussissent trop vite, ou que ce soit parce qu'ils ne le méritaient pas, il ne put jamais les considérer comme ses successeurs[113]. »

112. Sur la violence de l'époque, voir notamment Amaury Chauou, *Les Plantagenêts et leur cour…*, *op. cit.*, p. 185-187.

113. Giraud de Barri, *Expugnatio Hibernica*, p. 44.

2

Richard Cœur de Lion l'indésirable

« Lanval, dit-elle, je crois bien
que vous ne goûtez pas ce genre de plaisir.
On m'a dit bien souvent
que vous ne vous intéressiez pas aux femmes.
Vous préférez prendre votre plaisir
avec de beaux jeunes gens ! »

Marie de France[1]

La mort d'Henri Plantagenêt a deux conséquences immédiates et positives : la fin pour Aelis de l'emprise sur elle du vieux roi d'Angleterre, et la libération, sur ordre de Richard Ier, nouveau souverain, de sa mère Aliénor d'Aquitaine.

C'est vraisemblablement la période où la princesse de France peut penser, sinon espérer, que son mariage sera célébré bientôt. Elle est âgée de vingt-huit ans et Richard Cœur de Lion, à trente-deux ans, est désormais libre d'épouser celle qui lui est destinée depuis deux décennies. Dès la mort de son père, il se rend en Normandie pour ceindre la couronne ducale le 20 juillet 1189 puis, deux jours plus tard, il rencontre Philippe Auguste entre Chaumont et Trie. Énièmes discussions sur Aelis, que Richard promet d'épouser quarante jours après son retour de croisade[2]. Une nouvelle fois, il gagne

1. *Lais de Marie de France*, *op. cit.*, p. 149.
2. Chronique de Guillaume de Tyr (voir Jean Flori, *Richard…*, *op. cit.*, p. 104).

du temps et s'empresse ensuite de passer outre-Manche pour son couronnement.

Son départ laisse au roi plus de tranquillité d'esprit et de temps pour son épouse, et il coïncide avec une nouvelle grossesse d'Isabelle. Il est probable qu'elle réside alors à Fontainebleau, où Philippe Auguste séjourne en octobre et revient en novembre 1189. Le roi suit cependant avec attention les nouvelles d'Angleterre.

L'étrange couronnement de Richard Ier et la mort tragique d'Isabelle de Hainaut

Le 13 août 1189, Richard débarque à Portsmouth. Il a fait libérer sa mère, qui elle-même a relâché tous les prisonniers politiques de son défunt mari. Aelis de France et Isabelle de Gloucester, fiancée de Jean sans Terre, profitent également de la ferveur du retour de Richard. Des dépenses en robes, fourrures et harnais leur sont dédiées[3]. Peut-être la reine les a-t-elle emmenées à Westminster, où elle rejoint son fils.

Le 3 septembre[4], il est couronné dans l'abbaye royale. Épouse-t-il Aelis ? Non. Insistons : aucune raison officielle ne peut motiver désormais un report de l'union, pas même la perspective de la croisade. En effet, qu'elle parte avec lui ou qu'elle reste sur place, les deux situations sont envisageables pour les princesses royales. Compte tenu des aléas d'un tel voyage, le nouveau roi a même tout intérêt à ce qu'une grossesse s'annonce avant son départ pour clarifier la succession au trône.

Il est également évident que la célébration de ce mariage peut procurer au roi d'Angleterre plusieurs avantages de premier ordre : la possession définitive du Vexin normand et sa forteresse stratégique de Gisors, la pacification de la relation avec Philippe Auguste avant une expédition commune et périlleuse en Terre sainte, l'assurance ultérieure d'une médiatrice en cas de conflit. Le couronnement du roi est de surcroît une opportunité exceptionnelle pour légitimer

3. PR, Richard I, p. 223.

4. Lionel Landon, *The Itinerary of King Richard…*, *op. cit.*, p. 3 ; Hoveden, *Annals*, t. 2, p. 116 ; Hoveden, *Chronica*, t. 3, p. 8. Plusieurs biographies indiquent curieusement le 13 septembre.

une union et en assurer une large communication. Richard Cœur de Lion n'ignore pas que sa mère a été couronnée en même temps qu'Henri II en 1154, et que ce couronnement des reines avec leur époux est la règle, comme nous l'avons vu[5]. Dans le cas de Richard, il n'existe aucun empêchement puisque la succession ne lui est pas disputée, qu'il est fiancé de longue date à une princesse de France connue de tous, familière du royaume puisqu'elle vit en Angleterre depuis treize ans, contrairement à lui. Il connaît aussi le scandale provoqué par le refus du couronnement de sa belle-sœur Marguerite de France en même temps qu'Henri le Jeune en 1170. Pourtant, ces arguments territoriaux et politiques majeurs n'ont pas décidé Richard à se marier avec Aelis[6]. Que peut-il bien attendre ?

Plus tard, sur le chemin de la Terre sainte, le nouveau roi d'Angleterre assènera enfin à Philippe Auguste le vrai motif de son désaveu : « Je ne rejette pas ta sœur, mais je ne peux l'épouser, car mon père a couché avec elle et lui a donné un fils », enfant dont on ne sait rien, si ce n'est qu'il est déjà mort au moment de cette déclaration sensationnelle[7]. On peut fort bien extrapoler que si Richard ne veut pas de cette épouse-là, la reine Aliénor y est hostile tout autant. Les intérêts politiques du mariage auxquels elle doit être sensible ne compensent pas la *fama* perdue de la princesse, dans une relation jugée incestueuse. Le refus du mariage et du couronnement d'Aelis par Richard en cette année 1189 est en soi une confirmation manifeste des accusations ou rumeurs de viol de la princesse par Henri II rapportées par les contemporains. C'est ce qui explique que le souverain passe outre aux considérations puissantes évoquées et se prive d'une épouse à la fois fille et sœur de roi, qui pourrait lui assurer une descendance.

Richard Ier est donc couronné début septembre à Westminster, sans Aelis, et sans aucune femme – excepté sa mère Aliénor[8] –, puisque la première mesure du roi est de leur interdire d'assister aux célébrations, au même titre que les Juifs. C'est une décision inouïe qu'un chroniqueur tardif se sent obligé de justifier par une explication non

5. Voir I. 3. « La "jeune reine" d'Angleterre… ».

6. Jean Flori note que « les obstacles qui l'empêchaient devaient donc être d'une tout autre nature, probablement d'ordre privé » (Jean Flori, *Richard…*, *op. cit.*, p. 69).

7. *Gesta Regis*, t. 2, p. 160 ; Hoveden, *Chronica*, t. 3, p. 99, traduit par Jean Flori, *Richard…*, *op. cit.*, p. 450. Voir I. 3. « Henri II Plantagenêt : "un porc couronné" ? ».

8. *Itinerarium Regis Ricardi*, p. 142.

moins stupéfiante : « On redoutait en effet les artifices magiques auxquels se livraient, à l'époque du couronnement des rois, les Juifs et quelques sorcières mal famées[9]. » Ainsi, le valeureux et redoutable Cœur de Lion aurait banni les femmes de son sacre par peur des sortilèges. Même dans l'esprit du temps, le motif est absurde[10]. Il semble alors qu'une décision aussi extraordinaire cache une véritable crainte, qui n'est pas celle des sorcières, mais des femmes, qui, dans des situations inacceptables, font face et revendiquent leurs droits.

Plus tôt, en mars 1184, Philippe Auguste – nous l'avons vu – veut répudier la reine Isabelle de Hainaut, qui n'est qu'une très jeune fille de quatorze ans. Richard se trouve alors en Aquitaine. Il est impossible qu'il n'ait pas été informé de la démonstration spectaculaire et médiatique d'Isabelle, qui est sa cousine[11]. Il n'ignore pas non plus que la compassion du peuple, la sympathie et le soutien de puissants barons à la cour ainsi que la menace d'émeute avaient eu raison de la décision de répudiation du roi lui-même. Ce scandale aux conséquences si importantes n'est pas oublié, et quelques années plus tard, Richard a tout à craindre de l'apparition publique d'une fille et sœur de roi que sa belle-famille présomptive outrage de longue date, mais qui peut légitimement revendiquer haut et fort la célébration de son mariage devant une assemblée compatissante.

---

9. Matthieu Paris, cité par Jean Flori, *Richard…, op. cit.*, p. 94.

10. Les biographes du roi se sont penchés sur les raisons de cette étonnante exclusion. La justification par une « tradition anglaise » est révoquée fort justement par Jean Flori : s'il y a tradition (invoquée par l'exemple du couronnement du roi Arthur dans sa *Geste*), pourquoi l'écrivain a-t-il besoin de donner une explication à cette exclusion à ses lecteurs du XIIe siècle, et pourquoi le chroniqueur anglais doit-il en appeler à la peur des sorcières ? L'historien français déduit donc « que Richard, par volonté personnelle, a bien choisi d'écarter de ces festivités femmes et juifs, alors que leur éviction n'était nullement traditionnelle et n'allait pas de soi. Cette double exclusion revêt donc une réelle signification et prouve une certaine misogynie et un antisémitisme certain. » (Jean Flori, *Richard…, op. cit.*, p. 452-453). Notons en outre avec malice que dans *La Geste du roi Arthur*, le roi Uther convoque une assemblée de ses barons « leur enjoignant de venir assister à la fête à Londres, accompagnés de leurs épouses et de toutes leurs suites, car il entendait tenir une cour somptueuse » (*La Geste du roi Arthur*, éd. et trad. Emmanuèle Baumgartner et Ian Short, Paris, Éditions 10/18, 1993, p. 29). Pour l'historien-romancier du XIIe siècle, une « cour somptueuse » ne peut ainsi se tenir sans femmes. À la table d'honneur d'ailleurs, le comte de Cornouailles s'installe en face du roi, « et à ses côtés prit place Ygerne, sa femme » (*ibid.*). À la cour des rois bretons, non seulement les femmes sont présentes, mais elles festoient avec leurs maris.

11. La mère d'Isabelle de Hainaut, Marguerite d'Alsace, était cousine germaine d'Henri II Plantagenêt, père de Richard.

Il n'est évidemment pas possible diplomatiquement d'exclure la seule fiancée sans provoquer un conflit avec Philippe Auguste au moment où se prépare son départ en croisade. Et le Cœur de Lion qui n'a peur d'aucun homme peut-il avouer qu'il craint une seule femme ? La solution la plus simple, bien qu'étrange et frappante, est donc l'exclusion de toutes les femmes, la reine douairière exceptée. Aelis de France, comme lors des deux dernières décennies, est au centre des préoccupations et des inquiétudes des rois, et condamnée par eux au silence par son impossibilité organisée d'être présente lors des évènements qui la concernent directement[12]. Son séjour en Angleterre, cependant, va bientôt prendre fin.

Le départ pour la Terre sainte reste en toile de fond et, le 30 décembre 1189 à Nonancourt, Philippe et Richard se rencontrent à nouveau et formalisent une convention en vue de leur voyage, aux clauses assez classiques : interdiction des conflits en leur absence, protection de leurs biens et fiefs par leurs baillis respectifs, excommunication des fautifs le cas échéant[13]. On mesure cependant la réticence et l'appréhension de Philippe Auguste à quitter son royaume quand on sait que ce n'est qu'en début d'année 1190 qu'il donne au duc Hugues III de Bourgogne tout pouvoir pour négocier des galères à Gênes pour la traversée[14], alors même que le rendez-vous pour le départ est prévu initialement à Vézelay à Pâques[15]. Le danger d'une telle aventure, la grossesse avancée de son épouse et la méfiance envers Richard renforcent assurément son anxiété.

Toujours est-il qu'en début d'année 1190, Philippe Auguste retrouve Isabelle à Fontainebleau[16]. Le couple regagne-t-il Paris ?

---

12. Comme le remarque justement Annette P. Parks, « la localisation des femmes otages peut s'avérer particulièrement difficile, car leur détention était souvent déguisée en fiançailles ou en mariage politique. C'est particulièrement vrai lorsque la détenue était une héritière, considérée avant et après sa détention comme un intermédiaire pour la transmission d'une terre, du pouvoir ou d'un statut d'un homme à un autre. Il en résulte que parfois les femmes qui étaient au centre même d'événements politiques importants sont pratiquement invisibles » (Annette P. Parks, « Rescuing the Maidens from the Tower : Recovering the Stories of Two Female Political Hostages », éd. Belle S. Tuten, Tracey L. Billado, *Feud, Violence and Practice Essays in Medieval Studies in Honor of Stephen D. White*, Ashgate, 2010, p. 279).

13. *Recueil Ph. Aug. 1*, n° 287.

14. *Ibid.*, n° 292.

15. Ernest Petit, *Ducs de Bourgogne*, t. 3, p. 38.

16. Delisle, *Catalogue*, p. CIX (selon l'hypothèse soutenable qu'Isabelle réside à Fontainebleau).

Philippe se trouve-t-il à proximité lors de l'accouchement? Nous n'en savons rien[17]. Son chapelain Geoffroi[18], en revanche, est sûrement à ses côtés lorsque la reine Isabelle meurt « aux ides de mars[19] » en donnant naissance à des jumeaux qui ne lui survivent que trois jours[20]. Elle n'a pas vingt ans.

Sa volonté est d'être enterrée à Notre-Dame, pour laquelle elle a eu une dévotion particulière et fait don d'une chasuble brodée d'or et d'ornements somptueux pour le service de l'autel. C'est aussi le lieu où repose déjà sa petite fille, « première joie de ses parents ». Elle est inhumée dans un tombeau de marbre noir[21] avec son sceau sur lequel est gravé en latin « Isabelle, reine de France par la grâce de Dieu »[22], et un anneau d'or incrusté d'un quartz couleur d'azur[23]. Sa tombe est placée dans le chœur de la cathédrale avec, à sa droite, celle du prince Geoffroy Plantagenêt que Philippe Auguste a tant pleuré.

Le roi ordonne des obsèques grandioses. L'évêque de Paris Maurice de Sully célèbre la messe funéraire et le roi établit trois chapelains, l'un à Senlis et les deux autres à Notre-Dame, pour prier pour le repos de la reine – qu'il qualifie dans l'acte de *carissima* –, et de son père Louis VII[24]. Le choix de Senlis, lieu de l'assemblée qu'il avait réunie pour répudier son épouse, montre peut-être ses

---

17. Guilhermy indique que le roi était alors en guerre contre les Anglais en Normandie (*Inscriptions de la France*, t. 1, p. 11), ce qui n'est pas vraisemblable puisque Philippe et Richard préparaient leur croisade commune. Nous savons en outre qu'en mars 1190, Richard tenait un Conseil en Normandie (Hoveden, *Chronica*, t. 3, p. 32).

18. Son chapelain est mentionné dans un acte de Philippe Auguste de 1201 (Delisle, *Catalogue*, n° 677).

19. Rigord, § 75, p. 273 (le 15 mars).

20. P. Anselme, t. 1, p. 79.

21. *Ibid.*

22. Aline G. Hornaday, « A Capetian Queen… », *op. cit.*, p. 87. Elle y est représentée « debout, la tête recouverte d'un voile laissant dépasser des mèches sur le front, et d'une couronne à trois fleurs de lis. Elle porte une longue robe très plissée laissant apparaître les pieds, serrée à la taille par une ceinture brodée. Le manteau, bordé d'un galon brodé, est retenu au col par un fermail ouvragé, les deux pans rabattus sur le devant. Dans la main droite, la reine tient une fleur de lis, et dans la gauche un sceptre terminé par une fleur de lis dans un losange » ([en ligne] http://www.sigilla.org/sceau-type/isabelle-hainaut-grand-sceau-236554).

23. *Inscriptions de la France*, t. 1, p. 13.

24. Sans doute peu après le décès, le 25 mars (*Recueil Ph. Aug. 1*, n° 324). Cette fondation est dotée d'une rente de 25 livres.

remords[25]. Le chapitre de Notre-Dame décide quant à lui que l'anniversaire de la reine sera célébré solennellement et à perpétuité à l'autel majeur[26]. Cette volonté de rappeler son souvenir confirme l'affection et le respect qui sont portés à la reine Isabelle, et justifie les belles paroles de Gilbert de Mons qui l'a bien connue : « Au mois de mars de cette année [1190], [Isabelle], la reine des Francs, fille du comte de Hainaut, femme de haute piété, chérie des chevaliers et du clergé, mais aussi des hommes de toute condition, quitta ce monde[27]. »

L'incompréhensible présence d'Aelis à l'assemblée de Normandie

Peu avant le décès d'Isabelle, Richard Ier d'Angleterre réunit ses barons aquitains à La Réole, où il se trouve en février 1190. De là, dans une ordonnance datée du 2 février, il convoque une assemblée en Normandie à laquelle, sur son ordre, doivent se trouver la reine Aliénor d'Aquitaine, sa fiancée Aelis, qualifiée par le chroniqueur de « sœur de Philippe, roi de France », son frère Jean sans Terre – nommé lui comte de Mortain –, l'archevêque de Canterbury, les évêques de Norwich, Salisbury, Winchester et bien d'autres[28]. La date du colloque n'est pas précisée par la chronique, mais on peut la supposer en mars, compte tenu des délais d'acheminement et de voyage[29]. Lors de cette assemblée normande, Richard nomme ses représentants outre-Manche et se prémunit de son frère par des mesures d'« interdiction de territoire », auxquelles s'oppose la reine Aliénor. Reste un fait singulier : pourquoi Aelis qui, jusqu'à présent, a toujours été maintenue à l'écart et qui n'a pas mis les pieds sur le continent depuis plus de quinze ans, doit-elle assister à

25. Plus tard, en 1208, presque vingt ans après le décès d'Isabelle, Philippe Auguste alloue une rente de 30 livres à Notre-Dame de Melun, qui devait être payée le jour de l'anniversaire de sa mort (Aline G. Hornaday, « A Capetian Queen... », *op. cit.*, p. 88).

26. Toutes informations dans Guilhermy, *Inscriptions de la France*, t. 1, p. 11.

27. « Elizabeth saepedicta Francorum Regina, Comitis Hononiensis filia, mulier religiosissima, et a Francis tam militibus quam Clericis, et cujuscumque conditionis viris amatissima, a saeculo migravit » (Gilbert de Mons, t. 1, p. 422).

28. John Gillingham, « Richard I and Berengaria... », art. cit., p. 162.

29. Hoveden, *Annals*, t. 2, p. 137.

cette prestigieuse réunion à laquelle se décide le gouvernement du royaume en prévision de l'absence de Richard?

Un calendrier complexe des évènements à cette période – mais d'une implacable logique[30] – amène à conclure que le roi d'Angleterre souhaite enfin la rendre à son frère pour épouser une autre princesse, la fameuse Bérengère de Navarre, fille du roi Sanche VI – celui-là même qu'il avait accueilli avec Aliénor en 1172 durant son pèlerinage à Limoges et avec qui des tractations ont été initiées sans suite en 1188. Pourquoi ce choix? Tout simplement parce que Richard souhaite urgemment sécuriser ses frontières au sud de la Gascogne alors que son ennemi, le comte Raymond V de Toulouse, lui, ne part pas en croisade. Des contacts ont donc été pris avec Sanche VI de Navarre, de toute évidence antérieurement à son déplacement en Aquitaine de février, dont l'objectif est de gagner un allié vigilant et de constituer le douaire de Bérengère[31].

Rendre Aelis à Philippe Auguste est une pilule qui sera difficile à faire avaler au souverain français, mais Richard peut espérer que le motif confidentiel de la rupture, à savoir le déshonneur de la fiancée, lui garantira l'accord sans esclandre du frère soucieux de la *fama* d'une princesse de France, dans une période où leur relation est plus amicale. Il a en outre sûrement envisagé des compensations de taille : du numéraire sans doute, l'abandon de fiefs probablement – l'Auvergne? un château normand?[32] –, un mari de substitution peut-être[33].

Mais un évènement imprévisible vient contrecarrer le programme déjà suffisamment pénible de Richard : la mort de la reine de France, sa cousine Isabelle de Hainaut. Nul doute que Philippe Auguste est bouleversé à l'idée de partir en croisade en laissant derrière lui son seul héritier âgé de trois ans, et ses priorités immédiates sont à Paris pour organiser les obsèques. Richard, lui, a tout à craindre d'un deuil

30. L'article de John Gillingham le détaille en grande partie (« Richard I and Berengaria… », art. cit.).

31. C'est l'hypothèse de John Gillingham, « Richard I and Berengaria… », art. cit., p. 161-162.

32. Ces hypothèses sont corroborées par les accords de juillet 1189 (Hoveden, *Annals*, t. 2, p. 112; Rigord, § 74, p. 271) et le traité de Messine en mars 1191 (Voir, *infra*, II. 2., « Philippe Auguste et Richard… »; *Recueil Ph. Aug. 1*, n° 376).

33. Son neveu Henri de Brunswick, fils de sa sœur Mathilde d'Angleterre et d'Henri le Lion, duc de Saxe, et qui est présent à l'assemblée de La Réole en février 1190, est un candidat potentiel.

qui donne un prétexte légitime au roi de France pour reporter son départ vers la Terre sainte, et qui lui permettrait de s'emparer de territoires en son absence, notamment le Vexin normand. Il est dès lors impensable, dans ces circonstances dramatiques, qu'il puisse ajouter l'épreuve de la « révélation » du viol d'Aelis et son refus de l'épouser.

Ce tragique contretemps contraint Richard à un voyage express dans les Pyrénées en juin, pour donner des garanties supplémentaires au roi de Navarre, malgré l'absence d'officialisation de son union imminente à Bérengère. Il est douteux en effet que ce roi ait pu avoir la légèreté de laisser partir sa fille vers la Sicile à l'hiver suivant pour un mariage avec le roi d'Angleterre engagé officiellement à une autre, sans une rencontre en face à face et un serment solennel[34]. Sans doute à cette occasion, Richard offre-t-il au roi de Navarre un exceptionnel retable en émaux limousins où sont représentées les épousailles de Joseph et Marie, à la symbolique évidente[35]. Il donne sûrement une garantie supplémentaire satisfaisante pour Sanche VI : c'est la reine Aliénor en personne qui viendra chercher Bérengère pour l'amener en Sicile où le roi doit faire étape. Une fois à Messine, en compagnie du roi de France, il sera toujours temps pour Richard de révéler le « pot aux roses » matrimonial à Philippe Auguste[36].

Pendant ce temps, au printemps 1190, Aelis, prisonnière des Plantagenêts depuis bientôt dix-sept ans, est désormais sous étroite surveillance à Rouen, toujours avec la promesse bien illusoire d'épouser Richard à son retour de croisade.

34. John Gillingham, « Richard I and Berengaria… », art. cit., p. 160.

35. Ghislain Baury et Vincent Corriol, *Bérengère de Navarre…*, *op. cit.*, p. 48.

36. Compte tenu du calendrier des évènements et des délais de voyage, notamment celui d'Aliénor et de Bérengère au départ de la Navarre vers la Sicile, il est improbable que Richard ait décidé de se marier seulement à l'automne 1190 lors de son hivernage sicilien. Aliénor, comme convenu avec son fils (selon toute probabilité), a attendu son « feu vert » pour se mettre en route elle-même vers la Navarre, c'est-à-dire la nouvelle de l'embarquement de Richard à Marseille, ou de son entrevue à Gênes avec Philippe Auguste.

Philippe Auguste et Richard Cœur de Lion : « a clash of Kings » !

Au moment où rois et princes d'Occident se préparent pour la troisième croisade, en juin 1190, avec pour objectif premier de reprendre Acre à Saladin, dont le siège use les Syriens comme les croisés depuis une année[37], il leur faut nommer les personnes de confiance qui assureront la régence durant leur absence, et qui devront, en cas de décès en route ou sur place, gouverner avec sagesse avant la transmission du pouvoir à l'héritier en bas âge.

Philippe Auguste, qui part à contrecœur, décide d'une responsabilité partagée dans un « testament et ordonnance », en confiant le royaume à son oncle Guillaume aux Blanches Mains et à sa mère la reine Adèle de Champagne, qui se trouve à cette occasion en Île-de-France. Le choix d'Adèle s'impose indiscutablement par la nécessaire présence d'une femme, protectrice de l'héritier du trône, Louis, âgé d'à peine quatre ans. Le roi limite cependant significativement leurs marges de manœuvre[38] et il emporte en outre le sceau royal, demandant à être informé « trois fois par an de l'état [du] royaume et des affaires[39] ».

Si ce « testament » alloue méthodiquement les revenus et le trésor en cas de décès du roi et de son fils dans deux clauses dédiées, il ne mentionne rien qui touche à la succession au trône si le petit Louis meurt, et l'on peut se demander qui aurait eu la légitimité pour le revendiquer. Quand on sait que Philippe Auguste comme son fils en bas âge ont failli mourir durant cette régence[40], la question est une fois de plus d'un grand intérêt et l'on se retrouve dans la situation de Louis VII contraint d'envisager en 1179 la disparition de son unique héritier mâle.

À l'époque, sans descendance du roi régnant, ses filles avaient la préséance, mais la donne a changé pour Philippe Auguste. Agnès, impératrice de Constantinople, et Marguerite, reine de Hongrie, sont désormais hors jeu. Les filles de Louis VII et d'Aliénor d'Aquitaine,

37. René Grousset, *Histoire des croisades, III…*, *op. cit.*, p. 61-66.
38. John W. Baldwin, *Philippe Auguste…*, *op. cit.*, p. 143.
39. Rigord, § 77, p. 279.
40. Le futur Louis VIII est atteint d'une sévère dysenterie en plein été 1191 « et tous désespéraient de sa vie » (Rigord, § 84, p. 295).

Marie, comtesse de Champagne, et Alix, comtesse de Blois, en revanche peuvent entrer en lice, la première, veuve, pour placer son fils aîné Henri II de Champagne, et la seconde, mariée à Thibaud V de Blois, pour elle-même, puis leur fils Louis. Enfin, Aelis de France, toujours captive et à la merci de Richard Cœur de Lion, pourrait être replacée utilement sur l'échiquier matrimonial par le roi anglais. Nous ne tenterons pas de prolonger l'uchronie, qui deviendrait de la pure spéculation puisque Philippe Auguste est revenu de son voyage outre-mer, mais elle fait apparaître au grand jour qu'une fois de plus, seul le hasard a empêché qu'une Capétienne devienne reine de France régnante.

Le grand départ des rois a lieu à Vézelay le 2 juillet 1190. Alors que les Champenois débarquent à Acre dès la fin du mois, et que la famine et les maladies éclaircissent déjà les rangs, Philippe Auguste et Richard Cœur de Lion, partis tardivement, et qui ont voyagé séparément depuis Lyon, se retrouvent à Messine vers la mi-septembre. Différentes circonstances, puis la mauvaise saison pour la navigation obligent les rois français et anglais à cohabiter en Sicile, et la cordialité affichée masque mal la défiance. Deux évènements entraînent une haine réciproque et irréversible.

Pour commencer, Jeanne d'Angleterre, sœur de Richard, récemment devenue la veuve du roi de Sicile Guillaume II, arrive de Palerme fin septembre. Il se produit alors un moment de grâce où Philippe Auguste, qui semble tombé sous le charme de la princesse, « montre un visage si réjoui que le peuple disait qu'il allait l'épouser[41] ». C'est peut-être l'intention du roi de France après ce qui ressemble à un coup de foudre, mais curieusement, dès le lendemain, Richard exfiltre sa sœur en Calabre dans un monastère qu'il place sous bonne garde. Les espoirs du jeune veuf de vingt-cinq ans sont aussitôt « douchés », et c'est incontestablement une « grave erreur politique[42] » de la part du roi d'Angleterre qui s'apprête à rejeter publiquement sa fiancée Aelis, outrage que cette alliance aurait pu compenser.

Au fil des semaines, sur fond d'imbroglio pour la succession de l'île[43], les relations entre Richard et Philippe, ponctuées d'éphémères

41. Roger de Hoveden cité par Jean Flori, *Richard…, op. cit.*, p. 115.
42. Selon l'expression de Martin Aurell, *L'Empire…, op. cit.*, p. 142.
43. Voir Jean Flori, *Richard…, op. cit.*, p. 116-117.

réconciliations, se dégradent nettement. C'est sans doute aux alentours de Noël, dans un climat fortement eschatologique[44], et pendant que sa future épouse est en chemin, que survient la première scène de repentance publique de Richard Cœur de Lion pour son homosexualité. Selon Hoveden, par « inspiration divine », il se souvient de « la laideur repoussante de sa vie », et, le cœur contrit, il réunit tous les archevêques et évêques qui sont avec lui à Messine. Il tombe « nu à leurs pieds » et confesse « l'abomination de sa vie ». Il se fait flageller par les prélats et, « de ce moment-là », selon le chroniqueur, Richard serait devenu un homme craignant Dieu et faisant le bien. Il conclut avec un lyrisme où perce peut-être une once de doute : « Ô heureux qui, après la pénitence, ne retombe pas dans *son* péché[45] ! »

Car le Richard Cœur de Lion des films sur Robin des Bois n'existe pas[46]. Outre sa cruauté qui confine au sadisme, l'homosexualité du roi d'Angleterre est un « péché[47] » bien connu des contemporains et fortement réprouvé[48]. Pour trouver un signe d'hétérosexualité chez Richard, il faut rechercher dans les chroniques une plainte des barons poitevins : « Ils disaient en effet qu'ils ne voulaient en aucune manière tenir davantage leur terre de Richard, affirmant qu'il était mauvais pour tous, pire que les siens, pire encore pour lui-même. Car il enlevait de force les épouses et les filles et les parentes des

44. Voir Jean Flori, *ibid.*, p. 456.

45. Hoveden, *Chronica*, t. 3, p. 74-75; Hoveden, *Annals*, t. 2, p. 176-177. Voir Jean Flori, *ibid.*, p. 456-457.

46. Pour Gilbert de Mons, c'est un guerrier odieux, cruel (« miles atrocissimus », Gilbert de Mons, t. 1, p. 122-123) que « peu aimaient » (*ibid.*, p. 243). Comme duc d'Aquitaine, il est en effet détesté assez notablement et les révoltes sont nombreuses. Il opprime les Poitevins « par des exactions très lourdes et injustifiées et par un despotisme brutal » (Ralph de Diceto, t. 2, p. 19, cité par Georges Minois, *Richard…*, *op. cit.*, p. 103) et est « haï pour sa cruauté » (Giraud de Barri, *De Principis Instructione*, p. 247, cité par Matthew Strickland, *Henry the Young…*, *op. cit.*, p. 271). « Les hommes les plus importants d'Aquitaine haïssaient leur seigneur, le comte Richard, à cause de sa cruauté excessive », selon Gervais de Canterbury (Gervais de Canterbury, t. 1, p. 303, cité par Georges Minois, *ibid.)*. Il est interpellé par Foulques de Neuilly, prédicateur, « qui lui reproche d'avoir pour filles les trois vices d'orgueil, de luxure et d'avarice » (cité par Martin Aurell, *L'Empire…*, *op. cit.*, p. 263). Les barons de haut rang « le détestaient amèrement », surenchérit ultérieurement *L'Histoire de Guillaume le Maréchal (op. cit.*, t. 2, p. 229, v. 6360, *sq.*). Etc.

47. Jean Flori montre bien l'insistance des chroniqueurs à l'emploi du singulier (*Richard…*, *op. cit.*, p. 456-457).

48. Voir le dossier érudit et bien documenté de Jean Flori (Jean Flori, *ibid.*, p. 448-464). Celui de John Gillingham (John Gillingham, *Richard…*, *op. cit.*, p. 221-223) conteste l'homosexualité du roi.

hommes libres et en faisait ses concubines ; et lorsqu'il avait éteint en elles ses ardeurs libidineuses, il les livrait à ses *milites* en guise de filles publiques[49]. » En résumé, c'est un violeur en série, qui livre ensuite ses victimes à ses soldats pour des viols collectifs. Nous ne pouvons être surpris que, statistiquement, selon ces pratiques, Richard ait engendré au moins un fils bâtard, comme Roger de Hoveden souhaite nous le faire accroire[50].

Évoquant son mariage avec Bérengère de Navarre, un autre chroniqueur le juge salutaire « parce qu'à son âge, porté à la lubricité par l'usage des plaisirs, il se protégea lui-même [...] en se procurant un remède contre le très grave péril de la fornication[51] », homosexuelle et de notoriété publique de toute évidence[52]. L'ecclésiastique juge que Richard a un sérieux problème d'obsession sexuelle, et peu importe que les raisons du mariage avec Bérengère aient été, bien sûr, politiques.

Justement, en mars 1191, alors que l'on apprend l'arrivée imminente de la reine Aliénor accompagnée de cette princesse, avec en arrière-plan des soupçons de trahison de part et d'autre, le conflit entre les deux rois éclate au grand jour. À Philippe Auguste, qui s'écrie « Croit-il donc pouvoir, par de tels mensonges, rejeter ma sœur qu'il a juré d'épouser ? », Richard répond, implacable, qu'Aelis a été violée par Henri II et qu'elle en a eu un fils[53]. Pire, il produit « à l'appui de nombreux témoins qui étaient prêts à le prouver de multiples manières[54] ». Le roi de France est abasourdi, sans doute

49. *Gesta Regis* citée par Jean Flori, *Richard...*, *op. cit.*, p. 463.

50. Hoveden, *Annals*, t. 2, p. 464. Ann Trindade remarque avec justesse qu'un seul bâtard, par contraste avec les nombreux bâtards de ses pairs, n'est pas un argument décisif pour juger de sa fertilité (Ann Trindade, *Berengaria*, *op. cit.*, p. 21). Cette mention d'un bâtard du roi est de surcroît unique.

51. Guillaume de Newburgh cité par Ghislain Baury et Vincent Corriol, *Bérengère de Navarre...*, *op. cit.*, p. 52 ; Jean Flori, *Richard...*, *op. cit.*, p. 452.

52. L'indifférence, pour ne pas dire l'indulgence des chroniqueurs pour les « turpitudes » des hommes doit faire considérer avec attention les mentions répétées des « débordements » sexuels, signe qu'elles passent la norme dans une société pourtant profondément patriarcale. Raoul de Coggeshall impute la capture du roi en 1192 aux fautes commises « dans ses années de débauche » (voir Jean Flori, *Richard...*, *op. cit.*, p. 467).

53. Ralph V. Turner, *Aliénor...*, *op. cit.*, p. 284 ; *Gesta Regis*, t. 2, p. 160. Dans sa *Philippide*, Guillaume le Breton invoque le motif farfelu que Richard aurait déjà couché avec Bérengère, raison pour laquelle il ne pourrait plus épouser Aelis (Guillaume le Breton, *Philippide*, p. 102).

54. Hoveden, *Chronica*, t. 3, p. 99, trad. de Jean Flori, *Richard...*, *op. cit.*, p. 450.

moins par le secret de Polichinelle qu'est devenu le viol d'Aelis que par le procédé de Richard qui rend publique l'accusation et menace d'en faire une affaire juridique dont la publicité ruinerait définitivement les chances de marier sa sœur. Philippe Auguste capitule. Pour conserver un semblant d'honorabilité et protéger la *fama* d'Aelis, il signe alors un traité qu'il nous faut détailler.

Richard est délié de son serment d'épouser la princesse et peut convoler avec qui il veut, « malgré l'accord passé entre nous ». S'il a un héritier mâle, le Vexin normand – avec Gisors, Neauphle et Neufmarché – reviendra à ce dernier ; en son absence, le comté retournera au(x) fils du roi de France ; et si aucun des deux n'a de garçons en vie, il retournera au duc de Normandie. Le cas curieux d'un « autre héritier mâle » côté anglais qui pourrait tenir soit la Normandie, soit l'Anjou, soit l'Aquitaine est aussi envisagé. En échange « de ce qui précède », le roi d'Angleterre s'engage à régler 10000 marcs d'argent en quatre annuités payables à la Toussaint. On procède également aux confirmations des cessions négociées en juillet 1189 : Richard concède Exoudun, Graçay et l'Auvergne ; Philippe Auguste se sépare de domaines en Aquitaine. Un *statu quo* est décidé quant au comté de Toulouse et le « comte de Saint-Gilles » – Raymond V – peut choisir de demander justice à la cour du roi de France. En outre, comme on est sur la route de Jérusalem, une clause permet à Richard de garder tout ce qu'il aura reconquis en Terre sainte sur les musulmans. Le comte Jean de Ponthieu se porte garant de l'accord pour Philippe Auguste et se rendra comme otage au roi d'Angleterre en cas de manquement[55]. Enfin, après avoir fait leurs petites affaires, les deux rois conviennent que la princesse Aelis, « notre sœur », sera renvoyée en France un mois après le retour de Richard, « sans aucune opposition ni empêchement, que nous soyons vivants ou morts[56] ».

Le traité peut paraître humiliant pour le roi de France. Le plus amer est incontestablement la perte du Vexin normand qui, depuis plus de trente ans, fait partie des dots de ses sœurs Marguerite, puis Aelis, et qui est concédé alors même que la fiancée est répudiée. La clause de retour à la couronne est cependant prometteuse, puisqu'elle nécessite pour le cocontractant un héritier Plantagenêt, mâle de surcroît. Or, Richard a trente-trois ans et n'est toujours pas

55. B. Zeller et A. Luchaire, *Philippe Auguste et Louis VIII*, Paris, 1884, p. 31-32.
56. *Recueil Ph. Aug. 1*, n° 376.

marié. En outre, sa préférence pour les hommes ne doit guère être un secret pour Philippe Auguste. Même si la future épouse sur le point d'arriver est jeune, et que Richard ne serait pas le premier à se motiver auprès d'une femme qu'il n'aime pas pour engendrer[57], on peut néanmoins miser sur une union stérile. De plus, l'Auvergne est acquise. Enfin, l'honneur d'Aelis est sauf et même à trente ans, elle pourra être mariée pour servir les intérêts du roi.

Malgré l'optimisme du chroniqueur anglais qui voit dans cette convention le retour à l'amitié des deux souverains[58], la suite des évènements montre que la haine réciproque est sans bornes. Alors que, fin mars 1191, la reine Aliénor est sur le point de débarquer à Messine avec Bérengère de Navarre, Philippe Auguste met les voiles vers Acre, qu'il atteint en trois semaines, le 20 avril.

Aelis de France, toujours en résidence surveillée à Rouen[59], apprend le mariage de son éternel promis avec sa cousine germaine Bérengère de Navarre[60], et la clause du traité de Messine qui conditionne sa liberté au retour de Richard. Après quinze années de captivité et d'outrages, ces fiançailles rompues avec le roi d'Angleterre sont peut-être un soulagement, malgré un avenir incertain, car, violée par le père, la princesse pouvait-elle souhaiter être mariée au fils ? C'est peu probable. Quels que soient ses sentiments, c'est désormais Bérengère de Navarre qui hérite du fiancé si peu désirable. Comment la traite-t-il ?

Bérengère de Navarre, une épouse méprisée

Bérengère est très probablement née vers 1160[61], ce qui en fait la contemporaine de sa cousine Aelis. La perspective d'un mariage pour elle est d'abord retardée par l'isolement de la Navarre face à ses

57. Ce qu'écrit déjà Ann Trindade (*Berengaria*, *op. cit.*, p. 68, 75).

58. Hoveden, *Annals*, t. 2, p. 196.

59. *Gesta Regis*, t. 2, p. 236.

60. Constance de Castille, mère d'Aelis, est sœur de Baecia (sur ce prénom, voir Ghislain Baury et Vincent Corriol, *Bérengère de Navarre…*, *op. cit.*, p. 30), mère de Bérengère.

61. Son prénom est donné en hommage au roi d'Aragon après une période de conflit entre les deux royaumes. Cette bonne entente entre Navarre et Aragon se situe entre 1158 et la mort de Raymond Bérenger IV de Barcelone en 1162 (voir Ghislain Baury et Vincent Corriol, *Bérengère de Navarre…*, *op. cit.*, p. 32).

puissants voisins aragonais et castillans, puis par la mort de sa mère Baecia en 1179. En effet, ses sœurs en bas âge, Blanche et Constance de Navarre, requièrent sûrement sa présence en tant qu'aînée comme mère de substitution[62] et c'est un lien fort qui se noue entre elles.

Nous l'avons vu, des tractations matrimoniales sont initiées sans suite en 1188, alors que Richard cherche des alliances contre Philippe Auguste et le comte de Toulouse. Puis la prompte réconciliation avec le roi de France rend le projet caduc. Mais à la veille du départ en croisade, le douaire de Bérengère est négocié, et il apparaît superbe : presque la totalité de la Gascogne, puis, ce fief étant préalablement promis en dot d'Aliénor d'Angleterre, la sœur de Richard mariée à Alphonse VIII de Castille, il sera remplacé par le douaire anglais de la reine douairière Aliénor à sa mort[63]. C'est une situation peu courante, où le douaire premier qui est assigné à Bérengère est déjà engagé comme dot de sa belle-sœur, et elle ne peut prétendre au douaire qui lui revient de droit en tant que reine qu'au décès de sa belle-mère. C'est un douaire en viager, en quelque sorte, ce qui en dit long sur l'intérêt porté par Richard à la « personne » Bérengère. Qu'il meure et son épouse devra nécessairement batailler pour toucher ses rentes, les deux Aliénor étant des bénéficiaires prioritaires et mieux armées, dans tous les sens du terme, pour faire valoir leurs droits antérieurs à l'accord navarrais, d'autant que la reine douairière a pris soin de se faire confirmer ses possessions à l'assemblée de Normandie en mars 1190[64]. Nous pouvons conclure à la faiblesse de la position du roi de Navarre à cette époque dans la négociation, ou à son manque de clairvoyance.

Dans les circonstances que nous connaissons à Messine, Richard fait donc venir Bérengère « avec l'intention qu'elle l'accompagne dans les périls de la mer et de la bataille[65] ». Cette mention du chroniqueur est ambiguë et dénote *a minima* la réprobation pour l'engagement d'une princesse dans une croisade dangereuse. Richard reçoit sa fiancée le 30 mars 1191 lorsqu'elle débarque avec la reine Aliénor qui, une fois cette « livraison » effectuée, repart aussitôt. Il semble bien que Richard l'ait aimablement renvoyée illico, sans aucun égard pour

62. *Ibid.*, p. 40.
63. *Ibid.*, p. 50.
64. *Ibid.*, p. 70.
65. Guillaume de Newburgh cité par Ghislain Baury et Vincent Corriol, *ibid.*, p. 52.

son âge et la fatigue du voyage[66]. La reine a cependant sans doute eu le temps d'apprendre que Richard a promis le trône d'Angleterre à son petit-fils Arthur, fils de Constance de Bretagne et de Geoffroy Plantagenêt, au détriment de son fils Jean sans Terre et qu'il a raflé sans vergogne les biens de sa sœur Jeanne lors de ses petits arrangements avec le nouveau roi de Sicile, Tancrède[67].

En effet, contre l'abandon par Jeanne des terres qui composent son douaire accordé par feu son époux Guillaume II de Sicile au moment de son mariage, le comté de Sant'Angelo, plusieurs villes sur l'Adriatique et « de nombreux châteaux[68] », Tancrède négocie avec Richard. Ce dernier demande non seulement le comté de Sant'Angelo mais également une chaise et une table en or, une tente de soie, vingt-quatre coupes et assiettes en argent, ainsi que du blé, du vin et des navires armés pour sa croisade[69]. Ils se mettent finalement d'accord pour le paiement par Tancrède de la somme formidable de 20000 onces d'or en compensation du douaire de Jeanne qui, en théorie, devient une femme riche. Mais Richard garde l'argent pour les besoins de son expédition et Jeanne ne verra jamais la couleur de l'or. A-t-elle donné son accord à ce don – ou plutôt cette spoliation – qui non seulement la démunit mais la laisse dans la dépendance, pour ne pas dire sous l'emprise de son frère ? Absolument pas, contrairement à ce que l'on peut lire dans certaines biographies du roi ; elle a seulement accepté un prêt, certainement contrainte et forcée, que Richard est censé lui rembourser à son retour en Angleterre[70]. Pour Aliénor, en tout cas, entre son fils Jean déshérité du trône et sa fille Jeanne désargentée de sa fortune, il y a deux sujets brûlants de mésentente avec le roi, tout chéri qu'il soit.

---

66. Voir Richard de Devizes cité par Jean Flori, *Aliénor…*, *op. cit.*, p. 216.

67. John Gillingham, *Richard…*, *op. cit.*, p. 211 ; Jean Flori, *Richard…*, *op. cit.*, p. 117-118 ; Georges Minois, *Richard…*, *op. cit.*, p. 243. Le sujet du douaire sicilien de Jeanne a marqué les contemporains (voir Natasha R. Hodgson, *Women Crusading and the Holy Land in Historical Narrative*, Woodbridge, The Boydell Press, 2007, p. 207-209).

68. Colette Bowie, « To Have and Have Not : The Dower of Joanna Plantagenet, Queen of Sicily (1177-1189) », *Queenship in the Mediterranean : Negotiating the Role of the Queen in the Medieval and Early Modern Eras*, Palgrave Macmillan, 2013, p. 30.

69. *Ibid.*, p. 35.

70. Le testament de Jeanne rédigé à la veille de sa mort est sans ambiguïté (*Cal. Doc. France*, p. 393, n° 1105 ; voir infra III. 1. « Jeanne d'Angleterre et Damsel… »).

S'il renvoie sa mère d'où elle vient, Richard toutefois garde avec lui Bérengère de Navarre, qui est « une sage pucelle, gentille femme, preuse et belle, ni fausse ni flatteuse », selon un chroniqueur qui l'a peut-être vue, et « plus sage que belle[71] », selon un autre qui ne l'a jamais rencontrée mais qui confirmerait l'impression laissée par son gisant à l'abbaye royale de l'Épau. On peut aussi se la représenter très grande, peut-être imposante[72], puisque son frère impressionnait par sa taille de plus de deux mètres[73]. Quoi qu'il en soit de ces portraits, cette trentenaire est une femme d'expérience, qui a certainement reçu une excellente éducation et qui a tenu sa cour en Navarre[74], en veillant sur ses jeunes sœurs. La perspective d'un mariage avec le roi d'Angleterre et la destinée qui l'attend comme souveraine ont donc tout pour la séduire.

Mais les choses tournent assez mal, assez vite. Le 10 avril 1191, les fiancés embarquent sur des nefs différentes, pour préserver la virginité de la promise selon les conventions sociales en vigueur, ce qui arrange sans nul doute Richard. À leur âge plus que canonique pour des futurs mariés, et compte tenu de leur statut royal, avec Jeanne d'Angleterre comme chaperon de surcroît, on ne voit pas en effet que la crainte d'un jugement désapprobateur ait beaucoup pesé dans la décision de cette séparation immédiate. La destination est la Terre sainte, où sans aucun doute il est prévu de célébrer en grande pompe le mariage, peut-être par le patriarche de Jérusalem en personne.

Après trois jours de mer, une tempête disperse les navires et lorsque Richard accoste en Crète, premier point de ralliement prévu, vingt-cinq d'entre eux manquent à l'appel, dont celui de son épouse et de sa sœur. Si plusieurs nefs ont fait naufrage, celle des princesses est rejointe *in extremis* par Richard deux semaines plus tard au large de Chypre, à Limassol, où la situation s'avère délicate. Des navires anglais se sont en effet échoués sur les côtes et les rescapés sont désormais captifs du Byzantin Isaac Comnène, empereur autoproclamé de l'île. Devant son refus de rendre le butin et les

---

71. Ambroise et Richard de Devizes cités par Ghislain Baury et Vincent Corriol, *Bérengère de Navarre…*, *op. cit.*, p. 51.

72. Cette particularité familiale pourrait-elle expliquer le terme de « preuse » utilisé par Ambroise ?

73. Ghislain Baury et Vincent Corriol, *Bérengère de Navarre…*, *op. cit.*, p. 82.

74. *Ibid.*, p. 40.

hommes, le roi d'Angleterre met pied à terre avec ses troupes et prend rapidement l'avantage. Sur ces entrefaites, le 11 mai, Guy de Lusignan, roi de Jérusalem contesté depuis la prise de la Ville sainte par Saladin, débarque lui aussi avec ses soutiens, et demande l'aide de Richard pour reconquérir son trône face à un concurrent soutenu à Acre par Philippe Auguste. C'est dans ce contexte « glamour », entre reddition d'Isaac Comnène et ambassade à Lusignan, que le 12 mai, Bérengère se voit proposer un mariage express à Limassol, dont le principal officiant est… le chapelain du roi. Et si nous savons que Richard porte une tunique de samit rose ceinturée de soie, une cape brodée d'or et un couvre-chef écarlate, la tenue de la mariée n'a pas retenu l'attention des témoins[75]. Elle est couronnée dans la foulée et à la va-vite en présence de toutes les sommités ecclésiastiques qui suivent le roi, c'est-à-dire l'archevêque de Bordeaux, les évêques d'Évreux et de Bayonne, et les archevêques d'Apamée et d'Auch. Richard se montre le jour de ses noces « joyeux et de bonne humeur » et « aux yeux de tous aimable et charmant »[76]. Le douaire de Bérengère, auquel est ajoutée la moitié des biens meubles de Richard[77], est confirmé selon les conditions convenues précédemment, c'est-à-dire considérables sur le papier et précaires dans les faits[78].

De la « consommation », nous ne savons évidemment rien. Ce qui est avéré, c'est que le 1er juin, Richard remet dans un navire pour Acre sa femme, sa sœur et la fille d'Isaac Comnène devenue son otage, tandis que lui n'embarque que cinq jours plus tard. Pourtant, rien ne l'empêche désormais de voyager aux côtés de son épouse légitime, voire de partager la même chambre, d'autant

75. Ann Trindade, *Berengaria*, *op. cit.*, p. 87.

76. Sur les chroniques relatives au mariage de Bérengère et Richard, voir Ghislain Baury et Vincent Corriol, *Bérengère de Navarre…*, *op. cit.*, p. 69.

77. Ivan Cloulas, « Le douaire de Bérengère de Navarre, veuve de Richard Cœur de Lion, et sa retraite au Mans », in Martin Aurell (dir.), *La Cour Plantagenêt (1154-1204). Actes du colloque tenu à Thouars du 30 avril au 2 mai 1999*, Poitiers, CESCM, 2000. p. 90.

78. Le douaire des reines d'Angleterre comprenait « en Normandie les villes et châteaux de Falaise, Domfront et Bonneville-sur-Touques ; en Touraine, les villes et châteaux de Loches et Montbazon ; dans le Maine, Château-du-Loir ; en Poitou, le château et le domaine de Mervent, Jaunay et Oléron, avec les forêts et toutes leurs appartenances. En Angleterre, suivant la liste annexée à la charte de Limassol, il s'étendait à vingt-six villes, châteaux, manoirs, honneurs et fiefs situés dans treize comtés. » (*ibid.*)

que la période de carême est passée. Il est par ailleurs bien curieux d'envoyer en avance les princesses à Acre en état de siège, et dont Richard connaît la situation sanitaire lamentable par le clan Lusignan. Enfin, elles seront nécessairement accueillies par son rival français. Table-t-il sur les sentiments de Philippe Auguste à l'égard de Jeanne pour faciliter l'acceptation de son épouse ? Toujours est-il que le roi de France, selon un chroniqueur partisan, se montre prévenant envers Bérengère au point de lui offrir son bras lors de son débarquement à Acre début juin 1191[79].

En juillet, après le siège victorieux de la ville alors aux mains des Sarrasins, sous le double et difficile commandement des rois de France et d'Angleterre, épouse, sœur et otage sont installées dans le palais. Alors que Philippe Auguste est déjà reparti vers son royaume – nous en reparlerons –, Richard, qui a traité la reddition des vaincus avec Saladin dans un climat de méfiance réciproque, et s'estimant trompé, ordonne le 20 août l'exécution sordide des quelque trois mille otages musulmans qui constituaient la garnison d'Acre[80]. On peut légitimement s'interroger sur ce que Bérengère a éprouvé à la nouvelle du massacre. Car, quelle que soit sa justification politique pour la postérité, cela reste un massacre.

En septembre 1191, les trois princesses sont à Jaffa[81]. En raison des combats, elles ne retrouvent Richard qu'occasionnellement et le voyage retour, commencé pour elles le 29 septembre 1192, s'effectue également séparément puisque Richard décide de ne quitter Acre que dix jours plus tard[82]. Il semble bien qu'il y ait volonté de sa part d'éviter la promiscuité inhérente au transport par mer. Bérengère, elle, navigue dans une nef plus lourde, et donc moins rapide, mais plus sûre, et « en effet, la reine et toute sa suite [arrivent] en Sicile après un voyage lent mais réussi[83] ».

Faiblement escorté, Richard ne s'embarque que le 9 octobre sur un navire « plus rapide » certes, mais pour une navigation automnale risquée[84]. On sait en tout cas qu'il fait naufrage, peut-être sur

79. Ghislain Baury et Vincent Corriol, *Bérengère de Navarre…*, *op. cit.*, p. 71.
80. Qualifiée de « chiennaille » par le chroniqueur (Ambroise, p. 393-394, v. 5513 *sq.*). Voir Jean Flori, *Richard…*, *op. cit.*, p. 155-157.
81. Ann Trindade, *Berengaria*, *op. cit.*, p. 102.
82. Ghislain Baury et Vincent Corriol, *Bérengère de Navarre…*, *op. cit.*, p. 74.
83. Guillaume de Newburgh, t. 1, p. 382.
84. *Ibid.*

les côtes d'Istrie – Croatie –, et s'ensuivent des rebondissements rocambolesques dont les récits varient. Il reprend la mer, s'abouche avec des pirates, atterrit sur la côte Adriatique et se fait capturer fort malencontreusement dans les environs de Vienne par le duc Léopold d'Autriche en décembre 1192 alors qu'il tente de regagner ses terres encore lointaines[85]. Ce dernier est en effet plein de rancœur pour le souverain qui l'a humilié à Acre : Richard avait ordonné de jeter par-dessus les remparts la bannière du duc fièrement dressée après la victoire sur les Sarrasins. Léopold vend finalement son extraordinaire prisonnier à l'empereur d'Allemagne Henri VI. Pour Richard, la situation évolue de mal en pis puisque l'empereur lui en veut d'avoir choisi le parti de Tancrède contre lui dans la succession de Sicile.

C'est à Rome, où elles restent six mois à l'invitation du pape Célestin III, que les princesses Bérengère et Jeanne apprennent la capture du roi. Richard n'a, semble-t-il, pas jugé bon de les pourvoir suffisamment en trésorerie, signe de l'avarice reprochée par le prédicateur, puisqu'elles sont obligées de s'endetter auprès de citoyens romains pour la somme de 150 marcs d'esterlins[86]. Il est vrai qu'il ne pouvait prévoir sa longue captivité, mais il est coupable du dénuement de sa sœur Jeanne puisqu'il a fait main basse sur son douaire comme nous l'avons déploré[87].

En tout cas, tout nous montre dans l'attitude de Richard son désintérêt pour Bérengère, pour ne pas dire sa répulsion, et la façon dont il la traite confine au mépris : un mariage au rabais qui dès le départ anonymise et déconsidère la reine, un simulacre de douaire, des voyages et séjours séparés.

Une fois libéré de sa captivité en Allemagne, qui a duré plus d'une année, Richard regagne l'Angleterre en mars et se fait couronner une seconde fois le 17 avril 1194 dans la cathédrale de Winchester, où Aliénor, « avec ses suivantes », siège « en face du roi[88] ». Bérengère, elle, est absente[89], probablement à Poitiers ou en Anjou sur les

85. Sur les versions du retour et de la capture de Richard, voir John Gillingham, *Richard…*, *op. cit.*, p. 295-299 ; Jean Flori, *Richard…*, *op. cit.*, p. 183-188 ; Georges Minois, *Richard…*, *op. cit.*, p. 288-297.

86. Ghislain Baury et Vincent Corriol, *Bérengère de Navarre…*, *op. cit.*, p. 79.

87. Voir note *supra*.

88. John Gillingham, *Richard…*, *op. cit.*, p. 323 ; Jean Flori, *Aliénor…*, *op. cit.*, p. 242 ; Ghislain Baury et Vincent Corriol, *Bérengère de Navarre…*, *op. cit.*, p. 80.

89. Jean Flori, *Richard…*, *op. cit.*, p. 452 ; Ghislain Baury et Vincent Corriol, *Bérengère de Navarre…*, *op. cit.*, p. 80.

terres de son mari[90]. Malgré son couronnement à Limassol, on se représente aisément qu'il n'y a rien de comparable entre ce sacre, presque en catimini sur une île où Richard n'était même pas censé poser le pied[91], et celui, fastueux, à Winchester qui aurait pu assurer à la nouvelle reine une légitimité et une aura aux côtés de son époux et de ses sujets[92]. L'absence de visite du mari à son épouse[93] et le refus de la faire sacrer en Angleterre sont indignes. Elle n'administre rien et la seule action commune du couple semble se résumer à l'édification d'une maison avec étang et moulin au nord de l'Anjou[94].

Cette reine réduite à l'insignifiance, tant par la volonté du roi que par la prédominance d'Aliénor, est aussi une épouse négligée. Il est possible que le roi d'Angleterre ait eu quelquefois des relations charnelles avec elle mais lorsqu'en 1195 il tombe gravement malade et fait pour la seconde fois pénitence pour « l'indignité de sa vie » et ses « accouplements illicites » auxquels il n'a donc nullement renoncé, le chroniqueur respectueux et mesuré qu'est Roger de Hoveden précise qu'il « s'unit à sa femme », « qu'il n'avait plus connue depuis longtemps [...] et tous deux ne furent plus qu'une seule chair »[95]. On imagine l'enthousiasme de Bérengère pour ces

90. Jean Flori, *Richard...*, *op. cit.*, p. 209 ; Ghislain Baury et Vincent Corriol, *Bérengère de Navarre...*, *op. cit.*, p. 81

91. Du moins officiellement. L'hypothèse d'une préméditation de la conquête de l'île a été avancée ou suggérée (John Gillingham, *Richard...*, *op. cit.*, p. 229 ; Jean Flori, *Richard...*, *op. cit.*, p. 510, n 2 ; Ghislain Baury et Vincent Corriol, *Bérengère de Navarre...*, *op. cit.*, p. 67).

92. L'excuse du manque de temps pour rejoindre Richard en Angleterre n'est pas soutenable en raison de l'importance même du sacre des reines. Ce prétexte avait déjà été servi lors de l'absence du couronnement de Marguerite de France en 1170 comme nous l'avons vu, sans plus de crédibilité. Il s'agit bien d'une décision personnelle du roi.

93. Ghislain Baury et Vincent Corriol, *Bérengère de Navarre...*, *op. cit.*, p. 80.

94. *Ibid.*, p. 83.

95. Roger de Hoveden (Hoveden, *Annals*, t. 2, p. 357) cité par Jean Flori, *Richard...*, *op. cit.*, p. 458 et Ann Trindade, *Berengaria*, *op. cit.*, p. 120. Abstinence auprès de son épouse confirmée par une autre exhortation : « Mais toi, dont la rumeur publique dit avec affliction que tu n'observes ni la foi du lit conjugal de ta propre épouse, ni les lois des Églises [...] » (Saint Hugues de Lincoln au roi, cité par Ghislain Baury et Vincent Corriol, *Bérengère de Navarre...*, *op. cit.*, p. 83). Il faut remarquer que si les remontrances des clercs sur la « vie dissolue » des grands sont courantes, celles qui ont trait à la négligence sexuelle de leur épouse (le non-paiement de la « dette conjugale ») le sont beaucoup moins et ne peuvent donc être considérées comme un *topos*.

retrouvailles avec un homme qui lui intime de revenir dans son lit après ses « accouplements illicites », et qui est malade de surcroît[96]... Selon ce même historien, Richard guérit aussitôt, ce qui est peut-être le signe des talents thaumaturges de Bérengère !

Les époux n'ont pour ainsi dire jamais vécu ensemble[97], en raison des circonstances lorsque Richard, au retour de croisade, est fait prisonnier – de décembre 1192 à février 1194 –, mais surtout parce que le roi d'Angleterre ne veut pas voir sa femme. Aussi peut-on s'étonner que pour expliquer l'absence d'héritier ou d'héritière de Richard, la stérilité de Bérengère soit privilégiée par l'historiographie[98]. Le « péché » homosexuel – selon les critères du temps –, bien identifié et bien qualifié par les contemporains[99], et le refus de vivre avec son épouse sont des raisons suffisamment valables pour justifier l'absence d'un successeur au trône d'Angleterre sans avoir à incriminer Bérengère. Il semble bien que le manquement dynastique aux lourdes conséquences soit de la responsabilité exclusive de Richard Ier.

Mais revenons au périple de nos princesses, Bérengère, Jeanne et la jeune otage Comnène – connue uniquement comme *Damsel de Chypre*, à la vie romanesque mais dont aucun historien du temps n'a pris la peine de noter le prénom. Nous l'appellerons désormais avec affection Damsel. Les trois femmes traversent la Provence, puis le comté de Toulouse, escortées par le fils de Raymond V lui-même, le futur Raymond VI, et atteignent Poitiers peut-être à la fin de l'été 1193. Elles apprennent alors l'étonnant mariage du roi de France avec une princesse danoise.

---

96. Gabrielle Storey met en doute l'épisode (Gabrielle Storey, « Berengaria of Navarre : Overshadowed Consort », *Norman to Early Plantagenet Consorts. Power, Influence, and Dynasty*, éd. Aidan Norrie, Carolyn Harris, J. L. Laynesmith, Danna R. Messer, Elena Woodacre, Palgrave Macmillan, 2023, p. 159-178, p. 167).

97. Jean Flori, *Richard...*, *op. cit.*, p. 451-452 ; Ann Trindade, *Berengaria*, *op. cit.*, p. 90 ; Ghislain Baury et Vincent Corriol parlent d'une « séparation de fait » (*Bérengère de Navarre...*, *op. cit.*, p. 80).

98. Il existe une exception relevée par Ann Trindade : un historien contemporain (certes navarrais) impute l'absence d'héritier à Richard, et non à Bérengère : « Quand *il* mourut sans descendance [...] » (Ann Trindade, *Berengaria*, *op. cit.*, p. 36 et 34).

99. « Souviens-toi de la destruction de Sodome et abstiens-toi d'actes illicites », l'aurait exhorté un vieil ermite (cité notamment par Jean Flori, *Richard...*, *op. cit.*, p. 457). Sur cette allusion à Sodome et sa référence à l'homosexualité, voir Jean Flori, *Richard...*, *op. cit.*, p. 457-462 et Ann Trindade, *Berengaria*, *op. cit.*, p. 122-123.

3

Le scandale « Ingeburge de Danemark »

« Désormais, j'ignore si vous faites encore partie de ma vie ;
j'ai recherché, tant bien que mal,
votre cœur endurci que le mien n'abandonne pas.
[...] Et si vous me laissez mourir
vous pécherez : je connaîtrai [l'infernal] tourment
et vous l'opprobre et l'avilissement. »

Dame Castelloza[1]

Après une troisième croisade aussi éprouvante physiquement que moralement, Philippe Auguste voit dans l'emprisonnement de Richard Cœur de Lion par l'empereur d'Allemagne Henri VI une opportunité inespérée. Et, un bonheur n'arrivant jamais seul, il se remarie dans l'allégresse le 14 août 1193 avec une princesse danoise. Mais dès le lendemain, à la consternation générale, il la répudie. Alors commencent la peu glorieuse histoire d'un roi qui maltraite son épouse sacrée reine de France et un non moins ignominieux feuilleton judiciaire avec le Saint-Siège.

1. Jean-Charles Huchet, « Trobairitz : les femmes troubadours », in *Voix de Femmes au Moyen Âge*, 2006, p. 18-19. Dame Castelloza est une femme troubadour du premier tiers du XIIIe siècle.

Le retour en France et l'ombre de Richard

Retrouvons Philippe Auguste peu après la prise d'Acre en juillet 1191. Il négocie difficilement son départ de Terre sainte avec Richard Cœur de Lion, qui lui reste sur place momentanément, comme nous l'avons vu. Ce dernier est bien sûr opposé à la décision de son homologue royal parce qu'elle fait peser une menace sur ses fiefs continentaux, singulièrement le Vexin normand. Mais laissant sur place le duc Hugues III de Bourgogne pour le représenter et poursuivre la reconquête de Jérusalem, le roi de France embarque le 31 juillet 1191 à Acre, fait escale à Rhodes et à Corfou. Comme à l'aller, il choisit la voie maritime, se confiant « dans les soupirs et les larmes aux vents et à la mer[2] », peu pressé de visiter sa sœur Agnès à Constantinople et de se fourrer dans le guêpier de la cour byzantine, dont nous reparlerons en son temps.

Le roi est accablé. Bien qu'il ne soit resté à Acre que trois mois, là-bas, il est tombé gravement malade, comme Richard, et comme nombre de grands barons et petits soldats. Il perd « les ongles des mains et des pieds, les cheveux et presque toute la surface de la peau » et doit s'aliter[3]. L'insalubrité des camps, les imparables épidémies de scorbut, de dysenterie, de suette – mais que les contemporains ont nommée « léonardie » – ont provoqué une véritable hécatombe. Mort son ancien mentor Philippe d'Alsace aux puissantes possessions. Mort Jean de Ponthieu, son garant du traité de Messine. Morts, ses oncles Thibaud V de Blois et Étienne de Sancerre. Le roi, lui, réchappe de cette affection fatale à tant d'autres, et sa décision irrévocable de retour, jugée peu glorieuse, s'explique aisément par la conscience de la fragilité de sa succession et la nécessaire sécurisation des fiefs du défunt comte de Flandre.

Débarqué à Otrante le 10 octobre, Philippe Auguste fait étape à Rome, se plaint au nouveau pape Célestin III des traîtrises de Richard à son égard, puis rencontre l'empereur Henri VI à Milan, où tous deux dénigrent complaisamment le roi d'Angleterre. Philippe Auguste est de retour à Paris le 27 décembre 1191.

2. Rigord, § 88, p. 307.
3. Guillaume le Breton, *La Vie de Philippe II Auguste*, trad. M. Guizot (fr.), éd. Jean-François Merle, Clermont-Ferrand, Éditions Paleo, 2017, p. 34.

Dès le début de l'année 1192, Jean sans Terre, furieux de la désignation par Richard d'Arthur de Bretagne comme successeur au trône d'Angleterre, envisage de rencontrer le roi de France, qui réclame la libération de sa sœur et le château de Gisors[4]. Mais la vigilante douairière Aliénor retraverse la Manche pour faire obstruction au projet[5]. Le fils cède face à la menace de confiscation de ses terres et châteaux[6].

Survient ensuite, courant 1192, un épisode étrange qui montre à la fois que Richard, même absent, est considéré comme un danger latent, et que Philippe Auguste est revenu angoissé. Selon Rigord, alors qu'il se trouve à Pontoise, peut-être à l'été 1192, le roi reçoit des lettres d'Outremer qui le préviennent que des Assassins redoutés de la secte ismaélienne du Vieux de la montagne, dont le siège est en Syrie, ont été commandités par Richard pour l'exécuter[7]. Philippe Auguste, « l'esprit très troublé », commence par changer de résidence, puis prend des mesures énergiques et inédites : il institue une garde personnelle dont les hommes ont « toujours en main des masses d'airain » et se relayent pour le veiller la nuit à tour de rôle[8]. Le roi, qui aurait envoyé une ambassade au Vieux en question, est finalement rassuré sur l'innocence de Richard : les tueurs à gages n'étaient qu'une rumeur[9].

Malgré ces contrariétés, il ne reste pas inactif et règle la succession flamande. Il extorque à son ancien beau-père Baudouin V de Hainaut 5 000 marcs d'argent en échange du titre du comté de Flandre dont il est pourtant, avec son épouse Marguerite d'Alsace, le légitime héritier de longue date. Il confirme la dévolution à Éléonore de Vermandois du comté du fameux Raoul et s'institue lui-même héritier en cas d'absence d'enfants, ce qui, après quatre mariages stériles de la comtesse, s'avère un pari peu risqué. Enfin, il prend possession au nom de son fils Louis de l'Artois, dot de feu son

4. *Gesta Regis*, t. 2, p. 236.

5. Jean Flori, *Aliénor…*, *op. cit.*, p. 225-226.

6. Frédérique Lachaud, *Jean sans Terre*, Paris, Perrin, 2018, p. 66.

7. Soupçon renforcé par l'assassinat du marquis de Montferrat à cette époque, candidat au royaume de Jérusalem soutenu par Philippe Auguste (voir Hussein Ahmad Sabra, *Les Assassins, mercenaires à la demande. Le cas des isaméliens chiites en Iran et au Levant (XIIe-XIIIe siècle)*, Paris, Éditions L'Harmattan, 2022, p. 115-125).

8. Rigord, § 93, p. 313.

9. *Ibid.*, p. 314.

épouse Isabelle de Hainaut, élargissant au passage sa suzeraineté à Boulogne[10].

À Noël 1192, le roi est néanmoins dans un état de « grande tristesse et désarroi[11] » en raison du ferme refus du sénéchal de Normandie de libérer sa sœur Aelis, détenue à Rouen depuis l'assemblée de mars 1190[12] et qui se trouve probablement en compagnie de la jeune nièce de Richard, Aliénor de Bretagne, sœur d'Arthur[13].

Mais des nouvelles réjouissantes lui parviennent en début d'année 1193. L'empereur Henri VI, avec qui il avait aimablement vilipendé Richard sur le trajet du retour de croisade, l'informe qu'il détient le roi d'Angleterre[14]. Philippe Auguste en profite pour s'acoquiner avec Jean sans Terre, qui lui rend hommage pour la Normandie, et Aelis de France lui est promise comme épouse[15] ; il doit cependant pour ce faire annuler son mariage avec Isabelle de Gloucester. On se demande si ce énième retournement matrimonial est plus sérieux que les précédents et si la princesse ne tombe pas de Charybde en Scylla. La dot qu'est le Vexin normand est échangée contre des terres flamandes, et le roi de France soutient Jean dans son ambition de s'autoproclamer roi d'Angleterre en l'absence de son frère[16].

Malgré ces petits arrangements entre amis, et sans aucun scrupule, Philippe Auguste passe à l'attaque au printemps 1193 et s'empare des châteaux stratégiques de Gisors et Neaufles. Rouen résiste[17]. La rage qui lui fait alors brûler ses vingt-quatre machines de siège et déverser ses tonneaux de vin et sa haine, menaçant les habitants en se repliant de revenir avec des « barres de fer[18] », est indiscutablement

---

10. John W. Baldwin, *Philippe Auguste…*, *op. cit.*, p. 115-116.

11. Hoveden, *Annals*, t. 2, p. 286.

12. L'absence de mention dans les *Pipe Rolls* de 1194-1195 d'un déplacement vers le continent de la « sœur du roi de France » confirme qu'elle est restée dans le fief normand depuis 1190.

13. Aliénor d'Aquitaine a amené en 1190 sa petite-fille (fille de Geoffroy Plantagenêt et Constance de Bretagne) en Normandie (Éric Borgnis Desbordes, *Constance de Bretagne…*, *op. cit.*, p. 307). Otage également, elle est sûrement gardée à Rouen.

14. Lettre de Henri VI à Philippe Auguste citée par Hoveden, *Annals*, t. 2, p. 278-279.

15. Lionel Landon, *The Itinerary of King Richard…*, *op. cit.*, p. 202, n. 2 ; Hoveden, *Annals*, t. 2, p. 287 ; Frédérique Lachaud, *Jean sans Terre…*, *op. cit.*, p. 68.

16. Hoveden, *Annals*, t. 2, p. 287.

17. John W. Baldwin, *Philippe Auguste…*, *op. cit.*, p. 126.

18. Hoveden, *Annals*, t. 2, p. 289.

due à l'échec de la délivrance de sa sœur Aelis mais aussi d'Aliénor de Bretagne. Il vient de perdre en même temps l'opportunité de récupérer « légalement » le Vexin normand, toujours associé dans les esprits, malgré les récents accords, à la princesse capétienne, et un atout maître pour l'influence sur le duché breton.

Parallèlement, l'empereur Henri VI, malgré sa demande et ses offres pécuniaires, n'a pas l'air pressé de s'engager à garder Richard prisonnier[19] ou à lui céder son otage. C'est dans ce contexte incertain que le roi de France, qui souhaite optimiser l'absence du souverain anglais, envisage une alliance insolite et, bien sûr, politique.

Ingeburge : une princesse de Danemark, un mariage désiré

Alors que Richard se languit dans les geôles allemandes, Philippe Auguste a deux obsessions : consolider sa succession, car il n'a – en 1193 – qu'un fils de cinq ans, et conquérir la Normandie. Sans entrer dans le détail des alliances impériales ou papales et leurs renversements incessants, à cette époque, il se trouve que les intérêts des royaumes de France et de Danemark peuvent s'accorder. Le roi Knud VI souhaite un allié contre l'empereur, et Philippe Auguste contre l'Angleterre. Or, les rois danois, qui ont régné sur l'île au XIe siècle avant de se faire déloger par le Normand Guillaume le Conquérant, sont en mesure de revendiquer la succession anglaise[20].

Comme tous les mariages royaux, le choix d'une sœur de Knud VI est ainsi éminemment politique. Selon les chroniqueurs anglais, le projet a pour but une invasion de l'Angleterre franco-danoise coordonnée[21]. L'avenir montrera que ce n'est pas impensable, mais il est plus vraisemblable que le roi de France souhaite seulement que la menace de cette offensive soit suffisamment crédible pour obtenir la Normandie[22], face à un Jean sans Terre aussi ambitieux que velléitaire, et qui pour l'heure séjourne outre-Manche. Dans tous les cas, les négociations pour l'union de la sœur de Knud VI, Ingeburge,

19. John W. Baldwin, *Philippe Auguste…*, *op. cit.*, p. 125.
20. Ce que montre Thomas K. Heebøll-Holm, « A Franco-Danish Marriage and the Plot against England », *Haskins Society Journal*, vol. 26, 2015, p. 261-265.
21. Thomas K. Heebøll-Holm, *ibid.*, p. 253 et n. 15 ; John W. Baldwin, *Philippe Auguste…*, *op. cit.*, p. 117.
22. Thomas K. Heebøll-Holm, *ibid.*, p. 264.

avec Philipe Auguste prouvent l'intention de « déstabiliser l'empire angevin[23] », c'est-à-dire les Plantagenêts. La naissance d'un héritier issu du mariage danois pourrait en outre renforcer la légitimité pour la succession au trône d'outre-Manche[24]. Enfin, avantage collatéral de cette union : cette épouse étrangère ne risque pas d'avoir un entourage influent à la cour des Capétiens [25]. Ce choix inédit d'une princesse danoise pour reine de France s'appuie donc sur des raisons factuelles et solides.

Une ambassade est alors envoyée au Danemark, certainement après l'annonce de la captivité en Allemagne de Richard[26], au printemps 1193, au moment où le roi Philippe Auguste envahit le Vexin normand. Cet enchaînement des évènements accrédite solidement la thèse d'une réelle volonté du roi de France de s'attaquer frontalement et massivement à « l'empire » Plantagenêt.

Les envoyés français demandent d'abord à Knud VI la main de « l'une de ses sœurs[27] » – le roi n'est pas regardant –, avec une dot constituée de la cession de ses droits sur le trône d'Angleterre, et surtout la mise à disposition de sa redoutable flotte et d'un service armé d'une année[28]. La stratégie offensive est affichée. Toutefois, Knud VI, dont les intérêts territoriaux prioritaires se focalisent sur la Baltique, refuse[29]. Après avoir mis son veto à la première demande des Français, il « ordonne aux ambassadeurs de proposer autre chose, s'ils ont autre chose[30] ».

Et justement, oui, ils ont une demande subsidiaire : ils exigent une dot de 10000 marcs d'argent[31]. Comme il est peu vraisemblable

23. J.E. M. Benham, « Philip Augustus and the Angevin Empire : The Scandinavian Connexion », *Mediaeval Scandinavia 14*, 2004, p. 40.

24. Thomas K. Heebøll-Holm, « A Franco-Danish Marriage… », art. cité, p. 264.

25. Cet avantage pointé par Thomas K. Heebøll-Holm au profit du clan de Champagne (*ibid.*, p. 255) peut aussi profiter au roi lui-même.

26. À notre connaissance, aucun des chroniqueurs ne donne la date précise de cette médiation.

27. Rigord, § 99, p. 319.

28. Thomas K. Heebøll-Holm, « A Franco-Danish Marriage… », art. cité, p. 253 ; Hercule Géraud, *Ingeburge de Danemark, reine de France, 1193-1236*, Mémoire de feu Hercule Géraud, couronné par l'Académie des inscriptions et belles-lettres dans sa séance du 11 août 1844, 2 parties, *Bibliothèque de l'École des chartes*, 1845, t. 6, 1re partie, p. 6.

29. Thomas K. Heebøll-Holm, *ibid.*, p. 263-264.

30. Guillaume de Newburgh, t. 1, p. 368.

31. *Ibid.*

que ces envoyés aient assuré deux allers-retours entre Paris et Copenhague, et qu'il n'est pas plus envisageable qu'ils aient de leur propre chef décidé de l'alternative d'une dot en monnaie trébuchante en cas de refus de la première requête, qui ne pouvait être avalisée que par le roi lui-même, il faut en déduire que : d'une part, Philippe Auguste a envisagé dès le départ un plan B en cas de refus de l'option militaire contre l'Angleterre, somme toute assez prévisible ; et d'autre part, qu'il a décidé du montant confortable de la dot – le même, soit dit en passant, que celui négocié à Messine par Richard pour se débarrasser définitivement d'Aelis.

Knud se laisse convaincre mais il demande aux Français des « garanties suffisantes » et des « cautions » pour que sa sœur soit « reçue *et gardée* comme épouse[32] ». Il faut évidemment voir dans cette précaution la réputation douteuse du roi de France qui a voulu répudier sa première femme Isabelle de Hainaut une décade plus tôt, fait connu de toutes les cours d'Europe. On imagine que ces tractations à Copenhague ont duré quelque temps – plusieurs semaines, à l'évidence[33], soit plus que Philippe Auguste ne l'envisageait. Une fois l'accord enfin conclu, Ingeburge est remise aux hommes du roi de France, c'est-à-dire les prélats négociateurs, accompagnée d'une suite danoise nombreuse[34]. La jeune femme est alors âgée de dix-huit ans, semble-t-il[35].

La princesse prend la mer, débarque dans le nord du royaume et atteint Amiens en août 1193[36]. Le roi est aussi pressé qu'enthousiaste : « C'est là que le roi des Francs Philippe, accourant avec les évêques et les grands du royaume dans la joie la plus vive, prit pour épouse légitime cette Ingeburge longtemps désirée et la fit couronner reine des Francs[37]. » Le roi est enchanté de la fiancée qu'il découvre et les témoignages s'accordent sur sa grâce : « jeune fille

32. *Gesta Innocentii III*, § 48, p. 20 ; *Deeds of Pope Innocent III*, p. 64.

33. Pour Rigord, tout se résume en une phrase : « Le roi de Danemark accueillit cette demande avec joie et remit aux envoyés du roi des Francs, en les honorant de présents, sa sœur Ingeburge [...] » (Rigord, § 99, p. 321).

34. *Gesta Innocentii III*, § 48, p. 20 (une suite « convenable » nous dit la source) ; *Deeds of Pope Innocent III*, p. 64 ; Guillaume de Newburgh, t. 1, p. 369.

35. Selon toutes les sources secondaires, non référencées. Aucun document *a priori* ne précise son année de naissance ou son âge à son décès.

36. *Gesta Innocentii III*, § 48, p. 20 ; *Deeds of Pope Innocent III*, p. 64.

37. Rigord, § 99, p. 321 ; *Gesta Innocentii III*, § 48, p. 20 ; *Deeds of Pope Innocent III*, p. 64.

d'une très grande beauté », selon Rigord[38]; « elle n'est pas moins belle qu'Hélène de Troyes », nous dit Étienne de Tournai[39]. Ces éloges peuvent n'être qu'un *topos* sur la beauté supposée des reines mais, en l'occurrence, le roi est si séduit que les fiançailles ont lieu le jour même[40]. On aimerait connaître l'avis de la jeune femme sur le roi non pas « beau et bien bâti » mais chauve et le teint rubicond[41]. Il se montre généreux, en tout cas, et lui assigne aussitôt un superbe douaire composé d'Orléans, Crécy, Châteauneuf-sur-Loire et Neuville-aux-Bois[42].

Lors de cette journée du samedi 14 août 1193, Ingeburge de Danemark et Philippe Auguste sont légalement mariés, même si la cérémonie, qui est encore considérée comme privée, n'est nulle part décrite par les chroniqueurs. Si l'Église commence à partir de la fin du XIIe siècle à imposer des prêtres pour témoins du rite, la célébration est simple et l'on peut aisément se représenter celle du nouveau couple. À la sortie de la cathédrale, sur une estrade, et certainement exhortés par l'oncle du roi Guillaume aux Blanches Mains, les promis ont joint leurs mains droites en signe de consentement mutuel. L'archevêque, après avoir invoqué le Saint-Esprit, a béni un anneau que le roi a passé au pouce, à l'index puis au médium de la main droite d'Ingeburge en prononçant les paroles rituelles, lui a donné des pièces d'argent et peut-être alors la charte lui accordant son douaire[43]. Le traité de mariage et d'alliance négocié avec Knud VI, les fiançailles et l'acte stipulant le douaire valident déjà l'union. La cérémonie à la sortie de l'église l'officialise publiquement devant les grands du royaume – et les grandes, car imagine-t-on en France une assistance exclusivement masculine à de telles réjouissances ?

Même si, comme à leur habitude, les chroniqueurs négligent les femmes, s'il y a des princes, il y a des princesses. Cherchons

38. Rigord, *Deeds of Pope Innocent III.*

39. Voir George Conklin, « Ingeborg of Denmark, Queen of France, 1193-1213 », *Queens and Queenship in Medieval Europe*, éd. A. Duggan, Woodbridge, 1997, p. 42 ; *Cart. Cysoing*, p. 74 ; *Epistolae Stephani Tornacencis episcopi*, RHF 19, 295 C.

40. *Gesta Innocentii III*, § 48, p. 20 ; *Deeds of Pope Innocent III*, p. 64.

41. Robert-Henri Bautier, « Philippe Auguste. La personnalité… », *op. cit.*, p. 34-35.

42. Hercule Géraud, *Ingeburge de Danemark…*, art. cit., 1re partie, p. 8 ; Delisle, *Catalogue*, n° 456.

43. Sur le mariage et la cérémonie, voir Jean-Baptiste Molin et Portais Mutembe, *Le Rituel du mariage en France du XIIe au XVIe siècle*, Paris, Éditions Beauchesne, 1974, p. 160, 180, 188.

l'homme, et nous trouverons nécessairement la femme. Sans prétendre à l'exhaustivité ni affirmer avec certitude que toutes les femmes nommées ici sont présentes, convions-les à ce grand évènement de la royauté. Pour accueillir Ingeburge et assister au mariage puis au sacre, il y a d'abord la parentèle de Philippe Auguste.

Sa mère, la reine Adèle de Champagne, et les sœurs du roi, filles d'Aliénor d'Aquitaine et de Louis VII. Marie de France, comtesse de Champagne, accompagnée de son plus jeune fils Thibaud III ; peut-être Alix de France, veuve de Thibaud V de Blois, et leurs enfants – Marguerite de Blois et son second mari, Othon, comte de Bourgogne, fils de l'empereur Frédéric Barberousse mort noyé trois ans plus tôt en Anatolie sur la route de la Terre sainte ; Élisabeth de Blois, comtesse de Chartres, et son mari Sulpice III d'Amboise ; Louis de Blois et son épouse Catherine de Clermont. Côté maternel également, peut-être un cousin germain du roi, Guillaume Ier de Sancerre, fils de feu Étienne de Sancerre.

Il y a aussi ses cousines et cousins germains issus de la fratrie du roi Louis VII. D'abord Alix de Dreux, fille de Robert Ier de Dreux[44] (mort en 1188) et de sa seconde épouse Harvise d'Évreux (morte en 1152), accompagnée de son quatrième mari Raoul III de Nesle, comte de Soissons, et des nombreux enfants issus de ses trois précédentes unions : Alix et Mahaut de Breteuil, veuves toutes deux, et leur sœur Amicie, avec son mari Baudouin d'Yerres, dit Baudouin du Donjon ; Gaucher III de Châtillon, peut-être Marie de Châtillon, et Alix de Châtillon avec son mari Guillaume V de Garlande ; Jean II de Thourotte avec sans doute sa femme Odette de Dampierre, dame d'Allibaudière.

Et des tantes du roi. Agnès de Baudement, troisième épouse et veuve de Robert Ier de Dreux et leurs enfants : Robert II de Dreux et son épouse Yolande de Coucy, fille d'Agnès de Hainaut, elle-même sœur de Baudoin V de Hainaut ; Alix II de Dreux, dame de Braine, dont le mari est mort à Acre, peut-être accompagnée de son jeune fils Enguerrand III de Coucy ; Isabeau de Dreux avec son mari Hugues III de Broyes.

Une autre tante paternelle du roi par alliance, Élisabeth de Courtenay, veuve de Pierre de France[45] (mort en 1180), elle aussi

44. Fils de Louis VI le Gros (mort en 1137).
45. *Ibid.*

accompagnée de ses enfants, cousins germains du roi : Pierre II de Courtenay, comte de Nevers, qui vient d'épouser en secondes noces Yolande de Hainaut, sœur de feu la reine Isabelle ; Guillaume, seigneur de Tanlay ; ses filles, Eustachie de Courtenay avec son mari Guillaume de Brienne, et Constance de Courtenay.

Sont aussi présents des princes et princesses éminents comme le duc de Bourgogne Eudes III, qui vient d'épouser Mathilde de Portugal, veuve de Philippe d'Alsace. Renaud de Dammartin, comte de Boulogne, avec son épouse Ide de Boulogne – que nous retrouverons plus tard. La comtesse de Ponthieu Béatrice de Saint-Pol, veuve elle aussi, mais accompagnée de son jeune fils Guillaume de Ponthieu, comte de Ponthieu, appelé à un destin princier. Guy IV de Senlis, bouteiller de France, et sa femme Élisabeth de Trie, dite « la Bouteillère[46] » en hommage à ses qualités de gestionnaire du domaine. Éléonore de Vermandois, veuve de Mathieu d'Alsace et récemment séparée de son nouvel époux Mathieu de Beaumont, grand chambrier de France.

Peut-être y a-t-il d'autres membres de la famille de Baudouin V de Hainaut : son fils Baudouin VI, frère de la défunte reine Isabelle, avec son épouse Marie de Champagne, elle-même fille de Marie de France et d'Henri Ier le Libéral ; les sœurs de Baudouin V, Yolande de Hainaut et peut-être son mari Hugues IV, comte de Saint-Pol ; Laurence de Hainaut et peut-être son mari Mathieu II de Montmorency.

Il faut aussi se représenter que toutes ces dames de haut rang sont accompagnées de demoiselles et de servantes, et que c'est une assemblée tout à fait mixte qui assiste aux cérémonies d'août 1193. On peut penser qu'Ingeburge en augure un entourage aimable, attentif et chaleureux. On suppose en tout cas sans audace qu'un banquet où le vin coule à flots suit la cérémonie du mariage. Le roi, enthousiaste, souhaite le couronnement de son épouse dès le lendemain, au jour très symbolique de l'Assomption de la Vierge.

Nous pourrions donc dire que, jusqu'ici, tout va bien. Le roi ne manifeste aucune amertume pour le traité de mariage conclu par ses ambassadeurs, accorde au contraire à son épouse un douaire tout à fait digne de son rang, ne montre aucune répulsion pour la belle Ingeburge, et l'épouse aussitôt.

---

46. Étienne Pattou, « Seigneurs et vidames de Senlis » [PDF], [en ligne] Racines et histoire, actualisé le 19/04/2021.

15 août 1193 : une répudiation scandaleuse

Le roi qui « aime le vin[47] », plus ou moins vigoureux, « consomme » naturellement son mariage dans la nuit du 14 au 15 août. Ingeburge attestera le rapport sexuel – le sordide de la situation a mené les révélations jusque-là – et Philippe Auguste l'admettra aussi bien des années plus tard[48]. C'est tout ce que nous savons de la nuit de noces.

Pour l'heure, c'est-à-dire au matin du 15 août, tout semble normal puisque le roi et la reine se rendent ensemble à la cathédrale d'Amiens où l'archevêque de Reims Guillaume aux Blanches Mains officie pour leur sacre commun. C'est à ce moment précis que tout bascule et que l'assemblée constate le comportement inexplicable et spectaculaire du roi : « Pendant le couronnement lui-même, à l'instigation du diable, il se mit à frissonner violemment, à trembler, à pâlir ; il était si troublé qu'il put à peine tenir debout jusqu'à la fin de la cérémonie qui venait de débuter[49]. » Ce même jour, et dès la fin de l'office peut-on penser, devant ses proches médusés et consternés, Philippe Auguste rejette Ingeburge et veut la remettre aux envoyés danois pour un retour express dans sa contrée d'origine. Outrés, non seulement ils refusent, mais ils se hâtent de quitter la France sans elle[50].

Représentons-nous cette princesse royale en pays étranger, devenue reine, qui ne parle pas le français. Elle est sans doute d'abord désemparée, et bientôt dans le désarroi le plus complet lorsqu'elle comprend que son mari ne veut plus l'approcher. Son sort est bientôt scellé et elle est reléguée à l'abbaye de Cysoing, qui dépend de l'évêque Étienne de Tournai[51]. La défense ultérieure vigoureuse du prélat en faveur de la reine auprès de l'archevêque de Reims permet de supposer qu'il s'est proposé pour lui trouver un refuge après l'attitude inqualifiable du roi, et que celui-ci a accepté. Tournai, c'est loin de Paris, et Philippe Auguste est bien résolu à ne plus revoir sa jeune épouse.

47. Voir Robert-Henri Bautier, « Philippe Auguste. La personnalité... », *op. cit.*, p. 35.
48. Voir *infra*.
49. *Gesta Innocentii III*, § 48, p. 20 ; *Deeds of Pope Innocent III*, p. 64 ; George Conklin, « Ingeborg of Denmark... », *op. cit.*, p. 40.
50. Hoveden, *Annals*, t. 2, p. 304.
51. *Cart. Cysoing*, p. 74.

Insistons sur la stupeur des témoins et le scandale provoqué par cette répudiation, car Ingeburge n'est pas seulement la nouvelle reine de France dûment sacrée, c'est aussi la petite-fille d'un saint, le roi de Danemark Knud Lavard, canonisé par Alexandre III en 1169[52].

Le problème majeur, qui est en soi un aveu, c'est que Philippe Auguste n'a donné aucune raison à son rejet d'Ingeburge (« le roi se terrait dans un mutisme inquiétant[53] »). Dans une société patriarcale où les femmes peuvent être accusées de tous les maux, et bien sûr de sorcellerie, où l'homme a presque tous les droits sur elles, ce silence de l'époux est suspect et l'incrimine. Les raisons de Philippe Auguste sont donc inavouables, soit parce qu'elles peuvent nuire à son honneur, soit parce qu'elles sont inacceptables pour les contemporains après seulement une nuit de « vie commune ».

Plusieurs thèses ont tenté d'expliquer cet acte infamant du roi, dont aucune n'est satisfaisante. Le mobile politique d'un Philippe Auguste désappointé le jour de son mariage en découvrant l'échec de la négociation sur ses espérances militaires danoises – le refus de Knud VI d'un service armé d'une année –, mais qui aurait maintenu et consommé l'union pour obtenir la dot, c'est-à-dire l'argent, avec la préméditation de répudier dès le lendemain l'épouse publiquement devant ses vassaux et les ambassadeurs danois, n'est pas soutenable. D'abord, le plan B – c'est-à-dire une dot faramineuse de 10000 marcs d'argent – avait nécessairement été prévu avant le départ des ambassadeurs pour Copenhague. Surtout, cette position ignore l'importance du mariage royal et du sacre pour les souverains médiévaux. Le mariage du roi n'est pas un jeu, d'autant que Philippe Auguste n'a que vingt-huit ans, qu'il est veuf depuis trois ans, et que sa préoccupation première est de sécuriser sa succession, ce qu'il ne saurait faire sans épouse. Enfin, les sources montrent l'enthousiasme presque juvénile du souverain à l'arrivée à Amiens d'Ingeburge, et l'attribution d'un douaire, ce qui est assez peu compatible avec le cynisme d'une répudiation préméditée.

---

52. Thomas Riis, « Autour du mariage de 1193 : l'épouse, son pays et les relations franco-danoises », *La France de Philippe Auguste : le temps des mutations*, Actes du Colloque international organisé par le CNRS, dir. Robert-Henri Bautier, Paris, Éditions du CNRS, 1986, p. 341.

53. Jérôme Devard, « Des rumeurs au scandale », *Cahiers de recherches médiévales et humanistes*, 23, 2012, p. 402.

L'hypothèse la plus consensuelle est celle d'un problème d'ordre « intime », à savoir l'impuissance sexuelle du roi lors de la nuit de noces. Pourtant, plusieurs éléments factuels s'opposent avec évidence à cette théorie. Le premier est que les déclarations ultérieures des deux parties elles-mêmes, comme nous l'avons évoqué, admettent que l'acte sexuel a bien eu lieu[54]. Mais sans anticiper sur les suites juridiques de l'affaire, il faut surtout observer que le rejet du roi ne se manifeste pas au petit matin du 15 août, après le paiement de la « dette conjugale », mais pendant le sacre, cérémonie qu'il peut parfaitement faire annuler s'il a déjà constaté un empêchement sexuel majeur.

Les rumeurs rapportées par le chroniqueur anglais Guillaume de Newburgh, c'est-à-dire l'haleine fétide de la mariée, une difformité intime ou son absence de virginité[55], ne sont que des explications ultérieures pour dédouaner le roi d'une décision incompréhensible, la faute incombant dans tous les cas, et par solidarité masculine, à Ingeburge. Or, ces désagréments présumés, s'ils étaient avérés, n'auraient pas été constatés dans la cathédrale mais dans le lit, et là encore, le roi aurait pu aussitôt révéler haut et fort un empêchement qui, sans être glorieux, aurait été entendu de ses proches et des contemporains. Le sacre n'aurait pas eu lieu.

C'est bien pendant cette « solennité » du couronnement, et non pas avant, que tous voient le changement d'attitude du roi et ces symptômes ne sont peut-être pas aussi énigmatiques qu'ils le paraissent. Car les comportements manifestés par Philippe Auguste – terreur, tremblements, pâleur, difficulté à tenir debout, voire à ne pas s'évanouir – sont clairement identifiables à une crise d'angoisse aiguë, au sens médical du terme[56]. Conséquence de ce

54. Les sources sont données par : John W. Baldwin, « La vie sexuelle de Philippe Auguste », *Mariage et sexualité au Moyen Âge. Accord ou crise ?*, dir. Michel Rouche, *Cultures et civilisations médiévales*, XXI, 2000, p. 223 et n. 29. Voir III. 3., « La mort d'Agnès et l'emprisonnement sans fin d'Ingeburge ».

55. Guillaume de Newburgh, t. 1, p. 369.

56. Que l'on en juge selon le site de l'Assurance maladie, Ameli.fr : « Une attaque de panique (ou crise d'angoisse aiguë) est un épisode de peur soudaine et intense, bien délimité dans le temps. La durée totale d'une crise varie de quelques minutes à une heure, voire un peu plus, avec une moyenne de 20 à 30 minutes. Pendant cet épisode, la personne atteinte a l'impression de ne plus du tout maîtriser la situation. [...] Au cours d'une attaque de panique, une angoisse aiguë est ressentie. D'autres symptômes peuvent aussi être présents, tels que : la peur de "devenir fou", de mourir et/ou de perdre le contrôle de soi-même ; des sensations de vertiges, des étourdissements

mal : « En dehors de ces épisodes d'attaque de panique, la personne est anxieuse en permanence, parce qu'elle appréhende la répétition de l'attaque[57]. »

Or, parmi tous ces symptômes concordants, les palpitations cardiaques, que très vraisemblablement le roi a ressenties, n'ont pas été vues ou connues des témoins, alors que ce sont elles qui génèrent la peur d'une mort subite. Les contemporains du roi ne peuvent comprendre ce qu'il éprouve. En tout état de cause, une crise d'angoisse n'est pas un motif canonique de répudiation après un mariage et un sacre dûment et publiquement célébrés. Mais ce mal pourrait expliquer à la fois pourquoi le roi ne veut plus revoir ou entendre parler d'Ingeburge, dans la crainte qu'il est de revivre ce malaise extrême, et pourquoi il garde le silence. Il faut remarquer, ce qui confirme le diagnostic, que la crise est passagère puisque nul ne relate que le roi est malade ensuite. Évidemment, et c'est là le véritable mystère : pourquoi cette crise d'angoisse aiguë s'est-elle déclenchée pendant le sacre ? Bien que plusieurs hypothèses puissent être formulées, il serait délicat d'en dire davantage et il nous faut nous en tenir aux faits : la répudiation d'Ingeburge prouve indiscutablement que le roi l'associe à son mal, alors même qu'elle n'y est pour rien, ce dont il est conscient puisqu'il préfère se taire, tout en exerçant avec la plus grande injustice ses prérogatives de monarque.

Bientôt en effet, il choisit le prétexte de séparation le plus éculé : des liens d'affinité supposés, empêchement canonique à l'union.

Le début de la lutte juridico-religieuse et les déboires du roi

Le chroniqueur officiel français Guillaume le Breton écrit sans vergogne que « ayant été prouvé qu'il existait entre eux un lien

ou l'impression d'être sur le point de s'évanouir; des sensations de souffle coupé, d'essoufflement ou de manque d'air, d'étranglement et/ou des impressions d'étouffement, de suffocation; des palpitations cardiaques ou une tachycardie; des frissons ou des bouffées de chaleur, voire des sueurs abondantes; des tremblements ou des secousses musculaires; des sensations de dérobement des jambes (impression qu'elles vont "lâcher" et que l'on va tomber) », [en ligne] Ameli.fr, « Trouble panique : symptômes, diagnostic et évolution », 9 mai 2023, Crise d'angoisse aiguë et trouble panique : quels symptômes ? | ameli.fr | Assuré.

57. *Ibid.*

de parenté, [Ingeburge] fut séparée de lui. Cependant elle ne quitta pas la France et reçut du Trésor ce qui lui était nécessaire pour vivre[58] ». Ce mensonge d'État cache en fait une réalité bien plus sordide. Au-delà du feuilleton judiciaire dramatique, l'affaire éclaire d'un nouveau jour la précarité et la maltraitance subies par les reines de ces temps, qui confinera plus tard à une tentative de féminicide.

Le 5 novembre 1193[59], moins de trois mois après le mariage, une assemblée se réunit à Compiègne, présidée par l'archevêque de Reims et composée de prélats et barons. Guillaume aux Blanches Mains présente alors un arbre généalogique reconstitué à la hâte, et conclut, de bonne ou de mauvaise foi, à un « obstacle d'affinité » au quatrième ou cinquième degré[60] entre la première épouse du roi, Isabelle de Hainaut, et la seconde, Ingeburge de Danemark. Il se trouve que l'arbre est erroné[61], mais à ce stade, cela n'a guère d'importance.

Il semble que le divorce soit prononcé ce jour-là, ce qui est cohérent avec l'impatience du roi, mais ses familiers, que ces évènements mortifient, lui suggèrent toutefois de tenter de se rapprocher « charnellement » de la reine. Cela montre que la consanguinité supposée entre les deux épouses n'est qu'un prétexte et que les membres de l'assemblée sont visiblement très mal à l'aise, car on ne voit pas que le rapprochement « charnel » pourrait supprimer l'empêchement canonique[62].

À une date indéterminée[63], mais sans doute avant la fin de l'année 1193, Philippe Auguste fait « amener » la reine à Saint-Maur-des-Fossés. Le roi entre dans la chambre où se trouve son épouse mais il en ressort peu après, « jurant qu'Ingeburge ne pouvait être sa

58. Guillaume le Breton, *La Vie de Philippe II*, p. 37.

59. 82 jours après le mariage (André de Marchiennes, RHF 18, 556 E).

60. *Gesta Innocentii III*, § 48, p. 20 ; *Deeds of Pope Innocent III*, p. 64.

61. Rigord nous dit que les barons et prélats ont « calculé le degré de consanguinité par Charles, comte de Flandre » (mort en 1127). Sur la connexion généalogique, voir Marie-Bernadette Bruguière, « Le mariage de Philippe-Auguste et d'Isambour de Danemark : aspects canoniques et politiques », *Mélanges offerts à Jean Dauvilliers*, Toulouse, éd. Université des sciences sociales de Toulouse, 1979, p. 138.

62. Comme l'a remarqué Jean Gaudemet, (« Le dossier canonique du mariage de Philippe Auguste et d'Ingeburge de Danemark (1193-1213) », *Revue historique de droit français et étranger*, vol. 62, n° 1, 1984, p. 16).

63. Qui pourrait se situer aussi bien entre le mariage et le 5 novembre 1193 qu'après cette date.

femme, et pénétré pour elle d'une aversion si profonde, qu'à peine endurait-il qu'on la nommât devant lui[64] ». L'angoisse le reprend visiblement en sa présence.

La jeune reine, qui a certainement espéré un retour d'« affection maritale », est renvoyée à Cysoing. À cette période, l'évêque Étienne de Tournai écrit à l'archevêque de Reims une longue lettre érudite[65] et pleine de compassion et d'admiration pour la reine, qui prend à contrepied les rumeurs injurieuses rapportées par Guillaume de Newburgh, preuve qu'elles se sont rapidement répandues. Étienne la nomme « reine », malgré l'annulation du mariage par l'assemblée de novembre, et la décrit comme « une perle précieuse broyée par les hommes[66] », dont le sort indigne est d'être « enfermée dans Cysoing comme dans une prison, opprimée par la misère[67] ». Car Philippe Auguste a encaissé une bonne partie de la dot[68] mais laisse dans le dénuement une princesse royale, petite-fille de saint.

L'évêque Étienne témoigne même du fait qu'elle doit vendre des effets personnels pour subvenir à ses besoins et il en appelle à la charité du puissant archevêque[69]. En réalité, il fait plus pour la reine que solliciter les fonds dont elle a besoin : il réhabilite sa *fama*. Il la compare aux femmes emblématiques de la Bible, la dépeignant plus mature que Sarah, plus sage que Rebecca, plus gracieuse que Rachel, plus pieuse qu'Anne et plus pure que Suzanne. Enfin, elle n'est pas moins belle qu'Hélène de Troyes[70]. Dans une seconde lettre à l'archevêque, Étienne le remercie des subsides accordés à la reine mais semble inquiet pour sa propre sécurité[71]. De fait, les

64. Hercule Géraud, *Ingeburge de Danemark…*, art. cit., 1re partie, p. 9 ; *Gesta Innocentii III*, § 48, p. 20 ; *Deeds of Pope Innocent III*, p. 64.

65. Pour une analyse de la lettre, voir George Conklin, « Ingeborg of Denmark… », *op. cit.* p. 41-42.

66. *Cart. Cysoing*, p. 74.

67. *Ibid.*

68. Knud VI semble avoir eu des problèmes de trésorerie et a pu payer en plusieurs versements (Torben Kjersgaard Nielsen, « Celestine III and the North », *Pope Celestine III (1191-1198). Diplomat and Pastor*, éd. John Doran, Damian Smith, New York, Ashgate Publishing, 2008, p. 168), mais dans une lettre au pape, il laisse entendre qu'il l'a payée.

69. RHF 19, p. 295 D.

70. Voir George Conklin, « Ingeborg of Denmark… », *op. cit.*, p. 42 ; *Cart. Cysoing*, p. 74 ; *Epistolae Stephani Tornacencis episcopi*, RHF 19, 295 C.

71. RHF 19, 296 B.

lettres suivantes n'évoquent plus Ingeburge[72], mais il est des plus probables que l'évêque continue de l'assister.

Dans une chronologie des évènements difficile à démêler, en fin d'année 1193 ou au début de l'année 1194[73], l'archevêque Guillaume aux Blanches Mains semble réunir une seconde assemblée conciliaire à Reims où l'on a fait venir Ingeburge, peut-être de Saint-Maur-des-Fossés, peut-être de Cysoing. Le roi, lui, paraît se tenir prudemment à l'écart des débats, qui roulent sur l'arbre généalogique supposé créer l'empêchement canonique. Ingeburge, sans défenseur mais sur la défensive, ne peut suivre les discours, tout simplement parce qu'elle ne parle pas le français. Seule femme au milieu d'hommes, elle attend l'issue avec une profonde inquiétude, d'autant qu'on ne lui a pas expliqué la procédure[74]. Qu'il s'agisse d'une seconde audience ou non, ce qui est sûr, c'est qu'à cette période, Guillaume aux Blanches Mains promulgue définitivement le divorce.

Un interprète, sans doute son chapelain danois, lui traduit la sentence, et le désespoir et la colère submergent la princesse. En pleurant, elle leur crie en latin : « *Mala Francia ! Mala Francia ! Roma ! Roma*[75] *!* » En quelques mots jetés à la figure de ces hommes puissants et solidaires, elle, reine, elle, épouse, elle, femme, assène qu'elle va résister. Et pour cela, elle fait appel… au pape en personne.

Alors qu'Ingeburge est renvoyée à l'abbaye de Cysoing, vraisemblablement sans avoir revu le roi, ce dernier se satisfait pleinement de son nouveau statut de célibataire et se cherche une nouvelle épouse. Un chroniqueur anglais rapporte complaisamment les échecs de sa prospection.

Dès avant la libération de Richard Cœur de Lion, intervenue le 2 février 1194, et soucieux de se faire un allié d'Henri VI qui le retient captif, Philippe Auguste demande la main d'Agnès de Hohenstaufen, cousine germaine de l'empereur, fille d'Ermengarde

72. Celles publiées dans *RHF*. La correspondance conservée ou publiée est peut-être lacunaire ?

73. La chronologie est confuse. Il pourrait s'agir de la même assemblée que le 5 novembre 1193 relatée par André de Marchiennes et qu'il situe à Compiègne (André de Marchiennes, RHF 18, 556 E).

74. C'est la lettre de Célestin III à l'archevêque de Reims datée de mars 1195 qui donne ces éléments repris par la *Gesta Innocentii III* (§ 49, p. 20) ; *Deeds of Pope Innocent III*, p. 65 ; RHF 19, p. 340 B.

75. *Gesta Innocentii III*, § 49, p. 20 ; *Deeds of Pope Innocent III*, p. 65.

de Henneberg et du comte palatin du Rhin Conrad Ier[76]. Mais, à sa mère qui lui annonce l'heureuse destinée qui lui est promise, Agnès aurait déclaré : « Je connais l'ignominieuse conduite de ce monarque envers l'illustre sœur du roi de Danemark, et cet exemple m'épouvante[77]. » Elle se marie peu après avec le fils de Mathilde d'Angleterre et d'Henri le Lion, duc de Saxe.

Cette effervescence autour des projets matrimoniaux du roi ne permet pas longtemps le secret. Les Danois, révoltés par la répudiation de leur princesse sous un prétexte fallacieux, par sa situation précaire et par la hâte du roi à se chercher une autre épouse, ripostent avec vigueur. À l'automne 1194, preuve que pour le roi Knud VI l'affaire est prioritaire, il envoie à Rome son propre chancelier avec plusieurs lettres démontrant que la généalogie avancée par les Français est fausse et que la reine Ingeburge de Danemark et feu la reine Isabelle de Hainaut ne sont pas liées par une quelconque « affinité[78] ».

Très certainement dans le même temps, parce que cela ressemble à une action coordonnée[79], Ingeburge écrit aussi à Célestin III une lettre pathétique qui résume sa situation et sa condition :

> Enlevée de la maison de mon père, et emmenée en France, j'y fus d'abord, par le décret du Seigneur, élevée sur le trône. Mon bonheur ayant excité la jalousie du genre humain, me voilà jetée à terre comme une branche desséchée et inutile ; je suis dépourvue de tout réconfort et de tout conseil. Philippe, le roi de France, m'abandonne, sans avoir rien à me reprocher, si ce n'est des méchancetés fabriquées sur l'enclume du mensonge. Mais il faudrait que je vous dise le reste en audience, si je ne savais déjà que la rumeur s'en est répandue. Dans ma détresse, je me réfugie au pied du trône de toute miséricorde[80].

76. Conrad Ier, père d'Agnès et Frédéric Barberousse, lui-même père d'Henri VI, sont demi-frères, tous deux fils de Frédéric de Hohenstaufen. Roger de Hoveden affirme que Philippe Auguste voulait divorcer pour épouser cette cousine de l'empereur (Hoveden, *Annals*, t. 2, p. 304).

77. Traduction d'Hercule Géraud, *Ingeburge de Danemark...*, art. cit., 1re partie, p. 13 (Guillaume de Newburgh, t. 1, p. 385).

78. Torben Kjersgaard Nielsen, « Celestine III... », *op. cit.*, p. 170. Il est cohérent en effet que les démarches de Knud VI interviennent au moment de la connaissance des projets de remariage du roi, qui ne laissent pas d'espoir d'une régularisation de la situation d'Ingeburge.

79. La lettre d'Ingeburge est présentée dans RHF 19, p. 314 à l'année 1195, mais la pièce n'est pas datée.

80. Voir RHF 19, p. 314. Traduction fondée sur Hercule Géraud, *Ingeburge de Danemark...*, art. cit., 1re partie, p. 14.

L'image de la branche desséchée est remarquable et montre la tristesse de la situation d'une reine, jeune femme de vingt ans, dont le statut est de donner des héritiers à la Couronne, d'élever ses enfants dans ce but, et qui se voit reléguée sans position sociale ni perspective, et sans espoir de maternité.

Malgré les menaces, la coercition et même l'emprisonnement exercés sur les envoyés danois par des hommes à la solde du roi de France, le pape compatit et exige la tenue d'un concile en France « de tous les archevêques, évêques et abbés de tout le royaume », pour traiter de « la restauration du mariage du roi Philippe et de son épouse Ingeburge ». Rigord, pour une fois vindicatif contre son maître, nous apprend l'échec complet de cette manœuvre d'intimidation du Saint-Siège : « Parce qu'ils étaient devenus des chiens muets, incapables d'aboyer, craignant même pour leur peau, ils n'aboutirent à aucun résultat[81]. » Philippe Auguste n'est pas timide, et tous ceux qui s'opposent à lui craignent pour leur vie.

L'implication sincère du pape Célestin III pour « rénover la tendresse » de Philippe Auguste et d'Ingeburge se heurte à la raison vitale pour Philippe Auguste de refuser toute mise en présence de son épouse, inexpliquée pour ses proches comme pour les prélats, et rend ces démarches stériles[82].

Isolement d'Ingeburge, divorce annulé

Il est certain pourtant que le concile exigé par le pape a fait naître chez Ingeburge un très grand espoir. La nouvelle de l'impuissance des prélats à convaincre le roi de la rétablir dans ses droits d'épouse et de reine est une épreuve terrible, parce qu'elle ne semble pas devoir prendre fin. Grâce à deux lettres d'un vénérable abbé français établi au Danemark et acquis à sa cause, Guillaume du Paraclet, nous

81. Rigord, § 99, p. 323. Pour H. Géraud, ce colloque se tient en 1196 (Hercule Géraud, *Ingeburge de Danemark…*, art. cit., 1re partie, p. 18) ; pour G. Conklin en 1197 (George Conklin, « Ingeborg of Denmark… », *op. cit.*, p. 49).

82. Le pape écoute les envoyés du roi de Danemark fin 1194, leur confie pas moins de 16 lettres qui concernent l'affaire (Torben Kjersgaard Nielsen, « Celestine III… », *op. cit.*, p. 171), supplée à leur vol par Eudes III de Bourgogne en envoyant un médiateur, fixe un calendrier d'action dans l'unique but de rapprocher le roi de son épouse, qui s'achève par un concile de grande ampleur propre à faire céder le mari récalcitrant, mais qui échoue.

pouvons avoir une idée assez précise des sentiments qui animent la reine à cette époque[83]. Il soutient son courage, sa patience, son moral mais aussi son bon droit. Sans ambiguïté, il la nomme « glorieuse Reine de France ». Après avoir regretté de ne pas pouvoir lui parler en présence, il la rassure sur son appui indéfectible : « Celui qui connaît tous les secrets sait que nous avons diligemment embrassé votre honneur et votre gloire [...] vous qui soutenez vaillamment l'iniquité ennemie, non d'un cœur de femme, mais d'homme. »

Guillaume du Paraclet connaît l'adversité et l'injustice vécues par Ingeburge et il loue son courage tout en lui donnant un but dans la vie : « Ce sera votre gloire et un exemple pour tous ceux qui souffrent d'injustices. » Il conclut sur un message d'espérance : la reine ne doit pas s'écarter du droit chemin qu'elle a pris « car bientôt, comme nous l'espérons et le croyons sincèrement [...] ce que le Seigneur t'a donné en dot » ne sera pas réduit à néant. La reine est-elle alors tentée de s'écarter « du droit chemin » ? Par la désespérance et la dépression au lieu de « confier sa cause et son jugement à la grâce de Dieu » ? Il la met en garde de « ne prêter aucune attention aux menaces de ceux qui la haïssent et l'affligent ». C'est donc qu'il est informé des privations, des diffamations et peut-être des coercitions qui s'exercent à son égard. Cette lettre nous donne une triste évidence de la situation d'Ingeburge.

Inquiet de n'avoir pas de réponse, l'abbé bienveillant lui écrit une seconde lettre consolante et conclut en lui reprochant de n'avoir pas reçu de ses nouvelles alors même qu'il n'a pas craint de s'exposer contre le roi, « votre mari ». Il ne faut pas exclure que, sur ordre de Philippe Auguste, la correspondance sensible en provenance du Danemark soit interceptée ou que les lettres d'Ingeburge ne soient pas envoyées à leurs destinataires. Seules de rares lettres au pape nous sont connues à cette période.

Cependant, à la fin du printemps de 1195, le roi a d'autres lions à fouetter puisque la guerre se rallume avec Richard, suivie par une trêve en août. Une espérance matrimoniale du roi de France à cette période, crédible, est son union avec Jeanne d'Angleterre, que le roi

83. RHF 19, p. 315-316 (traductions partielles des lettres dans Régine Pernoud, Geneviève de Cant, *Isambour. La reine captive*, Paris, Éditions Stock, 1987, p. 66-67). Lettres de Guillaume du Paraclet présentées comme de 1195 mais qui pourraient aussi bien s'insérer dans la chronologie après le remariage du roi en 1196.

avait, semble-t-il, courtisée brièvement en Sicile et peut-être à Acre comme nous l'avons évoqué. Toujours est-il que son projet est un nouvel échec cuisant : « il ne l'obtint pas[84] ». Le chroniqueur rapporte encore que « plusieurs femmes nobles » déclinent les offres du roi, preuve de sa réputation exécrable et de la réprobation publique de son comportement avec ses épouses. Ni le pape Célestin III ni le roi Knud VI ne peuvent ignorer ces tentatives matrimoniales de Philippe Auguste, car enfin, en 1196, l'une d'elles semble en bonne voie. C'est, semble-t-il, à cette époque que le roi envoie à Rome deux évêques pour sonder l'avis du pape sur un remariage éventuel[85].

Très vraisemblablement au début de l'année 1196, le pape reçoit d'Ingeburge une seconde missive, ce qui montre qu'elle est tenue informée des évènements par l'évêque Étienne de Tournai et qu'elle a trouvé un messager pour le Saint-Siège. Dans sa lettre, elle dépeint ses tourments, les « injures » qu'elle subit : « Je ne cesse de pleurer »; « jetée du trône de gloire et prosternée sur le sol, je cherche un consolateur, et je n'en trouve pas ». « J'ai honte de ma misère », dit-elle encore. Nous voyons que la douleur de la reine est le fruit de sa peine quotidienne, de sa *fama* perdue et de l'impossibilité de vivre selon son rang[86]. Mais ce ne sont pas que des plaintes propres à attendrir le pontife. Ingeburge l'implore d'agir, de sévir envers le roi qui l'afflige, pour une réconciliation dont elle rendra grâce à Célestin. Son malheur est entier et, en effet, devant la menace d'un remariage du roi, seul le pape peut intervenir.

Célestin III, malgré son extrême vieillesse – il est nonagénaire –, se manifeste avec virulence. Non seulement il renvoie les ambassadeurs du roi avec ordre de lui défendre toute nouvelle union, mais, sans doute peu après, dans une très longue lettre du 13 mars 1196[87], il casse la sentence de divorce prononcée par l'archevêque de Reims, réfutant l'affinité supposée entre Isabelle de Hainaut et Ingeburge sur la base de la contre-argumentation de l'archevêque danois[88], et

84. Guillaume de Newburgh, t. 2, p. 459.

85. Hercule Géraud, *Ingeburge de Danemark...*, art. cit., 1re partie, p. 18; RHF 19, 356 C.

86. RHF 19, p. 321.

87. *Ibid.*, p. 339-340.

88. Marie-Bernadette Bruguière a établi les arbres généalogiques en question et nous renvoyons à son article (Marie-Bernadette Bruguière, « Le mariage de Philippe-Auguste... », *op. cit.*, p. 138-139). Elle a par ailleurs démontré qu'il existait bel et bien un empêchement canonique, mais nous ne sommes pas surpris qu'il n'ait pas

dénonce la façon dont elle a été traitée lors de l'assemblée conciliaire où son divorce a été prononcé alors qu'elle était sans défense, sans conseil et attaquée de toutes parts. Il rappelle le principe : « Ce que Dieu a uni, l'homme ne le séparera pas. » Mari et femme ont prêté serment et reçu la bénédiction sacerdotale. Il conclut en cassant la sentence de divorce prononcée « contre la loi » et exige que si le roi de France cherche à se remarier, le clergé français doit s'y opposer en vertu de l'autorité apostolique[89].

Peine perdue. Outre qu'il est exclu pour le roi de vivre avec sa femme, qu'il ne considère d'ailleurs plus comme telle, ses affaires sont bien avancées et, courant juin 1196[90], il épouse Agnès de Méranie. Preuve si besoin était que l'affinité entre la première et la seconde reine est un argument fallacieux pour la répudiation d'Ingeburge, la troisième – qui n'est pas considérée comme telle par l'Église –, Agnès de Méranie, est aussi une parente de Philippe Auguste, l'arrière-arrière-grand-mère paternelle de l'une étant la sœur de l'arrière-grand-père maternel de l'autre.

Agnès de Méranie, la superinducta

Mais qui est cette nouvelle reine choisie par Philippe Auguste? Agnès est la fille d'Agnès de Rochlitz, de la maison de Wettin, et de Berthold IV d'Andechs, duc de Méranie. Cette famille bavaroise puissante est vassale de l'empereur Henri VI, ce qui montre l'intérêt de Philippe Auguste pour une alliance vers l'Empire, déjà tentée sans succès précédemment, sans doute dans le but de contrebalancer l'influence toujours nuisible de Richard Cœur de Lion. Le mariage avec la fille d'un vassal de l'empereur reste toutefois une mésalliance criante. Inversement, le seul prestige d'une union avec le roi de France, et sans doute quelques cadeaux somptuaires, semblent avoir décidé les parents à confier leur fille à un mari si peu recommandable.

été produit par les légistes du roi de France puisqu'il fallait remonter au grand-père d'Anne de Kiev (épouse de Philippe Ier, arrière-grand-père de Philippe Auguste), Vladimir Ier de Kiev, mort en 1015, qui était aussi un aïeul d'Ingeburge de Danemark! (*Ibid.*, p. 140.)

89. RHF 19, p. 340 D.

90. Rigord, § 123, p. 341.

Les chroniqueurs, comme Rigord, se montrent d'ailleurs des plus discrets sur cette nouvelle union : « La même année et le même mois, le roi Philippe prit pour épouse Marie [?], fille du duc de Méranie et de Bohême, marquis d'Istrie[91]. » Malgré leur silence désapprobateur, ils nous livrent quelques indices, et il est fort probable que Philippe Auguste ait fait célébrer ses noces à Compiègne, bénies par son fidèle oncle Guillaume aux Blanches Mains. Il profite en effet de l'hommage que lui rendent alors le comte de Boulogne Renaud de Dammartin et le comte de Flandre Baudouin VI de Hainaut quelques jours auparavant[92], en présence de sa sœur Marie de France, comtesse de Champagne, de nombreux barons mais aussi des évêques d'Arras et de Thérouanne, et de l'évêque Étienne de Tournai[93]. Aucun acte ne mentionnera Agnès de son vivant[94]. Se voit-elle seulement attribuer un douaire ? Rien n'est moins sûr, dans la mesure où celui d'Ingeburge est aussi riche que bien établi, et ne rien donner à sa nouvelle épouse ne peut que satisfaire les intérêts avaricieux du roi.

Philippe Auguste s'est donc clairement assis sur les admonestations de Célestin III et l'annulation de son divorce. Pourtant, aux yeux de l'Église – qui ne nommera Agnès que *superinducta*, c'est-à-dire « la femme en plus » –, des Danois et bien sûr d'Ingeburge, le roi est désormais bigame, et les réactions ne tardent pas devant l'outrage.

Aussitôt la nouvelle du mariage connue, à l'été 1196, le roi Knud VI écrit à nouveau au pape sur « l'affaire de notre sœur, la reine de France », et se risque jusqu'à l'éventualité de déserter l'Église romaine, alors qu'il est un puissant soutien du Saint-Siège pour la conversion des États baltes, encore païens au XIIe siècle[95]. Il tente sincèrement de sauver la *fama* de sa sœur, sans succès. Ingeburge

91. Rigord, *ibid.* L'on s'interroge encore pour savoir pourquoi Agnès est appelée Marie par plusieurs chroniqueurs.

92. Guillaume le Breton, *La Vie de Philippe II*, p. 41 (Le mariage ne peut avoir lieu le 1er juin puisqu'il intervient « quelques jours après » l'hommage du comte Baudouin VI de Hainaut, qui se déroule en juin également).

93. LTC, t. 1, n° 448 ; Guillaume le Breton, *La Vie de Philippe II*, p. 41.

94. Nous avons soulevé ce point pour Constance de Castille également.

95. Sur ce sujet, voir Loïc Chollet, *Les Sarrasins du Nord. Une histoire de la croisade balte par la littérature (XIIe-XVe siècle)*, Neuchâtel, Éditions Alphil, Presses universitaires suisses, 2019, p. 63, 67, 70.

elle-même écrit au pape au cours de l'été 1196, et c'est un appel à l'aide désespéré :

> L'angoisse d'une douleur inattendue m'oblige à faire le récit de ma douleur à Votre Sainteté, dans le gémissement de mon cœur. Car il y a maintenant trois ans que le roi de France m'a épousée à l'âge nubile, et, comme l'exige l'ordre de la nature [m'a rendu le devoir conjugal]. Par la suite, cependant, séduit à l'instigation du diable et par la persuasion de princes malfaisants, il a fait venir [en surcharge][96] la fille du duc [de Méranie] et l'a gardée pour épouse; il a ordonné de *m'emprisonner* dans *un certain château*, où, ainsi proscrite, je n'ose ni ne peux lever les yeux au ciel. Il n'allègue en outre aucune filiation, aucune cause d'excès, pour lesquelles je devrais être séparée de lui; mais il fait de sa volonté un décret, de son obstination une loi, de son plaisir une fureur. Je suis désolée et ne peux que m'attrister, je mange le pain avec douleur, je bois dans les larmes, et pas seulement pour moi, mais aussi pour le roi, qui, dans le mépris de la vraie foi, donne aux chrétiens et à tout son royaume l'exemple d'une mauvaise conduite. Hélas! Il méprise les lettres de Votre Sainteté, il refuse d'écouter les ordres des cardinaux, il récuse les paroles des archevêques et des ambassadeurs, et il rejette les remontrances des religieux. Cependant je ne sais que dire et que faire, car je suis entourée d'innombrables difficultés. Aussi, à moins que votre miséricorde ne daigne avoir pitié de moi, je succomberai à la mort prochainement[97].

Cette lettre nous en apprend beaucoup. On peut penser qu'après les courriers de Knud VI, il s'agit d'une nouvelle action combinée par l'intermédiaire d'Étienne de Tournai. Elle montre qu'Ingeburge est bien informée des évènements, de la sentence du pape qui a cassé le divorce, de la réprobation de nombre de prélats. Elle connaît ses droits et, pour la première fois[98], écrit noir sur blanc que le mariage a été consommé, ce qui rend l'union avec Agnès illégale pour l'Église, et entraîne le scandale de la bigamie. Elle remet en cause elle aussi la question de l'affinité ou une quelconque faute

96. « Superinduxit », littéralement « en surcharge », en double, bref, « en trop »!

97. RHF 19, 356. Nous avons tenté dans cette traduction, qui s'appuie partiellement sur celle de Régine Pernoud et Geneviève de Cant (*Isambour…*, *op. cit.*, p. 77-78), de bien garder l'esprit du temps et la mesure du désarroi d'Ingeburge, et surtout de conserver les deux dernières phrases de la lettre, hautement révélatrices de son désespoir (curieusement omises dans la traduction citée).

98. Du moins selon la documentation conservée et connue.

de sa part, ce qui est une allusion et une riposte aux rumeurs diffamantes qui la concernent. Mais l'information capitale est qu'elle a été arrachée à l'abbaye de Cysoing, où l'on suppose qu'après trois années elle s'était créé quelques amitiés, pour être emprisonnée dans « un certain château », dans une « détention encore plus stricte[99] ». Pourquoi Ingeburge n'indique-t-elle pas au pape le lieu de sa nouvelle captivité ? L'ignore-t-elle ? C'est possible, nous ne le savons pas non plus. Ce qui est certain, c'est qu'elle y gagne si peu en confort et en soutien que son abattement devient dangereux.

Peu importe à Philippe Auguste qui, depuis le retour de Richard de captivité au printemps 1194, combat sur tous les fronts et subit des défaites militaires notables à Loches ou à Fréteval. Sa sœur Aelis le préoccupe bien davantage que son éphémère épouse, que nous quittons pour le moment.

99. Hoveden, *Annals*, t. 2, p. 508.

4

Fin de captivité et nouvelle vie pour Aelis de France

« Pour l'amour du comte Guillaume,
Sans égal en tous les royaumes,
Ai-je fait ce livre en français,
Et l'ai-je traduit de l'anglais. »

Marie de France[1]

La princesse Aelis de France, promise dans l'enfance à Richard Cœur de Lion, prisonnière en Angleterre à quatorze ans, abusée par le roi Henri II, finalement rejetée par « l'indésirable fiancé » et retenue captive deux décennies par les Plantagenêts, illustre ces étonnantes et poignantes destinées à une époque brutale. Sa vie en Angleterre, que nous ne pouvons qu'entrevoir en raison de la pauvreté des sources, mais sur laquelle il nous faut faire un rapide retour, nous devient cependant étrangement familière à la lecture de la poétesse Marie de France.

1. Marie de France, *Fables*, trad. Françoise Morvan, Arles, Actes Sud, 2008, 2010, p. 235.

La vie d'Aelis en Angleterre et la poétesse Marie de France

Reléguée avec ses compagnes d'infortune dans la forteresse de Devizes en 1174 au moment de la grande révolte, Aelis, en 1183, est « en détention » à Winchester, dans le Hampshire, « depuis longtemps[2] », sans que l'on puisse préciser le moment où elle a quitté le « château des confins ». Il est certain que les conditions de confort, voire de luxe, du palais de Winchester améliorent son quotidien, ce que pourraient montrer des dépenses en faveur d'Aelis à cette époque, encore qu'elle ne soit nommée que « la fille du roi de France ». Vers 1185-1186, sans doute en hiver, elle reçoit quatre aunes et demie d'écarlate noire, une zibeline, une pelisse, une couverture et soixante aunes de fil de lin ; l'année suivante un nouveau manteau de cuir gris et des vêtements[3], en même temps que « la fille du comte de Gloucester », Isabelle, fiancée de Jean sans Terre, également dans la *custodia*, c'est-à-dire la garde, de son beau-père présomptif, et qui est peut-être une compagne malheureuse de la princesse[4].

Quoi qu'il en soit, Winchester est préférable à Devizes. C'est l'une des places de gouvernement importantes – le trésor royal y est gardé – et la cour s'y installe fréquemment lors des séjours insulaires du roi, notamment pour les plaisirs de la chasse[5]. Henri II y a entrepris d'importants travaux et se plaît – selon Giraud de Barri – à commenter à ses invités une fresque de son palais « représentant un aigle royal déchiré par ses quatre aiglons, en allégorie aux luttes intestines chroniques que ses fils n'ont eu de cesse de mener contre lui[6] ». Aelis subit peut-être quotidiennement ce tableau des Plantagenêts, dont son triste sort est une extension. On peut penser qu'en raison de la fréquence de ses séjours à Winchester, stratégiquement placé sur la route de Londres non loin du port de Southampton, Henri II souhaite avoir Aelis à sa libre disposition. D'après son itinéraire, en

2. *Gesta Regis*, t. 1, p. 306.
3. PR, Henri II, vol. 36, p. 197-198 ; vol. 37, p. 15, 40.
4. Le lien est également mis en exergue par Sally Spong, « Isabella of Gloucester... », 2023, *op. cit.*, p. 184, n. 19.
5. Amaury Chauou, *Les Plantagenêts et leur cour...*, *op. cit.*, p. 79, 82, 93.
6. *Ibid.*, p. 180.

effet[7], nous voyons le roi d'Angleterre résider dans cette cité à une dizaine de reprises au moins à partir de 1180[8].

À cette époque, le roi semble toujours vigoureux, toujours en mouvement, mais déjà vieillissant. Pierre de Blois le décrit de taille moyenne, avec un visage anguleux, les cheveux roux mais grisonnants et clairsemés, ce qu'il tente de dissimuler. S'il se préoccupe de son chef, il ne prend pas soin de ses mains, « caleuses », car le roi ne porte des gants que lorsqu'il chasse au faucon[9]. Giraud de Barri nous offre un autre regard, plus critique : « [Il a] un teint rougeâtre, plutôt foncé, une grosse tête ronde. Ses yeux [sont] gris, injectés de sang et [brillent] de colère. Il [a] une figure fougueuse, sa voix [est] tremblante [ou tremblotante ?] et son cou un peu penché en avant ; mais sa poitrine [est] large et ses bras [sont] musclés. Son corps [est] charnu et il [a] une énorme panse, plutôt par la faute de la nature que par une alimentation grossière[10]. »

Dans ces années où Aelis est captive dans le Hampshire, elle est âgée de vingt-cinq ans et Henri Plantagenêt a trois décades de plus qu'elle. Ce n'est donc pas une maîtresse consentante, mais une otage, victime d'un abus.

Il n'est pas impossible, en revanche, que le roi se soit attaché à sa belle-fille présomptive, qui pourrait avoir eu la beauté des princesses prisonnières des lais de la poétesse Marie de France que nous évoquerons bientôt, c'est-à-dire un corps harmonieux, des hanches bien dessinées, un cou « plus blanc que la neige », des yeux qui brillent dans un visage clair, où se détachent une belle bouche, un nez parfait, des sourcils bruns, un beau front et des cheveux bouclés et très blonds[11]. Dans cet exil sans fin, que pouvait faire Aelis ? Elle lisait, sans doute. Elle écrivait, peut-être...

---

7. D'après Eyton, *Itinerary*. Nicholas Vincent remarque qu'il faut prendre l'« Itinéraire » avec précaution (Nicholas Vincent, « The Court of Henry II », *Henry II, New Interpretations*, éd. Christopher Harper-Hill et Nicolas Vincent, Woodbridge, The Boydell Press, 2007, p. 280).

8. À partir de 1177 : 10 séjours à Marlborough, Amesbury et Melkesham, 12 séjours à Winchester.

9. Amaury Chauou, *Les Plantagenêts et leur cour...*, *op. cit.*, p. 69.

10. Giraud de Barri, *Expugnatio Hibernica*, p. 45 ; Pierre de Blois corrobore la musculature et l'obésité d'Henri II (voir Amaury Chauou, *Les Plantagenêts et leur cour...*, *op. cit.*, p. 70).

11. *Lais de Marie de France*, éd. Karl Warnke, trad. Laurence Harf-Lancner, Paris, Le Livre de poche, coll. « Lettres gothiques » dirigée par Michel Zink, 1990, p. 163.

Marie de France, à l'identité discutée mais qui est contemporaine d'Aelis, « tient sa place parmi les auteurs de son temps ». Elle est l'autrice d'un ensemble de lais qui peuvent nous faire comprendre la vie de la princesse sous l'emprise des Plantagenêts tant il est vrai que sa poésie entre en résonance profonde avec la vie d'Aelis et les faits attestés ou spéculés que l'on connaît d'elle. Ses héros, aventures et décors forment comme un miroir où la captive « de France » pourrait se livrer par procuration.

Dans *Guiguemar*, un vieillard a épousé « une dame de haut rang, noble, courtoise, belle et sage » qu'il a enfermée dans une chambre « la plus belle qu'on puisse imaginer », avec des peintures représentant Vénus[12]. Le thème de la prison dorée et du mari aussi âgé que jaloux apparaît également dans *Yonec*, avec des précisions troublantes : il y a d'autres femmes isolées dans d'autres pièces, à qui la jeune épouse ne peut parler sans l'autorisation d'une gardienne revêche; elle demeure prisonnière plus de sept ans « sans sortir du donjon[13] »; elle évoque le viol conjugal et la dépression. La recluse néglige sa beauté et souhaite mourir rapidement[14]. Cette tragique situation n'est pas sans rappeler les années d'Aelis dans la forteresse de Devizes et ne serait pas reniée par la reine Ingeburge de Danemark.

Dans *Lanval*, la reine qui ne sait pas que le jeune homme dont elle est éprise a déjà une maîtresse, voyant ses avances éconduites, le soupçonne d'homosexualité : « Je crois bien que vous ne goûtez pas ce genre de plaisir. [...] Vous préférez prendre votre plaisir avec de beaux jeunes gens[15] ! » Outre qu'il est intéressant de souligner que l'homosexualité, bien que réprouvée, est décrite sans ambiguïté et avec simplicité dans ce lai du XIIe siècle comme un fait nullement inhabituel, le soupçon qui pèse sur Richard y fait écho. Dans *Les Deux Amants*, un père refuse obstinément de marier sa fille parce que, veuf, elle est son seul réconfort, et il passe « ses jours et ses nuits auprès d'elle, car elle le consolait de la perte de la reine ». Il

12. *Lais de Marie de France, op. cit.*, p. 37, 39.

13. Une autre spéculation sur les périodes où Henri II a vu sa captive peut être proposée, qui corroborerait l'emprisonnement de sept ans à Devizes : il est présent à Marlborough dans le Whilshire en septembre 1181 (sept ans après l'arrivée d'Aelis dans ce comté), puis se trouve à Woodstock dans le courant du dernier trimestre, où il aurait pu se faire accompagner (Eyton, *Itinerary*).

14. *Lais de Marie de France..., op. cit.*, p. 183, 185.

15. *Ibid.*, p. 149.

est question ici d'un inceste, de notoriété publique, qui est d'ailleurs critiqué par « bien des gens », et « même les siens ». La jeune fille reste ainsi « longtemps sans prétendant, car plus personne ne voulait demander sa main[16] ».

Ces vers font sens avec le lien incestueux propagé par la rumeur et les chroniqueurs, le refus « inexplicable » d'Henri II d'un mariage d'Aelis, et la détresse de la princesse concernant sa *fama* et son avenir. On trouve encore le thème de l'enfant du déshonneur et que l'on doit cacher[17], qui évoque le fils qu'elle aurait eu du roi.

Enfin, dans *Eliduc*, malgré un épilogue heureux et bien optimiste, la duplicité du mari qui a caché son union à son amante est dénoncée[18], ce qui nous amène à l'amère révélation du mariage de Richard avec Bérengère de Navarre[19].

Si Aelis n'a pas écrit ces lais, reconnaissons au moins que leur lecture, s'ils sont parvenus entre ses mains, ne peut que la toucher profondément[20].

16. *Lais de Marie de France*, *op. cit.*, p. 169, 171.

17. *Le Frêne*, *Milon* (*ibid.*, p. 93, 223).

18. *Ibid.*, p. 311.

19. Ajoutons à cet inventaire un détail pratique : la traversée du fils de Milon et de son amante s'effectue du port de Southampton à celui de Barfleur, en Normandie, itinéraire bien souvent emprunté par Henri II, et qu'Aelis a connu elle-même en 1174 pour se rendre en Angleterre (*ibid.*, p. 237).

20. Une « intuition » audacieuse et séduisante de Philippe Delorme, développée dans sa biographie d'Aliénor d'Aquitaine, envisage qu'Aelis ait été Marie de France (Philippe Delorme, *Aliénor d'Aquitaine*, Paris, Pygmalion, 2001, p. 179-182). Dans les indices qui pourraient corroborer cette hypothèse, on peut évoquer le prénom de son unique enfant, une fille prénommée Marie (*ibid.*, p. 181). Elle dédicace ses *Lais* dans son *Prologue* à un « noble roi », « si preux et courtois ». L'historiographie a attribué cette dédicace à Henri II, ce qui ne serait pas imaginable dans le cas d'Aelis, qui, au contraire, défendue constamment par son père Louis VII puis par son frère Philippe Auguste, aurait pu dédier ses œuvres à l'un ou l'autre. Les *Fables* de Marie de France, écrites « pour l'amour du comte Guillaume, le plus vaillant de ce royaume », seraient dédiées à son époux, Guillaume de Ponthieu, qui a si vaillamment défendu Philippe Auguste à Bouvines.

Risquons une autre hypothèse sur l'identité disputée de longue date avec érudition : la fille d'Aelis, Marie de Ponthieu, pourrait-elle avoir recueilli les écrits de sa mère et les avoir publiés semi-anonymement en y ajoutant les dédicaces, ce qui expliquerait celle à Philippe Auguste, voire à Louis VIII (plutôt qu'à Henri II) et celle à son père Guillaume de Ponthieu ? L'affirmation « Écoutez donc, seigneurs, les récits de Marie, qui tient sa place parmi les auteurs de son temps » ne serait pas une affirmation de soi immodeste mais un hommage à sa mère. La précision de Marie « si sui de France » serait indicative du lieu de naissance mais aussi du statut de princesse de l'autrice. En effet, si la première occurrence écrite d'une fille « de

Libération d'Aelis et mariage hypogamique avec « un petit chevalier »

Cependant, et fort heureusement, les épreuves de la princesse vont bientôt prendre fin. Richard Cœur de Lion est libéré par l'empereur Henri VI en février 1194. Il doit sa délivrance à l'énorme rançon réunie par sa mère Aliénor d'Aquitaine, qui s'est dépensée sans compter pour faire ponctionner leurs sujets d'Angleterre et du continent. Malgré une active propagande par des chansonnettes propres à glorifier les exploits du croisé injustement prisonnier[21], cette imposition, on s'en doute, est extrêmement impopulaire[22].

Entre-temps, Philippe Auguste mène de nouvelles attaques en Normandie et prend Évreux. Mais Richard, après son couronnement sans son épouse Bérengère en avril 1194, met fin à la partie que jouent contre lui Jean sans Terre et le roi de France. « Le diable est lâché », écrit Philippe Auguste à son comparse, bientôt retourné dans le giron de son frère[23]. Et les guerres reprennent. Début juillet, à Fréteval en Touraine où le conflit s'est décalé, il s'en faut de peu que Philippe Auguste ne tombe entre les mains de son ennemi, réchappant ainsi à une mort certaine. Puis, dans la première quinzaine d'août 1195, une trêve est signée alors que les souverains sont alarmés par la défaite du roi Alphonse VIII de Castille à Alarcos face au calife almohade Abu Yusuf Yaqub [24].

Dans le traité d'août 1195[25] entre Philippe Auguste et Richard, la première clause est que, pour sceller la paix, Louis – futur Louis VIII –, héritier du trône de France, épousera la sœur du duc Arthur de Bretagne – fils de Constance de Bretagne et de Geoffroy Plantagenêt. Il s'agit donc de la nièce de Richard ; elle est prénommée

---

France » pour les princesses n'apparaît que vers 1280, il n'est pas impossible qu'elle soit issue d'une tradition orale bien antérieure (voir Anne-Hélène Allirot, *Filles de roy de France, princesses royales, mémoire de saint Louis et conscience dynastique (de 1270 à la fin du XIVe siècle)*, Turnhout, Brepols, 2010, p. 67-68).

21. Voir Martin Aurell, *L'Empire…*, *op. cit.*, p. 98.

22. Jean Flori, *Richard…*, *op. cit.*, p. 201.

23. Hoveden, *Chronica*, t. 3, p. 216 (« quia diabolus jam solutus erat »).

24. Voir Pascal Buresi, « L'apogée almohade : la bataille d'Alarcos et son contexte historique », *Averroès et l'averroïsme : un itinéraire historique du Haut Atlas à Paris et à Padoue* [en ligne], Lyon, Presses universitaires de Lyon, 2005.

25. Voir Lionel Landon, *The Itinerary of King Richard…*, *op. cit.*, p. 103.

Aliénor, comme sa grand-mère, et recevra en dot Gisors, Neaufles, Baudemont, le Vexin normand ainsi que Vernon et 20000 marcs d'argent. Philippe Auguste, lui, renonce aux comtés d'Aumale, d'Eu et au château d'Arches. La libération d'Aelis n'arrive qu'en dernier « alinéa » de l'accord[26]... Quelles que soient les intentions de ces conventions de l'été 1195 entre les rois de France et d'Angleterre, c'est une fois de plus un jeu de dupes. Il n'y a aucune chance que Richard consente à soustraire définitivement le Vexin normand des domaines Plantagenêts et Philippe Auguste n'attend que la libération effective de sa sœur Aelis pour reprendre les hostilités. Elle lui est enfin « rendue » courant août, après vingt-deux années de détention, et son frère la rencontre pour la première fois. Aucun chroniqueur malheureusement ne raconte ces retrouvailles. Le silence ici peut cacher la gêne des contemporains sur des faits qui concernent une princesse au passé dérangeant.

Sa dernière apparition dans les textes est ainsi pour signaler son mariage immédiat avec le comte Guillaume de Ponthieu. À partir de ce moment, Aelis de France sort définitivement des livres d'histoire, qu'ils soient d'hier ou d'aujourd'hui. Pourtant, à trente-cinq ans, une nouvelle vie commence pour cette princesse capétienne.

Le choix du comte Guillaume de Ponthieu pour époux d'Aelis ne doit rien au hasard. Son grand-père, Guy II de Ponthieu, a accompagné Louis VII et Aliénor d'Aquitaine lors de la deuxième croisade mais il est mort en route de maladie – à Éphèse, en 1147 – et reste regretté pour ses exploits militaires[27]. Le père de Guillaume de Ponthieu, Jean de Ponthieu, accompagne Philippe Auguste en 1190. Nous l'avons rencontré comme garant du roi pour le traité de Messine en 1191. Les termes de l'accord sont loin d'être anodins pour Jean et laissent penser que le comte et Philippe Auguste sont proches : « Pour l'observation réciproque des conventions arrêtées entre nous, nous donnons au roi d'Angleterre, comme otage et caution, le comte de Ponthieu avec tout son fief[28]. » Mais Jean n'est pas plus chanceux que son père puisqu'il est emporté par l'épidémie, peut-être de dysenterie, de scorbut ou de « léonardie », qui ravage le

26. Hoveden, *Annals*, t. 2, p. 371 ; Jean Flori, *Richard..., op. cit.*, p. 218.

27. Du Cange, *Histoire des comtes de Ponthieu et de Montreuil*, éd. A. Le Sueur, Abbeville, 1916, p. 103 ; François César Louandre, *Histoire d'Abbeville et du comté de Ponthieu*, Paris, 1844, t. 1, p. 136 ; Guillaume de Tyr, t. 2, p. 504.

28. B. Zeller et A. Luchaire, *Philippe Auguste et Louis VIII*, 1884, p. 31-32.

camp lors du siège d'Acre en 1191, à laquelle échappe de justesse le roi de France – nous l'avons vu. Ses ossements sont rapportés en Picardie et inhumés « avec plusieurs autres » dans l'oratoire de la chapelle Saint-Nicolas dont il a été bienfaiteur[29]. Ainsi, depuis deux générations, les comtes de Ponthieu sont des fidèles de la Couronne et le comté, stratégiquement situé entre la Normandie et l'Artois, est regardé avec attention par les deux royautés, française et anglaise.

Guillaume de Ponthieu est donc retenu comme mari de substitution d'Aelis sur des arguments tout à fait rationnels, à quoi s'ajoute la reconnaissance du roi pour ses vassaux morts auprès de leurs souverains lors des croisades. Fait peu remarqué, la différence d'âge entre Aelis et le comte de Ponthieu est importante. En août 1195, Aelis, née en octobre 1160, a presque trente-cinq ans, tandis que Guillaume de Ponthieu, issu du deuxième ou troisième mariage de son père Jean de Ponthieu, est né après 1178[30]. Il est probable qu'au moment du mariage avec Aelis, Guillaume de Ponthieu n'ait pas plus de seize ans. Mais ce qui saute aux yeux, c'est l'hypogamie du mariage de la princesse. Toutes ses sœurs ont épousé des rois ou des barons de première importance : les deux aînées, filles d'Aliénor, ont été mariées aux puissants comtes de Champagne et de Blois ; sa sœur Marguerite à Henri le Jeune, héritier de la couronne d'Angleterre, puis au roi de Hongrie Béla III ; Agnès, fille d'Adèle de Champagne, est devenue impératrice de Constantinople. Elle-même a été promise à Richard, alors duc d'Aquitaine, puis sacré roi d'Angleterre. Il est incontestable que Philippe Auguste, compte tenu de sa *fama* entachée, n'est pas en mesure d'unir sa sœur à un prince ou même un grand vassal, et se rabat sur un « petit chevalier[31] ». Le roi a donc agi vite, au mieux des circonstances, que ses intérêts orientent d'ailleurs vers la Normandie.

Qu'en pense Guillaume de Ponthieu ? Il est plus que vraisemblable qu'il est informé du « déshonneur » d'Aelis puisque des chevaliers picards ont accompagné son père Jean à Messine, que ce dernier a été impliqué dans les tractations entre les deux rois et que la révélation quasi publique des relations d'Henri II avec la sœur du roi par Richard lui-même a dû faire le tour du camp. Mais il n'en

29. Du Cange, *Histoire des comtes de Ponthieu…*, *op. cit.*, p. 112.

30. Ce que nous savons par un traité de cette année-là qui unit sa sœur Adèle à Renaud de Saint-Valery et dont les termes prouvent qu'elle est alors la seule enfant du comte (Du Cange, *Histoire des comtes de Ponthieu…*, *op. cit.*, p. 115-117).

31. Selon l'expression de Régine Pernoud (*Aliénor…*, *op. cit.*, p. 190).

reste pas moins que si pour l'épouse l'union est hypogamique, elle devient logiquement hypergamique pour le conjoint. En effet, il est marié à une fille de roi, et surtout, désormais, une sœur de roi avec qui les liens du sang peuvent conférer richesse et territoires. La mère de Guillaume de Ponthieu, Béatrice de Saint-Pol, a certainement donné son accord à l'union, et peut-être le jeune comte a-t-il accueilli Aelis à Abbeville « en grande pompe[32] ».

Le Ménestrel de Reims, qui romance l'histoire quelque soixante-dix ans plus tard pour divertir son public – et qui se trompe de fiancé au passage, en remplaçant Richard par son frère Henri le Jeune – dit que « le déloyal roi Henri » la séduit et la connaît « charnellement ». Le fiancé, lorsqu'il l'apprend, la renvoie « en deçà de la mer » et c'est là qu'elle débarque en Ponthieu, sans oser se montrer à son frère Philippe Auguste en raison de son « méfait ». Cela ne rebute pas le jeune comte de Ponthieu qui « n'oublie pas la poire au feu » – expression qui traduit sans doute son impatience – et dit au roi : « Sire, si cela vous plaît, je prendrai volontiers votre sœur comme femme et elle sera comtesse de Ponthieu. » Le souverain jure : « Par la lance de Saint-Jacques, je veux bien que vous la preniez. » C'est ensuite un conte de fées : le comte l'épouse, la dame est « bonne et sage » et ils « s'aimèrent et eurent une belle fille »[33].

La réalité est évidemment moins souriante. Le traité de mariage d'Aelis de France et de Guillaume de Ponthieu est signé à Mantes le 20 août 1195[34] et stipule que Guillaume lui alloue comme

32. Du Cange, *Histoire des comtes de Ponthieu…*, *op. cit.*, p. 120, n. 2.

33. Ménestrel de Reims, § 19 à 21, p. 10-11. L'historien des comtes de Ponthieu et des maires d'Abbeville a lui aussi brodé sur cet accueil enthousiaste de la princesse : « Cette illustre Princesse quitta la Cour d'Angleterre, et s'en revint en France. Elle passa à son retour par Abbeville, où elle fut si favorablement reçue du Comte Guillaume, qui demeurait en sa Ville capitale du Ponthieu, et par tous les Habitants de la même Ville d'Abbeville (qui allèrent au-devant d'elle, et lui firent tous les honneurs qu'on doit à une fille et sœur de Roy) que la joie qu'elle en reçut essuya une bonne partie des ennuis et des afflictions qu'elle avait endurés en Angleterre : de sorte qu'elle partit d'Abbeville fort satisfaite, accompagnée de quantité de Seigneurs et Dames du pays qui étaient venus la visiter, qui la conduisirent où était le Roy Philippe Auguste son frère, auquel elle raconta le magnifique accueil que lui avait fait le Comte de Ponthieu. Le Roy [fut si enchanté] de cette honorable réception, que sachant qu'il était à marier, qu'il était vertueux et généreux, et qu'il possédait de grands biens, il se résolut de lui donner sa sœur Alix en mariage […]. » (*L'Histoire généalogique des comtes de Ponthieu et maires d'Abbeville, de 1183 à 1657*, par le R. P. Ignace-Joseph de Jésus-Maria, Paris, 1657, p. 95-96).

34. Rigord, § 112, p. 333.

douaire les villes de Rue et de Doullens, avec leurs dépendances[35], tandis que la dot d'Aelis est constituée du comté d'Eu et du château d'Arches, que Philippe Auguste vient pourtant de s'engager à rendre à Richard par traité… Certes, le roi a mis la main sur ce fief, d'ailleurs concédé par le traité de Messine, mais sa présence et sa légitimité y restent des plus fragiles. Pour cette raison, il se réserve la possibilité de racheter ces places au couple dans les trois mois pour 5 000 marcs d'argent « au poids de Troyes ».

De fait, les hostilités reprennent à peine le mariage célébré. C'est sans doute Guillaume de Ponthieu qui attaque et ravage Dieppe en novembre 1195. Des revers du roi de France l'amènent à traiter en janvier 1196 près de Louviers, et Richard récupère un grand nombre de places, notamment le comté d'Eu et Arches[36], ce qui entraîne une nouvelle convention passée à Saint-Riquier, dans la Somme, en juin 1196, lors de laquelle le comte de Ponthieu s'exprime ainsi :

> Moi, comte de Ponthieu, je fais savoir que Philippe, par la grâce de Dieu, roi de France, m'a donné pour femme sa sœur [Aelis], fille de Louis, roi de France ; *et il m'a donné avec elle* tout ce qu'il possédait à Villers, à Rue, et tout ce qu'il possédait à Saint-Valery […] et tout ce qu'il possédait à Abbeville et à Saint-Riquier […], avec cette réserve que si ma femme [Aelis] venait à mourir sans héritiers (et que Dieu me fasse la grâce qu'il n'en soit pas ainsi !), toutes les choses susdites, qui font la dot d'[Aelis], retourneront librement et paisiblement au roi de France[37].

L'historien qui souligne que les princesses sont traitées « comme des objets de valeur, voire des biens fonciers[38] », trouve ici une illustration à son jugement. L'expression – fort courante – « et il m'a donné avec elle tout ce qu'il possédait, etc. » fait d'Aelis un bien meuble. Mais Guillaume de Ponthieu, spolié de ses espérances sur le comté d'Eu, participe à l'attaque du comté d'Aumale, que Richard

35. *Recueil Ph. Aug. 1*, n° 508.

36. John Gillingham, *Richard…, op. cit.*, p. 346 ; Clément de Vasselot de Régné, *Le « Parentat » Lusignan (Xe-XIVe siècles) : structures, parenté vécue, solidarités et pouvoir d'un lignage arborescent*, thèse de doctorat, dir. John Tolan, Martin Aurell, Université de Nantes, 2018, p. 94.

37. LTC, t. 1, n° 451, p. 189 (trad. François César Louandre, *Histoire d'Abbeville…, op. cit.*, t. 1, p. 147 n. 1) ; Clovis Brunel, *Actes des comtes de Ponthieu*, n° 141, p. 211-213 (27, 32, 34).

38. Philippe Delorme, *Aliénor…, op. cit.*, p. 183.

ne parvient pas à reprendre[39]. Les rancœurs sont bien réelles entre les deux hommes, et la sauvagerie des représailles peut laisser penser qu'Aelis est encore au centre des vengeances[40].

Mais ce qui est important, c'est qu'elle est libre, comtesse, et que son statut de « fille de roi de France » lui est reconnu, ce que laissent voir les chartes de son époux qui l'associe largement non seulement à celles qui concernent son douaire, mais aussi à certaines donations relatives aux communes[41]. Après vingt ans de captivité, Aelis de France prend un nouveau départ.

---

39. John Gillingham, *Richard…, op. cit.*, p. 347.

40. À une agression du roi de France à l'automne 1198 en Normandie, Richard choisit d'expédier à Abbeville, lieu de résidence du comte et de la nouvelle comtesse de Ponthieu, son plus efficace et plus fidèle mercenaire, Mercadier, et sa redoutable bande de routiers, dont la réputation terrorise les populations avant même son arrivée (Hercule Géraud, « Mercadier. Les routiers au treizième siècle », *Bibliothèque de l'École des Chartes*, 1842, t. 3, p. 422-423 ; Georges Minois, *Richard…, op. cit.*, p. 204). Il ravage la ville où se tient alors une foire, pille et tue les marchands français, en emporte suffisamment en butin pour les échanger contre des rançons (John Gillingham, *Richard…, op. cit.*, p. 363 ; Jean Flori, *Richard…, op. cit.*, p. 228).

41. *Cart. Ponthieu*, 1897, XXXII, p. 52 ; XLVIII, p. 72.

TROISIÈME PARTIE

Heurs et malheurs jusqu'à Bouvines (1195-1214)

1

Des vies de princesse…

« *Tamquam prodigium factus sum multis*
Je fus comme un prodige pour beaucoup »

Psaume 70, verset 7[1]

Tant de princesses, tant de destinées exceptionnelles dignes d'une épopée ont jalonné le Moyen Âge. Mais la trame romanesque de leur vie cache bien des épreuves et des deuils. Parfois, elles résistent à la brutalité et à la fatalité des souffrances de ces temps, à l'ordre patriarcal autoritaire, parfois elles y succombent. Toutes méritent d'être connues mais c'est avec celles que nous avons déjà rencontrées que nous allons poursuivre notre route. Et tandis qu'Aelis est à l'aube d'une nouvelle vie, d'autres sœurs du roi de France atteignent leur crépuscule…

Marguerite et Marie de France, liées jusqu'à la mort

Nous avions quitté Marguerite de France, veuve d'Henri le Jeune, alors qu'elle rejoignait la Hongrie pour épouser le roi Béla III

1. Verset cité par Jean-Marc Bienvenu en conclusion de son article sur « Aliénor et Fontevraud », qu'il traduit par « J'ai été un sujet d'étonnement pour beaucoup » (in *Cahiers de civilisation médiévale*, n° 113-114, 1986, p. 27).

en 1186. Elle y est bien accueillie, et Béla fait même construire en son honneur un nouveau palais royal[2]. Elle reçoit de l'argenterie, des étoffes de soie, des chevaux[3]. De près ou de loin, la princesse suit les offensives de son mari, en Galicie ou en Serbie.

Mais ce n'est qu'en 1189 que son rôle politique se manifeste publiquement. Lors du passage en Hongrie de Frédéric Barberousse, elle organise son accueil, et met à sa disposition « une magnifique maison de toile couverte de tissu écarlate et d'un tapis aussi long et large que l'habitation elle-même[4] ». Surtout, elle demande à l'empereur d'intercéder auprès de Béla pour qu'il libère son frère rival, emprisonné depuis quinze ans. Non seulement le roi de Hongrie sort l'infortuné de ses geôles, mais en plus il lui donne des troupes pour accompagner et guider Frédéric sur le chemin de la Syrie. C'est un double succès diplomatique pour Marguerite[5], dont la connaissance des ambiances fratricides n'est plus à démontrer.

Elle a certainement une influence sur la politique religieuse de son époux, qui fait venir des moines de France pour les établir dans les monastères cisterciens qu'il fonde vers 1190[6]. Le couple s'investit également dans le culte du martyr Thomas Becket, que Marguerite a bien des raisons d'honorer. Artisan de son premier mariage, maître et ami d'Henri le Jeune, protégé par son père Louis VII dans sa querelle contre Henri II, c'est par son intercession – selon la croyance – que son frère Philippe est sauvé lors de sa grave maladie en 1179. Le couple royal fait ainsi construire une église au nom du saint à Esztergom[7]. Par son patronage, Marguerite garde un lien avec sa vie passée, avec le souvenir de son premier mari, avec la France. Peut-être malade, le roi Béla III semble envisager une croisade. Il meurt le 23 avril 1196 sans l'avoir entreprise et son fils aîné lui succède[8].

À trente-huit ans, Marguerite, elle, se trouve veuve à nouveau. Désire-t-elle réaliser le vœu de pèlerinage qu'Henri le Jeune, Béla ou qu'elle-même n'ont pu accomplir ? Veut-elle secourir les

2. Colette Bowie, *The Daughters of Henry II…*, *op. cit.*, p. 168.
3. Gyula Kristo, *Histoire de la Hongrie médiévale*, t. 1 : *Le Temps des Arpads*, Presses universitaires de Rennes, 2000, p. 86.
4. Cité par Márta Pellérdi, « Margaret of France… », *op. cit.*, p. 155.
5. *Ibid.*, p. 155-156.
6. Gyula Kristo, *Histoire de la Hongrie…*, *op. cit.*, p. 84-85.
7. Colette Bowie, *The Daughters of Henry II…*, *op. cit.*, p. 168.
8. Gyula Kristo, *Histoire de la Hongrie…*, *op. cit.*, p. 86-87.

chrétiens d'Outremer? Elle écrit en tout cas le deuil qui la touche et sa volonté de finir sa vie en Terre sainte à Marie, comtesse de Champagne. Cette sœur affectionnée lui dépêche aussitôt en Hongrie l'un de ses familiers pour remettre une lettre de consolation à Marguerite qu'elle appelle *carissima soror mea*[9]. Elle en profite sûrement pour joindre un message à l'intention de son fils Henri II de Champagne, devenu roi de Jérusalem dans les faits, sinon en titre. Marguerite, cependant, loin de céder au chagrin, met en ordre ses affaires en vendant son douaire pour un « grand avoir » à son beau-fils André, frère du nouveau roi de Hongrie. Elle prend la croix et met sur pied une « belle compagnie de chevaliers » et de sergents qu'elle mène elle-même, révélant sa richesse, son assurance et son courage[10]. Elle quitte sa deuxième patrie au printemps de 1197, peut-être pour fuir la querelle de pouvoir entre ses deux beaux-fils, par un itinéraire qui nous est inconnu mais qui fait la jonction à un moment donné avec celui des Allemands lancés en croisade par l'empereur Henri VI, et qui ont embarqué dans les Pouilles. Peut-être les rejoint-elle à Bari ou Messine, peut-être en Crète, peut-être à Chypre.

Elle débarque à Tyr dans la chaleur du mois d'août, au nord d'Acre, où son neveu Henri II de Champagne, prévenu de son arrivée, l'accueille avec tous les honneurs[11]. Dans une autre vie, en France, il aurait dû épouser à son retour de croisade la fille du comte de Namur, encore dans l'enfance à son départ[12]. Mais il a choisi une destinée orientale, peut-être en raison des conflits pressentis avec Philippe Auguste[13]. Refusant de prendre le titre de roi tant qu'il n'a pas reconquis la Ville sainte[14], il a cependant épousé en mai 1192 l'héritière du royaume, Isabelle de Jérusalem, dont il est le troisième époux, et qui en sa qualité de reine est sans doute présente pour accueillir Marguerite et ses troupes.

---

9. Je remercie vivement Theodore Evergates pour la communication de la source imprimée de l'acte de Marie qui livre ces précieuses informations (voir Theodore Evergates, *Marie of France...*, *op. cit.*, p. 90 et n. 114, p. 153).

10. Bernard le Trésorier, p. 218; *Cont. Guillaume de Tyr*, 1982, p. 192.

11. *Cont. Guillaume de Tyr*, 1982, p. 192; Bernard le Trésorier, p. 219.

12. Henri II de Champgne avait rompu le projet de mariage prévu de longue date avec la fille de Marguerite d'Alsace et Baudouin V de Hainaut, Yolande, sœur de feu la reine Isabelle.

13. Theodore Evergates, *Marie of France...*, *op. cit.*, p. 79.

14. René Grousset, *Histoire des croisades, III...*, *op. cit.*, p. 185.

La princesse est-elle déjà souffrante ? Est-ce qu'elle contracte une maladie sur place ? Nous l'ignorons, mais huit jours plus tard[15], Marguerite de France meurt, en léguant sa fortune à Henri[16], « parce qu'il était son neveu, fils de sa sœur[17] ». À trente-neuf ans seulement, elle a vécu en reine depuis son enfance et s'éteint en croisée sur les côtes de Syrie. Henri fait inhumer sa tante dans le chœur de l'église de Tyr[18] et retourne à Acre. Il doit en effet organiser les secours pour sauver Jaffa, attaquée par le frère de Saladin Malik al-Adil, car la situation reste critique en Orient pour les Francs, malgré la mort du célèbre émir en 1193.

Vers le 10 septembre 1197, dans des circonstances qui divergent selon les sources[19], le comte de Champagne tombe accidentellement d'une fenêtre du palais d'Acre et succombe aussitôt. Alertée, la reine de Jérusalem, Isabelle, accourt, voit le corps et se laisse choir, baisant et regrettant son mari dans un tel chagrin que tous ceux qui assistent à la scène sont pris de compassion[20]. De son union avec Henri, deux filles survivent – Alix et Philippa de Champagne – qui deviendront un jour des héritières vindicatives de l'opulent comté. Mais nous n'en sommes pas encore là.

Durant l'automne 1197, la comtesse Marie, à Troyes ou à Provins, apprend en même temps la mort de sa sœur Marguerite et de son fils Henri pour qui elle assurait la régence du comté de Champagne. Elle est effondrée et sombre dans un abattement si grand que le pape Innocent III lui-même s'en inquiète. Le 25 février 1198, il écrit à l'archevêque-cardinal Guillaume aux Blanches Mains, beau-frère de la comtesse, mais aussi à l'archevêque de Sens et à l'évêque de Meaux une missive émouvante qui illustre l'importance de cette princesse capétienne et de sa lignée, mais qui montre aussi à quel

15. *A priori*, aucune source n'indique la date de son décès. Si la date de décès du comte de Champagne est le 10 septembre 1197 (René Grousset, *Histoire des croisades, II…, op. cit.*, p. 184), celle de Marguerite la précède de peu, le temps pour Henri de retourner à Acre et d'« arranger ses affaires » (Bernard le Trésorier, p. 223).

16. *Cont. Guillaume de Tyr*, 1982, p. 192.

17. *Ibid.*, p. 193.

18. *Ibid.* Hoveden écrit qu'elle meurt à Acre (Hoveden, *Chronica*, t. 4, p. 14, 32), tandis que le chroniqueur français ignore son décès (Guillaume le Breton, *La Vie de Philippe II*, p. 215).

19. Sur les dates de décès et les différentes versions de sa mort dans les sources, voir Jubainville, *ibid.*, t. 4-1, p. 63-67.

20. Selon le passage de l'*Estoire d'Eracles* cité par René Grousset, *Histoire des croisades, III…, op. cit.*, p. 185.

point les douairières sont en danger d'être dépossédées de leurs biens et de leurs droits par des hommes opportunistes.

Si la « compassion fraternelle » face au chagrin de tous est une consolation, écrit-il, elle doit se manifester particulièrement envers « celles, qui en raison de la fragilité du sexe féminin » ont plus de mal à se relever, et qui ont donc plus besoin d'aide et de conseils. C'est pourquoi, « lorsque la fille bien-aimée du Christ, la noble femme Marie, comtesse de Champagne », est affligée de la mort de son fils Henri, de bonne mémoire, « nous sympathisons avec elle dans l'affliction », d'autant que pour le pape, la perte du comte représente un danger imminent pour toute la chrétienté. C'est aussi une menace pour la comtesse, et Innocent III intime à ses correspondants d'être ses gardiens, par l'autorité apostolique, contre les « assauts des agresseurs » éventuels, de veiller à ce qu'aucune blessure ou violence ne lui soit infligée et de préserver son douaire, quitte à procéder à l'excommunication contre « tout usurpateur téméraire[21] ». Le pontife vise-t-il Philippe Auguste, considéré comme bigame par l'Église à cette période, en conflit avec le Saint-Siège qui refuse d'accepter son divorce, et dont les visées expansionnistes sont à l'œuvre face au Cœur de Lion ? Ce n'est pas impossible.

Mais la dépression de la comtesse est sans remède et, au début du mois de mars 1198, elle s'éteint à son tour, à cinquante-deux ans[22]. La « vénérable Marie », fille de Louis VII et d'Aliénor d'Aquitaine, est inhumée dans la cathédrale Saint-Étienne de Meaux, séparée de son mari Henri le Libéral dans la mort, comme il semble qu'elle l'ait été dans la vie. L'héritier du comté – son fils Thibaud III de Champagne – dote le chapitre pour qu'une bougie brûle éternellement sur sa tombe[23]. Moins d'un mois plus tard, il prête hommage au roi de France pour tous ses fiefs[24]. De Philippe Auguste ou de Richard, tous deux frères de Marie, l'un par son père Louis VII, l'autre par sa mère Aliénor, c'est peut-être le second qui est le plus affecté par cette disparition. Lors de sa captivité en Allemagne, il avait écrit une complainte qui l'évoquait :

21. PL 214, n° 28, p. 22. Traduction partielle dans Jubainville, t. 4-1, p. 66-67.

22. Outre la lettre du pape, éloquente, plusieurs chroniques insistent sur la corrélation entre la mort de Marie et le chagrin de la nouvelle des décès de son fils et de sa sœur (voir RHF 18, 262 A ; RHF 18, 293 E ; RHF 20, 748 B).

23. Theodore Evergates, *Marie of France…*, *op. cit.*, p. 91.

24. *Ibid.*, p. 92.

Comtesse ma sœur, que votre exceptionnel renom
soit sauvegardé par celui à qui je fais appel et pour qui je suis
prisonnier[25].

Mais alors, Richard ne s'était pas longtemps morfondu après sa libération, et il avait repris ses droits sur les princesses qui l'entouraient, notamment sur sa sœur Jeanne d'Angleterre. Il nous faut pour le comprendre remonter un peu dans le temps.

Jeanne d'Angleterre et Damsel de Chypre, *comtesses de Toulouse*

Nous nous souvenons que lors de leur retour de croisade en 1193, Jeanne d'Angleterre, sœur de Richard, sa belle-sœur Bérengère de Navarre et la *Damsel de Chypre*, fille de l'empereur déchu Isaac Comnène – que nous appelons simplement Damsel – traversent toutes trois le comté de Toulouse pour remonter vers le Poitou. C'est le futur Raymond VI, fils de Raymond V et de feu Constance de France, qui les escorte jusqu'à la frontière aquitaine. Il est probable qu'elles se séparent en 1193, peu après leur arrivée à Poitiers où elles retrouvent Aliénor. Les sources sont muettes sur Bérengère, qui réside quelque part en Anjou ou en Poitou, et sur Jeanne, dont on peut présumer qu'elle rejoint rapidement l'abbaye de Fontevraud[26], en compagnie de plusieurs demoiselles qui lui sont chères[27].

25. *Anthologie de la poésie lyrique…, op. cit.*, p. 99. Autre traduction : « Sœur Comtesse, que vous conserve et vous garde/ Votre haute valeur Celui à qui je fais appel/ Et pour qui je suis prisonnier », *Chanson des trouvères*, traduction, présentation et notes de Samuel N. Rosenberg et Hans Tischler avec la collaboration de Marie-Geneviève Grossel, Le Livre de poche, coll. « Lettres gothiques », 1995, p. 383.

26. Nous fondons cette hypothèse sur le fait que dans son testament, Jeanne lègue à l'abbesse de Fontevraud la somme importante de 900 marcs pour qu'elle puisse payer ses dettes, ce qui suppose d'une part une bonne connaissance de sa situation financière et d'autre part une solide amitié (*Cal. Doc. France*, p. 392, n° 1115). Il est donc soutenable que cette proximité soit due à son séjour dans l'abbaye de son enfance avant son mariage avec le comte de Toulouse en 1196. Cette amitié peut aussi débuter ultérieurement puisque Vaissète dans son *Histoire du Languedoc* indique que Jeanne a séjourné « plusieurs mois » à Fontevraud en 1199 (voir *infra*).

27. Ces demoiselles sont Béatrice, Alice et Élisabeth, que l'on retrouve couchées dans son testament avec des legs significatifs (*Cal. Doc. France*, p. 392, n° 1115).

En revanche, Damsel – âgée de seize ans[28] – est assez vite au centre des préoccupations royales anglaises puisqu'en tant qu'héritière potentielle de l'île de Chypre conquise par Richard, elle acquiert une valeur singulière sur le marché des otages. Peut-être dès cette époque est-elle envoyée dans la fidèle cité de Rouen, où elle rejoint deux « hautes » prisonnières : Aelis de France et la jeune Aliénor de Bretagne, d'une dizaine d'années. La sœur de Philippe Auguste, alors âgée de trente-trois ans, a-t-elle pris sous son aile ces cadettes? Nous aimerions savoir ce qu'elles se disaient, dans quelle langue elles communiquaient et quel était leur quotidien. Mais, quels que soient leurs sujets de conversation et leurs affinités, les négociations entre le roi d'Angleterre encore captif en Allemagne et son geôlier, l'empereur Henri VI, prévoient que Damsel sera rendue à son parent[29] Léopold d'Autriche. Quant à la nièce du roi, Aliénor de Bretagne, un temps envisagée comme fiancée du prince Louis, fils de Philippe Auguste, elle épousera finalement le fils de Léopold. Libéré en février 1194, Richard se résigne en décembre à livrer les princesses. Aliénor et Damsel, dans des robes neuves pour l'occasion, sont en route vers leur destin autrichien, qui tourne court[30]. Le duc Léopold V est mort dans d'atroces souffrances après une amputation dans des conditions effroyables d'un pied gangrené. Le cortège anglais apprend la nouvelle en chemin et s'en retourne alors en Normandie.

Les priorités politiques et territoriales des princes évoluant, la valeur de Damsel est nettement dépréciée pour Richard en 1196-1197 : le nouveau Lusignan qu'il a placé sur le trône de Chypre prête hommage à l'empereur Henri VI et Isaac Comnène, père de la princesse enfin libérée, tourne ses ambitions vers le trône de Constantinople, mais décède bientôt[31]. Si Damsel disparaît des sources pendant un lustre, il est cependant peu probable que Richard l'ait relâchée dans la nature et elle reste sans doute gardée à Rouen.

---

28. W. H. Rudt de Collenberg, « L'empereur Isaac de Chypre et sa fille (455-1207) », *Byzantion. Revue internationale des études byzantines*, t. 38, fasc. 1, 1968, p. 123-179, p. 156.

29. *Ibid.*, « Annexe généalogique I (Comnènes) ».

30. C'est par une dépense pour leur trajet de Rouen à Chinon, d'où elles partent pour Vienne, que nous supposons qu'elles résidaient à Rouen (voir Éric Borgnis Desbordes, *Constance de Bretagne…*, *op. cit.*, p. 323).

31. W. H. Rudt de Collenberg, « L'empereur Isaac de Chypre… », art. cit., p. 164-165.

Pour sa sœur Jeanne, en revanche, le roi d'Angleterre a des projets plus concrets et plus immédiats. Afin de sécuriser sa frontière sud alors qu'il est en guerre contre Philippe Auguste, il se concilie le nouveau comte de Toulouse Raymond VI[32], et pour ce faire renonce à ses droits maternels sur le comté – on ne sait ce qu'en pense Aliénor –, lui restitue le Quercy et lui donne en mariage en octobre 1196 sa sœur Jeanne, qu'il dote de l'Agenais. À trente et un ans, elle devient ainsi la troisième épouse du comte, à la jeune quarantaine.

Jeanne d'Angleterre prend immédiatement part aux enjeux locaux. Elle investit la place de Beaucaire au nom de son époux[33] et c'est là qu'en juillet 1197, la comtesse donne naissance à un fils prénommé Raymond, comme son père. Nous savons que l'année suivante, elle fête Pâques avec son mari à la cour de Richard au Mans[34]. Est-ce une visite familiale ou bien a-t-elle pour objectif le remboursement du prêt consenti sur son douaire en Sicile ?

Début 1199, en l'absence du comte alors en Provence, enceinte de quelques semaines, elle prend la tête d'une petite armée, « en femme pleine d'énergie, de prévoyance et d'ardeur pour défendre les droits de son mari attaqués par de nombreux barons et gens d'armes[35] ». Elle met le siège devant le château de Lauragais qui défie le pouvoir comtal, mais son autorité en tant que femme est vite contestée, certainement par des chevaliers jaloux de son commandement. Traîtres à Raymond VI, ils approvisionnent d'abord les assiégés secrètement, puis mettent le feu au camp. En grand danger, Jeanne parvient à s'enfuir pour chercher du secours auprès de son frère Richard[36], qu'elle sait en Limousin.

Malheureusement, le Cœur de Lion est mort le 6 avril 1199 des suites de l'infection d'une épaule transpercée par un carreau d'arbalète alors qu'il assiégeait le château de Châlus-Chabrol près de Limoges. Il s'est, semble-t-il, avancé sans armure, pour vérifier l'avancée des travaux de sape[37].

32. Raymond VI a succédé à Raymond V en janvier 1195 (Laurent Macé, *Les Comtes de Toulouse et leur entourage.* XIIe-XIIIe *siècles. Rivalités, alliances et jeux de pouvoir*, Toulouse, Éditions Privat, 2000, p. 33).

33. Laurent Macé, *Les Comtes de Toulouse…*, *op. cit.*, p. 61.

34. Hoveden, *Chronica*, t. 4, p. 46.

35. D'après la chronique de Guillaume de Puylaurens, RHF 19, 198 C.

36. Guillaume de Puylaurens, RHF 19, 198 C.

37. Jean Flori, *Richard…*, *op. cit.*, p. 233.

Plusieurs personnes sont directement touchées par la mort de Richard et la première d'entre elles devrait être son épouse Bérengère de Navarre. Mais si Aliénor, prévenue de l'accident, accourt de Fontevraud au chevet du mourant à sa demande puis accompagne sa dépouille jusqu'à l'abbaye, les sources sont étrangement silencieuses sur la veuve qui, pourtant, réside dans la région. Son absence à l'enterrement nous en dit long sur ses sentiments pour Richard mais aussi sur ses relations avec sa belle-mère. Bérengère, qui s'intitulera jusqu'à sa mort dans ses lettres et chartes *humilissima regina quondam Anglorum*[38], ce que l'on peut traduire par « la plus humble ex-reine d'Angleterre », a bien intégré d'une part son rôle insignifiant aux yeux des Plantagenêts, et d'autre part que son statut s'achève avec la mort de Richard – la seule reine étant Aliénor. Pour une fille de roi, élevée comme telle et qui s'est mariée pour devenir reine d'Angleterre et mère des héritiers de la Couronne, sa relégation humiliante est certainement une déchéance. Peut-être est-elle aigrie, peut-être résiliente, mais en aucun cas désespérée à la mort du Cœur de Lion, et si l'évêque de Lincoln fait un détour pour l'en informer et la réconforter, nul ne dit qu'elle ait besoin de consolations[39]. D'ailleurs, dès juillet 1199, Bérengère est à Chartres en compagnie de « l'illustre reine de France » Adèle comme témoin du mariage de sa sœur, Blanche de Navarre, avec Thibaud III de Champagne[40].

Le décès de Richard est au contraire un coup dur pour Jeanne, qui rejoint sa mère à Niort. Peut-être séjourne-t-elle ensuite à Fontevraud[41]. Elle est alors enceinte de presque cinq mois et la question éludée dans les ouvrages s'impose pourtant : pourquoi,

38. Ann Trindade, *Berengaria*, *op. cit.*, p. 147 ; Ghislain Baury et Vincent Corriol, *Bérengère de Navarre…*, *op. cit.*, p. 97.

39. Elle ne repart pas avec l'évêque vers Fontevraud, où elle n'apparaît que le 21 avril dans une charte d'Aliénor comme témoin et simple « reine Bérengère » (nullement « carissimée »), après l'inhumation, qui s'est déroulée dès le 11 avril 1204. Aucune source n'indique qu'elle y ait assisté (Ghislain Baury et Vincent Corriol, *Bérengère de Navarre…*, *op. cit.*, p. 89). Dans une charte de 1204, elle évoque Richard « feu roi des Anglais, notre mari » (*ibid.*, p. 111), qui n'est ni *carissimus* ni *dilectissimus* (« rex Anglie Ricardus, maritus noster », *Reg. Ph. Aug.*, n° 47, p. 494).

40. Bérengère n'est peut-être pas étrangère au mariage champenois, bien qu'aucune source n'appuie cette hypothèse intuitive et séduisante (voir Ghislain Baury et Vincent Corriol, *Bérengère de Navarre…*, *op. cit.*, p. 99). Sa présence, toutefois, montre au moins son adhésion et son soutien à ce projet français (LTC, t. 1, n° 497), p. 204.

41. Vaissète, t. 5, p. 54.

apprenant la mort de son frère, Jeanne n'est-elle pas retournée auprès de son mari dont elle vient de défendre si vaillamment les intérêts, trahie par les hommes mêmes qui lui devaient allégeance ? Son état lui interdit-il de voyager ? Lui avait-elle envoyé un appel au secours du Lauragais resté sans réponse ? Ce qui est sûr c'est que, fin août, elle est avec sa mère et son frère Jean sans Terre à Rouen[42]. Selon l'historien du Languedoc, elle tombe gravement malade, et meurt sur le point d'accoucher peu après le 24 septembre 1199[43]. Une césarienne est pratiquée pour tenter sans doute de sauver l'enfant, mais il succombe également après avoir été baptisé. On inhume la princesse dans la cathédrale Notre-Dame de Rouen[44], qui abrite déjà le corps d'Henri le Jeune et le « cœur indomptable[45] » de Richard, frères de Jeanne.

L'ancienne reine de Sicile a eu le temps de prendre le voile de l'ordre fontevriste[46] et de dicter son testament, qui comble l'abbaye chère à son cœur. Elle insiste particulièrement pour que 1 000 shillings pris sur les salines d'Agen soient consacrés à la cuisine des nonnes « et pour aucun autre usage[47] ». Deux de ses demoiselles sont généreusement récompensées et héritent de deux coffres de Verdun. Des nonnes de l'abbaye – dame Alice et dame Agathe – sont également nommées ainsi que ses familiers comme son chapelain et ses clercs. Et elle règle ses comptes avec Richard qui ne lui a jamais remboursé le prêt exigé lorsqu'il s'était emparé de l'argent de son douaire en Sicile. Elle mentionne les « 3 000 marcs que le roi son frère *lui doit* », et c'est grâce à cette somme que lui donne Jean sans Terre en vertu du transfert de la dette qu'elle peut prodiguer tous ces legs, qui ont pour but, dans l'esprit du temps, de sauver son âme[48].

---

42. Un acte de Jean à cette date le prouve (*Cal. Doc. France*, n° 1103, p. 391).
43. Vaissète, t. 5, p. 54.
44. *Ibid.* L'historien indique avoir pris ses informations de « l'ancien nécrologe de Fontevraud ».
45. Matthieu Paris cité par Jean Flori, *Aliénor…*, *op. cit.*, p. 261.
46. Vaissète, t. 5, p. 54.
47. *Cal. Doc. France*, n° 1105, p. 393, et n° 1104, p. 392. Voir Colette Bowie, « To Have and Have Not… », *op. cit.*, p. 38-39.
48. *Cal. Doc. France*, *ibid.* Voir Colette Bowie, *ibid.*, p. 39 et n. 66. Une chronique tardive évoque ce prêt (et non le don) consenti par Jeanne (*ibid.*, p. 35 et n. 44). Colette Bowie écrit que « le douaire de Jeanne a été entièrement subsumé par son frère Richard, et l'ancienne reine de Sicile fut contrainte finalement de compter sur sa famille natale pour l'aider financièrement » (*ibid.*, p. 36). Voir aussi

Ce document précieux nous signale l'absence singulière de son mari Raymond VI. Jeanne se titre uniquement reine de Sicile et non comtesse de Toulouse et elle ignore royalement l'époux, mais aussi, ce qui est plus curieux ou plus triste, son fils héritier du comté, le futur Raymond VII, âgé de deux ans, alors même qu'elle dote l'église de Fontevraud pour célébrer l'anniversaire de son premier époux[49]. C'est évidemment le signe d'un malaise dans le couple, pour ne pas dire d'une rupture, bien que nous n'en connaissions pas la raison.

Dans le même temps, et assez curieusement, il se trouve que notre Damsel de Chypre refait surface après cinq ans d'effacement, du moins dans les sources. Et elle se marie avec… le comte de Toulouse à une date imprécise mais que l'on peut situer vers 1200[50]. Une chronique nous apprend que Damsel est libérée à la mort du roi Richard en 1199 et qu'elle en profite pour se rendre à Marseille[51], sans aucun doute pour regagner l'Orient. Jean sans Terre, qui se fait couronner duc de Normandie à Rouen le 25 avril 1199, rencontre sûrement la princesse avant son départ. Dans l'enjeu crucial de sa succession au trône d'Angleterre, elle ne représente ni un atout ni une menace et ses aspirations orientales ne peuvent guère l'intéresser. Il est dès lors probable qu'il l'ait laissée partir. Une idée séduisante est que la reine Aliénor l'ait emmenée dans son périple vers la Castille à l'hiver 1199-1200 – voyage dont nous reparlerons bientôt –, et l'ait remise au comte de Toulouse en chemin[52]. C'est possible, mais pas certain.

Gabrielle Storey, « Berengaria of Navarre and Joanna of Sicily as Crusading Queens. Manipulation, Reputation, and Agency », *Forgotten Queens in Medieval and Early Modern Europe.* Political Agency, Myth-Making, and Patronage, éd. Valerie Schutte, Estelle Paranque, Londrs, Routledge, 2019, p. 45.

49. *Cal. Doc. France*, n° 1105, p. 393.

50. W. H. Rudt de Collenberg (« L'empereur Isaac de Chypre… », art. cit., p. 168), qui rappelle l'erreur « constamment répétée » (encore aujourd'hui) d'un mariage du comte de Toulouse avec Bourgogne de Lusignan, confondue avec Damsel.

51. Ernoul et Bernard le Trésorier cités par Édouard Baraton, *La Romanie orientale : l'empire de Constantinople et ses avatars au Levant à l'époque des croisades*, thèse sous la direction de Gilles Grivaud, Normandie, Université, 2018, p. 416.

52. L'hypothèse que Damsel aurait accompagné Jeanne à Toulouse comme demoiselle en 1196 au moment de son mariage, et qu'elle serait devenue rivale, raison de la séparation du couple, a été évoquée (Annette P. Parks, « Rescuing the Maidens… », *op. cit.*, p. 289). W. H. Rudt de Collenberg, quant à lui, voit dans Damsel la Béatrice dame d'honneur de Jeanne d'Angleterre couchée dans son testament. Il se fonde sur l'onomastique, en raison de la présence du prénom dans l'ascendance maternelle de la

Ce qui est plus sûr, en revanche, c'est l'ambition de Damsel, qui s'estime légitime héritière de l'île de Chypre, qu'elle veut reprendre. Or, depuis l'établissement en 1192 par Richard Cœur de Lion des Lusignan comme rois chypriotes, deux frères se sont succédé sur ce trône convoité : Guy et Amaury. Damsel sait que ce dernier sera difficile à déloger, aussi lui faut-il un époux assez puissant pour entreprendre cette conquête hasardeuse. Pense-t-elle l'avoir trouvé en Raymond VI ? Sans doute, mais elle ne tarde pas à déchanter, car les comtes de Toulouse sont plus pressés de consolider leurs fiefs – et notamment le marquisat de Provence – que de s'expatrier Outremer, où leur aïeul Alphonse Jourdain a été assassiné lors la deuxième croisade. Que ce soit à son initiative, par déception, ou à celle du comte, « qui avilissait à ce point le sacrement de mariage qu'il prenait une autre femme chaque fois que la sienne lui déplaisait[53] », le couple est séparé fin 1203, et Raymond VI se remarie une cinquième fois en janvier 1204 avec Éléonore d'Aragon, sœur du roi Pierre II. Damsel, elle, se rend à Marseille, sans avoir renoncé à son but.

À l'été 1202, c'est là que débarquent des croisés flamands qui doivent ensuite rallier Venise pour un départ coordonné de la quatrième croisade. Nous entrerons plus tard dans les complications de cette expédition, mais lors du stationnement dans la cité phocéenne, Damsel saisit sa chance. Elle rencontre le fils naturel de feu le comte de Flandre, Philippe d'Alsace, prénommé Thierry, comme nous l'avons évoqué[54]. Elle lui fait miroiter la possession de l'île qu'elle tient de son père, et insiste « tant et tant qu'il l'épouse[55] ». Elle a vingt-cinq ans et elle sait ce qu'elle veut ; Thierry en a vingt, et malgré sa prestigieuse ascendance paternelle, il n'est qu'un fils illégitime qui doit faire fortune. Il se lance dans l'aventure avec le soutien des chevaliers flamands qui l'accompagnent, et c'est ainsi que les jeunes mariés voguent vers Chypre.

---

princesse (voir W. H. Rudt de Collenberg, « L'empereur Isaac de Chypre… », art. cit., p. 174-175). Toutefois, dans ce cas, son statut de « fille de l'empereur de Chypre » n'aurait-il pas été précisé dans ce document officiel qu'est un testament ? En outre, les ambitions impériales d'Isaac Comnène ne l'auraient-elles pas plutôt décidé pour un prénom chargé de prestige comme Théodora ?

53. Cité par Laurent Macé, *Les Comtes de Toulouse…*, *op. cit.*, p. 195.

54. Sur cette identité incontestable, voir W. H. Rudt de Collenberg, « L'empereur Isaac de Chypre… », art. cit., p. 171.

55. D'après la source citée par Édouard Baraton, *La Romanie orientale…*, *op. cit.*, p. 416.

Là, Thierry de Flandre prend son courage à deux mains et, entouré de ses amis, se rend auprès du roi en fonction, Amaury II de Lusignan, du moins selon le continuateur de Guillaume de Tyr. Amaury, en effet, depuis la mort d'Henri II de Champagne en 1198, a été élu roi de Jérusalem et il semble bien qu'en 1202, il se trouve à Acre (et non à Limassol ou Nicosie[56]). Quel que soit le lieu de l'entrevue, Thierry tient à peu près ce langage : « La fille de l'empereur de Chypre Isaac Comnène est ma femme, elle est l'héritière et reine de l'île que vous devez donc me rendre. Et je ne suis pas venu seul[57]. » Le roi de Chypre, pour avoir un titre royal plus récent et moins légitime, n'en a pas moins trente ans de plus que ce *musardel*, c'est-à-dire un damoiseau sans expérience. Il réplique avec fureur que si le Flamand ne vide pas les lieux, il l'anéantira. La menace suffit et Thierry, Damsel et leurs compagnons « vident la terre » pour se rendre en Arménie, où la princesse retrouve son cousin maternel, le roi Léon II[58]. C'est là que les sources perdent sa trace…

Les derniers feux d'Aliénor

Aliénor a assisté aux derniers instants de son Cœur de Lion au pied de Châlus-Chabrol. Elle a soixante-dix-neuf ans et la longévité, en ces temps, entraîne un revers douloureux. La reine a perdu deux de ses fils qui ont atteint l'âge adulte, Henri le Jeune et Geoffroy, sans omettre le premier-né Guillaume d'Angleterre, fils d'Aliénor. Elle a perdu Mathilde, duchesse de Saxe, morte à Brunswick à trente-trois ans, quelques jours après son père Henri II. Et elle vient de perdre Richard.

Son chagrin à la mort de ce fils chéri s'exprime dans la charte du 21 avril 1199, qui instaure une aumône perpétuelle au profit de la modeste abbaye de Turpenay, en Touraine, parce que son abbé est celui qui s'est « plus que tous les autres religieux, mis en peine pour ses obsèques[59] ». Au-delà de la reconnaissance pour le prélat perce

56. René Grousset, *Histoire des croisades, III…, op. cit.*, p. 209.

57. Harangue librement adaptée d'Ernoul et Bernard le Trésorier, Édouard Baraton, *La Romanie orientale…, op. cit.*, p. 417-418 et W. H. Rudt de Collenberg, « L'empereur Isaac de Chypre… », art. cit., p. 171-172.

58. Laurent Macé, *Les Comtes de Toulouse…, op. cit.*, p. 419 et Édouard Baraton, *La Romanie orientale…, op. cit.*, p. 172-173.

59. Charte citée partiellement par Jean Flori, *Aliénor…, op. cit.*, p. 260.

sa rancœur contre ceux dont le zèle est mis en défaut, et il faut voir dans cette désertion la réprobation d'une partie du clergé pour les comportements équivoques du roi. Aliénor escorte le corps de son fils à Fontevraud où il a souhaité être inhumé « au pied de son père, qu'il avait trahi[60] ».

Par ailleurs, la guerre acharnée contre Philippe Auguste a visiblement changé la perspective de Richard sur les évènements de 1189. Et sur sa succession. Mourant, avec sa mère à son chevet, il lègue à contrecœur à son frère Jean « le royaume d'Angleterre et toutes ses terres » et fait prêter le serment de fidélité aux seigneurs présents[61]. *Exit* son neveu Arthur de Bretagne, fils de la duchesse Constance de Bretagne et de son frère Geoffroy, qu'il avait désigné comme son successeur en Sicile[62]. La volonté d'Aliénor a eu raison de la détestation des deux frères, réconciliés sur le tard.

Malgré son chagrin, la reine ne se morfond pas à Fontevraud. Sa réaction, aussitôt les cérémonies mortuaires achevées, est la lutte contre Philippe Auguste et Arthur de Bretagne, alliés, qui organisent la rébellion en vue d'obtenir le trône Plantagenêt pour ce dernier. Aliénor, en compagnie du fidèle mercenaire de Richard, Mercadier, ravage alors l'Anjou dont s'est emparé son petit-fils, tandis que « Jean sans Terre » devient « le roi Jean » à Westminster le 27 mai 1199. C'est un trait de caractère remarquable d'Aliénor d'Aquitaine. Elle ne s'abandonne pas au chagrin et la protection du trône de son dernier fils lui donne l'énergie pour agir, se battre au sens propre comme au sens figuré, malgré la perte irréparable, malgré l'âge et la fatigue. Ce mobile maternel ne peut cependant cacher le désir d'une vengeance furieuse. Aliénor est une mâle femme de son temps.

Mais l'action vengeresse se change rapidement en pragmatisme politique. Après avoir mené une campagne en Poitou et jusqu'à Bordeaux, où elle s'assure des fidélités par de nombreuses concessions aux seigneurs, au clergé et aux communes – c'est à cette époque que sa fille Jeanne, encore en vie pour quelques mois, la rejoint –, elle

60. Matthieu Paris cité par Jean Flori, *Aliénor…*, *op. cit.*, p. 261.

61. *Ibid.*, p. 262.

62. Martin Aurell observe que « la règle successorale est loin d'être fixée, et elle ne semble pas déterminante pour obtenir l'adhésion envers l'un des candidats » (Martin Aurell, « Rompre la concorde familiale : typologie, imaginaire, questionnements », *La Parentalité déchirée : les luttes intrafamiliales au Moyen Âge* (éd. Martin Aurell), Turnhout, Brepols, 2010, p. 20).

réalise « une manœuvre légale très habile et un coup de maître diplomatique[63] ». À la mi-juillet, à Tours, elle rencontre Philippe Auguste, lui prête hommage pour son comté de Poitou, et à la fin du mois elle rejoint son fils à Rouen et lui cède en bonne et due forme tout le comté « avec tout ce qui en relève… », tout en gardant l'usufruit. Le roi Jean devient donc son vassal… et un arrière-vassal du roi de France, qui oblige ce dernier à traiter non avec le roi d'Angleterre mais avec sa mère[64]. Si le décès de Jeanne en septembre 1199 repose la question des relations vassaliques avec le comte de Toulouse, il y a plus urgent.

Peut-être la reine entame-t-elle déjà des discussions pour établir la paix entre son fils, légalement sacré, et le roi de France. Un premier accord entre les deux souverains est scellé en janvier 1200, deux jours avant que l'interdit ne soit jeté sur le royaume de France en raison du refus de Philippe Auguste de reprendre son épouse légitime Ingeburge de Danemark. Ce n'est évidemment pas un hasard : il ne peut se battre sur tous les fronts. Une clause majeure du traité est de marier une fille d'Aliénor d'Angleterre et du roi Alphonse VIII de Castille, en l'occurrence une nièce de Jean, à l'héritier de la couronne de France, Louis, concrétisant ainsi un projet lancé l'année précédente avec Richard[65].

C'est encore la reine mère Aliénor qui est chargée – ou qui se charge – de reprendre la route de l'Espagne en plein hiver pour chercher sa petite-fille. Moins d'une décennie plus tôt, elle avait gagné la Navarre pour « fournir » une épouse à son fils Richard. Cette fois-ci, elle est animée sans doute par un triple objectif. D'abord s'arrêter à Toulouse pour s'assurer que son gendre Raymond VI respectera bien, « pour ce qui le concerne », les legs de sa fille Jeanne décédée[66]. Ensuite, probablement, lui laisser la *Damsel de Chypre*, encombrante et désormais inutile otage des Plantagenêts puisque Richard est mort ; charge à lui de l'escorter à Marseille où elle souhaite visiblement se

63. James Clark Holt, « Aliénor d'Aquitaine, Jean sans Terre et la succession de 1199 », *Cahiers de civilisation médiévale*, n° 113-114, 1986, p. 97.

64. Sur cette cession de droits, voir l'article de James Clark Holt suscité. Voir aussi Jean Flori, *Aliénor…*, *op. cit.*, p. 267-268 et Frédérique Lachaud, *Jean sans Terre…*, *op. cit.*, p. 91-92

65. Lindy Grant, *Blanche of Castile. Queen of France*, New Haven, Yale University Press, 2016, p. 30.

66. *Cal. Doc. France*, n° 1115, p. 393.

rendre. Aliénor ne peut prévoir qu'il préférera convoler plutôt que convoyer. Enfin, elle doit choisir l'une de ses petites-filles pour le prince français.

Elle retrouve à Burgos sa fille Aliénor, reine de Castille, qu'elle n'a pas revue depuis qu'elle l'a laissée partir pour l'Espagne, à neuf ans, après avoir négocié les termes de son mariage à Bordeaux en 1170, quelque trente ans auparavant[67]. Elle passe plusieurs semaines sur place, profite des retrouvailles familiales et évalue les promises potentielles. Elle préfère Blanche, la benjamine à cette date, âgée de douze ans.

Elles reviennent toutes deux par Bordeaux, où Mercadier est assassiné dans une rixe alors qu'il venait certainement assurer la protection des deux princesses. La reine mère, « fatiguée par son vieil âge et par ce long voyage[68] », confie sa petite-fille à l'archevêque de Bordeaux et retourne à Fontevraud.

Blanche de Castille est ensuite conduite en Normandie auprès de son oncle Jean, dans une ambiance sinistre. Le traité du Goulet, près des Andelys, le 22 mai 1200, règle des contentieux territoriaux entre les rois de France et d'Angleterre. Le lendemain, au cours d'une union célébrée par l'archevêque Élie de Malemort, Blanche épouse le prince Louis – tous deux âgés de douze ans[69] – dans un « trou » normand appelé Port-Mort[70]. Ça ne s'invente pas et l'on se demande quels augures peuvent en tirer les témoins… Le programme n'invite guère aux réjouissances, car l'interdit d'Innocent III plane sur le domaine royal, et comme la confiance ne règne pas entre les deux rois, le couple est expédié par Philippe Auguste « en France » dès le lendemain – sans doute à Paris – tandis que les négociations et hommages se poursuivent à Vernon[71].

La petite Blanche est donc séparée de sa famille, notamment de sa grand-mère avec qui elle vient de passer plusieurs mois. Elle est également mariée en catimini et sans ménagement par deux rois qu'elle indiffère puis, sans autre forme de célébration, envoyée en

67. Colette Bowie, *The Daughters of Henry II…*, *op. cit.*, p. 74.

68. Hoveden, *Annals*, t. 2, p. 480.

69. Pour l'année de naissance de Blanche, voir Élie Berger, *Histoire de Blanche de Castille*, Paris, Thorin & Fils, 1895, p. 3 et n. 1. Louis est né le 3 septembre 1187.

70. Georges Minois, *Blanche de Castille*, Paris, Éditions Perrin 2018, p. 17 ; Lindy Grant, *Blanche of Castile…*, *op. cit.*, p. 10.

71. Hoveden, *Annals*, t. 2, p. 480-481.

Île-de-France avec son jeune mari dont elle ne comprend probablement pas la langue.

Puis survient dans le courant de l'été un « certain accident » qui bouleverse la fillette et l'attriste profondément. Malheureusement, nous n'en savons pas la nature exacte, mais il pourrait s'agir de la perte d'une de ses suivantes[72]. « L'accident » nous éclaire en revanche sur le prince Louis – qui n'a que treize ans –, préoccupé par la douleur de celle qui est désormais sa compagne[73]. C'est ce qui ressort d'une visite avec son cousin Arthur de Bretagne à l'évêque Hugues de Lincoln qui séjourne à Paris, qu'il prie instamment de venir consoler son épouse. Malgré son mauvais état de santé, Hugues, ce même évêque du clan Plantagenêt qui était allé informer Bérengère de Navarre de la mort de Richard[74], se porte au secours de Blanche et, par ses paroles de réconfort, lui redonne le moral et « un visage des plus joyeux[75] ».

La reine Aliénor, elle, aurait bien mérité une vieillesse paisible et sans tracas dans la belle abbaye de Fontevraud, avec pour seule responsabilité d'édifier la nécropole familiale que nous admirons encore aujourd'hui. Peut-être décide-t-elle d'ailleurs de rapatrier le corps de sa fille Jeanne dans le cimetière de l'abbaye[76]. Mais c'était compter sans le début de règne de son fils, duplice, imprévisible et vite antipathique à ses vassaux. Des décisions malheureuses vont une nouvelle fois obliger la douairière à sortir de sa retraite.

Alors que Jean, à trente-quatre ans, divorce d'Isabelle de Gloucester après un mariage stérile de douze années au motif d'affinité[77], et qu'il envoie en juin 1200 des ambassadeurs en vue d'épouser la fille du roi de Portugal, il rafle soudainement en Poitou la fiancée de son hôte

---

72. Nous ne pouvons exclure la perte d'un animal familier qu'elle aurait amené en France. Le terme « *lugubris* » employé dans la *Vita* évoque clairement le deuil (*Magna vita S. Hugonis*, 1864, p. 305). La rapidité du changement d'état d'esprit de la petite princesse va également dans ce sens. Très pieuse, l'enfant Blanche aura été sensible aux arguments spirituels de l'évêque. Lindy Grant évoque un familier ou une dame de compagnie repartis en Castille (Lindy Grant, *Blanche of Castile…*, *op. cit.*, p. 37).

73. Le contraste est saisissant avec son père Philippe Auguste, que l'on a du mal à se représenter attentif aux états d'âme d'Isabelle de Hainaut après son mariage.

74. Voir III. 1, « Jeanne d'Angleterre et Damsel de Chypre, comtesses de Toulouse ».

75. *Magna vita S. Hugonis episcopi Lincolniensis* : from manuscripts in the Bodleian Library, Oxford, and the Imperial Library, Paris, 1965, p. 305.

76. Colette Bowie, *The Daughters of Henry II…*, *op. cit.*, p. 188.

77. Sally Spong, « Isabella of Gloucester… », *op. cit.*, p. 184-185.

Hugues IX de Lusignan, comte de la Marche, avec l'accord du père, qui la cède ainsi au plus offrant, pour ne pas dire au plus « capé ». Jean épouse aussitôt cette fillette « qui n'a pas atteint l'âge nubile », et qui n'a même sans doute pas plus de dix ans[78]. Il s'agit de l'héritière stratégique du comté d'Angoulême, Isabelle, de sang royal de surcroît, puisqu'elle est la fille d'Alix de Courtenay, elle-même petite-fille par son père de Louis VI le Gros et donc cousine de Philippe Auguste. Aliénor a-t-elle cautionné le projet ou a-t-elle été placée devant le fait accompli ? Quelle que soit sa position, c'est l'attitude de Jean qui déclenche l'enchaînement calamiteux à un moment très mal choisi. Il retourne en Angleterre avec son épouse-enfant pour un couronnement à Westminster le 8 octobre.

Non content d'user de sa prééminence royale sur son vassal Lusignan sans aucune des compensations que ce dernier pouvait espérer en numéraire, en charges ou en terres[79], il lui retire bientôt le comté de la Marche pour le céder au comte d'Angoulême[80], certainement en échange de l'assentiment du père au rapt[81], et donne Niort et Saintes à Isabelle en douaire[82]. Le mécontentement gronde en Poitou, et Aliénor tente une médiation avec le vicomte Amaury de Thouars, beau-frère de Constance de Bretagne et oncle d'Arthur, qu'elle a sans doute réussi à gagner à la cause anglaise, et qui promet de « faire tout ce qui est en son pouvoir » pour que les châteaux « dont quelques-uns se sont emparés », retournent sous l'autorité de Jean. En février 1201, elle écrit en ces termes à son fils : « Je veux vous faire savoir, mon très cher fils, que j'ai fait venir auprès de moi notre cousin Amaury de Thouars alors que j'étais malade. Sa visite m'a fait plaisir et beaucoup de bien, car lui seul parmi nos barons poitevins ne nous a causé aucun tort, et il n'a saisi aucune de nos terres[83]. »

La lettre est alarmante mais le roi d'Angleterre n'en a cure et aggrave son cas : en mars, il fait envahir le comté d'Eu, tenu par

78. Hoveden, *Chronica*, t. 4, p. 119 ; Clément de Vasselot de Régné, *op. cit.*, p. 176 ; Nicholas Vincent, « Isabella of Angoulême: John's Jezebel », éd. Stephen D. Church, *King John: New Interpretations*, Martlesham, Boydell & Brewer, 1999, p. 174-175.

79. Clément de Vasselot de Régné, *Le « Parentat » Lusignan…*, *op. cit.*, p. 178.

80. *Ibid.*, p. 179.

81. Du point de vue des Lusignan, il s'agissait d'un mariage, et non de fiançailles (*ibid.*, p. 178).

82. *Ibid.*, p. 177.

83. Cité par Jean Flori, *Aliénor…*, *op. cit.*, p. 275.

le frère du fiancé spolié Hugues IX de Lusignan[84], et ne revient lui-même sur le continent qu'en juin. Il fait alors appel à Philippe Auguste pour une médiation avec ses vassaux[85], qui accepte d'autant plus volontiers qu'il a l'esprit libéré – il vient en effet de régler momentanément le « problème » Ingeburge, comme nous le verrons dans un prochain chapitre[86].

Jean est accueilli en juillet 1201 avec tous les honneurs par le roi et probablement par sa *superinducta* Agnès de Méranie, et bien sûr son fils Louis, accompagné de Blanche de Castille. Cette dernière rencontre pour la première fois la jeune reine d'Angleterre Isabelle d'Angoulême. Elle ne peut deviner les tracas que cette princesse lui causera un jour et c'est certainement en toute amitié qu'elles devisent, étant sensiblement du même âge.

Le roi de France ne ménage pas sa peine pour endormir son dernier rival Plantagenêt : accueil à Saint-Denis, logement « avec toutes ses affaires » au palais de la Cité, banquets avec « toutes sortes de vins », cadeaux magnifiques comprenant des chevaux d'Espagne, de l'or, des robes. Bref, il sort le grand jeu, si bien que les souverains anglais prennent congé « en bonne paix et amour[87] ».

Mais à l'automne, le roi Jean, selon une tactique sournoise qui ne figure pas dans le code de la chevalerie, confisque les châteaux des Lusignan alors qu'il les a attirés en Angleterre, puis, méthodiquement, saisit toutes leurs possessions[88]. Les vassaux lésés ne tardent pas à s'adresser pour leurs griefs à Philippe Auguste, court-circuitant ainsi la duchesse d'Aquitaine et leur souverain anglais[89]. Le roi de France, qui exploite l'affaire, demande à Jean de reconnaître Arthur comme duc de Bretagne et comte de Poitou. Refus. Philippe Auguste somme alors Jean de venir à sa cour s'expliquer. Au printemps 1202, constatant son absence, il prend quelques places en Normandie et adoube Arthur chevalier. La guerre est déclarée.

84. Il vient d'épouser en représailles la cousine germaine d'Isabelle, Mathilde d'Angoulême (Clément de Vasselot de Régné, *Le « Parentat » Lusignan…, op. cit.*, p. 178-179).
85. *Ibid.*, p. 179.
86. Voir III. 3, « Ingeburge, la reine prisonnière ».
87. Rigord, § 142, p. 369.
88. Clément de Vasselot de Régné, *Le « Parentat » Lusignan…, op. cit.*, p. 180.
89. *Ibid.*, p. 181.

Le duc de Bretagne part conquérir l'Anjou et le Poitou « avec une audace excessive » et l'objectif de joindre les Lusignan, alors même qu'Aliénor se croyait protégée par sa prestation d'hommage à Philippe Auguste en 1199. Bernée et outragée, elle remonte à cheval et part vers Poitiers, mais ses ennemis sont sur sa route et elle se réfugie dans Mirebeau, d'où elle lance un appel au secours à Jean. Arthur tente d'amadouer sa grand-mère, qui le « rembarre » et le prie de quitter la place. Jean, qui a chevauché nuitamment, surprend son monde au matin et la délivre. Bonus de taille : il capture son neveu Arthur et l'emmène à Rouen, où il le jette en prison. Nul ne le reverra jamais. Jean le fait assassiner au printemps 1203, ou bien, « ivre de vin », l'a occis lui-même et jeté dans la Seine, selon un ancien familier de ce roi, transfuge à la cour de France[90]. Même si la duchesse Constance de Bretagne, mère d'Arthur, n'est plus là pour venger son fils – elle est morte en septembre 1201[91] –, cette disparition, tel l'assassinat de Thomas Becket en son temps, n'arrange pas la réputation du roi d'Angleterre.

Bientôt, Philippe Auguste s'attaque aux places angevines et normandes : il prend notamment Le Mans et met le siège devant Château-Gaillard en fin d'année 1203. Aliénor apprend la chute de l'inexpugnable forteresse, affamée par le roi de France, le 6 avril 1204 – forteresse qui avait été construite avec détermination, passion et innovation[92] par son fils Richard. L'exténuant voyage en Castille pour offrir Blanche à l'héritier du royaume de France et sceller la paix entre les princes n'a donc rien changé au cours désastreux de cette guerre franco-anglaise. Peut-être médite-t-elle sur la manipulation constante de ses descendants, depuis deux générations, par les rois de France : Henri le Jeune, puis Geoffroy, puis Richard contre Henri II, puis Jean contre Richard, puis Arthur contre Jean. Témoin impuissante de l'impopularité de son benjamin et de sa fuite devant ses responsabilités alors qu'il a brillé par son absence aux Andelys, elle ne peut qu'anticiper la supériorité d'un Philippe

90. Jean Flori, *Aliénor…*, *op. cit.*, p. 281.

91. Éric Borgnis Desbordes argumente avec justesse que la chronique de Tours qui précise qu'elle est morte de la lèpre est partiale (*Constance de Bretagne…*, *op. cit.*, p. 436-437 et n. 200).

92. John Gillingham, *Richard…*, *op. cit.*, p. 348-353 ; Jean Flori, *Aliénor…*, *op. cit.*, p. 221. L'archéologue Christian Corvisier intitule un article : « Château-Gaillard et son donjon. Une œuvre expérimentale de Richard Cœur de Lion » (2000).

Auguste dans la force de l'âge. Elle s'inquiète nécessairement pour son duché en danger et l'on pressent la fin de cette vie « riche d'heures », exceptionnelle, unique à bien des égards, assombrie par la tristesse et le découragement.

Elle meurt à quatre-vingt-quatre ans le 31 mars ou le 1er avril 1204, à Poitiers[93], où elle s'est rendue pour une raison que nous ignorons mais qui est peut-être la volonté de s'éteindre là où elle est née et où elle a vécu les années les plus heureuses de son existence, avec sa sœur Alix-Pétronille, avec son Cœur de Lion[94]. Elle est inhumée à Fontevraud, aux côtés de son époux Henri II, de Richard et de Jeanne. Son gisant la représente un livre ouvert entre les mains. Que lit-elle ? Un psautier ? Le roman du *Chevalier de la charrette* commandé par sa fille Marie à Chrétien de Troyes ? Les chansons de son grand-père Guillaume IX d'Aquitaine le Troubadour ? Ou bien sa *Vie* qui restait à écrire ?

93. Selon la chronique de Saint-Aubin d'Angers (voir Jean Flori, *Aliénor…*, *op. cit.*, p. 284-285).

94. La volonté des souverains de se faire transporter dans leur lieu de naissance pour mourir n'est pas rare : Henri II a voulu gagner Le Mans mais il en a été délogé par son fils ; Philippe le Bel voudra regagner Fontainebleau.

2

Le destin d'Agnès, « l'impératrice de France »

> « Dans ce palais des Blachernes
> on trouva un très grand et très riche trésor :
> on y trouva de riches couronnes des précédents empereurs,
> les riches joyaux d'or, les riches étoffes de soie brodées d'or,
> les riches robes impériales, les riches pierres précieuses,
> et tant d'autres richesses. »
>
> Robert de Clari[1]

Au moment où la reine Aliénor trouve le repos dans le calme verdoyant et minéral de Fontevraud, une princesse capétienne, Agnès de France, fille d'Adèle de Champagne et de Louis VII, vit des heures tumultueuses sous les ors byzantins en raison d'une singulière croisade qui devait gagner l'Égypte et qui est détournée vers Constantinople. Mais reprenons l'histoire d'Agnès là où nous l'avions laissée...

1. Robert de Clari, *La Conquête de Constantinople*, traduction, présentation et notes par Jean Dufournet, Paris, Honoré Champion, 2004, p. 175.

Le mariage d'Agnès de France et d'Alexis II Comnène

La princesse est vraisemblablement née à la fin de l'année 1170[2], soit cinq ans après son frère Philippe Auguste, et se retrouve très tôt sur l'échiquier matrimonial. Alors qu'elle est encore dans les langes, nous l'avons vu, Louis VII et Frédéric Barberousse, qui se rencontrent à la mi-février 1171, évoquent un projet de mariage entre la fille du premier et le fils du second. Le pape Alexandre III, en opposition avec Frédéric qui soutient l'antipape Victor IV, réagit avec promptitude à ce rapprochement franco-impérial. Dès le 28 février, il écrit au frère de Louis VII, l'archevêque de Reims, et l'exhorte à « empêcher complètement l'affaire » avec le « persécuteur de l'Église ». En échange, il propose de travailler personnellement « au moment opportun » à l'union de la fille du roi avec le fils de l'empereur Manuel Ier de Constantinople, dont il fait valoir le trésor inépuisable[3]. Pour le moment, on en reste là !

Il ne semble pas qu'il y ait eu de nouveaux pourparlers entre Paris et Byzance, puisque sept ans plus tard, alors que Philippe d'Alsace rentre de Terre sainte à l'été 1178 et s'arrête à Constantinople, l'empereur Manuel Ier le presse de négocier pour lui le mariage de son fils Alexis II Comnène avec « une des filles du roi de France ». Il n'en reste plus qu'une « sur le marché », et le comte de Flandre, certainement richement récompensé pour ses services futurs, promet

2. Si aucune source en France ne mentionne sa naissance, nous savons qu'elle ne peut être postérieure à janvier 1171 puisqu'en février, un projet de mariage est évoqué pour elle (voir *infra*). Ce *terminus ante quem* valable peut être complété par deux témoignages orientaux. Le premier est celui de Guillaume de Tyr, qui écrit qu'au moment de son mariage, en mars 1180, la princesse avait « à peine huit ans » (RHC, t. 1, p. 1066-1067). Le second, celui du chroniqueur grec Nicétas Chôniatès, précise qu'elle n'avait « pas achevé sa onzième année » au moment de sa deuxième union (Nicétas Chôniatès, p. 153) en 1183. Bien que ces affirmations se heurtent au *terminus ante quem*, elles nous apportent une indication importante : la princesse paraissait très jeune, ce qui incite à envisager une naissance fin 1170 ou au tout début de l'année 1171.

3. Remarquons que la convention conclue entre les deux souverains concerne une alliance contre les Brabançons et ne mentionne pas ce projet matrimonial (*MGH*, Constit., t. 1, p. 331-332, n° 237). Signalons également qu'il ne peut s'agir d'Aelis de France. Cette dernière est alors aux mains d'Henri II depuis le traité de Montmirail en 1169 et la possibilité de la récupérer est à peu près nulle. C'est donc par le pape que nous connaissons ce projet d'union (PL 200, n° 872, p. 783).

de parvenir à un accord « le plus tôt possible » pour l'envoi de la fiancée à son promis[4].

Un poète grec rime le désespoir de Louis VII, qui tout d'abord ne peut envisager la séparation d'avec sa fille Agnès qui est « ses yeux et son âme, son souffle, son cœur, sa subsistance, son confort, son remède contre la douleur ». Rien de moins ! « Comment pourrais-je supporter la perte de ma fille ? Comment tolérer un si insupportable chagrin ? » s'écrie-t-il... mais seulement dans le poème[5]. Car les démarches aboutissent et nous avons vu que les motivations louables du roi pour cette union grecque prestigieuse cachent sans doute le souhait de se débarrasser d'une héritière issue de sa « multitude de filles[6] ».

Le désir de l'empereur de Constantinople pour ce mariage « latin » répond, lui, à son ambition d'alliances occidentales[7] dans le but de briser un certain isolement politique, notamment face à l'empereur allemand Frédéric Barberousse[8] et face aux Turcs[9]. En outre, il a personnellement rencontré Louis VII lors de la deuxième croisade et le vieux roi de France est reconnu pour sa piété. Peut-être Manuel pressent-il aussi l'inéluctable échéance. Ce qui est sûr, c'est qu'avec Agnès, l'empereur cible une princesse de sang royal digne de son héritier, la plus illustre alliance étrangère depuis longtemps dans l'Empire[10]. La différence d'obédience religieuse n'est pas un obstacle puisque les exilées adoptent dès leur arrivée à la cour byzantine la religion orthodoxe et un prénom grec[11].

Au printemps 1179, Agnès entame donc son voyage, peut-être vers Savone en Italie, où elle embarque avec une suite nombreuse sur une nef génoise entourée d'une quinzaine de galères qui

---

4. Aubri de Trois-Fontaines, MGH SS 23, p. 348.

5. Cecily J. Hilsdale, « Constructing a Byzantine "Augusta" : A Greek Book for a French Bride », *The Art Bulletin*, vol. 87, n° 3, sept. 2005, p. 461.

6. Voir I. 3, « Questions de succession : une reine régnante en France ? ».

7. Christian Settipani, *Les Liens dynastiques entre Byzance et l'étranger à l'époque des Comnènes et des Paléologues*, Paris, Éditions De Boccard, 2021, p. 503-504. Sa volonté va dans le sens des préceptes de l'Église orthodoxe d'empêcher elle aussi des mariages consanguins ou affins (voir Angeliki E. Laiou, *Mariage, amour et parenté...*, *op. cit.*, chapitre 1).

8. A. F. Stone, « The Oration by Eustathios... », art. cit., p. 117.

9. Paul Magdalino, *The Empire of Manuel I Komnenos. 1143-1180*, Cambridge University Press, 1993, p. 98-101.

10. *Ibid.*

11. Christian Settipani, *Les Liens dynastiques...*, *op. cit.*, p. 520.

sécurisent sa traversée[12]. Lorsqu'elle pose le pied à terre, vêtue d'une simple robe rouge[13], au milieu d'une foule compacte venue assister à l'évènement, elle est accueillie par des femmes de l'aristocratie byzantine richement parées qui la conduisent dans une tente magnifique dressée hors les murs, où l'attend sa future belle-sœur Marie la Porphyrogénète – c'est-à-dire « née dans la pourpre » –, de vingt ans son aînée[14]. Puis, lors d'une réception solennelle dans le palais, l'évêque de Thessalonique prononce un discours ampoulé qui évoque les promis : « La plante de ce côté est une jeune floraison du plus grand empire, la plante de l'autre côté est issue d'une racine royale et tous deux sont beaux et si remarquables dans le paradis du grand empire qu'ils apportent maintenant une promesse de bonne fortune universelle[15]. »

Suivent des sous-entendus politiques sur la discorde des grands d'Occident concernant cette alliance franco-byzantine, qui passent certainement au-dessus de la tête d'Agnès, surtout en grec !

Il est bien difficile de se représenter les émotions d'une petite fille de neuf ans dans l'incroyable environnement de la cour byzantine et du luxe inouï du palais des Blachernes. Elle est sans doute remise aux bons soins de sa belle-mère, l'impératrice Marie d'Antioche – mère de son promis Alexis II Comnène –, qui se trouve être curieusement la fille de Constance d'Antioche et de Raymond de Poitiers – le fameux oncle d'Aliénor d'Aquitaine. C'est peut-être l'impératrice qui offre à Agnès un précieux petit livre où les textes en grec sont assortis de nombreuses et belles enluminures. Elles déroulent l'histoire de son mariage, des ambassadeurs envoyés en France aux fiançailles, de l'arrivée à Constantinople à l'intégration dans sa nouvelle famille[16]. Agnès est désormais prénommée Anna[17]. D'innombrables servantes et esclaves sont à son service et des femmes nobles lui enseignent le protocole exigeant de la cour, en attendant ses noces[18].

12. Paul Magdalino, *The Empire of Manuel I…*, *op. cit.*, p. 101 et n. 347.
13. Selon les enluminures du livre offert à Agnès à son arrivée à Constantinople (voir Cecily J. Hilsdale, « Constructing a Byzantine "Augusta"… », art. cité, p. 470).
14. *Ibid.*, p. 112.
15. A. F. Stone, « The Oration by Eustathios… », art. cit., p. 112.
16. Sur ce sujet, voir l'article de Cecily J. Hilsdale, « Constructing a Byzantine "Augusta"… », art. cité.
17. Nicétas Chôniatès, p. 153.
18. Judith Herrin, « Les femmes de la cour à Byzance », éd. Élisabeth Malamut et Andréas Nicolaïdès, *Impératrices, princesses, artistocrates et saintes souveraines*, Presses

Son mariage a lieu le 2 mars 1180[19], en présence de l'archevêque de Tyr, qui nous dit que le jeune époux Alexis II Comnène n'a pas treize ans et qu'Agnès n'est qu'une fillette[20]. Le faste déployé contribue sûrement à la rendre minuscule puisque le couple est revêtu des insignes impériaux – le manteau, la fibule et la couronne cérémonielle[21]. Alexis II Comnène est désormais co-empereur aux côtés de son père. Il est grand temps ! Manuel Ier Comnène s'éteint le 24 septembre 1180[22], soit quelques jours seulement après Louis VII, dont il est l'exact contemporain.

Agnès et les quatre empereurs

Le couple impérial étant encore dans l'enfance, c'est la belle-mère d'Agnès, Marie d'Antioche, qui assure la régence. Elle est cependant bientôt contestée par sa belle-fille, la demi-sœur d'Alexis II Comnène, puis par un redoutable cousin germain de feu Manuel Ier, Andronic Comnène.

La fillette assiste dès lors à un déchaînement de brutalités et d'horreurs. Andronic prend le pouvoir et emprisonne Marie pour trahison, puis fait signer l'ordre de son exécution à l'été 1183 par le jeune empereur Alexis II Comnène, qui condamne ainsi sa mère[23]. Le 24 septembre, il est étranglé lui-même avec une « corde d'arc[24] » sur l'ordre d'Andronic, qui usurpe le trône sous le nom d'Andronic Ier, et fait aveugler ou tuer tous ses opposants – peut-être des milliers de personnes –, parmi lesquels la belle-sœur d'Agnès, Marie la Porphyrogénète, sans doute empoisonnée[25]. Après la mutilation du corps d'Alexis II, Andronic Ier le fait enfermer dans un coffre et jeter à la mer[26]. Bien que nous n'ayons aucune source

universitaires de Provence, 2014, p. 56-59.

19. Paul Magdalino, *The Empire of Manuel I…, op. cit.*, p. 100.

20. Voir note sur l'âge d'Agnès de France, *supra*.

21. Panayotis Yannopoulos, « Le couronnement de l'empereur à Byzance : rituel et fond institutionnel », *Byzantion*, t. 61, fasc. 1, 1991, p. 78.

22. Jean-Claude Cheynet, *Pouvoir et contestations à Byzance*, Paris, Publications de la Sorbonne, 1990, 1196, p. 427.

23. *Ibid.* p. 114-115.

24. Nicétas Chôniatès, p. 150.

25. Jean-Claude Cheynet, *Pouvoir et contestations…, op. cit.*, p. 429-430.

26. Nicétas Chôniatès, p. 152.

sur le quotidien de l'enfant-impératrice Agnès-Anna durant ces évènements traumatiques, nous savons que le nouvel empereur en mal de légitimité l'épouse de force. Il a plus de soixante ans et l'opinion publique décrie cette union ignoble. Un chroniqueur grec ne cache pas son dégoût et tourne Andronic en ridicule[27] : « Et celui qui puait les âges sombres n'avait pas honte de coucher illégalement avec la tendre épouse [...] de son neveu qui n'avait pas encore onze ans accomplis, le soupirant trop mûr embrassant la jeune fille immature, le vieux débilitant la demoiselle aux seins pointus, le vieillard languissant, la jeune fille à l'aube de sa vie[28]. »

Même si Agnès n'a pas onze ans mais treize, il s'agit de toute évidence d'un mariage forcé et d'un viol. Comme sa sœur Aelis, Agnès de France est l'otage et la victime des violences politiques dans un contexte d'assassinats en série bien pire encore.

La cruauté du « tyran » – notamment l'emploi du pal pour des membres de la famille impériale – est fortement réprouvée par les Byzantins[29] et la terreur que fait régner partout Andronic Ier écourte logiquement son mandat. Face à la révolte qui le menace à l'été 1185, selon le chroniqueur grec Nicétas Chôniatès, il s'enfuit à bord d'une trirème en direction de la Russie, emmenant Agnès et sa maîtresse qu'il aimait d'un « amour ardent[30] ». Après quelques rebondissements, empereur et femmes sont capturés et une scène curieuse – et sans doute inventée – est décrite : pour tenter d'attendrir ou de retourner ses geôliers, alors qu'ils voguent vers Constantinople, Andronic compose et chante une complainte sur sa vie, ses épreuves et sa valeur, reprise en chœur dans une improvisation plaintive par l'épouse et la maîtresse[31]. Mais les mariniers ne se laissent pas émouvoir par la « chanson de ses sirènes » et l'usurpateur est amené au nouvel empereur, Isaac II Ange, parent des Comnène par sa grand-mère Théodora[32]. Torture, mutilations et humiliations publiques parachèvent sa capture. Il est « même

27. Comme le montre Angeliki E. Laiou, c'est la différence d'âge plus que l'affinité qui est critiquée par Nicétas Chôniates (Angeliki E. Laiou, *Mariage, amour et parenté...*, *op. cit.*, p. 50).

28. Traduction de l'anglais (Nicétas Chôniatès, p. 153). Autre traduction dans Angeliki E. Laiou, *ibid.*, p. 97).

29. Jean-Claude Cheynet, *Pouvoir et contestations...*, *op. cit.*, p. 430.

30. Nicétas Chôniatès, 1984, p. 191.

31. *Ibid.*, p. 192.

32. Sœur de Manuel Ier Comnène.

battu par des femmes » qui lui donnent des coups de poing au visage, « particulièrement celles dont les maris avaient été mis à mort ou aveuglés[33] ». Andronic Ier périt ignominieusement dépecé en septembre 1185, soit trois ans après son « coup d'État[34] ».

Si nous ignorons les conditions dans lesquelles Agnès-Anna a vécu la décennie du règne d'Isaac II Ange à partir de 1185, il n'est pas audacieux d'envisager qu'elle reste sous une stricte surveillance, comme double impératrice douairière malgré son jeune âge. Elle est en tout cas suffisamment mécontente de son sort pour cautionner la déposition d'Isaac II par son frère Alexis III Comnène en avril 1195, qui est également soutenu lors de sa prise de pouvoir par Théodore Branas, fils d'un puissant sébaste[35]. Nous ne sommes pas plus informés sur la vie d'Agnès entre 1195 et 1203, si ce n'est que, dans cet intervalle, elle s'est remariée pour la troisième fois – et cette fois vraisemblablement de son plein gré – au général Branas[36].

La situation à Byzance est cependant contestée par le fils de l'empereur déchu, Isaac II, aveuglé et emprisonné en 1195 par son frère[37]. Ce fils s'appelle lui aussi Alexis IV Comnène, comme son oncle Alexis III Comnène, et par souci de clarté, nous l'appellerons d'ores et déjà Alexis IV Comnène. Ce dernier a l'idée – ou bien lui est-elle suggérée[38] – de solliciter l'aide des Francs de la quatrième

33. Nicétas Chôniatès, p. 192.

34. La mort honteuse d'Andronic Ier est relayée par une version franque vingt ans plus tard (Robert de Clari, § 25, p. 87-89).

35. Jean-Claude Cheynet, *Pouvoir et contestations…*, *op. cit.*, p. 129.

36. Aubry de Trois-Fontaines, presque toujours repris, indique qu'avant de se marier avec Agnès de France, Théodore Branas a vécu en concubinage avec elle (Aubri de Trois-Fontaines, MGH SS 23, p. 885). Cette précision tardive – il écrit trente ans après les faits – d'un moine champenois semble douteuse au regard d'un témoin sur place, Robert de Clari, qui écrit qu'à l'arrivée des croisés en 1203, elle était déjà mariée à Branas (Robert de Clari, § 53, p. 129). Comme pour les adultères supposés des princesses, ces « concubinages » pas plus avérés, rapportés par des ecclésiastiques hommes, doivent faire l'objet d'une analyse critique.

37. Rigord l'appelle « Conrezac l'Aveuglé » (Rigord, § 147, p. 383). Alexis III Comnène « lui arracha les yeux de la tête » (Villehardouin, § 70, 146). Il lui « creva les yeux » (Robert de Clari, § 28).

38. Pour Villehardouin, la démarche vient d'Alexis IV Comnène (Villehardouin, § 71, 72), pour Robert de Clari, des croisés (Robert de Clari, § 29, 30), pour Nicétas Chôniatès, du pape Innocent III et du roi d'Allemagne Philippe de Souabe (Nicétas Chôniatès, p. 296).

croisade pour récupérer le trône paternel et s'y associer. Il nous faut donc dire quelques mots de cette aventure orientale.

Secourir les chrétiens d'Orient par une nouvelle croisade est une constante préoccupation du pape Innocent III qu'il communique par la parole de l'Écriture : « Si je t'oublie Jérusalem[39]... ». La jeune génération se croise à l'hiver 1199-1200. En font partie Thibaud III de Champagne, fils de Marie de France et d'Henri le Libéral, frère d'Henri II mort à Acre ; son cousin germain Louis de Blois, fils d'Alix de France et de Thibaud V ; le comte de Flandre Baudouin VI de Hainaut, frère de feu la reine de France Isabelle ; et d'autres comme le maréchal champenois Geoffroy de Villehardouin et son neveu homonyme. En 1201, ils sont à Venise et négocient avec le doge leur transport. Le rendez-vous est fixé pour l'année suivante mais bientôt l'expédition est compromise, car son jeune chef, le comte de Champagne Thibaud III, est mort subitement. De nombreux croisés sont alors partis à leur convenance directement en Syrie – comme nous l'avons vu pour les Flamands de *Damsel de Chypre* – et d'autres se sont récusés. L'argent manque et les Vénitiens proposent le financement si les chevaliers les aident à récupérer Zara, port stratégique sous domination hongroise, avant de partir vers l'Égypte, destination initiale et nouvelle de la croisade selon une idée germée au temps de Richard Cœur de Lion[40]. Malgré l'opposition d'Innocent III, la ville de Zara est pillée en novembre 1202.

Peu après, et c'est là que cela se complique, Alexis IV, fils de l'empereur Isaac II déchu par son frère Alexis III, vient implorer le secours des croisés en échange de monts et merveilles, c'est-à-dire le paiement de tous leurs frais de la campagne égyptienne. Encouragés par les Vénitiens, les Francs débarquent bientôt dans la cité byzantine, qui leur apparaît dans toute son opulence et son intimidante puissance : « Ces hautes murailles et ces puissantes tours [...], et ces magnifiques palais, et ces hautes églises si nombreuses que personne ne pourrait le croire sans le voir de ses propres yeux[41]. » Ils mettent en déroute l'oncle rival, Alexis III, qui s'enfuit en juillet 1203. Le 1er août, le nouvel empereur – Alexis IV – est nommé co-empereur aux côtés de son père Isaac II, libéré et rétabli sur le

39. Jean Richard, *Histoire des croisades*..., *op. cit.*, p. 253.
40. *Ibid.*, p. 257.
41. Villehardouin, § 128.

trône. Dans le grand palais, « les grands personnages et les grandes dames somptueusement parées[42] » l'entourent. L'ancienne impératrice Agnès-Anna et son époux Théodore Branas en font-ils partie ? C'est probable.

C'est en tout cas juste après cette intronisation que notre princesse Agnès de France reçoit les chefs croisés dans son propre palais, avec tout l'apparat de sa position d'impératrice douairière mais aussi d'épouse d'un « grand personnage de la cité[43] ». Elle a alors trente-trois ans. Les barons la saluent respectueusement et « lui promettent leur service », comme à la « sœur du roi de France » Philippe Auguste, leur suzerain[44]. Mais sur son trône, et dans une somptueuse robe pourpre et or à manches longues incrustée de perles[45], elle les regarde avec hauteur et leur fait un très mauvais accueil. Refusant de s'adresser à eux directement, elle recourt à un interprète qui affirme qu'elle ignore le français. Agnès se montre très « fâchée qu'ils fussent venus en ce lieu et qu'ils eussent couronné cet Alexis IV Comnène », c'est-à-dire le numéro IV[46]. De là, nous déduisons qu'elle avait préféré en son temps Alexis III Comnène à son frère Isaac II. On peut penser que les croisés qui débarquent au milieu des intrigues régicides de la cour byzantine ont quelque difficulté – tout comme nous, du reste – à saisir les alliances et les inimitiés. Pourtant, nous distinguons malgré la complexité des connexions une certaine cohérence dans les relations de la *basilissa* Agnès-Anna : Andronic Ier[47], Alexis III Comnène, Théodore Branas, *versus* Isaac II, son fils Alexis IV Comnène… et les croisés.

42. Villehardouin, § 185.

43. Robert de Clari, § 53, p. 129.

44. Voir Ewan Short, « The Agency and Authority of Agnes of France and Margaret of Hungary in the Aftermath of the Fall of Constantinople (1204-1206) », *in Frontiers*, Issue 03, 2019, p. 33.

45. D'après ce que portent les femmes de la noblesse byzantine lorsqu'elles accueillent Agnès à Constantinople (Cecily J. Hilsdale, « Constructing a Byzantine "Augusta"… », art. cité, p. 470).

46. Robert de Clari, § 53, p. 129. De toute évidence, il ne s'agit pas uniquement de marquer une distance sociale et aristocratique avec les chefs croisés. Le mobile de son mécontentement est politique.

47. L'emprise de cet empereur et deuxième époux d'Agnès et les stratégies de défense qu'elle a mises en place pour survivre dans cet environnement terrifiant où l'on passe de vie à trépas, non sans d'atroces souffrances, ont semble-t-il orienté les solidarités et les alliances de la princesse.

« L'impératrice de France » – comme l'appellent alors les croisés – accepte cependant un entretien privé avec son cousin le comte Louis de Blois[48], avec qui elle parle vraisemblablement sa langue maternelle, échange sur les enjeux locaux, à qui elle explique les raisons de son hostilité... Elle estime, peut-être avec raison, qu'elle ne doit rien aux Francs ni aux Capétiens qui l'ont abandonnée à son sort vingt ans plus tôt, et qui ont fermé les yeux sur l'infamie de son union avec Andronic Ier. Rigord n'a-t-il pas écrit qu'après l'assassinat de son jeune époux Alexis II en 1180, « Agnès, sa femme demeura dans un saint veuvage[49] » ?

Mais le présent reprend ses droits et l'animosité à l'égard des croisés ne vient pas que de l'impératrice douairière Agnès. À l'été 1203, Alexis IV leur déclare que « les Grecs éprouvent un violent dépit » du fait qu'il a recouvré son héritage par la force et demande aux croisés de stationner à Constantinople jusqu'à la prochaine Pâque pour préserver son trône branlant[50]. Fatale décision qui, de rixes en représailles entre Francs et Byzantins, aboutit à l'incendie d'une partie de la ville et à l'assassinat de l'éphémère empereur, aussitôt remplacé par d'autres prétendants tout aussi furtifs[51]. Les Francs, coincés à Constantinople par la mauvaise saison de navigation, parviennent à la conclusion que la déliquescence politique offre l'opportunité de prendre la « Reine des Villes », de se répartir le butin, les terres, et d'élire leur propre empereur. Les chefs prêtent solennellement serment de ne pas violer les femmes ni les « dépouiller de leurs vêtements[52] », de respecter les églises, les monastères,

48. Robert de Clari, § 53, p. 129. Louis de Blois est le cousin germain d'Agnès parce que la mère de cette dernière, Adèle de Champagne est sœur de Thibaud V de Blois, père de Louis. Mais c'est aussi son neveu puisque Agnès et Alix de France, mère de Louis, sont demi-sœurs. Le cousinage semble primer. En outre, Louis et Agnès sont du même âge.

49. Rigord, § 146, p. 377.

50. Villehardouin, § 194, 195.

51. Les évènements sont d'une grande complexité et d'une extrême confusion. Nous renvoyons donc aux études sur l'histoire de Byzance à cette période, notamment Jean-Claude Cheynet, *Pouvoir et contestations...*, *op. cit.*, chapitres VI et VII ; Florence Sampsonis, « L'Empire latin de Constantinople (1204-1261), l'ombre d'un empire », *Les Empires médiévaux*, dir. Sylvain Gouguenheim, Paris, Éditions Perrin, 2019, p. 253-274.

52. Robert de Clari, § 68, p. 151,153.

sur ce, le 12 avril 1204, le pillage est généralisé[53]. L'évènement est resté dans l'histoire comme le sac de Constantinople. À ce moment, Agnès et de nombreuses princesses byzantines se réfugient dans le palais de Boucoléon, où les trouve l'un des grands barons[54]. Dans l'anarchie qui s'ensuit, les Francs parviennent – bien difficilement – à mettre en œuvre leur plan de conquête, promeuvent Baudouin VI de Hainaut – comte de Flandre de son état – premier empereur latin de Constantinople le 16 mai 1204[55], et se répartissent l'Empire[56].

Cette fois, Agnès-Anna doit faire contre mauvaise fortune bon cœur, et son double statut d'impératrice et de princesse capétienne, associé à la popularité de son troisième époux Théodore Branas auprès des croisés – « qui avait pris leur parti[57] » –, permet au couple d'obtenir en 1206 le gouvernement d'Andrinople à la frontière bulgare, à la demande même des Grecs confrontés à l'expansionnisme inquiétant de leur voisin[58]. L'élite locale connaît en effet Branas, qui a déjà commandé la région, et la présence de l'impératrice est une double garantie pour eux de maintien des coutumes grecques et d'une bonne entente avec les nouveaux empereurs latins.

Quelle vie Agnès mène-t-elle à Andrinople ? Elle gouverne sans doute la cité aux côtés de son époux[59], et fait face comme lui aux attaques incessantes du roi bulgare, réputé pour sa cruauté. Elle rencontre sans doute Thierry de Flandre, fils bâtard de feu Philippe d'Alsace, que l'on retrouve à Andrinople en 1207 auprès de son oncle Henri de Hainaut, devenu empereur de Constantinople. Son épouse Damsel l'accompagne-t-elle ? Thierry et Damsel restent-ils

53. Si les chroniques occidentales (Villehardouin, Clari) sont elliptiques sur le sac, passant de la décision du respect des biens et des modalités du partage du butin à sa répartition, Nicétas Chôriates, lui, détaille le saccage et les crimes (Nicétas Chôniatès, p. 314-316).

54. Villehardouin, § 249.

55. « Trois semaines après Pâques » (Villehardouin, § 261), qui tombe le 25 avril en 1204.

56. C'est évidemment là un résumé caricatural et l'on se reportera aux études pour le détail de la conquête latine.

57. Villehardouin, § 259.

58. Ewan Short, « The Agency and Authority of Agnes... », art. cit., p. 36 ; Jean-Claude Cheynet, *Pouvoir et contestations..., op. cit.*, p. 471 ; Filip Van Tricht, « The Byzantino-Latin Principality of Adrianople and the Challenge of Feudalism (1204/6-ca. 1227/28). Empire, Venice, and Local Autonomy », *Dumbarton Oaks Papers*, vol. 68, 2014, p. 329-330.

59. Ewan Short, « The Agency and Authority of Agnes... », art. cit., p. 36.

avec la garnison flamande d'une centaine de chevaliers laissée pour défendre la place[60] ? Cette connexion entre la princesse de Chypre et « l'impératrice de France » est tentante, mais nous n'en savons rien.

Pour ce qui concerne Agnès, aucune source ne la mentionne plus[61], et tout ce que nous savons d'elle, c'est que de son union avec Théodore Branas est née au moins une fille, au prénom inconnu[62]. Une Damsel d'Andrinople en quelque sorte. Cette princesse épouse Narjaud de Toucy, seigneur de la petite noblesse bourguignonne[63]. Un jour de l'an 1251, sur les côtes de Syrie, leur fils prénommé Philippe se présentera à Louis IX, petit-fils de Philippe Auguste, et lui apprendra leur cousinage[64]...

Mais ce n'est pas dans cet Orient lointain que nous poursuivons notre voyage au temps des Capétiennes. Car dans le royaume de France, une reine résiste au roi, subit ses représailles indignes, et mérite à nouveau notre sympathie.

---

60. Villehardouin, § 493, 496.

61. Les sources secondaires qui mentionnent sa mort en 1220 (notamment Charles Diehl souvent cité) ou 1240 ne référencent pas l'information, et n'ont probablement aucun fondement. En revanche, il est soutenable qu'Agnès était décédée au moment de la perte d'Andrinople par l'Empire latin en 1227 (voir Filip Van Tricht, « The Byzantino-Latin Principality of Adrianople... », art. cit., p. 340-341).

62. Filip Van Tricht émet l'hypothèse intéressante d'une seconde fille née du couple qui aurait épousé Baudouin de Béthune (voir Filip Van Tricht, *ibid.*, p. 334). Christian Settipani envisage également un fils (Christian Settipani, *Les Liens dynastiques...*, *op. cit.*, p. 388-389).

63. *Ibid.*, p. 334. Il est possible que Narjaud de Toucy, attesté dans l'Empire en 1217 aux côtés du puissant Conon de Béthune, ait déjà vécu à Constantinople depuis plusieurs années.

64. Joinville, § 495, p. 439 et n. 495. Louis IX (le futur Saint Louis) et Philippe de Toucy sont cousins issus de germains.

3

Ingeburge, la reine prisonnière

« Le châtiment du crime dû au coupable accable les innocents
alors que les mœurs perverties demeurent sur un trône élevé [...].
L'éclat de la vertu reste voilé sous d'obscures ténèbres
et le juste subit l'accusation de l'injuste. »

Boèce[1]

Nous avions abandonné la reine Ingeburge à son triste sort à l'été 1196 dans « un certain château » où le roi de France l'avait reléguée peu après son mariage avec la princesse Agnès de Méranie. Alors que Philippe Auguste est en pleine négociation avec le roi Jean après la mort de Richard en 1199, le problème de sa bigamie s'invite dans ses manœuvres. En effet, Célestin III, vénérable nonagénaire, est mort le 8 janvier 1198 et le pape Innocent III lui succède. Or, s'il se montre prudent au début de la relation avec son « très cher fils » Philippe Auguste, il ne tarde pas à manifester son inflexibilité sur la question de l'union du roi avec Ingeburge.

1. Boèce, *La Consolation de philosophie*, éd. Claudio Moreschini, trad. Eric Vanpeteghem, Paris, Le Livre de poche, 2005, p. 71-72, L. I, 5.

L'arrivée d'Innocent III

Le duel judiciaire qui se renforce a pour enjeu à cette époque la volonté du Saint-Siège d'être seul maître sur la question du mariage en général, et celui des princes en particulier[2]. « L'affaire Ingeburge » est quasiment le premier « dossier » d'Innocent III qui, dès son avènement, envoie une lettre à l'évêque de Paris. Il l'exhorte à obtenir du roi que « notre chère fille en Christ l'illustre reine de France » rentre en grâce et retrouve « l'affection conjugale », c'est-à-dire l'accès au lit royal[3]. Il soulève la question de la succession au trône dans le cas où son unique fils – c'est-à-dire Louis – mourrait, puisque le roi ne peut engendrer un enfant légitime de l'union avec sa concubine[4]. On imagine qu'entre souverain et souverain pontife, l'évêque de Paris a choisi son camp prudemment et la demande ferme d'Innocent III reste lettre morte.

En mai 1998, le pape s'adresse donc directement à Philippe Auguste et sa longue missive est un programme en soi : sympathie pour le royaume où il a dans sa jeunesse étudié toutes les sciences, rappel de précédentes démarches du Saint-Siège pour que le « scandale » cesse avec la *superinducta* – cette « femme en trop » –, car « la sensualité ne doit pas vaincre la raison ». Selon Innocent III, le roi donne le mauvais exemple et se fait du tort. La preuve qu'il encourt l'indignation divine est qu'il essuie des échecs là où le succès lui souriait – allusion évidente à ses déboires militaires en début d'année face à Richard Cœur de Lion. Le pape rappelle qu'il vit une relation consanguine avec une femme alors qu'il n'y a aucune affinité avec « la Reine de France ». Il engage Philippe Auguste à juger ses propres actions s'il ne veut pas que d'autres les jugent à sa place. L'excommunication est dans l'air… Il faut surtout éloigner Agnès de Méranie du royaume et rappeler Ingeburge, rejetée « de manière irrationnelle » – nous voyons que le pape n'est pas loin de la vérité – alors que les témoignages de beaucoup la reconnaissent « d'une sainteté et d'une honnêteté merveilleuse ». Il conclut de manière

2. Marie-Bernadette Bruguière, « Le mariage de Philippe-Auguste… », *op. cit.*, p. 144 ; James A. Brundage, « The Canon Law… », *op. cit.*, p. 213.

3. Jean Gaudemet, « Le dossier canonique… », art. cité, p. 17 ; PL 214, n° 4, p. 2.

4. PL 214, n° 4, p. 3.

plus prosaïque que « son très cher fils doit faire de nécessité vertu[5] ». Innocent III, malgré sa véhémence, reste prudent en n'évoquant pas frontalement dans sa missive au roi la question successorale et l'illégitimité des enfants à naître. De toute façon, ses admonestations ne sont suivies d'aucun effet. Philippe Auguste ne compte nullement se séparer de sa nouvelle épouse, qui lui donne une fille le 14 janvier 1199[6], prénommée Marie, peut-être en hommage à la sœur aînée du roi, comtesse de Champagne décédée récemment.

Innocent III passe alors à la vitesse supérieure et, dans l'isolement de son anonyme forteresse, Ingeburge a peut-être un regain d'espoir. Le légat du pape, lors d'un concile en décembre 1199, fulmine l'interdit sur le royaume de France – nouvelle officialisée, comme nous l'avons vu plus haut, deux jours avant les pourparlers de paix opportuns de Philippe Auguste et du roi Jean[7]. Pour la reine emprisonnée, c'est le signe d'un soutien fort de la papauté qu'elle n'espérait peut-être plus et un moyen de pression qui peut faire bouger les lignes. Les premiers effets de la sanction sont pourtant peu encourageants. La fureur du roi s'abat sur les prélats du concile dont il confisque les biens, qu'il chasse de leur siège et, « pour comble de tout mal, il enferma dans son château d'Étampes, privée de la consolation de tous les siens, *son épouse légitime* Ingeburge, reine sainte, parée de toutes les bonnes mœurs et vertus[8] ». Rigord, pourtant la voix de son maître, est indigné du sort réservé à la princesse, qu'il n'hésite pas à qualifier de « reine », reconnaissant ainsi son statut politique.

Non seulement l'action du pape n'arrange pas la situation d'Ingeburge, mais elle l'aggrave : à partir de 1200, la reine est privée « des siens » – c'est-à-dire sans doute de quelques servantes danoises qui l'avaient accompagnée et peut-être de demoiselles qui lui tenaient compagnie. En outre, c'est précisément à cette époque que le roi entreprend des travaux pour transformer en château la forteresse quadrilobée d'Étampes construite sous son grand-père

5. PL 214, n° 4, p. 148-150. Voir aussi une traduction partielle (ou partiale) dans B. Zeller et A. Luchaire, *Philippe Auguste et Louis VIII*, Paris, 1884, p. 73-74.

6. Les sources secondaires indiquent 1198 comme année de naissance. Nous déduisons cependant de la formulation de la charte de son mariage (Delisle, *Catalogue*, n° 1102) que le roi attend que sa fille ait exactement douze ans au moment de l'union, ce qui correspond à une date de naissance le 14 janvier 1199, et non en 1198.

7. Voir III. 1., « Les derniers feux d'Aliénor… ».

8. Rigord, § 139, p. 363.

Louis VI, entourant le donjon d'un premier mur d'enceinte flanqué de quatre tourelles, suivi d'un deuxième puis d'un troisième, renforçant ainsi puissamment sa défense, mais empêchant concomitament l'évasion[9]. Même si le donjon comprend une salle d'apparat et des appartements privés spacieux, ce n'est pas un lieu de villégiature[10], car ce qui compte à cette époque, ce n'est pas la taille des pièces, qu'il faut chauffer en hiver, mais le confort. Il faut les aménager avec des tentures, des coffres, des tapis qui sont des éléments mobiles, transférés d'un lieu de résidence à l'autre au gré de la vie nomade des souverains dans leurs domaines.

À ce stade, la situation semble bloquée. Cependant, même si le roi ne veut pas céder, elle n'est pas tenable éternellement. Le mariage de l'héritier du trône avec Blanche de Castille en juillet 1200 à Port-Mort, que nous avons déjà évoqué, édifie chacun sur les conséquences de l'embargo spirituel, puisqu'il se déroule hors du royaume et sans réjouissances. Lever l'interdit devient urgent pour le souverain. C'est pourquoi l'arrivée d'un nouveau légat du pape en France à l'automne de cette année-là est un évènement que le peuple salue avec un enthousiasme plein d'espérance. Le roi lui-même part à sa rencontre toutes affaires cessantes et, avec effusion et « beaucoup de larmes », promet au cardinal Octavien tout ce qu'il voudra[11]. Miracle ! Philippe Auguste accepte de se séparer d'Agnès de Méranie et s'engage à ne pas la visiter tant que « l'affaire de la reine » n'est pas réglée[12]. Un contemporain remarque qu'il se sépare d'Agnès en l'embrassant[13] mais elle reste dans le domaine royal au motif qu'elle est enceinte et « sur le point d'accoucher[14] ». On se représente cependant aisément son désarroi face à la séparation et

9. Robert IV de Beaumont, comte de Leicester et fidèle des Plantagenêts, a été entre 1194 et 1196 prisonnier du roi de France dans la forteresse d'Étampes, qui accueille ainsi des « hôtes » de marque, comme Devizes en Angleterre, et pour les mêmes raisons de sûreté de la place.

10. Les informations sur le château d'Étampes sont issues de l'étude de Clément Wingler, « L'architecture militaire à Étampes et en Essonne du XIe au XIIIe siècle », coll. « Mémoire(s) d'Étampes », vol. 2, MH, avril 2021.

11. PL 214, n° 15, p. 888.

12. Jean Gaudemet, « Le dossier canonique… », art. cité, p. 18 ; PL 214, n° 15, p. 889.

13. *Deeds of Pope Innocent III*, p. 70.

14. *Ibid.* ; si Agnès de Méranie est sur le point d'accoucher à l'automne 1200, la naissance de Philippe Hurepel est donc à corréler avec cette information. Il est vraisemblablement né en septembre ou octobre 1200.

à la menace qui pèse sur sa situation matrimoniale. D'autant que le légat convainc également le roi de revoir Ingeburge, alors malade[15]. Philippe Auguste la fait transférer au château de Saint-Léger-en-Yvelines, à quelques lieues d'Étampes, et non à Paris. Il sait qu'il a tout à craindre d'une entrée de la reine au milieu d'une foule en liesse pour l'accueillir, qui le contraindrait à une réconciliation irrévocable. Les réminiscences de sa première épouse Isabelle de Hainaut à Senlis lui servent de garde-fou contre une telle perspective et l'indisposition d'Ingeburge est pour le roi une aubaine. Le pape, qui commence par s'étonner du choix de Saint-Léger plutôt que de la capitale[16], comprend la manœuvre.

Ingeburge est ainsi tirée de sa prison pour rejoindre une résidence où les reines de France ont l'habitude de séjourner avec confort[17]. C'est le premier signe d'un changement de situation favorable à son égard depuis sept ans qu'elle est captive. Ses espérances sont confirmées lorsque le légat Octavien lui rend visite, lui présente des lettres du pape et l'assurance qu'il travaille pour mettre fin « honorablement à ses affaires[18] ». Le lendemain, sur les instances du légat, Philippe Auguste rencontre lui aussi Ingeburge et lui parle longuement[19]. Il n'est donc plus pris de panique ni de révulsion en présence de son épouse danoise. C'est un fait capital qui sera bientôt confirmé.

En attendant, que peut-il bien lui dire ? Depuis des années qu'il l'ignore, il ne l'a revue qu'une seule fois, avec dégoût. Il la maintient captive dans des conditions indignes d'une reine et accentue son isolement à chaque changement de lieu de captivité. Essaye-t-il de l'amadouer pour qu'elle renonce à sa revendication du titre de reine ? Qu'elle se claquemure de son plein gré dans un monastère ? Ou – mieux encore – qu'elle retourne au Danemark ? Nous l'ignorons, bien sûr, mais il est probable qu'il s'agit d'une ultime tentative de séparation « à l'amiable ». Quelles que soient les instances du roi, Ingeburge refuse. À vingt-cinq ans, après un mariage consommé, elle lutte pour sa *fama*, pour son statut de reine, pour la justice. Contre la *superinducta* qui met au monde les enfants qu'elle aurait

15. PL 214, n° 15, p. 889.
16. Jean Gaudemet, « Le dossier canonique… », art. cité, p. 18 ; PL 214, n° 16, p. 894.
17. Jean Gaudemet, *ibid.* ; PL 214, n° 15, p. 889.
18. PL 214, n° 15, p. 889.
19. Jean Gaudemet, « Le dossier canonique… », art. cité, p. 18 ; PL 214, n° 15, p. 889.

dû porter. Contre un homme qui a couché avec elle, puis l'a rejetée. Contre une société mâle toute-puissante. Ingeburge a désormais une ligne de conduite, une ligne de défense, et s'y tient.

Fort de cet échange que l'on peut considérer comme un premier succès, le légat, lui, pousse son avantage et ordonne au roi de « recevoir » Ingeburge comme reine de France mais aussi comme sa femme – bref, il l'invite à « consommer » tout de suite[20]. Le roi, « bien qu'à contrecœur », se montre à ses côtés « publiquement » et promet le reste, ce qui prouve l'enjeu pour lui de voir lever l'interdit. Dans une parodie de serment que lui-même s'abstient de prononcer, Philippe Auguste fait jurer l'un de ses familiers – un certain Nicolas, inconnu au bataillon, et sûrement de très petite noblesse – qu'il traitera dignement Ingeburge et qu'il ne la renverra pas sans un jugement de l'Église[21]. Bien que l'assistance de témoins soit habituelle, il semble bien que le roi fasse le service minimum. Ingeburge, quant à elle, garde sans doute quelque prudence. Car tous ont remarqué que le roi s'est engagé à tout contre son gré. Pour le légat satisfait, peu importe : il lève aussitôt l'interdit. Philippe Auguste a joué la comédie juste ce qu'il fallait pour parvenir à ce but. Mais il est furieux. Il renvoie Ingeburge à Étampes et, consternant son monde, il oblige le légat à fixer une assemblée pour juger son affaire.

De mal en pis…

Sans doute dans les semaines qui suivent, les négociations commencent, et Ingeburge n'en est pas absente. Elle commence par refuser comme lieu de procès les villes de Lyon et de Cambrai en raison des mauvaises relations de son frère Knud VI avec les Allemands, ce qui obère la possibilité pour ses défenseurs danois d'assister au colloque[22]. Intelligente, elle comprend surtout que le roi veut l'éloigner autant que possible de Paris et du domaine royal, et Lyon est en Empire, Cambrai en Flandre. On fixe finalement le rendez-vous en avril 1201 à Soissons, ce qui est une victoire pour

20. PL 214, n° 15, p. 889.
21. Jean Gaudemet, « Le dossier canonique… », art. cité, p. 19 ; PL 214, n° 15, p. 890.
22. PL 214, n° 15, p. 890.

Ingeburge, et un échec pour le roi qui ne cache pas son mécontentement. Le légat, réalisant sans doute l'impair d'avoir levé l'interdit trop vite, semble cependant s'être assuré que, pendant une durée de sept mois, la reine soit bien traitée[23]. Il écrit au pape qu'elle dispose désormais de chapelains, de chevaliers, de serviteurs et de vivres et vêtements autant que nécessaire. Bref, une petite cour pour tenir son rang[24].

Mais il semble que la réalité soit tout autre : Ingeburge subit en réalité une coercition ignoble et, désespérée, elle écrit de nouveau au pape, pressentant un procès inique à Soissons. Elle se présente comme « la plus petite de ses filles » et reine de France « de nom seulement ». Elle rappelle qu'elle lui a souvent expliqué ses misères, l'amertume de son âme et qu'il est le protecteur des opprimés, le refuge des misérables. Qu'il la délivre de ceux qui la tourmentent. Puis, elle accuse :

> Mon seigneur et mari Philippe, illustre roi de France, me persécute ; car non seulement il ne me considère pas comme épouse, mais désirant dégoûter ma jeunesse dans la solitude de ma prison, il ne cesse de me poursuivre d'insultes et de calomnie par le biais de ses serviteurs pour que je consente à jurer contre les lois du mariage [...]. Sachez, Saint-Père, que dans ma prison, il n'y a aucun réconfort et que je souffre d'innombrables et insupportables peines ; car personne n'ose me rendre visite, sauf quelques religieux, pour me consoler, et je ne peux entendre de personne la parole de Dieu pour ranimer mon âme [...] ; je ne peux me confesser à un prêtre ; j'entends rarement la messe, et jamais les heures[25].

23. Ce que nous savons par la réponse du pape à sa lettre (PL 214, n° 16, p. 893), même si le légat a omis ce « détail » dans son rapport sur l'affaire à Innocent III.

24. Jean Gaudemet, « Le dossier canonique... », art. cité, p. 19 ; PL 214, n° 15, p. 891.

25. PL 215, n° 85, p. 86-88. Les passages traduits ci-dessous s'appuient partiellement sur Nanna Damsholt, « Medieval Women's Identity in a Postmodern Light. The Example of Queen Ingeborg », *The Birth of Identities. Denmark and Europe in the Middles Ages*, éd. Brian Patrick McGuire, Copenhague, Reitzel Publishers, 1996, p. 236-238) et Régine Pernoud, Geneviève de Cant, *Isambour...*, *op. cit.*, p. 129-131.

La lettre d'Ingeburge au pape, sans date, est consensuellement située en 1203. Pourtant, celle du pape au légat, qui elle est datée de fin octobre 1200 reprend un grand nombre des éléments de la lettre d'Ingeburge, dont il s'indigne. Nous proposons donc d'établir cette lettre d'Ingeburge en septembre 1200, entre la rencontre avec Philippe Auguste et la réponse d'Innocent III. Précisons que la chronologie de cette affaire est complexe et que l'absence de datation de certaines correspondances peut entraîner une interprétation confuse des évènements.

Les consolations spirituelles lui sont refusées, tout comme les visites, et même la réception des lettres du pape lui est interdite.

> Aucun messager du pays de ma naissance, avec ou sans lettres, n'est autorisé à venir à moi et me parler.

Plus grave encore :

> La nourriture qui m'est servie est parfois très réduite ; je survis quotidiennement du pain de la tribulation et de l'eau de la souffrance ; je ne peux avoir aucun médicament, comme il convient à la fragilité humaine, et personne ne s'occupe de la santé de mon corps [...]. Je n'ai pas le droit d'aller au bain et je ne peux pas me faire saigner et c'est pourquoi je crains qu'il ne m'arrive de graves infirmités. Il n'y a pas assez de vêtements et ils ne sont pas ceux qui conviendraient à une reine.

Cette plainte est corroborée par la faible somme que la reine reçoit pour son habillement, et seulement une fois dans l'année, moitié moins que « les enfants de Poissy » – ceux d'Agnès de Méranie ainsi nommés –, qui sont pourtant en très bas âge[26].

Plus loin dans sa lettre, avec pudeur, elle écrit que des choses lui sont refusées, « qui ne devraient être refusées à aucune femme chrétienne ». Des soins gynécologiques ? Des linges pour ses règles ? À ces manquements aux besoins physiologiques élémentaires s'ajoutent les brimades et la maltraitance psychologique ordonnées par le roi :

> Au comble de ma misère il y a le fait que des personnes viles me servent selon la volonté du roi, ne me disent jamais de bonnes paroles, mais m'affligent d'insultes [...] et me forcent à rester triste. Je suis enfermée dans une certaine maison et je ne peux en sortir.

Ingeburge est dans les faits une prisonnière, et une prisonnière maltraitée. S'il ne s'agit pas d'une tentative de féminicide – bien que l'on puisse légitimement se poser la question –, il est évident que Philippe Auguste veut *a minima* faire « craquer » son épouse

26. Ferdinand Lot, *Le Premier Budget de la monarchie française*, Paris, Honoré Champion, 1932, p. 127. Le seul budget connu à cette période est celui de 1202-1203, ce qui prouve qu'elle n'est pas mieux traitée avant qu'après 1201. Cela ôte l'argument d'une Ingeburge qui exagère sa pénible situation ou qui « fait du cinéma ».

pour qu'elle accepte l'annulation du mariage et entre en réclusion monacale. Mais Ingeburge, mue par le sentiment d'injustice, son bon droit, son espérance dans le soutien du nouveau pape et, bien sûr, sa foi, résiste autant qu'elle le peut, même si elle avoue qu'à toutes ces souffrances, elle préférerait la « mort corporelle ». Malgré son estimable résistance, elle a bien compris la finalité des persécutions dont elle est l'objet et entrevoit qu'elle pourrait céder. Elle conclut sa lettre en demandant à Innocent III que « si par hasard, par une fraude diabolique [...] Philippe tentait une nouvelle fois d'agir contre [elle] » et qu'elle se parjurait « à cause des menaces et de la terreur » sur la question du mariage – c'est-à-dire sur la consommation, sa libre entrée dans les ordres ou le retour dans son pays –, elle puisse être placée dans un lieu où elle retrouverait la liberté de parole. Enfin, s'en remettant entièrement à Innocent III, elle conclut avec une simplicité émouvante, « Au revoir Saint-Père ».

Le pape est attendri et indigné par la lettre de la reine ; il recadre aussitôt son légat, lui rappelant que sa mission est de convaincre le roi de reprendre sa femme. Dans tous les cas, désormais, toute rétractation d'Ingeburge sur la validité de son union avec le roi de France, tout vœu d'entrer en religion serait considéré comme le résultat de la coercition et des conditions de vie ignominieuses imposées par son « illustre » mari, et n'auraient aucune valeur. Mais Innocent III est bien décidé à vaincre le roi jusqu'à « verser le sang[27] » et leurs échanges à cette période sont peu amènes[28].

En avril 1201, à Soissons, Ingeburge se retrouve à nouveau au milieu d'une assemblée composée exclusivement d'hommes, roi, barons, prélats, légats et quelques défenseurs danois, pour savoir si son mariage doit être « confirmé ou rompu[29] ». D'emblée, « le roi exigea vigoureusement que le divorce ait lieu entre lui et sa femme, disant qu'ils étaient si étroitement liés par la consanguinité, qu'il était tenu par la loi de ne pas avoir de rapports [sexuels] avec elle[30] ».

Les ambassadeurs danois contre-argumentent et les légistes s'invitent, si bien qu'après quinze jours et « des disputes juridiques aussi nombreuses que variées », le roi, excédé par ces délais et

27. Jean Gaudemet, « Le dossier canonique... », art. cité, p. 20 ; PL 214, n° 16, p. 895.
28. Jean Gaudemet, *ibid.*, p. 21.
29. Rigord, § 140, p. 367.
30. Hoveden, *Annals*, t. 2, p. 507.

argumentations inefficaces, provoque une nouvelle fois la stupéfaction. Laissant là évêques, clergie et chevaliers, il part « de bon matin avec son épouse Ingeburge, sans même les saluer[31] ». Il envoie ensuite un messager pour les informer qu'il a repris sa femme et ne souhaite plus s'en séparer. Si Rigord ne dit pas qu'il la fait monter en selle derrière lui, ce qui paraît bien improbable, il n'en reste pas moins qu'il la côtoie sans les craintes qui l'avaient poussé à la répudiation après le sacre. Le colloque, devenu sans objet, est finalement dissous.

La mort d'Agnès de Méranie et l'emprisonnement sans fin d'Ingeburge

Hélas, ce rebondissement spectaculaire n'est que de l'esbroufe. Si le roi n'est plus perturbé par la présence d'Ingeburge, c'est avec Agnès de Méranie qu'il a trouvé l'affection et qu'il a refait sa vie. Ingeburge ne lui rappelle que de mauvais souvenirs et des ennuis avec les papes. « Enlevée » au procès, chevauchant aux côtés de son époux, la reine a peut-être rêvé de prendre enfin sa place auprès de Philippe Auguste. Au lieu de quoi, elle est très sûrement ramenée à Étampes et pour elle, c'est une lente histoire sans fin. Pour le roi, en revanche, les évènements se bousculent.

Son neveu, Thibaud III de Champagne, fils de sa sœur Marie de France, marié en 1199 à la sœur de Bérengère de Navarre, Blanche, meurt de maladie en mai 1201 alors qu'il devait diriger la quatrième croisade, laissant derrière lui une fille et une épouse enceinte. Après un deuil comme « jamais on n'en fit » pour un homme[32], Blanche de Navarre, selon une tradition désormais bien ancrée en Champagne, exerce la régence, mais Philippe Auguste s'assure la tutelle du comté et le consentement pour tout mariage d'elle-même ou de sa fille[33]. La comtesse met au monde le 31 mai un fils posthume, Thibaud IV. C'est peu après – nous l'avons vu – que le souverain français accueille en grande pompe le roi Jean à Paris, vraisemblablement

31. Rigord, § 140, p. 367.
32. Villehardouin, § 37.
33. Ghislain Baury et Vincent Corriol, *Bérengère de Navarre…*, *op. cit.*, p. 102 ; Jubainville, t. 4-1, p. 102. ; Delisle, *Catalogue*, n° 670.

aux côtés d'Agnès de Méranie dont c'est la dernière représentation[34], puisque le 18 ou le 19 juillet 1201, à Poissy[35], la princesse bavaroise tombe gravement malade et meurt subitement, guère âgée de plus de vingt ans[36]. Pour Philippe Auguste, c'est un drame personnel. Il fait inhumer sa troisième épouse « avec honneur » dans l'église Saint-Corentin d'un monastère qu'il fonde à « six mille pas du château de Mantes », où cent vingt nonnes « servent continuellement le seigneur, sous les ordres d'une abbesse[37] ». Le roi aimait Agnès et il n'était pas le seul à la reconnaître reine. L'obituaire de Sens note la date de son décès et la nomme « Agnes, reine de France[38] ».

Le pape Innocent III, qui souhaite se concilier Philippe Auguste contre l'Empire, légitime dès novembre 1201[39] les « bâtards » du roi et d'Agnès, Philippe – que nous appellerons désormais Philippe Hurepel – et Marie[40], ce qui est loin de faire l'unanimité dans l'entourage curial[41] et ce qui doit désespérer Ingeburge. Philippe Auguste n'en a cure ! La guerre contre le roi Jean et la conquête de la Normandie jusqu'à Château-Gaillard au printemps 1204 restent sa préoccupation majeure, même s'il tente par tous les moyens de faire annuler son mariage.

Après l'affinité, puis la non-consommation, Philipe Auguste invoque le « maléfice » en 1205 qui le rend impuissant avec Ingeburge et ne lui permet pas de l'honorer[42]. Malheureusement pour le roi, le pape oppose plusieurs jurisprudences et les conditions drastiques qui doivent valider cette accusation, car l'Église a bien compris que « l'envoûtement » supposé est un moyen commode pour les hommes de se débarrasser de leur épouse et de se remarier

34. Voir III. 1, « Les derniers feux d'Aliénor… ».

35. *Obituaires de la province de Sens*, Recueil des historiens de la France, t. 1, 1re partie, Paris, 1902, p. 321 (La source est donnée par Alexander Cartellieri, *Philipp II August, König von Frankreich*, t. 4-1, 1921, p. 82-83).

36. Aucune source n'indique qu'elle meure en couches et la naissance de Philippe Hurepel en fin d'année 1200, comme nous l'avons vu plus haut, associée à l'éloignement d'Agnès à cette période, ne semble pas compatible avec une grossesse.

37. Guillaume le Breton, *La Vie de Philippe II*, p. 49.

38. *Obituaires de la province de Sens*, t. 1, 1re partie, p. 321.

39. Références dans John W. Baldwin, *Philippe Auguste…*, *op. cit.*, p. 555, n. 25 ; Delisle, *Catalogue*, n° 698-711.

40. Que Rigord, décidément peu fasciné par l'onomastique, appelle Jeanne !

41. « Ce qui déplut alors à beaucoup » (Rigord, § 143, p. 371).

42. Constance M. Rousseau, « Neither Bewitched… », art. cit., p. 428.

avec leur maîtresse, qu'ils soient princes ou gens du commun[43]. En désespoir de cause, le roi admettra qu'il y a bien eu « rapports sexuels » mais que la « semence » dans le « vase féminin » n'a pas « suivi »[44]. En d'autres termes, il y a bien eu pénétration mais pas éjaculation[45], détail auquel Ingeburge n'a pas été sensible ! Avouons que cette correspondance pontificale sur la sexualité d'un roi est assez inattendue et qu'elle n'est pas à la gloire de Philippe Auguste. Sa défense pathétique a pour unique conséquence d'excéder Innocent III, qui lui intime vertement de cesser ces « insanités ». Elle prouve que la reine Ingeburge, qui a toujours juré que l'union avait été consommée, a raison. Le pape refuse désormais de discuter du divorce, quel qu'en soit le motif, et sa lettre adressée à Philippe Auguste[46], qui rappelle les serments d'Ingeburge sur la consommation et ses mérites alors qu'elle a été plongée par lui « dans un long martyre », souligne à la fois la constance de la défense de la reine, qui n'a jamais varié d'un iota, et les manœuvres odieuses du prince, tenu en échec. « Ce que Dieu a uni, que l'homme ne le sépare pas », écrit-il lui aussi en citant l'Évangile.

Nous sommes alors vraisemblablement en 1212. Le roi de France n'a pas pu se remarier après le décès d'Agnès, malgré de nouvelles approches vers l'Empire. Il s'est consolé – notamment – dans les bras d'une « demoiselle d'Arras[47] », dont il a eu un fils bâtard en 1208 ou 1209[48], qu'il a prénommé Pierre Charlot. Ingeburge, elle, est enfermée depuis près de deux décennies et n'est jamais devenue mère. Elle a trente-sept ans, et par sa seule volonté elle est toujours en vie, toujours reine de France. Après 1212, de guerre

43. Sur le sujet de l'impuissance et du *maleficium* comme motif de divorce, voir Constance M. Rousseau, « Neither Bewitched… », art. cit.

44. « Cum ergo per quosdam adulatores veritatis et justitiae inimicos in eum sit errorem inducius ut credat se licite posse jurare quod reginam uxorem suam carnaliternon cognovit, pro eo forte quod etsi commistio sexuum in eorum carnali commercio intercesserit, commistio tamen seminum in vase muliebri non exstitit subsecuta […] » (PL 216, n° 107, p. 618-619). Voir Constance M. Rousseau, « Neither Bewitched… », art. cit., p. 430 ; John W. Baldwin, « La vie sexuelle de Philippe Auguste », art. cit., p. 223 et n. 29.

45. Ce que Ruth Mazo Karras formule déjà en ces termes (Ruth Mazo Karras, *Unmarriages : Women, Men and Sexual Unions in the Middle Ages*, University of Pennsylvania Press, 2012, p. 64).

46. PL 216, n° 106, p. 617-618.

47. Philippe Mousket, v. 20724.

48. John W. Baldwin, « La vie sexuelle de Philippe Auguste », art. cit., p. 227.

lasse, l'époux qui lui a refusé la « dette » et l'affection conjugales lui a-t-il accordé des conditions de vie plus dignes ? Peut-être... mais elle reste une prisonnière. C'est une nouvelle fois les circonstances franco-anglaises qui la ramèneront au centre du jeu. Car la plupart du temps, « l'affaire Ingeburge » reste en arrière-plan de l'unique but de Philippe Auguste : agrandir son royaume au nord.

4

Péril pour les rois et lendemains de Bouvines

« Ô admirable clémence d'un prince ! [...]
lorsqu'on eut amené en présence du roi
les grands qui avaient été pris [...]
le roi, dis-je, se montrant doux et miséricordieux,
leur accorda à tous la vie. »

Guillaume le Breton[1]

Le roi de France poursuit sa guerre d'usure territoriale contre le dernier représentant de la fratrie Plantagenêt. Par les attaques, les alliances matrimoniales, les tutelles ou les fiefs-rentes, il est sur tous les fronts dans ces années 1208-1213. Et avec succès. Mais une dangereuse coalition prend forme, sur fond d'ambitions déçues ou de rancunes, et les princesses sont entraînées malgré elles dans le sillage de leurs époux belliqueux.

Nous suivrons ici des femmes que nous n'avons qu'évoquées dans leur enfance ou leur jeunesse, ce qui nous ramènera parfois dans les années 1190 et nous donnera un tableau plus achevé de cette époque. Ainsi entrent dans la grande histoire Marie de Ponthieu, Ide de Boulogne ou Jeanne de Flandre et sa mère Marie de Champagne...

Il nous faut revenir d'abord au moment où la fille d'Aelis de France et de Guillaume de Ponthieu épouse le frère d'un vassal

1. Guillaume le Breton, *La Vie de Philippe II*, p. 129.

du roi bien turbulent, Renaud de Dammartin, qui joue un rôle déterminant dans le conflit avec le roi Jean et l'avenir de plusieurs princesses. Plus largement, il est aussi l'illustration d'un seigneur de son temps, aux penchants exacerbés par son ambition et ses dettes, sa valeur guerrière et sa capacité de nuisance[2]. Il est violent, caractériel, imprévisible, voleur sans vergogne de tout bien ecclésiastique[3], et débauché de première classe[4].

Le mariage de Marie de Ponthieu et son ingérable beau-frère

Aelis de France, comtesse de Ponthieu depuis son mariage avec Guillaume de Ponthieu en 1195, a mis au monde à trente-six ans – sans doute dans la première partie de l'année 1197 – une fille baptisée Marie[5]. Faut-il voir dans le choix de ce prénom l'engouement pour le culte marial qui atteint son apogée au XIIe siècle[6] ? Un lien avec la poétesse, ou avec sa demi-sœur Marie de France, affectionnée de son aînée Marguerite ? On ne sait.

2. Anne-Dominique Kapferer écrit de Renaud que c'est un « homme de complot, homme de guerre, petit mécène entouré de trouvères autant que de barons et pairs du comté » (Anne-Dominique Kapferer, « Chapitre III. Boulogne… », [en ligne], *op. cit.*, 16) ; Dominique Barthélemy juge qu'en lui « cohabitent l'intrigue et le panache » (Dominique Barthélemy, *La Bataille de Bouvines*, Paris, Perrin, 2018, p. 127). Renaud de Dammartin mériterait une biographie moderne.

3. Les clercs-chroniqueurs d'ailleurs ne le ménagent pas : « chicaneur et dont il faut se méfier », qualifié « de tous les mortels, le plus difficile à vivre », « cruel, orgueilleux de sa puissance, assoiffé d'or, partial et injuste » (voir Henri Malo, *Un grand feudataire, Renaud de Dammartin et la coalition de Bouvines*, Paris, Honoré Champion, 1898, p. 43).

4. Henri Malo, *op. cit.*, p. 113. Guillaume le Breton (partial) l'accable : « Quoi qu'il eût une très-noble femme, de laquelle il tenait le comté de Boulogne, et dont la fille était mariée au seigneur Philippe, fils du roi, méprisant ses embrassemens, il se livrait à la débauche avec d'autres femmes, et promenait publiquement avec lui ses concubines. » (Guillaume le Breton, *La Vie de Philippe II*, p. 86.)

5. Marie de Ponthieu n'est pas née lors du nouveau traité sur la dot d'Aelis en juin 1196 (LTC, t. 1, p. 188, n° 448 ; traduit par François César Louandre, *Histoire d'Abbeville…*, *op. cit.*, t. 1, p. 147, n. 1) mais elle est mariée en septembre 1208, avant l'âge de douze ans (Du Cange, *Histoire des comtes de Ponthieu…*, *op. cit.*, p. 132).

6. Éliane Viennot, *La France, les femmes et le pouvoir…*, *op. cit.*, p. 164 ; Colette Bowie, *The Daughters of Henry II…*, *op. cit.*, p. 18.

Toujours est-il que Marie de Ponthieu est mariée en septembre 1208, dans sa onzième année[7], à Simon de Dammartin, le frère du puissant comte de Boulogne, Renaud de Dammartin, ce « dont moult gens s'émerveillèrent[8] », c'est-à-dire qu'ils s'en étonnèrent avec réprobation. Il semble bien qu'Aelis fasse partie de ces « émerveillés », puisqu'elle est totalement et anormalement absente du traité de mariage, alors même que, depuis la naissance de sa fille, elle est régulièrement associée aux actes de son époux[9] et que le roi qualifie avec honneur son beau-frère, « notre cher et fidèle Guillaume, comte de Ponthieu[10] ». On peut ainsi voir dans ce silence une réelle opposition de la comtesse au projet. Quelle peut en être la raison ? Estime-t-elle que sa fille, petite-fille de roi, mérite mieux que le frère cadet d'un comte de Boulogne qui n'a ce titre que du chef de son épouse ? C'est fort possible. Guillaume de Ponthieu, en revanche, est satisfait et dote sa fille Marie de trois cents livrées de terre à prendre sur ses domaines de Coutances[11].

L'ambitieux comte de Boulogne a souhaité ce beau parti pour son frère Simon, et Philippe Auguste l'appuie, voire l'impose : le roi est garant du traité de mariage et s'autorise à confisquer le fief du comte de Boulogne s'il ne respecte pas les clauses de ses engagements[12]. Il se prémunit ainsi du revirement d'un vassal particulièrement versatile, aux amitiés françaises ou anglo-normandes opportunistes.

Nous savons peu de chose sur l'époux de Marie, Simon de Dammartin, si ce n'est qu'il suit aveuglément son frère, comme nous le verrons bientôt, mais nous connaissons en revanche les liens personnels de Renaud avec Philippe Auguste, ou avec le

---

7. La coutume de Ponthieu fixée par écrit en 1494 inscrit la majorité des garçons à quinze ans et celle des filles à onze (César Louandre, *Histoire d'Abbeville…*, *op. cit.*, t. 1, p. 439).

8. Anonyme de Béthune, RHF 24, 763 C. Son biographe, à la fin du XIXe siècle, est cependant très positif sur cette union : « C'était une alliance magnifique, qui donnait à Simon une femme de sang royal, et lui assurait la possession d'un fief superbe. » (Henri Malo, *Un grand feudataire*, *op. cit.*, p. 98.)

9. Aelis est présente dans 30 % des cinquante Actes connus entre 1197 et 2008 de Guillaume de Ponthieu (d'après le recueil des actes des comtes de Ponthieu ; Clovis Brunel, *Recueil des actes des Comtes de Pontieu*, Paris, 1930).

10. Voir Henri Malo, *ibid.* ; Delisle, *Catalogue*, n° 1095.

11. Henri Malo, *ibid.*, p. 99.

12. Voir Henri Malo, *Un grand feudataire*, *op. cit.*, p. 280-281, n° 68 ; Du Cange, *Histoire des comtes de Ponthieu…*, *op. cit.*, p. 132. Pour le traité de mariage de Marie de Ponthieu, voir Clovis Brunel, *Actes des comtes de Ponthieu*, n° 188, p. 288.

comte de Ponthieu. En effet, nous savons qu'à peine marié à Aelis en août 1195, Guillaume de Ponthieu rejoint en octobre le comte de Boulogne pour l'ouverture de la chasse sonnée par l'évêque d'Amiens[13]. Les liens sont donc anciens. Ceux de Renaud et du roi le sont plus encore et semblent aussi passionnels que les amitiés entretenues avec les fils Plantagenêts à certaines périodes de sa vie, et le détour par les passés tumultueux de Renaud de Dammartin et de son épouse Ide de Boulogne est aussi nécessaire qu'intéressant pour comprendre le contexte du mariage de Marie de Ponthieu[14].

Renaud de Dammartin – peut-être Simon également – est élevé à la cour de France en représailles des sympathies de son père pour l'Angleterre[15]. L'aîné, presque du même âge que le prince Philippe, est sans aucun doute l'un de ses compagnons d'enfance et d'adolescence. C'est d'ailleurs Philippe Auguste qui l'adoube chevalier[16]. Cela n'empêche pas Renaud de se battre aux côtés de son père, Aubri, pour le roi Henri II dans l'ultime combat qu'il livre en 1189 contre son fils Richard Cœur de Lion associé à Philippe Auguste. Pardonné à cette époque, Renaud épouse peu après Marie de Châtillon[17], fille d'Alix de Dreux, elle-même petite-fille par son père de Louis VI le Gros et donc princesse capétienne[18]. Dès 1190 toutefois, Renaud répudie cette princesse[19] dans le but d'épouser Ide de Boulogne, fille de Mathieu d'Alsace et de Marie de Boulogne, elle-même fille du roi d'Angleterre Étienne de Blois et de Mathilde

13. Du Cange, *Histoire des comtes de Ponthieu…*, *op. cit.*, p. 120.

14. Si la généalogie des frères Dammartin est confuse au temps de leurs grands-parents paternels, il est certain en revanche que le comté est passé aux hommes du chef de leurs femmes (Constance de Dammartin sous Robert II le Pieux, puis Aelis de Dammartin sous Louis VI le Gros) (voir Étienne Pattou, « Comtes de Montdidier-Dammartin-Ramerupt » [PDF], [en ligne] Racines et histoire, actualisé le 23/05/2022).

15. Les relations des Dammartin avec les rois capétiens sont agitées et hostiles. Plusieurs générations se sont liguées contre Philippe Ier (mort en 1108) puis Louis VI (mort en 1137), enfin le père de Renaud et Simon, Aubri II de Dammartin, après avoir pris le parti de Philippe Auguste en 1182 contre le comte de Flandre Philippe d'Alsace, s'est rallié à Henri II Plantagenêt, qui lui a octroyé des terres en Angleterre (Henri Malo, *Un grand feudataire*, *op. cit.*, p. 29).

16. Henri Malo, *Un grand feudataire*, *op. cit.*, p. 29-30.

17. Nous n'avons pas retrouvé d'acte relatif à ce mariage. La mention en est faite dans la Chronique d'Ardre (*Chr. de Guines et d'Ardre*, p. 206).

18. Alix de Dreux est la fille de Robert Ier de Dreux, frère de Louis VII. Le père de Marie de Châtillon est Gaucher II de Châtillon.

19. Henri Malo, *Un grand feudataire*, *op. cit.*, p. 34.

de Boulogne[20]. Renaud de Dammartin choisit ainsi une nouvelle princesse de sang royal, qui a déjà plusieurs vies et qui mérite ici une digression.

Ide de Boulogne, que nous avons déjà rencontrée – puisque Adèle de Champagne et Louis VII auraient voulu son union avec Philippe Auguste[21] – est l'héritière convoitée du comté maternel, et son tuteur et oncle Philippe d'Alsace la marie vers 1180 au comte de Gueldre Gérard III, de vingt ans son aîné. Elle doit le suivre dans ses domaines – situés aujourd'hui aux Pays-Bas –, à regret, puisque dès le décès de son époux dans l'année même, la jeune comtesse revient vivre à Boulogne, non sans avoir rapporté « de vive force les bijoux et les différents objets précieux qu'elle tenait de la libéralité de son mari[22] ». Bref, son bien !

Elle n'est pourtant pas sortie de l'auberge matrimoniale. Philippe d'Alsace lui impose une nouvelle union en 1183 avec un barbon de trente à quarante ans plus vieux qu'elle, le duc Berthold IV de Zaeringhen[23]. Là encore, elle quitte Boulogne pour l'Allemagne, mais bientôt veuve, elle rentre dans son cher comté en 1186 et se conduit à vingt-six ans en suzeraine, confirmant ou concédant seule des donations avec son propre sceau où elle est représentée debout, portant un oiseau sur le poing[24]. Cette période de relative indépendance – l'oncle n'est cependant jamais loin – est peut-être la plus belle de son existence. C'est du moins ce que laisse penser un chroniqueur local, curé de son état, qui raconte qu'Ide apprécie les plaisirs du corps autant que mondains[25]. Il semble surtout qu'elle ne soit pas indifférente à Arnoul de Guînes, tournoyeur hardi, et des « ambassades secrètes » sont échangées et notifient l'amour réciproque, réel ou feint, selon le chroniqueur[26].

---

20. Il est curieux, pour ne pas dire biaisé, de nommer – comme on le voit trop souvent – cette princesse « Ide de Lorraine » alors même que son père est Mathieu d'Alsace et que c'est elle qui est l'héritière du comté de Boulogne. En revanche, l'historiographie n'hésite à nommer Mathieu d'Alsace, Mathieu de Boulogne, comté qu'il ne tient que du chef de son épouse. Voir Annexe 7 : « Ascendance et descendance d'Ide de Boulogne ».

21. Voir I. 4., « Le sacre et le mariage de Philippe Auguste (1179-1180) ».

22. Henri Malo, *Un grand feudataire, op. cit.*, p. 21.

23. Il figure déjà dans des Actes de 1139 (Henri Malo, *Un grand feudataire, op. cit.*, p. 22).

24. La légende est « *Sigillum Ide comitisse Bolonie* » (Henri Malo, *Un grand feudataire, op. cit.*, p. 22-23, 113).

25. *Chr. de Guines et d'Ardre*, p. 205.

26. *Ibid.*, p. 204.

En 1190, l'ambitieux Renaud de Dammartin, encore engagé avec Marie de Châtillon, propose néanmoins le mariage à Ide. Malgré son inclination ailleurs, elle accepte, à condition que son oncle Philippe d'Alsace donne son accord. Elle est sans doute assez au fait de l'actualité politique et des relations hostiles entre le comte de Flandre et le roi de France pour présumer son refus. En effet, il rejette l'offre. Ide poursuit donc sa relation – platonique ou non – avec l'élu de son cœur Arnoul de Guînes, et le mariage est désormais sérieusement envisagé puisque le comte de Flandre agrée ce projet. Il laisse cependant les choses en plan, repart en croisade avec Philippe Auguste en 1191... et meurt à Acre. Renaud de Dammartin, usant alors du rapt, enlève la princesse et la transporte en Lorraine, terre d'Empire, pour plus de sûreté. Ide n'a que le temps de transmettre un message à son fiancé Arnoul et lui demande de la délivrer. Ce prince charmant se met aussitôt en route avec une solide escorte de chevaliers et de gens d'armes et se rend à Verdun où l'évêque de Metz, de connivence avec Renaud, le fait emprisonner. Il est délivré quelque temps après[27]. Toute cette aventure est relatée par le chroniqueur d'Ardre[28] pointant la duplicité d'Ide qui, manipulatrice, aurait promis l'engagement à l'un et l'autre alternativement au gré des sollicitations, qu'il faudrait plutôt nommer rapports de force. Renaud, par son « coup d'audace » réussi[29], épouse finalement Ide dans le courant de l'année 1191 et devient comte de Boulogne.

Lorsque Philippe Auguste revient de croisade le 26 décembre, il est placé devant le fait accompli[30]. Très certainement furieux, il se

27. Henri Malo, *Un grand feudataire, op. cit.*, p. 37.

28. *Chr. de Guines et d'Ardre*, p. 206-212.

29. Selon l'expression d'Henri Malo, *Un grand feudataire, op. cit.*, p. 43.

30. Même si pour Guillaume le Breton, le roi a « donné » la comtesse à Dammartin (Guillaume le Breton, *Philippide*, p. 120), aucun chroniqueur ne parle d'une interférence du comte de Flandre ou du roi de France durant l'épisode du rapt, ce qui s'explique par leur absence commune du royaume durant leur croisade. Le biographe de Renaud de Dammartin qui veut aimablement prêter à Isabelle de Hainaut une influence qu'elle n'eut jamais, affirme que la reine appuya le comte dans sa démarche matrimoniale auprès d'Ide de Boulogne qui était sa cousine germaine (la mère d'Isabelle, Marguerite d'Alsace était sœur de Mathieu d'Alsace, père d'Ide) (Henri Malo, *Un grand feudataire, op. cit.*, p. 34). Outre que l'influence politique de la reine était nulle auprès de Philippe Auguste, c'est peu vraisemblable puisqu'elle était morte avant ce remariage des époux. En outre, favoriser l'union de sa cousine de Boulogne qui signifiait la répudiation de Marie de Châtillon, fille de Robert Ier de Dreux, alors qu'Isabelle avait été sauvée en 1184 à Senlis de ce malheur par cette puissante famille de Dreux aurait été bien ingrat et rend l'assertion

dédommage. Les termes de l'hommage rendu au roi par Renaud « avec l'accord de son épouse Ide, comtesse de Boulogne » sont drastiques : la suzeraineté du comté de Boulogne passe de la Flandre à la France[31] ; Renaud et Ide cèdent à l'héritier du trône Louis – futur Louis VIII – Lens et les terres attribuées antérieurement en dot à Isabelle de Hainaut, et acquittent 7000 livres d'Artois au roi. En outre, s'ils n'ont pas d'héritière ou d'héritier, le roi gardera le comté en gage[32].

Mais cette soumission de Renaud n'est qu'apparente et les volte-faces du comte de Boulogne se succèdent. Il rallie Richard Cœur de Lion en 1197, revient pour quelques jours à Philippe Auguste en 1198 et repasse à Richard, rend hommage à Jean sans Terre après la mort du frère en 1199, et se soumet à nouveau à Philippe Auguste en août 1201[33]. Le pardon magnanime dont le roi fait preuve et qui étonne le vassal lui-même n'est pas sans contrepartie. La plus importante d'entre elles est le traité de fiançailles du second fils du roi, Philippe Hurepel, issu de son union avec Agnès de Méranie, et de l'unique enfant d'Ide et de Renaud, Mathilde, qui doit épouser son fiancé quarante jours après sa « nubilité ». Toutes les clauses de succession sont prévues et mènent clairement à terme au rattachement de Boulogne au domaine royal[34].

S'ensuivent de nombreux évènements mais nous ne nous attacherons ici qu'à l'allégeance versatile de Renaud de Dammartin. En 1204, après les conquêtes de Normandie dans lesquelles le comte s'est illustré au profit de Philippe Auguste et qui est en récompense généreusement possessionné, le parti français semble acquis[35]. Au passage, Simon de Dammartin, futur époux de Marie de Ponthieu – que nous n'avons pas oubliée – et qui accompagne son frère dans toutes ses campagnes, reçoit du roi en 1205 le comté d'Aumale[36].

---

suspecte. Elle semble être issue de la chronique de Saint-Bertin dont l'historien cite les références, mais qui ne dit rien d'aussi concluant (RHF 18, 600 B). Pour l'auteur, Renaud de Dammartin avait été élevé à la cour de France « auprès de la jeune reine Isabelle de Hainaut, sa tante, bien que plus jeune que lui » (*ibid.*, p. 30). Nous ne voyons pas que la reine ait été la tante de Renaud.

31. Anne-Dominique Kapferer, « Chapitre III. Boulogne... », [en ligne], *op. cit.*, 16.
32. Henri Malo, *Un grand feudataire, op. cit.*, p. 40.
33. *Ibid.*, p. 56, 59, 61,70-71.
34. Henri Malo, *Un grand feudataire, op. cit.*, p. 71-72.
35. *Ibid.*, p. 80.
36. *Ibid.*, p. 84.

C'est dans cette période faste des Dammartin qu'en 1208, le mariage de la fille d'Aelis de France et de Guillaume de Ponthieu avec Simon est conclu.

Profitant de la faveur royale, Renaud convainc même Philippe Auguste de s'engager l'année suivante dans sa guerre privée avec son voisin – et ancien rival amoureux – Arnoul de Guînes, contraint de lui céder des places[37]. Il est ensuite l'un des quatre grands chargés du service lors de l'adoubement du prince Louis[38]. Puis, sans autre motif que la cupidité[39], dès 1209, Renaud, suivi par son frère Simon, se laisse à nouveau approcher par le roi d'Angleterre Jean sans Terre[40]. Bref, un beau sujet, et Philippe Auguste, bien avant Bouvines, est suffisamment édifié sur la loyauté douteuse de son vassal et ami.

Quelles sont les conséquences de cette fidélité mouvante pour la famille d'Aelis, désormais liée aux Dammartin ? La première alerte pour la comtesse et le comte de Ponthieu suit immédiatement le rapprochement de Renaud et Simon avec Jean sans Terre en 1209. Philippe Auguste exige des deux frères qu'ils renoncent à toute relation avec les envoyés et familiers du roi d'Angleterre. Il fait jurer ce même serment au comte de Ponthieu, preuve qu'il devient méfiant[41]. C'est à cette période, en janvier 1210, qu'Aelis et Guillaume de Ponthieu fondent à Crécy une chapelle et un hôpital en l'honneur de saint Nicolas, auquel on attribue – entre autres bienfaits – la guérison miraculeuse des malades mais aussi l'intercession favorable pour avoir un fils[42]. Contre toute attente, et à quarante-neuf ans, la comtesse est-elle tombée enceinte ? Le souhait d'éviter à tout prix que le comté de Ponthieu ne tombe aux mains des Dammartin-Boulogne a-t-il motivé le couple ? On ne

37. Dominique Barthélemy, *La Bataille de Bouvines…*, *op. cit.*, p. 55.

38. *Ibid.*, p. 55.

39. Son biographe peu clairvoyant invoque un désir de vengeance de la querelle de 1196 contre le comte de Saint-Pol, peu vraisemblable en raison de leurs liens ultérieurs, et l'ambition d'être plus puissant territorialement que le roi de France, ce qui n'est pas plus acceptable (Henri Malo, *Un grand feudataire*, *op. cit.*, p. 133-134).

40. Henri Malo, *Un grand feudataire*, *op. cit.*, p. 137

41. *Ibid.*, p. 137 et p. 287, n° 75 ; Dominique Barthélemy, *La Bataille de Bouvines…*, *op. cit.*, p. 55.

42. « Un homme riche avait obtenu, grâce à l'intercession de saint Nicolas, un fils qu'il avait appelé Dieudonné. Aussi avait-il construit, en l'honneur du saint, une chapelle dans sa maison, où il célébrait solennellement sa fête tous les ans » (*La Légende dorée*, p. 63).

peut toutefois écarter la possibilité moins audacieuse que l'un des époux soit tombé gravement malade et qu'un vœu ait été fait pour son rétablissement, également dans les compétences du saint[43].

Toujours est-il que Philippe Auguste, de son côté, active le traité de mariage entre Mathilde de Boulogne, comtesse de Boulogne, et le fils du roi Philippe Hurepel, qui est confirmé et complété en mai 1210. L'union est, semble-t-il, célébrée à cette date[44]. Les enfants ont alors respectivement environ huit et dix ans, ce qui ne respecte pas les lois canoniques et montre l'urgence pour le roi de France de sécuriser Boulogne.

Philippe Auguste, prenant bientôt le prétexte d'une querelle de voisinage entre ses cousins de Dreux et Renaud de Dammartin, s'empare du château de Mortain tenu par le comte de Boulogne, le 15 septembre 1211[45]. Il enlève ensuite le comté d'Aumale de Simon de Dammartin, gendre d'Aelis et de Guillaume de Ponthieu, puis marche sur Boulogne. Renaud et Ide, ainsi que Simon et Marie, sont réduits à la fuite. C'est la rupture définitive entre les anciens amis et alliés et la discorde s'immisce dans la famille du comte de Ponthieu. Renaud, acculé, cède le comté de Boulogne à l'héritier du trône, le prince Louis, et se réfugie en Lorraine[46], accompagné de Simon « et de leurs femmes[47] ». Marie de Ponthieu, âgée de treize ans, a donc été emmenée en terre d'Empire, ce qu'Aelis peut difficilement cautionner. À ce moment crucial, elle est la meilleure garante de la fidélité de son mari Guillaume de Ponthieu. Un acte montre d'ailleurs que le comte et le roi sont toujours en bons termes : ils s'accordent en mars 1212 sur le partage de la forêt de Moufliers[48].

Simon de Dammartin, gendre dérangeant, accompagne bientôt son frère en Angleterre, sans doute avec sa jeune épouse Marie. Outre-Manche, un traité est signé avec le roi Jean en mai 1212. Simon est l'un des témoins, tandis qu'Ide de Boulogne est l'un des otages pour une durée de quatre années, de façon à garantir la

---

43. *La Légende dorée*, p. 61.
44. Henri Malo, *Un grand feudataire*, *op. cit.*, p. 107 ; John W. Baldwin, *Philippe Auguste…*, *op. cit.*, p. 263 ; Delisle, *Catalogue*, n° 1217, 1218, 1219.
45. Henri Malo, *op. cit.*, p. 139-140.
46. John W. Baldwin, *Philippe Auguste…*, 1991, p. 263 ; Henri Malo, *op. cit.*, p. 141.
47. Henri Malo, *ibid.*, p. 141, n. 4 ; Anonyme de Béthune, RHF 24, 764 C.
48. Clovis Brunel, *Actes des comtes de Ponthieu*, n° 232, p. 345 ; Du Cange, *Histoire des comtes de Ponthieu…*, *op. cit.*, p. 136-137.

loyauté de Renaud de Dammartin au roi d'Angleterre[49]. Avec un tel personnage, on comprend la précaution. Cette coalition autour de Renaud est confortée par l'empereur d'Allemagne Otton. Dans ce parti figurent aussi de nombreux barons du nord et de l'est du royaume comme le comte de Bar[50]. La situation est inquiétante, d'autant que le nouveau comte de Flandre est à surveiller lui aussi.

Marie de Champagne, comtesse de Flandre et de Hainaut

La succession du comté de Flandre est d'une grande importance dans l'histoire du royaume de France et pour la compréhension des évènements futurs, aussi nous intéressons-nous aux parents de la comtesse Jeanne de Flandre[51] et à leur destinée, qui est en lien par bien des aspects familiaux et politiques avec ce que nous connaissons déjà.

À l'époque où notre récit a commencé, sous Louis VII, et après bien des rebondissements successoraux, c'est Thierry d'Alsace qui devient comte de Flandre en 1128. Son fils Philippe hérite du titre après lui, puis, sans enfant de son épouse Élisabeth de Vermandois,

49. Henri Malo, *Un grand feudataire, op. cit.*, p. 145 et pièces justificatives p. 297-300) ; John W. Baldwin, *Philippe Auguste…, op. cit.*, p. 270 ; Guillaume le Breton, *La Vie de Philippe II*, p. 87. Dans sa *Philippide*, le chroniqueur précise que Marie de Ponthieu, « nièce du roi », est otage au même titre que Simon son mari et Ide sa belle-sœur (Guillaume le Breton, *Philippide*, p. 255). Elle n'est cependant pas mentionnée dans le traité.

50. Henri Malo, *Un grand feudataire, op. cit.*, p. 143.

51. L'historiographie qui, jusqu'à aujourd'hui, appelle les comtesses de Flandre Jeanne et Marguerite « de Constantinople » méconnaît la généalogie et la titulature de ces siècles et biaise la réalité vécue par ces princesses. Elle tend à faire oublier, bien souvent par répétition routinière au profit d'un titre virtuel et oriental, leur forte position et leur pouvoir réel aux frontières du royaume de France, ce qui est un procédé classique de dévalorisation du rôle politique des femmes, voire de délégitimation. Jeanne, pas plus que sa sœur « Marguerite de Constantinople », ne s'est jamais appelée elle-même « Jeanne de Constantinople », ou elle n'a d'ailleurs pas mis les pieds. Jeanne porte le nom de son père, « selon les usages du temps », c'est-à-dire « de Flandre et de Hainaut », les deux comtés que Baudouin de Hainaut possédait et dont elle a hérité. La légende de son sceau est : « *comitisse Flandrie et Hainonie* » (Lucie Jardot, *Sceller et gouverner*, Presses universitaires de Rennes, 2020, p. 63), comme du sceau de sa sœur Marguerite plus tard (*ibid.*, p. 333). Les Jeanne et Marguerite « de Constantinople » sont une invention tardive du XVIe siècle (voir Dominique Barthélemy, *La Bataille de Bouvines…, op. cit.*, p. 166 et n. 18, p. 468).

il désigne comme héritiers sa sœur Marguerite et son beau-frère Baudouin V de Hainaut, parents de la reine Isabelle. En 1194, au décès de Marguerite d'Alsace, véritable héritière du comté, son fils aîné, Baudouin VI de Hainaut, prend le titre du chef de sa mère[52], qu'il cumule l'année suivante, au décès de son père, avec le titre de comte de Hainaut[53]. Ce nouveau comte de Flandre est marié depuis le 14 janvier 1186 à sa promise de toujours[54], Marie de Champagne, fille de Marie de France et d'Henri Ier le Libéral[55]. Les époux ont tous deux quatorze ans et semblent pratiquer ardemment leur foi et l'abstinence : « Marie s'adonna de très bonne heure au service du Seigneur, priant, veillant, jeûnant, répandant l'aumône », nous dit Gilbert de Mons. Son mari, quant à lui, « chaste dans la jeunesse et au milieu des armes, lui voua tout d'abord le plus tendre amour ; aucune autre femme n'attira ses regards », ce qui semble exceptionnel : « Ce n'est point chose commune qu'un homme sache ainsi se contenir strictement dans les limites de la foi conjugale[56]. » Mais enfin, c'est possible !

Marie de Champagne met au monde une fille vers 1198-1199[57], à presque trente ans, ce qui confirme un témoignage qui nous dit qu'elle est restée « longtemps stérile[58] ». Nous savons en revanche que son accouchement à Valenciennes dure neuf jours et qu'elle souffre « au-delà de ce qui est humainement supportable[59] ». On

52. C'est un point intéressant rarement souligné. Gilbert de Mons précise que Baudouin V « après le décès de sa très noble épouse Marguerite du chef de laquelle il possédait la Flandre », conserve le comté de Hainaut et le marquisat de Namur, mais « brise, comme il convient » le sceau qui porte la triple inscription – Flandre, Hainaut, Namur – et « reprend son second sceau portant la double inscription de Hainaut et de Namur » (Gilbert de Mons, t. 2, p. 103).

53. Baudouin de Hainaut a cédé le marquisat de Namur à son fils cadet Philippe (Gilbert de Mons, t. 2, p. 127, 169).

54. Voir I. 4., « Le sacre et le mariage de Philippe Auguste (1179-1180) ».

55. Voir Annexe 8 : « Descendance de Marie de France et Henri Ier de Champagne ».

56. Gilbert de Mons, t. 1, p. 323.

57. Nous pouvons déduire cette période du fait qu'en septembre 1208, un acte indique clairement qu'elle n'a pas atteint l'âge canonique pour être mariée (Delisle, *Catalogue*, n° 1091), complété par une chronique qui précise que lors de son mariage en 1212, Jeanne était « déjà » nubile (Robert d'Auxerre. Continuation, MGH SS 23, p. 278). Geneviève de Cant avait relevé ces sources (Geneviève de Cant, *Jeanne et Marguerite de Constantinople*, Bruxelles, Éditions Racine, 1995, 1997, p. 33-34).

58. Robert Godding, « Une œuvre inédite de Thomas de Cantimpré. "La Vita Iaonnis Cantipratensis" », *Revue d'histoire ecclésiastique*, vol. 76, n° 2, Louvain, 1981, p. 312.

59. *Ibid.*

n'ose imaginer son calvaire, et certainement ses proches l'ont crue perdue. La parturiente implore alors un religieux de Cantimpré nommé Jean, familier du couple comtal : « Aie pitié, mon père, aie pitié, et avec compassion pour ma détresse, intercède pour moi auprès du Seigneur. » Le serviteur de Dieu, en larmes, implore aussitôt le Ciel : « Seigneur, a-t-il dit, vous qui, pour châtier la transgression de nos premiers pères avez condamné la femme à enfanter avec douleur, et l'homme, son complice, à gagner le pain de chaque jour à la sueur de son front, exaucez nos prières et faites que cette femme, qui se confie en votre miséricorde et vous invoque par ma voix, soit enfin délivrée des longues douleurs qu'elle endure[60]. »

Alors qu'il prie ainsi dans l'oratoire, les femmes de la comtesse surgissent à la porte et lui apprennent « avec une grande joie » la naissance d'une fille, que des nobles du palais lui mettent dans les bras, et qui reçoit sa première bénédiction. Bientôt, en l'honneur du saint homme, l'enfançon est baptisé Jeanne sur ordre du père et de la mère, « bien que personne dans sa famille ne se soit appelé de ce nom[61] ».

Les circonstances de la naissance de sa sœur cadette, Marguerite, prénommée sans conteste en hommage à sa grand-mère paternelle Marguerite d'Alsace, sont également connues. Marie de Champagne et Baudouin VI se sont croisés ensemble pour la quatrième croisade[62] le mercredi des Cendres, le 23 février 1199, à Bruges, en même temps que leur cousin Thierry de Flandre[63], fils naturel de Philippe d'Alsace que nous avons rencontré comme deuxième mari de Damsel de Chypre.

Baudouin VI quitte la Flandre deux ans plus tard, à Pâques 1202[64], mais Marie, elle, est enceinte[65] d'au moins trois ou quatre mois. Dès lors, nul doute qu'en raison du premier et dangereux accouchement, le comte de Flandre souhaite qu'elle ne prenne aucun risque. Il part alors sans elle, elle le rejoindra. Bien que le flou entoure le calendrier qui la concerne, nous pouvons tenter de reconstituer son parcours.

60. Traduit par Edward Le Glay, *Histoire de Jeanne de Constantinople, comtesse de Flandre et de Hainaut*, Lille, 1841, p. 2.

61. Robert Godding, « La Vita Iaonnis Cantipratensis… », art. cit., p. 313.

62. Marie de Champagne est la seule femme croisée à cette période citée par Villehardouin (Villehardouin, § 8).

63. Villehardouin, § 8.

64. *Ibid.*, § 47.

65. *Ibid.*, § 317.

Elle accouche à la fin de l'été 1202 de Marguerite. En l'absence de son époux, elle gouverne la Flandre, entourée d'un Conseil[66].

Après ses relevailles au début de l'automne, on entre dans la mauvaise saison de navigation et elle reste dans ses domaines en attendant des nouvelles du comte. Alors qu'il se trouve déjà à Constantinople, à l'été 1203, et que l'expédition initialement prévue pour l'Égypte est incertaine, il lui envoie des lettres pour lui demander de confier leurs filles et leurs fiefs à des hommes de confiance qu'il lui nomme, et lui demande de se rendre en Terre sainte[67]. La comtesse convoque ses vassaux et conseillers et leur demande ce qu'elle doit faire : « Rester sur ses terres ou obéir aux ordres de son mari. » Cette seconde option ne va donc pas de soi. D'ailleurs, l'avis presque unanime est qu'elle reste en sécurité en Flandre et garde secret l'ordre de Baudouin. Mais le fameux abbé Jean de Cantimpré, parrain de Jeanne, objecte en montrant les « nombreux dangers » qui pourraient résulter de cette alternative. Il avance en outre que Baudouin est influençable, et sous-entend par là même que la présence de son épouse à ses côtés s'avérerait bien utile[68]. Ce dernier argument semble convaincre la princesse, qui part sur-le-champ.

Elle se met en route vers Marseille avec sa suite en fin d'année 1203 ou au début de 1204 après avoir organisé son départ et la tutelle de ses filles, confiées à la garde de son beau-frère Philippe de Hainaut, comte de Namur. Elle s'embarque sans doute au printemps, et après six semaines à deux mois de traversée, elle atteint Acre. Marie est ensuite certainement accueillie en Terre sainte par sa belle-sœur Isabelle de Jérusalem, épouse de feu son frère Henri II de Champagne, mort en 1197, et ses deux nièces Alix et Philippa, encore dans l'enfance.

Mais peu après son arrivée, elle apprend par des messagers envoyés par son mari que Constantinople est conquise et « son seigneur en est l'empereur[69] », couronné à Sainte-Sophie le 16 mai 1204. À cette incroyable nouvelle, le prince d'Antioche Bohémond IV vient prêter hommage à Marie de Champagne et c'est sa première et unique

66. Elle est encore en Flandre en avril 1203 (voir Jean Longnon, *Les Compagnons de Villehardouin*, Genève, Librairie Droz, 1978, p. 140, n. 30).

67. Robert Godding, « La Vita Iaonnis Cantipratensis... », art. cit., p. 314.

68. *Ibid.*

69. Villehardouin, § 317.

action comme impératrice[70]. Alors qu'elle s'organise à Acre pour rejoindre Baudouin et régner à ses côtés, elle tombe gravement malade et succombe à trente-trois ans, sans avoir revu son époux, « plongeant dans l'affliction toute la chrétienté, car c'était une dame très bonne et très honorée ». L'empereur Baudouin, informé par le retour de ses messagers du décès de Marie, est « profondément affligé », et ses barons également « car ils désiraient fort l'avoir pour dame »[71].

Les débuts de l'Empire latin sont semés d'embûches. Pour légitimer « le coup d'État » des croisés, Baudouin VI de Hainaut, devenu Baudouin Ier de Constantinople, amadoue le pape avec une longue lettre justificative[72], et se « met dans la poche » le roi de France en lui envoyant de précieuses reliques, notamment, délicate attention, une côte et une dent de saint Philippe[73]. Mais il se heurte sur place à ses rivaux byzantins et aux révoltes des Grecs[74]. Lors d'une bataille à Andrinople au printemps 1205, il est fait prisonnier par les Bulgares, « et c'est ainsi que fut perdu l'empereur, sans qu'on ne sût jamais ce qu'il devint[75] ». Les circonstances de sa capture lors d'une poursuite téméraire des ennemis, à l'encontre des consignes de prudence proclamées la veille, montrent que l'abbé Jean de Cantimpré avait quelque raison de juger Baudouin de Hainaut influençable. Il semble bien qu'il se soit rendu souvent à l'avis du dernier qui avait parlé[76]. Quelques mois après le décès de Marie, il est déclaré perdu[77].

L'éphémère premier couple impérial latin laisse deux orphelines, dont Philippe Auguste ne va pas tarder à s'occuper.

70. Aubri de Trois-Fontaines, MGH SS 23, p. 884; RHF 18, 769 C. Plus tard, en 1213, Bohémond IV prête hommage à Henri Ier de Constantinople, frère de l'empereur Baudouin (Florence Sampsonis, « L'Empire latin de Constantinople... », *op. cit.*, p. 263).

71. Villehardouin, § 317, 318.

72. *Deeds of Pope Innocent III*, p. 156-163.

73. Rigord, § 153, p. 393.

74. Jean-Claude Cheynet, *Pouvoir et contestations...*, *op. cit.*, p. 470-471.

75. Robert de Clari, § 112, p. 209.

76. Voir Villehardouin, § 277, 296, 358.

77. Selon l'expression de Geoffroy de Villehardouin.

Jeanne de Flandre et de Hainaut : une riche héritière

La fillette Jeanne, après la mort de ses parents, devient l'unique et légitime héritière des deux comtés de Flandre et de Hainaut. Impossible pour le roi de France de laisser un dangereux prétendant l'épouser. Lorsque la disparition de la mère et du père est connue en Occident, au début de 1206[78], Jeanne et sa sœur sont toujours sous la tutelle de leur oncle, le comte de Namur. Mais pendant un certain temps, l'empereur « perdu », mis à mort ou en prison[79], peut potentiellement réapparaître et son frère Henri de Hainaut n'est d'ailleurs couronné après lui qu'en août 1206[80]. Dès juin, cependant, Philippe Auguste missionne l'un de ses conseillers vers le comte de Namur qui jure d'être fidèle au roi et de ne pas marier les héritières sans son consentement. En échange, le roi promet au comte sa fille Marie, issue de son union avec Agnès de Méranie, par un traité qui prévoit le mariage en janvier 1211[81]. La petite Marie n'a que six ans, alors que son fiancé en a vingt-cinq de plus.

Deux ans plus tard, en septembre 1208, nouveau traité. Cette fois, Philippe Auguste négocie la garde des deux orphelines à Paris. Il s'engage à son tour à ne pas les marier avant qu'elles aient atteint l'âge légal[82] et « arrose » les seigneurs flamands de fiefs-rentes en compensation de la perte de leurs héritières[83].

---

78. Isabelle Guyot-Bachy, *La Flandre et les Flamands au miroir des historiens du royaume* X^{e}-XVe *siècle*, Villeneuve-d'Ascq, Presses universitaires du Septentrion, 2017, p. 87.

79. La rumeur dit que l'empereur Baudouin est mort en prison selon Villhardouin (§ 439). Nicétas Chôriates livre une version plus cruelle : le roi bulgare ordonne « que ses jambes soient sommairement coupées aux genoux et ses bras aux coudes » et le fait jeter « tête baissée dans un ravin ». Pendant trois jours, l'empereur couché « nourrit les oiseaux ». On peut raisonnablement douter d'une agonie si longue (Nicétas Chôniatès, p. 353).

80. Villehardouin, § 441.

81. Marie avait été précédemment engagée au berceau à Arthur de Bretagne (Delisle, *Catalogue*, n° 726, p. 166; Aubri de Trois-Fontaines, MGH SS 23, p. 896 (45). Pour le traité, voir *Recueil Ph. Aug. 1*, n° 953; Delisle, *Catalogue*, n° 1001 et 1002, p. 230, 311. C'est par cet acte que nous pouvons déduire la date de naissance de Marie, dont on attend qu'elle ait exactement douze ans pour la marier.

82. Delisle, *Catalogue*, n° 1091.

83. Isabelle Guyot-Bachy, *La Flandre et les Flamands...*, *op. cit.*, p. 87.

À la cour de France, les petites filles sont « élevées avec beaucoup de tendresse[84] », dont on imagine aisément qu'elle est prodiguée non par le roi mais par sa belle-fille Blanche de Castille. La reine mère Adèle de Champagne, elle, s'est éteinte deux ans plus tôt à l'âge respectable de soixante ans, peu après « une éclipse partielle de Soleil, à la sixième heure du jour, dans le seizième degré du Poisson », selon Rigord – il rend ainsi hommage à la dernière épouse de Louis VII, alors même que l'évènement astronomique n'a lieu que l'année suivante[85]. En l'absence de la reine contestée Ingeburge, Blanche, future souveraine âgée de dix-huit ans, et qui a perdu une fille à la naissance l'année précédente[86], veille déjà à l'éducation de ses jeunes belle-sœur et beau-frère, Marie de France et Philippe Hurepel, demi-frère et sœur de son époux Louis. Puis, en 1210, la cour accueille le comte Thibaud IV de Champagne[87] – pour éviter un danger sur la succession du comté dont nous reparlerons le moment venu – mais aussi Alix, fille de la duchesse Constance de Bretagne et de son troisième mari, Guy de Thouars[88]. Jeanne et Marguerite de Flandre rejoignent donc une cour animée, et tissent des liens avec la future reine de France, qu'elles vont bientôt devoir quitter.

En effet, en 1211, selon le traité signé cinq ans plus tôt, Philippe Auguste donne sa fille Marie de France en mariage au comte de Namur. Elle vient d'avoir douze ans, il en a trente-sept. Cette même année, le seigneur Enguerrand III de Coucy « fait une offre » sur Jeanne et Marguerite pour lui-même et son frère, qu'il porte à la somme faramineuse de 50000 livres[89]. Selon une chronique ultérieure, le prétendant est « félon et cruel, méprisant et orgueilleux[90] », mais il semble surtout qu'il n'agrée pas aux Flamands[91] et la comtesse douairière Mathilde de Portugal, épouse de feu le comte

84. Guillaume le Breton, *Philippide*, p. 263.
85. Rigord, § 154, p. 395 et n. 762 et 763.
86. Voir IV. 2 « Avant Bouvines… ».
87. Jubainville, t. 4-1, p. 108 ; Delisle, *Catalogue*, n° 1141.
88. John W. Baldwin, *Philippe Auguste…*, *op. cit.*, p. 347-348.
89. *Ibid.*, p. 265 ; Delisle, *Catalogue*, n° 1286-1288.
90. « fel et crueus, et despissans et orgilleus » (Philippe Mousket, v. 20779 *sq.*). À l'époque où écrit le chroniqueur, le fils d'Enguerran III de Coucy, Enguerran IV, s'est trouvé en sérieuse opposition à Louis IX et les épithètes concernent peut-être plus le fils que le père.
91. John W. Baldwin, *Philippe Auguste…*, *op. cit.*, p. 265.

de Flandre Philippe d'Alsace, propose son neveu, Ferrand, fils du roi Sanche Ier, pour la même somme coquette.

Dès janvier 1212, Jeanne, « déjà nubile » (dans les faits âgée de treize ou quatorze ans), épouse donc Ferrand de Portugal, de dix ans son aîné, « beau de corps et de visage, brun du chef », doté d'un grand nez et sage dans son attitude[92]. Ce prince charmant prête hommage au roi pour la Flandre, serment garanti notamment par sa tante Mathilde[93]. Il refuse cependant de céder à Philippe Auguste les villes d'Aire et de Saint-Omer – éternelle dot de la regrettée reine Isabelle et dont le fils a hérité[94]. Le prince Louis, qui se manifeste alors pour la première fois avec énergie, fond sur l'Artois en février avec ses cousins et amis – dont le comte Guillaume de Ponthieu[95] – et prend les places. Ferrand, furieux et mis devant le fait accompli, est contraint de les livrer avec la promesse que Louis ne réclamera rien d'autre en Flandre[96]. L'amertume est dans le cœur et le ver dans le fruit…

Si Jeanne vit désormais en Flandre aux côtés de son époux, le sort de sa cadette Marguerite est peu enviable. Dans des circonstances mal documentées[97] – à l'initiative du roi ou à celle des Flamands ? –, et peut-être après le mariage de Jeanne, elle est confiée à Bouchard d'Avesnes. À en croire une chronique très tardive, ce tuteur est le meilleur des hommes : unanimement apprécié, brave à la guerre, adoubé par Richard Cœur de Lion en personne, sage dans les Conseils, éloquent, il est également imposant « par sa stature et son adresse dans les exercices du corps, par la force de ses membres, sa vigueur, sa grâce et par une foule d'autres qualités[98] ». N'en jetez

92. Philippe Mousket, v. 20788 *sq.*

93. Delisle, *Catalogue*, n° 1323, p. 303, n° 1327.

94. Ces deux villes avaient été « conquises » ou spoliées par le comte de Flandre et de Hainaut Baudouin VI, frère d'Isabelle, avant son départ en croisade (Catherine Hanley, *Louis, The French Prince who Invaded England*, New Haven et Londres, Yale University Press, 2016, p. 41).

95. Charles Petit-Dutaillis, *Louis VIII…*, *op. cit.*, p. 20.

96. Catherine Hanley, *op. cit.* ; Lindy Grant, *Blanche of Castile…*, *op. cit.*, p. 50 ; Delisle, *Catalogue*, n° 1349, 1352.

97. La source principale des évènements de cette période pour les relations franco-flamandes, reprise dans les ouvrages anciens comme récents, est la chronique tardive *Annales du Hainaut* de Jacques de Guyse (v. 1340-1399), qui, comme celle de Jean d'Outremeuse, à la même époque, enjolive, mélange les faits et la chronologie. Restons donc prudents !

98. Jacques de Guyse, p. 13-17.

plus ! Ce parangon de toutes les vertus a pourtant deux gros défauts : cupide et sans scrupules, il épouse de force Marguerite de Flandre confiée à sa garde, alors qu'elle n'est pas nubile et qu'il a trente ans de plus qu'elle ; par ailleurs, il est chantre de Laon, c'est-à-dire ecclésiastique. Le mal est fait[99] !

Là-dessus, en septembre 1212, le comte de Namur meurt et, selon des chroniqueurs critiques, se repend « d'avoir vendu ses deux nièces, Jeanne et Marguerite, au roi de France[100] » puis s'écrie même : « J'ai vécu comme un chien, il est juste que je meure comme un chien[101] ! » C'est bien improbable. Ce qui est sûr, c'est que son épouse-enfant Marie de France, à treize ans, se retrouve veuve… et de nouveau sur le marché matrimonial.

Les affaires se compliquent. Une reine vainc

On en est là lorsque débute l'année 1213. Par le contrôle des héritiers ou des héritières de fiefs, Philippe Auguste ne s'en sort pas mal, d'autant qu'Éléonore de Vermandois, dernière enfant de Pétronille et Raoul, s'éteint en juin de cette année-là[102], et que le comté peut s'agréger au domaine royal. Et puis le roi Jean a quelques déboires. Innocent III a en effet jeté l'interdit sur son royaume en 1208 en raison d'un différend sur la nomination de l'archevêque de Canterbury, mais aussi parce que le roi n'honore pas ses engagements pour le paiement du douaire de sa belle-sœur

99. *Genealogiae Comitum Flandriae*, MGH SS 9, p. 328 ; *Anonyme de Laon*, MGH SS 26, p. 453 ; Isabelle Guyot-Bachy, *La Flandre et les Flamands…*, *op. cit.*, p. 112.

100. Aubri de Trois-Fontaines (voir Isabelle Guyot-Bachy, *La Flandre et les Flamands…*, *op. cit.*, p. 118).

101. Césaire d'Heisterbach (voir Geneviève de Cant, *Jeanne et Marguerite…*, *op. cit.*, p. 35).

102. Curieusement, peu de chroniques semblent s'intéresser au décès de cette princesse. Aubri de Trois-Fontaines l'inscrit en 1209, ce qui n'est pas possible (RHF 18, 776 C). Un acte d'août 1213 de Philippe Auguste l'évoque au passé (Delisle, *Catalogue*, n° 1457). Le psautier d'Ingeburge de Danemark indique la mort de la comtesse de Vermandois le 13 des calendes de juillet (Léopold Delisle, « Notice sur le psautier d'Ingeburge », *Bibliothèque de l'École des chartes*, 1867, t. 28, p. 202) et des nécrologes le 14 ou 15 juin (« Claude Carlier, *Histoire du duché de Valois*, t. 2, Paris, 1864. » 1764, t. 2, p. 12).

Bérengère de Navarre[103]. En 1212, un complot est ourdi contre Jean et ses relations avec nombre de ses barons sont exécrables. Otton IV, son allié, qui avait été couronné empereur par le pape en 1209, se dresse bientôt contre ce dernier et menace ses terres en Italie. Il est également excommunié et le pape se tourne vers le rival d'Otton, Frédéric Hohenstaufen, que le prince Louis a d'ailleurs rencontré le 19 novembre 1212. Les évènements s'enchaînent ensuite rapidement.

Le roi de France, conscient de la coalition qui se forme contre son royaume, à l'ouest par l'Angleterre avec les Dammartin, à l'est par l'Empire, et au sud par l'Anjou et le Poitou aux alliances toujours incertaines, organise le 8 avril 1213 à Soissons une assemblée de ses barons et prélats. Fait majeur, il désigne son fils Louis pour envahir l'Angleterre et déposer le roi Jean[104]. Ses droits se fondent peut-être sur la caution du pape, qui a besoin du roi de France dans ses luttes contre le roi Jean et l'empereur Otton, peut-être sur une demande de barons anglais, mais surtout sur les droits de succession de sa belle-fille Blanche de Castille, petite-fille d'Henri II Plantagenêt et d'Aliénor d'Aquitaine, et donc nièce de Jean. Remarquons alors que Philippe Auguste envisage non seulement qu'une femme puisse accéder au trône mais qu'elle puisse le revendiquer du chef de sa mère. Toutefois, ni les droits de Blanche ni la princesse elle-même ne sont évoqués dans le serment imposé par Philippe Auguste à son fils Louis, qui encadre drastiquement ses prérogatives au cas où il serait couronné roi d'Angleterre, ce qui montre qu'il agit plus pour sécuriser le royaume de France que pour assurer la conquête anglaise[105].

Cette assemblée du 8 avril 1213 ne manque pas d'imprévus. Le comte de Flandre Ferrand de Portugal[106], mécontent d'avoir été spolié d'Aire et de Saint-Omer, conditionne sa participation à l'expédition contre l'Angleterre à la restitution de ces villes. Devant le refus du roi, il quitte la réunion et passe peu après au roi Jean. Pour équilibrer les alliances et s'attacher le duc de Brabant Henri de Louvain, Philippe Auguste lui donne en mariage sa fille Marie

103. Cette dernière raison est démontrée par Ghislain Baury et Vincent Corriol, *Bérengère de Navarre…*, *op. cit.*, p. 126.

104. Sur la chronologie des évènements décrits, nous renvoyons à la bibliographie, et notamment aux principales biographies de la période.

105. Serment reproduit dans Foedera, t. 1, p. 104.

106. Neveu de la comtesse Mathilde, seconde épouse de feu Philippe d'Alsace.

tout juste veuve. Si elle gagne en titulature, son union n'est pas plus attrayante que la première puisque ce Henri, né vers 1165 et donc de l'âge de son père, a trente-cinq ans de plus qu'elle. Il est veuf de Mathilde de Boulogne, duchesse de Brabant – cadette d'Ide –, qui a mis au monde au moins six enfants. Peu importe, le contrat est conclu : Philippe Auguste garantit à sa fille une rente de 1 000 livres parisis en dot et le duc lui accorde un douaire de 2000 livres en monnaie de Valenciennes[107].

L'évènement le plus exceptionnel de cette assemblée concerne la reine Ingeburge. Philippe Auguste tient tellement à son expédition contre Jean et l'appui du pape lui est si nécessaire qu'il annonce publiquement qu'il reprend sa femme. L'épouse captive, humiliée et maltraitée, avec le seul appui officiel d'Innocent III et avec son extraordinaire volonté, a vaincu le roi et reconquis sa *fama*. Lorsqu'elle est enfin libérée, en ce mois d'avril 1213, après vingt ans d'emprisonnement, Ingeburge de Danemark, dont la beauté avait été vantée par les contemporains au moment de son mariage, a presque quarante ans. Elle a regardé année après année sa jeunesse s'envoler. Voici comment Guillaume le Breton présente cette libération spectaculaire et inattendue :

> L'an de l'Incarnation du Seigneur 1213, la flotte étant prête pour passer en Angleterre[108], Philippe le Magnanime reçut en grâce [Ingeburge] sa femme, fille du roi des Danois, dont il s'était séparé pendant plus de seize ans, ce qui occasionna une grande joie parmi le peuple ; car on ne trouvait dans le roi rien qui fut digne de blâmes, sauf ce seul fait qu'il privait sa dite femme de la dette conjugale, quoiqu'il lui accordât honorablement toutes les autres choses qui lui étaient nécessaires. C'est pourquoi, dès qu'il l'eut reçue en grâce, tous ceux qui étaient auparavant chagrinés de cette dissension contraire à la vertu, se réjouirent à juste titre[109].

107. Delisle, *Catalogue*, n° 1438, 1439.

108. Cette précision indique que l'annonce de la « reprise » d'Ingeburge a été faite peut-être à Soissons le 8 avril 1213 ; en tout été de cause avant le 8 mai, date à laquelle Philippe Auguste va vérifier l'état de sa flotte à Boulogne.

109. Traduction, adaptée de celle de Guizot (*Vie de Philippe Auguste par Guillaume le Breton*, éd. Guizot, Paris, 1825, p. 256-257. Voir aussi Guillaume le Breton, *La Vie de Philippe II*, p. 90). On remarque dans cette traduction une erreur grossière sur le nombre d'années de « séparation » : « sexdecim » étant traduit par « six » au lieu de « seize ». Est-ce une volonté de minorer cette durée ? ou seulement une malencontreuse coquille ?

Pour le chroniqueur officiel du roi de France, le seul tort de Philippe « le Magnanime » aurait été d'avoir privé sa femme de la joie de coucher avec lui, mais il l'aurait traitée fort honorablement par ailleurs, c'est-à-dire qu'elle n'aurait manqué de rien pendant cette séparation de « plus de seize ans ». Nous savons ce qu'il en est, et voilà comment pour la postérité se fabriquent les « grands hommes », qui ne sont parfois que de tristes sires. Quant à Ingeburge, elle rejoint sans doute la cour où régnait seule Blanche de Castille. Si elle n'a pas accès au « corps du roi » – mais peut-elle encore souhaiter offrir son « vase » à cet homme gras, chauve et au « teint rubicond » ? –, elle est désormais honorée comme reine, traitée selon son rang, et libre de circuler.

La guerre, les gagnantes et les perdantes de Bouvines

Dans cette surenchère d'annonces sensationnelles, le roi Jean n'est pas en reste. Le 15 mai 1213, à Douvres, alors que la menace de l'invasion française du prince Louis est imminente, il se soumet au Saint-Siège devant une assemblée de barons et de prélats et remet ses « royaumes d'Angleterre et d'Irlande au pape avant de les reprendre en fief de Dieu et de l'Église romaine[110] ». En clair, le roi d'Angleterre tient désormais ses terres de la papauté et devient vassal du pontife. Ce coup de théâtre a des conséquences immédiates sur le débarquement français en Angleterre. Innocent III, devant cette soumission inespérée, n'a plus aucun intérêt à soutenir la destitution de Jean par Philippe Auguste. Il missionne aussitôt son légat auprès du roi de France, qui se trouve à Gravelines pour l'embarquement, et l'invite à renoncer à son projet[111].

On imagine la fureur du souverain et de son fils qui, aussitôt, en représailles, envahissent le comté de Flandre et rassemblent dans le trop petit port de Damme une partie de leurs navires. Le comte Ferrand de Portugal est sommé de se rendre. Il fait aussitôt appel à Jean, qui envoie une flotte dirigée par le comte de Boulogne Renaud de Dammartin et le comte de Salisbury Guillaume Longue-Épée.

110. Frédérique Lachaud, *Jean sans Terre…*, *op. cit.*, p. 144.
111. *Ibid.*, p. 160.

Ces meneurs confirmés s'emparent d'une partie des navires de Philippe Auguste, qui préfère mettre le feu à ceux qui lui restent plutôt que de les laisser aux ennemis. Renaud aurait été capturé mais, à la faveur de complicités, se serait échappé[112]. Le roi rentre alors en Île-de-France et laisse son fils, frustré de sa conquête anglaise, poursuivre les ravages dans les villes flamandes[113].

L'année 1213-1214 se passe en recherche d'alliances pour une nouvelle guerre qui semble inévitable. À cette période, Philippe Auguste a le chagrin de voir son gendre le duc de Brabant, à qui il a vendu sa fille, se rallier au roi d'Angleterre[114]. À sa décharge, ce camp exerce sur lui une sérieuse coercition puisque l'un de ses fils est l'otage du comte de Flandre[115].

En début d'année 1214, Jean débarque à La Rochelle et des combats et sièges se réorientent en Poitou et en Touraine, sans être déterminants. En juillet, Philippe Auguste est au nord du royaume où Otton IV est entré dans la danse et un dimanche, « cinq jours avant le début d'août[116] », a lieu la bataille décisive, « vers un pont appelé Bouvines[117] ». Comme les femmes n'y ont aucun rôle, nous ne faisons qu'enjamber les cadavres de cette bataille rangée[118], la première depuis presque un siècle pour un roi de France[119].

La victoire incontestable de Philippe Auguste le 27 juillet 1214 entraîne la tragédie des vaincus[120], et nos princesses – qui ont dû choisir leur camp ou qui ont été entraînées dans celui décidé par leur mari – vont en récolter les bénéfices ou en payer le prix.

112. Selon Guillaume le Breton (Guillaume le Breton, *Philippidos*, v. 510-522) ; Dominique Barthélemy, *La Bataille de Bouvines…*, *op. cit.*, p. 146. Selon une source anglaise au contraire, il se trouvait sur une nef et avait gagné l'île de Walcheren (Guillaume le Breton, *Philippidos*, p. 270, n. 1).

113. Catherine Hanley, *Louis, The French Prince…*, *op. cit.*, p. 50-51.

114. Dominique Barthélemy, *La Bataille de Bouvines…*, *op. cit.*, p. 65 ; Frédérique Lachaud, *Jean sans Terre…*, *op. cit.*, p. 161.

115. *Ibid.*, p. 122.

116. Selon une inscription gravée contemporaine (voir Dominique Barthélemy, *op. cit.*, p. 222).

117. Guillaume le Breton, *La Vie de Philippe II*, p. 112.

118. Le bilan humain n'est pas connu, les sources, souvent prodigues sur ce point, n'en disant presque rien. On peut donc envisager qu'il n'y ait pas eu de « carnage » (voir Dominique Barthélemy, *La Bataille de Bouvines…*, *op. cit.*, p. 143, 145).

119. John W. Baldwin, *Philippe Auguste…*, *op. cit.*, p. 282.

120. Sur l'importance (relative) des conséquences de Bouvines pour Philippe Auguste, voir les réflexions de Dominique Barthélemy (*La Bataille de Bouvines…*, *op. cit.*, p. 161-163).

Ingeburge est en quelque sorte la première gagnante de Bouvines. D'ailleurs dans son psautier, où de rares dates sont annotées, une mention est pour la victoire du roi : « Le sept des calendes d'août de l'année 1214, vainquit Philippe, le roi de France, en bataille, l'empereur Otton et le comte de Flandre et le comte de Boulogne et plusieurs autres barons[121]. » C'est sûrement le signe qu'elle a bien compris que sa libération en 1213 était un enjeu majeur pour le roi dans la guerre qui couvait. Le succès conforte sa situation.

Une autre reine « de nom seulement » tire avantage de la victoire de Bouvines par le roi de France : Bérengère de Navarre. Avant la mort de sa belle-mère Aliénor d'Aquitaine, elle n'a pu récupérer son douaire, établi comme on l'a vu par Richard Cœur de Lion, car Jean en a cédé une bonne partie à son épouse Isabelle d'Angoulême en 1200[122]. Malgré différentes transactions et promesses sans résultat, et les admonestations d'Innocent III qui a fort à faire pour défendre les veuves, Bérengère, de guerre lasse et sur le qui-vive, se tourne en 1204 vers le roi de France, qui s'empresse de lui céder Le Mans, forêts et faubourgs compris, contre les droits qu'elle détient sur plusieurs places en Normandie[123]. Elle devient dès lors vassale de Philippe Auguste sans que les liens soient rompus complètement avec son beau-frère. C'est curieusement au lendemain de sa défaite retentissante que Jean renoue avec Bérengère pour trouver un accord sur son douaire et sur les pénalités de retard[124]. Pourquoi, alors que sa belle-sœur est clairement dans le camp français, et que son trésor est vide, tente-t-il une approche ? Garde-t-il encore quelque espoir de récupérer un jour l'Anjou ancestral[125] ? Cherche-t-il à ménager des alliances locales[126] ? Est-il acculé par les pressions d'Innocent III[127] ? Quoi qu'il en soit de ses motivations premières, Bérengère finit par

121. Henri Malo, *Un grand feudataire, op. cit.*, p. 212 ; Léopold Delisle, « Notice sur le psautier d'Ingeburge », *Bibliothèque de l'École des chartes*, 1867, t. 28, p. 203.

122. Ghislain Baury et Vincent Corriol, *Bérengère de Navarre…, op. cit.*, p. 96.

123. Voir le traité traduit dans Ghislain Baury et Vincent Corriol, *ibid.*, p. 109.

124. *Ibid.*, p. 119.

125. Il ne semble pas avoir abandonné l'idée d'une revanche puisqu'il continue de verser des fonds à son allié Otton de Brunswick (Frédérique Lachaud, *Jean sans Terre…, op. cit.*, p. 163).

126. Ce qui pourrait être envisagé par le choix de son ambassadeur auprès de Bérengère, Pierre des Roches, l'un des familiers du roi Jean et cousin du sénéchal d'Anjou, Guillaume des Roches (Ghislain Baury et Vincent Corriol, *Bérengère de Navarre…, op. cit.*, p. 119).

127. Voir Ghislain Baury et Vincent Corriol, *op. cit.*, p. 127.

obtenir 2000 marcs et 500 livres à la Toussaint 1215[128], ce qui est loin du compte mais reste une somme appréciable.

Aelis de France, de son côté, semble dans une position plus délicate. Son mari, Guillaume de Ponthieu, et elle-même ont bien sûr choisi depuis longtemps et sans ambiguïté le parti de Philippe Auguste : « Les gens du Ponthieu suivent à la guerre leur comte d'une naissance illustre, et d'un sang plus illustre encore par la sœur du roi Philippe le Magnanime[129]. » Guillaume de Ponthieu s'illustre vaillamment avec ses troupes pendant la bataille et participe à la chasse aux Brabançons[130] où il se retrouve en très fâcheuse posture alors qu'il est avec le roi : « Sa lance, son épée, son couteau [sont] brisés et il se retrouva piéton, réduit à repousser les coups adverses de ses mains et de ses bras cuirassés[131]. » Ce sont ses communes – c'est-à-dire les piétons des villes de son fief – qui le tirent de ce mauvais pas. Le chroniqueur précise plus positivement qu'il rapporte au roi les étendards pris aux ennemis[132]. Bref, Aelis et Guillaume de Ponthieu font partie des vainqueurs.

En revanche, leur gendre Simon de Dammartin, qui a participé activement au printemps 1214 au saccage du comté de Guînes[133] et dont l'implication aux côtés de son frère est sans équivoque, bien qu'il n'ait pas été présent à Bouvines[134], a fui en Angleterre, et toutes ses terres continentales sont confisquées. Selon toute vraisemblance, son épouse Marie de Ponthieu, alors âgée de dix-sept ans, l'a suivi[135]. Pour Aelis, qui a été captive des Plantagenêts et exilée près de deux décennies, c'est certainement un crève-cœur. Il semble en revanche que les enfants du couple Dammartin[136] soient restés en Ponthieu.

128. Ghilain Baury et Vincent Corriol, *op. cit.*, p. 120.

129. Guillaume le Breton, *Philippide*, p. 304; Guillaume le Breton, *Philippidos*, v. 484 *sq.*

130. Sans doute des hommes du duc de Brabant (Dominique Barthélemy, *La Bataille de Bouvines…*, *op. cit.*, p. 137).

131. Cité par Dominique Barthélemy, *op. cit.*, p. 139.

132. Du Cange, *Histoire des comtes de Ponthieu…*, *op. cit.*, p. 138. Sur l'analyse de cet épisode, voir Dominique Barthélemy, *op. cit.*, p. 147-148.

133. Henri Malo, *Un grand feudataire*, *op. cit.*, p. 183.

134. Dominique Barthélemy, *La Bataille de Bouvines…*, *op. cit.*, p. 170.

135. Il n'y a cependant aucune trace de Simon de Dammartin ou de Marie de Ponthieu dans les comptes royaux anglais en 1214-1216 (Pipe Rolls consultés : vol. 70/32, 1958; vol. 73/35, 1959; vol. 75/37, 1961).

136. Dans un acte de 1225, Marie évoque ses fils et ses filles (LTC, t. 2, 1866, n° 1713, p. 56).

Dans les actes rédigés immédiatement après Bouvines, puis de manière récurrente, le comte efface le nom de sa fille Marie au profit d'expressions impersonnelles lourdes de sens comme « mes héritiers » ou « mes successeurs », et qui désignent sûrement les enfants de Marie[137]. Aelis elle-même disparaît quasi totalement des chartes après Bouvines, et son mari ne l'associe plus aux clauses de salut[138]. Ainsi, la trahison de Simon a profondément ébranlé l'ambiance familiale des Ponthieu. Guillaume a pris ses distances avec sa fille et son épouse, et peut-être même a-t-il une liaison à cette période[139]. Le roi Philippe Auguste, lui, ne veut plus entendre parler de sa nièce Marie.

Mais ce sont sans conteste les comtesses de Boulogne et de Flandre qui sont les grandes perdantes de Bouvines.

Le comte de Flandre, Ferrand de Portugal, capturé, est ramené à Paris en triomphe et en charrette, car il est blessé, et les paysans, les vieilles femmes et les enfants – c'est-à-dire ceux qui sont au plus bas de l'échelle sociale – n'hésitent pas à le railler tout du long en le traitant, par un jeu de mots avec son prénom, de comte « bien ferré » – lui qui, auparavant, « tout bouffi, ruait et levait le talon contre son seigneur[140] ». Au terme de cet ignominieux voyage, il est emprisonné dans la tour du Louvre[141].

---

137. Clovis Brunel, *Actes des comtes de Ponthieu*, n° 238, p. 351-352 (24, 14); n° 239, p. 353 (13); n° 242, p. 356-357 (8); n° 244, p. 359-360 (8); n° 245, p. 360-361 (2); n° 256 (1217), p. 374-375 (8, 9); n° 266 (mai 1219), p. 393-394 (26).

138. Sur la trentaine d'actes passés par le comte Guillaume de Ponthieu après Bouvines, Aelis ne figure plus que dans trois d'entre eux : Clovis Brunel, *Actes des comtes de Ponthieu*, n° 256 (1217), p. 374-375 (7); n° 257 (28 juillet 1218), p. 375-377 (16); n° 271 (1220-1221), p. 397-398 (9).

139. Un acte de novembre 1223 est en effet ainsi relevé par Charles Petit-Dutaillis : « Louis VIII cède à l'abbaye d'Espagne-en-Ponthieu 20 livres parisis de rentes légués par Guillaume de Ponthieu à sa fille Isabelle, qui va faire profession dans ladite abbaye » (Charles Petit-Dutaillis, *Louis VIII*..., *op. cit.*, n° 31, p. 453). Marie de Ponthieu aurait ainsi une demi-sœur? En raison de l'âge d'Aelis, du « froid » pré- et post-Bouvines, et de l'entrée dans la vie monastique de cette Isabelle, solution fréquente pour les bâtards garçons et filles, c'est une hypothèse plausible.

140. Voir Dominique Barthélemy, *La Bataille de Bouvines*..., *op. cit.*, p. 147-148.

141. Sa tante Mathilde de Portugal, ancienne comtesse de Flandre, est englobée par Guillaume le Breton dans sa disgrâce; il la qualifie de « vieille comtesse de Flandre, espagnole de nation » qui aurait par des « sortilèges » voulu connaître l'issue du combat (Guillaume le Breton, *La Vie de Philippe II*, p. 142).

Le comte de Boulogne, Renaud de Dammartin, prisonnier lui aussi, est enfermé au Goulet[142], « aux confins de la Normandie », sous une garde intraitable et dans des conditions éprouvantes :

> Attaché par des fers qu'on avait entrelacés avec une merveilleuse adresse, presque impossibles à délier, et joins ensemble par une chaîne si courte qu'elle lui laissait à peine la faculté de faire un demi-pas. Au milieu de cette chaîne en était attachée une autre de la longueur de dix pieds ; elle était fixée par l'autre bout à une colonne mobile, que deux hommes avaient de la peine à mouvoir chaque fois que le comte voulait aller faire ses besoins[143].

À la rancœur du roi pour les trahisons de Renaud et son rôle central dans l'organisation de la coalition anglo-impériale – ce qui, il faut bien l'admettre, n'est déjà pas négligeable – s'ajoute l'accusation d'une lettre envoyée par Renaud après la bataille à Otton IV, lui enjoignant de reprendre la guerre à partir de Gand[144]. Il est possible que cette dénonciation ait été le fait du gendre de Philippe Auguste, le triste Henri Ier, duc de Brabant, qui, à l'époque où il était marié à Mathilde de Boulogne, duchesse de Brabant, avait conçu des espérances sur le comté[145].

L'époux de Marie de France – qui, on s'en souvient, était repassé au roi Jean – a sans vergogne aucune adressé à Philippe Auguste ses félicitations au soir de sa victoire à Bouvines[146]. Cela s'explique par le fait qu'il espère bien récupérer son fils, otage de Ferrand, puisque ce dernier est désormais captif. Le roi lui aurait répondu par deux missives scellées : l'une vierge, et l'autre avec cette réponse cinglante : « Comme cette première lettre est dépourvue d'écriture, le duc est dépourvu de foi et de justice[147]. » Si Marie de France, certes épouse de ce « tourne-casaque » mais surtout fille du roi, peut espérer quelque bienveillance, Ide de Boulogne et Jeanne de Flandre, elles, ne font qu'entamer le combat pour recouvrer leurs droits et leur honneur face à un roi intraitable.

---

142. Guillaume le Breton, *Philippide*, p. 68.
143. Cité par Dominique Barthélemy, *ibid.*, p. 150.
144. *Ibid.*
145. Hypothèse proposée par Dominique Barthélemy, *ibid.*, p. 151.
146. Sergio Boffa, « Le rôle équivoque joué par le duc de Brabant Henri Ier à la bataille de Bouvines (27 juillet 1214) », *Cahiers de civilisation médiévale*, n° 59, 2016, p. 341 ; Aubri de Trois-Fontaines, MGH SS 23, p. 902.
147. Traduit par Sergio Boffa (*Vitae Odiliae*, MGH SS 25, p. 188).

Fin octobre 1214, la jeune comtesse de Flandre qui, rappelons-le, n'est âgée que de seize ans, doit se soumettre au vainqueur. Elle promet à Philippe Auguste de lui livrer le fils du duc de Brabant, âgé de cinq ans[148], ce qui est envisageable, et de faire raser les forteresses de plusieurs places fortes dont Ypres, Valenciennes et Cassel, ce qui paraît bien infaisable, car on n'imagine pas que ces villes acceptent de détruire leurs propres fortifications pour sauver leur comte. En échange de tout cela, néanmoins, elle reste la légitime comtesse de Flandre, terre que le roi n'a pas les moyens d'annexer[149], tandis que son époux Ferrand de Portugal et les autres prisonniers sont à sa discrétion.

Si Ide de Boulogne est passée en Flandre dès la défaite de la coalition anglo-impériale pour supplier Jeanne d'intercéder en faveur de son mari Renaud, sa démarche n'a de toute évidence pas abouti[150]. Car, clause majeure du traité conclu entre le roi et la comtesse de Flandre, Renaud de Dammartin « et les autres, qui sont d'autres pays, ne sont pas compris dans l'accord[151] ». Ide de Boulogne a gagné la Flandre et s'installe près d'Ypres avec ses familiers. Elle ne peut revenir dans son comté, désormais aux mains du roi de France. Elle choisit donc de s'établir en terre amie, et peut-être rencontre-t-elle Jeanne de Flandre occasionnellement. Dès lors, on peut dire que le comte de Boulogne est « foutu ».

Il y a un « avant » et un « après » la bataille de Bouvines, comme il y a eu un « avant » et un « après » le divorce de Beaugency. L'année 1152 marque les débuts de la puissance Plantagenêt, 1214 son coup d'arrêt. La domination territoriale et les craintes successorales éprouvées par Louis VII et Philippe Auguste changent de camp. Le roi Jean entrevoit le spectre du « Jean sans Terre » de sa jeunesse, d'autant que le couple héritier du royaume de France, Louis et Blanche de Castille, va entrer en lice aux côtés d'un Philippe Auguste vieillissant. Car il en est toujours ainsi : les années passent, et les générations, et les rois meurent.

---

148. Guillaume le Breton, *La Vie de Philippe II*, p. 150.

149. Dominique Barthélemy, *La Bataille de Bouvines…*, *op. cit.*, p. 160, 164.

150. Comme nous le dit le biographe de Renaud de Dammartin (Henri Malo, *Un grand feudataire*, *op. cit.*, p. 222).

151. Delisle, *Catalogue*, n° 1509 ; Leopold August Warnkoenig, *Histoire de la Flandre…*, t. 1, Bruxelles, 1835, p. 347-348 ; Guillaume le Breton, *La Vie de Philippe II*, p. 150-152.

Quatrième partie

De Philippe Auguste à Louis VIII (1214-1226) : l'ombre et la lumière

1

Les derniers tracas du vieux roi

« Il n'y a pas d'autre roi que moi en France. »

Philippe Auguste[1]

Après sa victoire en 1214, Philippe Auguste vit encore neuf années. Pourtant, les contemporains comme les biographes modernes révèlent peu de choses sur cette dernière décennie de règne, et la *Vie* de Guillaume le Breton, outre des faits anecdotiques mais instructifs – on apprend par exemple que l'année 1219 a fourni une immonde « piquette » en raison d'un été pourri et que l'on n'a pu vendanger que le quart de la récolte habituelle[2] – évoque plus le fils du roi que le roi lui-même. C'est que le chroniqueur apprécie l'histoire-batailles, or le royaume est désormais en paix. Nous aborderons plus loin le couple princier Blanche de Castille et Louis, car il reste au roi des dossiers brûlants à surveiller dans les années qui suivent Bouvines, singulièrement ceux qui concernent nos princesses.

1. Voir IV. 1. « L'héritière de Champagne… ».
2. Guillaume le Breton, *La Vie de Philippe II*, p. 182.

Ide et Jeanne : sauver les maris

Après Bouvines, plusieurs problèmes se posent. D'abord, le souverain ne peut garder indéfiniment tous les chevaliers ennemis capturés sur le champ de bataille. Ainsi, dès 1215, commencent les libérations contre rançons proportionnées à la qualité, aux ressources et à la capacité de nuisance des prisonniers[3] – de quelques centaines à plusieurs milliers de livres[4]. Les plus hostiles ne sont délivrés qu'en 1217. Mais deux captifs, un exilé et leurs épouses restent dans des situations précaires.

Certains constatent avec satisfaction l'emprisonnement de Renaud de Dammartin et signalent perfidement que « personne n'intercède pour lui[5] ». Qui le pourrait ? Impossible pour son épouse Ide d'agir en faveur du prisonnier haï du roi et qui croupit au Goulet. En outre, elle approche sans doute de la cinquantaine et elle est malade. En mars 1216, elle fait donation à l'abbaye flamande de Zonnebeke, qui l'a accueillie, d'une modeste rente de cent sous – qu'elle perçoit sur l'un de ses domaines – pour célébrer l'anniversaire de Renaud, le sien et celui de son oncle Henri[6]. Elle meurt peut-être le 21 avril suivant[7] dans le dénuement. Elle ne pourra plus rien pour son mari.

Le roi Jean, qui s'est inquiété très tôt du sort de ses plus illustres alliés, qui appréhendait que le comte de Boulogne soit exécuté et qui a tout fait pour conserver les biens de ce dernier en Angleterre, est mort en octobre 1216, au bord de la déposition – situation qui nous intéressera au chapitre suivant.

La fille d'Ide et de Renaud enfin, Mathilde, héritière de Boulogne, n'a aucune influence et sans doute aucune raison d'émettre une supplique en faveur du captif. Elle a dix-sept ans environ à la mort de

3. Dominique Barthélemy, *La Bataille de Bouvines…*, *op. cit.*, p. 155.

4. Gustave Doudelez, « Les résultats de la bataille de Bouvines et l'exécution du traité de Melun par la Flandre… », *Revue des questions historiques*, 1937/1, p. 11.

5. Guillaume le Breton, *La Vie de Philippe II*, p. 162.

6. Henri Malo, *Un grand feudataire*, *op. cit.*, p. 222. Remarquons que Philippe d'Alsace, tuteur de ses nièces de Boulogne, n'est pas l'oncle qui bénéficie de la clause de salut. Nous n'avons pas retrouvé qui Ide désignait par cet « oncle » Henri, qui ne figure ni du côté de son père, ni du côté de sa mère, et qui est peut-être un cousin.

7. Selon Henri Malo (*Un grand feudataire*, *op. cit.*, p. 222), qui ne donne pas sa source.

sa mère, elle a été élevée à la cour dans les intérêts français, elle est l'épouse du fils du roi Philippe Hurepel, et son père est un traître.

Quant à Jeanne de Flandre, qui tente de respecter le traité d'octobre 1214 pour faire libérer Ferrand, elle se heurte, comme il était prévisible, à l'opposition des communes qui refusent de démolir leurs fortifications[8]. Guillaume le Breton a beau jeu de feindre l'étonnement sur les habitants de Valenciennes qui, « avec une servile insolence, aimèrent mieux laisser leur seigneur pourrir ainsi longtemps dans un cachot, que de voir la ruine de leurs tours ou de leurs murailles[9] ». D'abord il n'est pas certain que les Flamands aient eu le temps de s'attacher à leur comte et, de toute façon, il faut user d'une coercition armée pour imposer la destruction des remparts d'une cité qui représentent l'assurance de sa sécurité. Or, Jeanne n'a pas de troupes et Philippe Auguste n'est pas prêt à refaire une démonstration de ses talents de poliorcète si loin de Paris.

Des pressions s'exercent peut-être pour que Ferrand soit néanmoins jugé devant la cour du roi, car ce dernier évoque cette possibilité dans ses actes de 1215 et 1217, tout en ajoutant une précision inquiétante qui concerne le comte de Flandre, « quel qu'il soit[10] », ce qui sous-entend qu'un autre que Ferrand pourrait prendre la place et le titre, et que pour Philippe Auguste, peut-être, le prisonnier du Louvre n'est déjà plus comte. Quoi qu'il en soit, Jeanne garde pourtant l'espoir d'une prochaine libération puisque durant cette période, les prisonniers sont progressivement rendus à leurs proches et leurs fiefs. Elle-même entretient des contacts avec son époux, sans doute épistolaires, peut-être quelques visites, et l'on imagine qu'il la presse d'agir[11].

Le contexte pourrait même être favorable, car dans ces années 1216-1217, le prince Louis, avec ou sans l'aval de son père – nous en reparlerons –, débarque en Angleterre dans le but de conquérir le trône en vertu des droits de son épouse Blanche de Castille, et les deux grands ennemis du roi, Innocent III et Jean sans Terre, meurent successivement en juillet et en octobre 1216.

8. Gustave Doudelez, « Les résultats de la bataille de Bouvines... », art. cit., n° 1, p. 19.
9. Guillaume le Breton, *La Vie de Philippe II*, p. 163.
10. Gustave Doudelez, « Les résultats de la bataille de Bouvines... », art. cit., n° 2, p. 28; par exemple LTC, t. 1, n° 1122, p. 417.
11. Voir *infra*.

Le royaume de France n'est donc plus sur la défensive et Philippe Auguste pourrait enfin se montrer « le Magnanime ».

Mais au bout d'un lustre, Jeanne et Ferrand ont sûrement compris qu'ils sont menés en bateau. Y a-t-il une explication entre la comtesse et le roi ou l'un de ses conseillers ? Lui fait-on miroiter qu'une rançon lui permettra de retrouver son mari ? C'est probable, car à partir de 1219, elle se démène tous azimuts dans cet objectif, demande l'aide féodale en Flandre, à laquelle répondent le clergé de Bruges et celui de Lille. Mais cela ne suffit pas et elle emprunte à des taux usuraires la somme énorme de 29 000 livres à des marchands italiens et des juifs en ces termes : « Moi, Jeanne, je vous fais savoir que pour la délivrance de mon époux *carissimus* Ferrand, comte de Flandre et de Hainaut, retenu captif par le seigneur roi de France... » Sa « dame bien-aimée et amie », la comtesse de Champagne Blanche de Navarre, et son fils, Thibaud IV, se portent caution « sur la prière de mon mari et moi-même[12] », dit-elle. L'engagement financier de Blanche, s'il n'est pas si risqué qu'il y paraît, montre cependant l'affection et la solidarité indéniables entre les deux femmes[13]. Toutefois, la démarche est vaine, car Philippe Auguste, qui n'a nullement l'intention de relâcher Ferrand, a prudemment évité de fixer un montant pour la rançon.

À cette période également, et peut-être sur le conseil de plusieurs princesses – Blanche et Bérengère de Navarre, Blanche de Castille ? –, Jeanne s'adresse sûrement au pape Honorius III, que la longue détention de Ferrand commence à indigner. Le 20 août 1220, il prend la comtesse de Flandre et ses biens sous sa protection et déclare que nul ne peut l'excommunier sans son accord[14]. Le pape finit par écrire à Philippe Auguste directement le 9 avril 1223 et

12. Gustave Doudelez, « Les résultats de la bataille de Bouvines... », art. cit., n° 2, p. 30 ; Martène et Durant, *Thesaurus anecdotorum*, t. 1, p. 886.

13. Contrairement à Gustave Doudelez, qui souligne le risque pris par la comtesse de Champagne en « s'engageant devant les prêteurs, si la somme ne leur est pas rendue aux termes fixés, à interdire leurs foires à tous les marchands de la Flandre [...] » (Gustave Doudelez, « Les résultats de la bataille de Bouvines... », art. cit., n° 2, p. 30), nous pensons qu'il s'agit d'une garantie. Car mis au pied du mur pour payer l'emprunt, les marchands flamands, pour qui les foires de Champagne étaient un débouché important, auraient remboursé les « banquiers » sans sourciller !

14. Gustave Doudelez, « Les résultats de la bataille de Bouvines... », art. cit., n° 2, p. 30.

lui promet l'excommunication de Ferrand s'il se rebelle encore, ce qui est censé rassurer le roi et le décider à la clémence : « Nous te conseillons de rendre au comte sa liberté[15] », écrit-il.

Mais rien n'y fait. Ferrand et son épouse se désespèrent, lui dans sa tour du Louvre, elle en Flandre, en Île-de-France ou en Champagne puisqu'elle semble circuler librement. L'énergie déployée par Jeanne durant toutes ces années pour faire libérer son mari témoigne incontestablement de son espérance et de son attachement. En 1223, elle a vingt-six ans, et Ferrand est emprisonné depuis près d'une décennie.

L'héritière de Champagne vs *Blanche de Navarre*

Parmi les dossiers importants que Philippe Auguste doit traiter dans ces années 1215-1220, celui des héritières de Champagne tient une place de choix.

On se souvient qu'après la mort du comte Thibaud III en 1201, alors qu'il s'apprêtait à diriger la quatrième croisade, sa veuve, Blanche de Navarre, « très belle et très bonne[16] », a conclu des traités avec le roi[17]. Celui de 1209 comprend deux dispositions majeures : l'héritier posthume, Thibaud IV, est élevé à la cour de France jusqu'au 2 février 1214 et, surtout – clause préventive –, si les filles d'Henri II de Champagne, frère de Thibaud III – dont nous avons vu qu'il était mort à Acre en 1197 en laissant deux héritières de son épouse Isabelle de Jérusalem[18] –, réclament le comté alors que Thibaud IV est mineur, c'est-à-dire jusqu'à sa vingt et unième année, le roi refusera de les entendre[19]. Jusque-là, la comtesse Blanche assure la tutelle de son fils. Ce petit arrangement lui coûte néanmoins 15 000 livres que Philippe Auguste en profite pour lui extorquer et qu'elle paie sans barguigner[20].

Parallèlement, en Syrie, plusieurs rois se sont succédé et, depuis 1210, c'est Jean de Brienne, « un cadet champenois sans grande

15. Gustave Doudelez, *op. cit.*, p. 31.
16. Villehardouin, § 37.
17. Voir III. 3. « La mort d'Agnès… ». Voir Annexe 8 : « Descendance de Marie de France et Henri Ier de Champagne ».
18. Voir III. 1., « Marguerite et Marie de France… ».
19. Jubainville, t. 4-1, p. 108-109.
20. *Ibid.*

fortune personnelle[21] », qui a été recommandé par Philippe Auguste, peut-être sur la suggestion de Blanche de Navarre, pour occuper ce trône dangereux si l'on en juge par la durée des règnes. Ce choix ne laisse pas de surprendre les ambassadeurs syriens venus demander conseil sur leur futur souverain et un chroniqueur nous apprend que le roi de France veut éloigner Jean de Brienne parce que « Blanche, la comtesse de Champagne, l'aimait plus que nul homme au monde », ce dont Philippe Auguste est jaloux… Il semble pourtant que Blanche a pu suggérer ce choix au roi[22] – elle n'est donc pas pressée de le retenir – et ce dernier a accessoirement d'autres rancunes qui pourraient l'inciter à se débarrasser de cet arrière-vassal[23].

Quoi qu'il en soit des *gossip* des chroniqueurs, cette ascension sociale spectaculaire donne des idées à un autre Brienne, cousin germain de Jean, prénommé Érard, sensiblement du même âge – la quarantaine dans les années 1210 – et récemment veuf de son état[24]. En 1213, il annonce clairement ses ambitions, à savoir se rendre en Terre sainte pour épouser la cadette des filles de feu Henri II de Champagne, Philippa, susceptible de revendiquer des droits sur le comté. L'aînée, Alix, est mariée depuis 1208 au jeune roi de Chypre Hugues Ier de Lusignan.

Il est évident que la régence exercée par une femme sur un comte mineur semble à Érard un atout suffisant pour défier la comtesse, car les droits de son fils Thibaud IV sont incontestables. En effet, Henri II de Champagne, avant de partir en Terre sainte, avait solennellement fait jurer à ses vassaux de reconnaître son frère Thibaud III comme héritier s'il mourait Outremer, ce que des témoins, après une enquête du légat du pape, confirment sans difficulté dès 1213[25]. Thibaud III, à la mort de son frère aîné, lui avait alors légitimement succédé sans aucune contestation, puis à son propre décès, son fils posthume tout aussi naturellement.

Blanche de Navarre, pour anticiper la menace de cette union entre Érard et Philippa tente d'empêcher le départ de son vassal, le

21. René Grousset, *Histoire des croisades, III…, op. cit.*, p. 223.
22. Guy Perry, *The Briennes. The Rise and Fall of Champenois Dynasty in the Age of the Crusades*, c. *950-1356*, Cambridge, Cambridge University Press, 2018, p. 48.
23. *Eracles*, RHC, t. 2, 1859, p. 307.
24. Guy Perry, *The Briennes. The Rise and Fall…, op. cit.*, p. 57.
25. Jubainville, t. 4-1, p. 120 ; Guy Perry, *The Briennes. The Rise and Fall…, op. cit.*, p. 47-48.

fait arrêter *manu militari* à Marseille par l'un de ses familiers, saisit ses biens en Champagne au prétexte de ses dettes et au mépris de la protection due aux croisés[26], et s'adresse bientôt à Innocent III avec enquête à l'appui sur le degré de consanguinité prohibé des deux prétendants à l'union, tous deux descendant – inévitablement pourrait-on dire – de Louis VI le Gros[27]. En défenseur bienveillant des princesses et de la paix comtale, le pape écrit aussitôt au patriarche de Jérusalem et à tout ce qui compte de prélats Outremer pour interdire le mariage sous peine d'excommunication[28], et il rappelle la légitimité de la succession de Thibaud III[29].

Érard parvenu finalement à Acre, ces menaces apostoliques contrarient ses projets, et, selon la chronique, il doit attendre une opportunité, qui se présente au printemps 1215 alors que le patriarche et le roi de Jérusalem sont absents d'Acre. La princesse Philippa de Champagne sort nuitamment du château et rejoint « en son ostel » Érard de Brienne, qui l'épouse « au point du jour un vendredi[30] ». À dix-sept ans, sous l'étroite surveillance du roi de Jérusalem qui peut-être lui pèse[31], Philippa a pu se laisser séduire par la perspective de devenir comtesse de Champagne ou tout simplement de quitter la Syrie. Sa sœur aînée est reine de Chypre et les perspectives qui l'attendent sont moroses. Même si son père Henri II de Champagne n'a jamais pris le titre de roi de Jérusalem, elle représente une menace pour Jean de Brienne, qui ne tient sa couronne que du chef de sa femme récemment décédée, et dont l'unique enfant, une fille en bas âge, reste la réelle héritière du royaume latin. Le décès prématuré de cette fillette pourrait être exploité par un concurrent qui revendiquerait les droits à régner de Philippa. Bref, Jean n'a aucun intérêt à favoriser le mariage de cette « Champenoise » à un baron local, et tout à gagner en l'éloignant des

26. Guy Perry, *op. cit.*, p. 58-59.
27. *Ibid.*, p. 114 ; Jubainville, t. 5, n° 841.
28. Jubainville, t. 4-1, p. 115 ; t. 5, n° 851.
29. *Ibid.*, t. 5, n° 839.
30. *Eracles*, RHC, t. 2, 1859, p. 319. Pour une argumentation différente sur cette même conclusion, voir l'article de Guy Perry, « "Scandalia... tam in oriente quam in occidente" : The Briennes in East and West, 1213-1221 », *Crusades* 10, 2011, p. 63-77.
31. Le fait qu'elle ait dû attendre l'absence de son oncle d'une part, et une « sortie » de nuit pour rejoindre son promis, laisse penser qu'elle n'est pas libre de ses mouvements.

côtes syriennes. Son « courroux » quant au mariage célébré pendant son absence opportune n'est donc que de façade[32].

Son cousin Érard de Brienne et sa jeune épouse Philippa s'embarquent ensuite vers l'Occident, avec escorte. Le pape et Blanche de Navarre – qui ont appris le mariage – sont furieux et la première envoie des hommes de main qui parviennent à faire jeter Érard en prison à Gênes, où il croupit plusieurs mois, tandis qu'Innocent III demande au clergé de France de l'excommunier s'il fait mine de s'emparer du comté de Champagne[33]. Par la voix de son légat, il affirme hautement son soutien à Blanche :

> Un des devoirs de notre charge est de prendre la défense des orphelins et des veuves, car le siège apostolique les entoure d'une protection spéciale. Blanche, comtesse de Troyes, notre chère fille en Jésus-Christ, ne se contente pas de suivre les traces de ses prédécesseurs, mais elle les dépasse en dévouement et en respect pour la papauté. Aussi nous voulons pourvoir à sa paix et à sa tranquillité avec une sollicitude paternelle[34].

Érard, après s'être échappé des geôles italiennes – où se trouve Philippa durant cette période? – et s'être fait arrêter une nouvelle fois en Auvergne[35], finit par regagner ses terres champenoises au début de 1216. L'opposition se déplace alors sur le terrain juridique pour déterminer la validité ou non du mariage d'Henri II de Champagne avec Isabelle de Jérusalem, et en conséquence, la légitimité de ses filles.

Or, il se trouve que dès 1199, Innocent III a mis en cause cette légitimité des deuxième et troisième unions d'Isabelle, respectivement avec Conrad de Montferrat puis Henri de Champagne, parce que seules les circonstances politiques critiques au moment du siège d'Acre en 1191 avaient motivé l'annulation contre son gré de son premier mariage en bonne et due forme avec Onfroy de Toron par les barons syriens qui estimaient ce dernier inapte au *leadership*[36].

Outre cet embarras juridique, Érard est confronté à son retour aux assurances complémentaires que Blanche a prises durant sa

32. *Eracles*, RHC, t. 2, 1859, p. 319-320.
33. Jubainville, t. 4-1, p. 117 ; t. 5, n° 922.
34. Cité par Jubainville, t. 4-1, p. 141.
35. Guy Perry, *The Briennes. The Rise and Fall…*, *op. cit.*, p. 60.
36. René Grousset, *Histoire des croisades, III…*, *op. cit.*, p. 83-85.

longue absence en Terre sainte. En août 1214, moyennant des sommes considérables que Philippe Auguste exige à la limite du « racket », son fils Thibaud IV a prêté hommage au roi, malgré sa minorité, ce qui est la meilleure preuve de son droit sur le comté[37]. À sa suite, des seigneurs se reconnaissent vassaux du jeune comte. L'année suivante, le prince Louis valide que nul ne peut mettre en cause Thibaud avant sa majorité, « selon la coutume de France[38] ».

Fort de cette bonne action envers Blanche et son fils, et misant sur le besoin crucial de la comtesse du soutien royal, Louis se manifeste de façon brutale. Fin 1215, il lui envoie des messagers pour exiger d'elle des troupes champenoises qui serviront son projet bien avancé d'invasion de l'Angleterre, auquel il n'a pas renoncé depuis 1213 – nous y reviendrons[39]. Malgré sa situation délicate, elle refuse catégoriquement cette participation à une attaque défendue par le pape Innocent III. Quelques jours plus tard, Blanche a la surprise, alors qu'elle est à table avec son fils, de voir débarquer dans son château des chevaliers accompagnés de douze serviteurs armés chargés de la faire céder. Devant la tournure des événements, la comtesse se retire précipitamment dans sa chambre, et fait capturer et enfermer les hommes de main du prince Louis. Elle envoie sans nul doute un courrier au roi : « Je pense qu'il n'y a pas d'autre roi que moi en France[40] », s'exclame-t-il, furibond. Et la comtesse est laissée tranquille, du moins par Louis.

En février 1216, le puissant duc Eudes III de Bourgogne et de nombreux barons s'engagent à venir en aide à Thibaud IV contre les filles de feu Henri II de Champagne et contre Érard de Brienne[41], mais de son côté, ce dernier a recherché des alliés, dont le duc de Lorraine, et il a rassemblé ses troupes. Il passe à l'attaque, sans doute

---

37. Guy Perry, *The Briennes. The Rise and Fall…*, *op. cit.*, p. 60.

38. Jubainville, t. 5, n° 907.

39. Voir IV. 2., « Blanche et Louis sous Philippe Auguste… ».

40. Nous connaissons cette intervention proche de la coercition de Louis par une lettre d'un ambassadeur du roi Jean à Rome qui écrit à ce dernier les nouvelles reçues le 16 janvier 1216 par Innocent III de la comtesse Blanche elle-même (Charles-Victor Langlois, « Préparatifs de l'expédition de Louis de France en Angleterre en 1215 », *Revue historique*, n° 37, 1888, p. 318-322). On est sûrement proche de la réalité de ces événements et de la réaction du roi, comme nous le verrons au chapitre suivant. Voir aussi Lindy Grant, *Blanche of Castile…*, *op. cit.*, p. 54 ; Georges Minois, *Blanche…*, *op. cit.*, p. 129.

41. Jubainville, t. 4-1, p. 125 ; t. 5, n° 951.

à la fin de l'hiver 1216, et Philippe Auguste intervient rapidement pour exiger une trêve[42]. En mai, le pape rappelle opportunément ce qu'il avait fulminé à l'époque : les unions adultérines d'Isabelle de Jérusalem « ont été punies par la main de Dieu qui a terminé la vie de Conrad [de Montferrat] par le glaive, celle d'Henri [II de Champagne] par une chute[43] ».

Blanche, Thibaud, Érard et Philippa sont convoqués à Melun le 16 juin à une assemblée que le roi préside en personne pour écouter la requête du vassal rebelle. Les juges présents, parmi lesquels figurent notamment Eudes de Bourgogne et Guillaume de Ponthieu, sont majoritairement favorables à Blanche, sans parler du roi. La comtesse a l'habileté de ne pas demander de jugement sur le fond, mais sur la forme, c'est-à-dire l'impossibilité de juger tant que son fils est mineur.

Le verdict prononcé par Philippe Auguste, modèle du genre, est sans appel, et singulièrement insultant pour les demandeurs. Si Érard se voit nommer « de Brienne », comme il se doit, Philippa, elle, est juste « Philippa », comme une servante. Elle est « dit-on » la femme d'Érard. À l'évocation d'Henri II de Champagne, « dont la même Philippa disait qu'il était son père », l'humiliation est patente, car le fait n'est pas contestable. Blanche, elle est au contraire désignée par le roi comme « notre bien-aimée et fidèle Blanche, comtesse de Champagne[44] ». Indépendamment des « us et coutumes de France », tout est dit ! Et l'on imagine que si le couple vindicatif se soumet sur le moment, la rage couve.

La guerre reprend alors – ou plutôt le brigandage d'Érard sur les terres de la comtesse, avec vol de bestiaux, fermes pillées et marchands dépouillés[45]. Après bien des démêlés et des trêves rompues, avec le soutien médiocre de Philippe Auguste et celui plus sûr d'Honorius III – successeur d'Innocent – qui excommunie Érard et Philippa, Blanche de Navarre, femme forte, mène elle-même ses troupes en 1218 avec l'empereur Frédéric Hohenstaufen contre les alliés du rebelle qui se soumettent progressivement. Dès que

42. Guy Perry, *The Briennes. The Rise and Fall…*, *op. cit.*, p. 61.
43. Jubainville, t. 5, n° 480, 879.
44. Jugement reproduit dans Brussel, *Nouvel examen de l'usage général des fiefs en France*, t. 1, Paris, 1727, p. 651-652 ; LTC, t. 1, n° 1182, p. 431-432.
45. Jubainville, t. 4-1, p. 140, 147 ; Guy Perry, *The Briennes. The Rise and Fall…*, *op. cit.*, p. 61.

Frédéric a tourné le dos, elle réussit un coup de force : elle marie son fils en mai 1220 avec la veuve du duc de Lorraine, Gertrude de Dabo, comtesse de Metz, richement possessionnée et d'au moins dix ans l'aînée de son mari. L'empereur Frédéric est furieux et s'en plaint au pape, mais c'est inutile, car après deux années, l'union est annulée pour consanguinité, peut-être à la demande de Thibaud IV de Champagne qui a vu son autorité refusée par les Messins[46].

Enfin, le 2 novembre 1221, un nouveau traité scelle les conditions de la paix avec Érard et Philippa. Contre la somme de 4 000 livres et une rente de 1 200 livres, ils renoncent à leurs prétentions sur le comté et, preuve de la défiance de Blanche, aux droits potentiels de la reine de Chypre Alix, sœur aînée de Philippa, dont ils pourraient hériter[47]. Mais son mariage avec Érard est solennellement reconnu, ce qui sécurise la situation de cette princesse[48].

La comtesse de Champagne, qui a dépensé une énergie et des sommes considérables pour préserver le fief de son fils, qui a fait preuve à la fois de compétences juridiques et d'initiatives armées, peut être fière de son succès. Certes, le soutien assuré mais occasionnel de Philippe Auguste et l'appui indéfectible de la papauté l'ont bien servie, mais c'est elle qui a porté les responsabilités de bout en bout.

Elle assiste sûrement avec une grande satisfaction, à la Pentecôte 1222 à Étampes, à l'adoubement de son fils par le roi, en même temps que le prince Philippe Hurepel et de nombreux jeunes nobles[49]. Nous l'imaginons siéger et festoyer au milieu des dames, la future reine Blanche de Castille, la reine Ingeburge de Danemark, les comtesses Mathilde de Boulogne, comtesse de Boulogne et Jeanne de Flandre, peut-être même sa sœur affectionnée Bérengère de Navarre, dont les liens avec Philippe Auguste ne sont pas rompus, mais qui se désintéresse dans une large mesure de ses affaires.

On se souvient d'ailleurs qu'il a cédé Le Mans à Bérengère, à titre viager, en 1204[50]. Avant ou après Bouvines, nulle intervention en sa faveur dans son combat pour récupérer son douaire auprès de Jean

46. Jubainville, t. 4-1, p. 192-195.

47. *Ibid.*, p. 184 et t. 5, n° 1339-1346 ; Guy Perry, *The Briennes. The Rise and Fall…*, *op. cit.*, p. 63.

48. Guy Perry, *ibid.*

49. Jubainville, t. 4-1, p. 198 ; Philippe Mousket, v. 23411 *sq.*

50. Voir III. 4., « Les affaires se compliquent… ».

sans Terre puis auprès de la cour du jeune Henri III d'Angleterre. En 1217, alors que la « dame du Mans » est contrainte de quitter le diocèse où le doyen du chapitre, en accord avec l'évêque, a jeté l'interdit en raison d'un conflit symbolique qui l'oppose à la reine douairière d'Angleterre, Philippe Auguste trouve opportun d'autoriser les chanoines à agrandir le chœur de la cathédrale, et pour ce faire d'abattre un pan des murailles de la cité[51]. Il s'en remet toutefois à Bérengère pour la décision finale. En revanche, quelques années plus tard, il se fend d'une lettre au pape Honorius III pour intercéder à la demande de sa vassale en faveur des chanoines de la chapelle royale contre le chapitre de la cathédrale qui veut imposer sa prééminence[52].

Remarquons que ces bisbilles ecclésiastiques, qui ont presque toujours pour enjeu des prérogatives judiciaires et/ou financières, sont des plus banales. Ce qui l'est sans doute moins, c'est l'humiliation infligée à Bérengère en 1222. Alors qu'elle est à la tête d'une procession traditionnelle qui porte au dimanche des Rameaux les reliques de sainte Scholastique jusqu'à la cathédrale, l'évêque lui ferme les portes au nez, provoquant indignation et rixe[53]. Un « seigneur du Mans » aurait-il subi le même affront ? Rien n'est moins sûr, et une veuve, fût-elle « ex-reine », est presque toujours confrontée à la loi du plus fort, c'est-à-dire celle des hommes.

La mort d'Aelis de France et de Guillaume de Ponthieu

Le comte Guillaume de Ponthieu fait partie des juges de l'assemblée de Melun en 1216 réunis autour du roi pour aviser sur la « super querelle[54] » entre Blanche de Navarre et ses rivaux. Guillaume de Ponthieu est nommé dans la charte « devant les comtes de Dreux et de Bretagne », nous dit du Cange avec un souci

51. Ghislain Baury et Vincent Corriol, *Bérengère de Navarre…*, *op. cit.*, p. 1165-1166.
52. *Ibid.*, p. 169.
53. *Ibid.*, p. 170.
54. L'acte mentionne « *super querela* » et la traduction est bien sûr littérale, « *querela* » signifiant « plainte » (LTC, t. 1, n° 1182, p. 431).

de la préséance que n'aurait pas renié Saint-Simon[55]. Il faut cependant signaler que l'archevêque de Reims, l'évêque de Beauvais ou le duc de Bourgogne sont mentionnés avant notre comte. Mais sa présence, quelle que soit la distinction protocolaire, est sans nul doute à mettre au crédit de la fidélité de Guillaume de Ponthieu à son roi, et peut-être aussi de son union avec la dernière fille vivante de Louis VII à cette date, du moins en France.

Sans doute avec le temps une réconciliation a-t-elle lieu au sein de la famille de Ponthieu, marquée par la trahison de Simon de Dammartin, qui a choisi le camp du roi Jean avant Bouvines. Si Marie s'est exilée en Angleterre, elle est en tout cas de retour en juillet 1218, lorsque, avec son accord et celui de sa mère, une charte est établie par Guillaume de Ponthieu concédant une commune aux hommes de Port[56]. C'est la dernière apparition active d'Aelis. Elle est associée à une ultime clause de salut de son époux dans un acte de 1220, mais il ne la nomme plus que « notre épouse », en omettant le titre de fille de roi de France qui la désignait auparavant.

Peut-être est-elle morte un 2 juillet. En tout cas, c'est à cette date que trente ans plus tard, en 1250, Marie confirmera en termes affectueux une rente à l'église Notre-Dame de Noyelles pour célébrer l'anniversaire de sa mère *carissima*, « autrefois comtesse de Ponthieu et de Montreuil, sœur de l'illustre Philippe, roi de France[57] ». C'est l'ultime hommage à cette princesse à la destinée si étonnante pour une fille et sœur de roi, et qui a vécu la grandeur et la décadence des Plantagenêts, les humiliations et les victoires des Capétiens. Elle s'éteint à soixante ans dans l'indifférence des chroniqueurs, si bien que l'on ignore où elle est inhumée. Elle a peut-être choisi l'abbaye cistercienne de Valloires, élue comme lieu de sépulture par Guillaume de Ponthieu, et pour laquelle il avait renouvelé les dons de son père en poissons, froment, et surtout en vin[58]. Bien que beaucoup plus jeune que son épouse, Guillaume de Ponthieu meurt

---

55. Du Cange, *Histoire des comtes de Ponthieu…*, *op. cit.*, p. 139 ; LTC, t. 1, n° 1182, p. 431.

56. Clovis Brunel, *Actes des comtes de Ponthieu*, n° 257 (28 juillet 1218), p. 375-377 (16) ; Du Cange, *op. cit.*, et *L'Histoire généalogique des comtes de Ponthieu*, 1657, p. 136.

57. Clovis Brunel, *Actes des comtes de Ponthieu*, n° 388 (1220-1221), p. 538 (2).

58. *Cart. Ponthieu*, n° 56, p. 81.

peu après, le 6 octobre 1221[59]. Son épitaphe nous livre sa ligne de conduite : « Hormis la vertu, rien n'est durable[60]. »

Mais la rancune et la convoitise sont également tenaces. Car Marie de Ponthieu, héritière légitime du comté, nièce du roi, est dans une situation très difficile alors que son époux, Simon de Dammartin, est toujours en exil en Angleterre. Dès la mort de Guillaume de Ponthieu, Philippe Auguste saisit le Ponthieu, ce qui confirme qu'Aelis est prédécédée, car il n'est pas vraisemblable que du vivant de sa sœur il aurait osé cette dépossession d'une princesse royale. Il établit des gardiens sur place afin d'éviter les revendications de Simon, et les suppliques de Marie pour conserver son fief ou faire pardonner l'exilé sont sans effet[61]. Philippe Auguste, toutefois, lui permet de demeurer à Abbeville avec ses enfants[62] et lui verse un revenu « pour sa subsistance[63] ». Elle se retrouve ainsi sans époux et sans recours, comme Jeanne de Flandre, et toutes deux ne peuvent qu'espérer des jours meilleurs lors du prochain règne…

Mais il n'est pas encore d'actualité et nous allons au contraire remonter un peu le temps pour entrer dans l'intimité du couple princier, Blanche de Castille et Louis.

---

59. Clovis Brunel, *Recueil des actes des comtes de Pontieu*, Paris, 1930, p. VI et n. 6.

60. Épitaphe complète dans Du Cange, *Histoire des comtes de Ponthieu…*, *op. cit.*, p. 143.

61. *Ibid.*, p. 146.

62. « Avec ses deux fils », nous dit Du Cange, qui omet ses deux filles (Du Cange, *Histoire des comtes de Ponthieu…*, *op. cit.*, p. 146).

63. Du Cange, *Histoire des comtes de Ponthieu…*, *op. cit.*, p. 146, qui ne cite pas la source de cette concession de Philippe Auguste.

2

Blanche et Louis

« Ils s'entr'aimaient si fort
Qu'ils étaient toujours d'accord. »

Philippe Mousket[1]

Il existe des faits méconnus de la vie du couple princier, ou plus exactement des aspects de leur quotidien qui ont été peu relevés. Le premier, si important pour une reine présomptive, est la naissance de douze enfants au moins durant la vie conjugale du couple – deux filles et dix garçons[2]. Mais nous ne les énumérerons pas ici avec les années de naissance et de décès dans un morne inventaire qui renforce l'idée absurde que les parents, en ces siècles, n'étaient pas vraiment attachés à leurs enfants en raison de la mortalité infantile. En revanche, nous les rencontrerons dans le récit. Nous les perdrons parfois en route… Et puis, il y a l'évidente harmonie et les sentiments puissants qui unissent Louis et Blanche et qui donnent toute

1. Philippe Mousket, v. 27145 (« Quar il s'entr'amoient si fort/Que tout ièrent à I acort »).

2. Élie Berger nous avait promis en 1895 dans sa belle biographie de Blanche de Castille un « mémoire spécial » sur les dates de naissance des enfants de Blanche et Louis (Élie Berger, *Blanche de Castille…*, *op. cit.*, p. 21, n. 1). Malheureusement, il ne semble pas avoir eu le temps ou la possibilité de s'y consacrer et le travail reste à faire aujourd'hui. Nous préciserons donc pour chaque enfant les sources utilisées – d'inégale valeur – et les lacunes dans nos recherches dans l'espoir que cette généalogie puisse être complétée (ou corrigée) ultérieurement.

leur force à leurs actions et à leurs décisions. Enfin, la cour princière diffère de celle du roi et laisse entrevoir de la musique, des rires, et une Blanche de Castille joyeuse, loin de l'austérité du temps des malheurs…

Avant Bouvines…

Blanche s'est bien intégrée à la cour de France, aidée par un mari attentif, comme nous l'avons apprécié[3]. Lors de son mariage, son oncle le roi Jean lui a donné en dot les fiefs d'Issoudun, de Graçay et des terres en Berry ainsi qu'une confortable somme de 20 000 marcs d'esterlins. De son côté, son beau-père Philippe Auguste lui a accordé en douaire Hesdin, Bapaume et Lens, situées dans cet Artois ancienne dot d'Isabelle de Hainaut dont Louis a hérité[4].

Dès 1205, alors qu'elle est âgée de dix-sept ans, Blanche met au monde une fille[5]. Nous ne connaissons pas son nom et elle n'a pas laissé la trace d'un projet matrimonial élaboré par son grand-père le roi, signes qu'elle n'a pas survécu. On prête à la jeune mère une belle poésie chantée dédiée à la Vierge, mais dont l'attribution est douteuse[6] :

Moult fut le vaisseau bien éclis
Douce Dame, où Saint-Esprit
fut neuf mois tout entiers nourri.
Ce fut votre cœur, Dame sans égale.
Pour la joie qui peut durer
Vous doit-on servir et aimer[7].

---

3. Voir III. 1., « Les derniers feux d'Aliénor… ».

4. Élie Berger, *Blanche de Castille…*, *op. cit.*, p. 9-10.

5. *Ex Libro III Historiae Regum Francorum, ab origine gentis ad annum MCCXIV*, RHF 17, 426 E.

6. [en ligne] data.bnf.fr, « [Amours ou trop tard me suis pris] – Blanche de Castille (reine de France, 1188-1252) ».

7. Cité et traduit par Philippe Delorme, *Blanche de Castille*, Paris, Pygmalion, 2002, p. 58. Sur la lancée audacieuse qui nous amenait à identifier Aelis de France derrière la poétesse Marie de France, ne peut-on envisager que cette princesse ait écrit ce poème? (voir II. 4, « La vie d'Aelis en Angleterre et la poétesse Marie de France »). Le premier vers « Amours, où trop tard me suis pris » correspond mieux à l'amour tardif de la comtesse de Ponthieu, qu'à celui de Blanche, épousée à douze ans. En outre, cette ode à la Vierge s'accorde avec le choix du prénom marial de la

S'il y a d'autres naissances ou si Blanche a subi des fausses couches dans les années qui suivent, nous l'ignorons. Mais au moment où son époux va être adoubé, à la Pentecôte 1209, la princesse est enceinte de cinq mois. À vingt et un ans, marié, bientôt père, il est grand temps pour Louis d'être chevalier et d'administrer son fief artésien. Premier prince capétien à ne pas être sacré du vivant de son père, il est maintenu à dessein par Philippe Auguste dans une longue adolescence. Le roi ne commet pas l'erreur d'un Henri II Plantagenêt, dévoré par ses « aiglons » voraces et impatients. Il règne sans partage, mais surtout, ne promet rien. Ainsi, même « apanagé » de l'Artois, Louis n'a pas le titre de comte, ne possède pas sa propre chancellerie et ne gère que les affaires courantes du comté[8]. Il n'est pas un « jeune roi » mais seulement le « fils aîné du seigneur roi de France »[9].

En revanche, le souverain semble laisser le couple vivre avec largesse, à sa guise, selon ses goûts – qui ne sont pas les siens – et où il veut. Il tire là aussi la leçon de son ancien ennemi qui avait fini par accorder une relative indépendance à son fils Henri le Jeune et à sa belle-fille Marguerite de France en Normandie après la grande révolte, ce qui lui avait permis de gagner quelques années de tranquillité.

Le 9 septembre 1209, Blanche conforte son statut de future reine en donnant un héritier à la Couronne, prénommé Philippe[10] en l'honneur de son grand-père. Des vers marquent l'espoir curieux que cette naissance désirée donne un maître « aux Français et aux Anglais[11] ».

---

fille d'Aelis. Signalons que de belles interprétations de cette chanson, « Amours, où trop tard me suis pris », sont disponibles à l'écoute en ligne.

8. Charles Petit-Dutaillis, *Louis VIII (1187-1226)*, Paris, 1894, p. 205-209.

9. *Ibid.*, p. 206.

10. *Ex Libro III Historiae Regum Francorum, ab origine gentis ad annum MCCXIV*, RHF 17, 427 A (année). La date exacte est donnée par des vers retrouvés parmi « les chartes de St Maixent » et transcrits par Jean Besly (1612-1647) (*Archives historiques du Poitou*, t. 9, Poitiers, 1880, p. 6-7) ; Les Sainte-Marthe, t. 1, p. 511-512.

11. *Ibid.* Malheureusement, nul ne semble avoir pris la peine de traduire ces vers du latin « tirés d'une ancienne Histoire manuscrite conservée au Trésor des Chartes du Roy » (*ibid.*) et jugés « des plus médiocres » par Élie Berger : « Annus erat domini nonus cum mille ducentis /Mensis nona dies quem septimus indicat imber, /Quando Blancha parens iterato nomine matris, /Optato partu Francis dominum dat et Anglis, /Quem facit insignem Philippi nomine Regis, /Ut successor avi teneat cum nomine mores. ». Le « versificateur » a-t-il ajouté cette espérance dans les années 1213 ou le projet d'invasion de l'Angleterre était-il déjà discuté dès 1209 ?

Le couple vit dans l'itinérance du temps, dans les résidences royales – comme Poissy, Mantes ou Melun – mais aussi dans des châteaux qu'il semble privilégier – comme Lorris en Gâtinais, Boiscommun ou Lorrez-le-Bocage. Si nous ignorons leurs déplacements dans les années 1209-1212, il est probable que Louis et Blanche séjournent régulièrement dans leur fief d'Artois et qu'ils y déplorent la perte des villes d'Aire et Saint-Omer, possessions du comte de Flandre. Baudouin VI de Hainaut – ou Baudouin IX de Flandre –, du parti de Richard Cœur de Lion en son temps, les avaient regagnées par le traité de Péronne dans le contexte délicat de la guerre franco-anglaise des années 1197-1200[12]. Nous l'avons vu, le premier coup d'éclat du prince est la reconquête de ces cités riches et stratégiques au nord du comté en 1212 contre Ferrand de Portugal et son épouse Jeanne de Flandre au moment de leur mariage[13].

En juillet de cette année 1212, Blanche apprend par sa sœur aînée Bérengère la victoire de leur père Alphonse VIII de Castille lors de la bataille de Las Navas de Tolosa contre le calife almohade Muhammad al-Nasir. Alphonse s'est battu aux côtés de Pierre II d'Aragon et de Sanche VII de Navarre, frère de la comtesse de Champagne et de la « dame du Mans ». Pour cette raison, la princesse écrit aussitôt à Blanche de Navarre pour lui faire part de cette nouvelle sensationnelle et n'hésite pas à valoriser le rôle de Sanche dans ce succès[14]. L'adresse est aussi affectueuse qu'empreinte de respect : « Très chère sœur Blanche, illustre comtesse palatine de Troyes, votre sœur humble et dévouée Blanche, par la grâce de Dieu Reine de France, salutations et amour sincère comme il se doit[15]. » Même si les deux Blanche ne sont pas sœurs, le grand-père de la Castillane étant l'oncle de la Navarraise, l'amitié et la solidarité « espagnoles » sont réelles. Au passage, sciemment ou dans l'enthousiasme, la jeune reine présomptive se nomme déjà « Reine », comme le font les princesses de la péninsule Ibérique lorsqu'elles sont filles de roi[16].

C'est après ces bonnes nouvelles que nous pouvons entrer dans l'intimité du couple princier, à l'hiver 1212-1213, grâce à

12. Isabelle Guyot-Bachy, *La Flandre et les Flamands…*, *op. cit.*, p. 86-87.
13. Voir III. 4., « Jeanne de Flandre et de Hainaut… ».
14. Georges Minois, *Blanche…*, *op. cit.*, p. 118-119.
15. RHF 19, 420 C.
16. Voir notamment Élie Berger, *Blanche de Castille…*, *op. cit.*, p. 18, n. 1.

un inestimable vestige comptable[17]. À cette époque, Blanche est enceinte, mais sa cour n'en est pas moins animée. Les trouvères sont bienvenus et l'on retrouve de grands noms du temps, tels Gace Brulé ou Thibaut de Blaison[18]. Le couple récompense aussi pour leur prestation le joueur de vielle de Robert de Courtenay-Champignelles, cousin du prince, l'histrion « Tourneblague[19] » et même un « enchanteur ». On écoute les ménestrels en sirotant un vin d'Oblano, qui n'est pas d'Italie ou d'Espagne, mais de Touraine[20]. La cour de Louis et Blanche est donc très différente de celle de Philippe Auguste, peu porté sur la littérature et le divertissement, soupçonné d'ailleurs d'illettrisme par les poètes contemporains, et qui a décidé en 1187 de favoriser le don des vêtements usés aux indigents au détriment des jongleurs et des histrions[21]. Rigord ne manque pas de souligner qu'avec un vêtement de luxe d'une valeur de vingt ou trente marcs d'argent, on peut nourrir vingt ou trente pauvres toute une année. D'autant qu'à cette période comme ultérieurement, et à sa décharge, le roi toujours en guerre a d'autres préoccupations que d'écouter les troubadours. Il n'empêche : contrairement à Henri II Plantagenêt, cultivé et qui mécène le roman – souvent, il faut le dire, à des fins de propagande –, et en dépit d'un entourage intellectuel reconnu, Philippe Auguste n'est pas réputé pour sa culture littéraire, voire sa culture tout court[22].

Un autre point majeur diffère entre la cour royale et la cour princière. Si le roi aime le vin, la bonne chère et les femmes – « faciles » comprend-on – selon un triptyque ancien et qui a de beaux jours devant lui[23], l'absence de dames autour de lui au quo-

17. « Un fragment du compte de l'Hôtel du prince Louis de France pour le terme de la purification 1213 », éd. Robert Fawtier, *Moyen Âge*, n° 43, 1933, p. 225-250.

18. Fragment, n° 77, 47.

19. Traduction libre de « Tornebeffe », « beffe » signifiant « plaisanterie » (*Dictionnaire du français médiéval* de Takeshi Matsumura, dir. Michel Zink, Les Belles Lettres, 2018), Fragment, n° 62, 67, 30.

20. Commune de Le Blanc dans l'Indre actuelle (Fragment, n° 57, 58).

21. Rigord, § 52, p. 225 et n. 253 à 255.

22. Voir Catalina Girbea, « Culture littéraire à la cour de Philippe Auguste », *Autour de Philippe Auguste*, dir. Martin Aurell et Yves Sassier, Paris, Classiques Garnier, 2017, p. 129-144; Yves Lefèvre, « L'image du roi chez les poètes », *La France de Philippe Auguste*..., *op. cit.*, p. 134; Robert-Henri Bautier, « Philippe Auguste. La personnalité... », *La France de Philippe Auguste*..., *op. cit.*, p. 45.

23. Dans la chronique de Tours le prince Louis apparaît l'exact opposé de son père : « « Il ne s'adonnait pas à la bonne chère ni à la boisson ni à la débauche, sa

tidien est criante. Elle est due non seulement à sa misogynie, mais aussi au long emprisonnement d'Ingeburge, qui le prive de reine et en conséquence d'un entourage féminin. Au contraire, Louis et Blanche côtoient seigneurs et dames, et les « dépannent » parfois. Ainsi, le prince accorde un prêt significatif de 1 000 livres à la comtesse Élisabeth de Saint-Pol[24]. Des messagers sont envoyés à la comtesse de Champagne, Blanche de Navarre[25]. Mahaut de Courtenay, comtesse de Nevers et cousine de Louis, reçoit huit livres de gages, ce qui la place dans l'entourage proche du couple[26]. Blanche dispose bien sûr de demoiselles à son service, comme une certaine Dorea qui se voit offrir un pardessus, ou Régine, sœur de maître Gautier Cornut, à qui sont donnés quarante sous à l'occasion du mariage de sa fille[27]. La présence des familiers du prince – dont plusieurs ont des épouses et des filles – autorise à élargir cette jeune cour aux familières. Ainsi Blanche côtoie-t-elle Aliénor de Soissons, épouse d'Étienne II de Sancerre, Alix de Thouars, épouse du proche cousin de Louis, Pierre Ier de Dreux, qui sera surnommé un jour « Mauclerc[28] », ou Marie de Montmirail, troisième épouse d'Enguerrand III de Coucy. Sur le chemin de l'Artois, il n'est pas audacieux d'envisager que le couple fasse halte en Ponthieu et que Blanche s'attache à sa cousine issue de germains Marie de Ponthieu, et sans doute aussi à Aelis de France, castillane par sa mère[29]. Remarquons encore que la princesse Blanche dispose de ses propres clercs et qu'elle fait appel à maître Jacob, « physicien » – c'est-à-dire médecin – de ses enfants[30].

Le 26 janvier 1213, à Lorrez-le-Bocage, elle met au monde des jumeaux… et survit[31]. Ces deux fils sont baptisés Alphonse et

---

femme lui suffisait » (citée et traduite par Élie Berger, *Blanche de Castille…*, *op. cit.*, p. 43).

24. Fragment, n° 109.

25. Fragment, n° 36.

26. Fragment, n° 60.

27. Fragment, n° 48, 102.

28. Ce surnom semble être tardif et nous ne l'utiliserons pas ici (voir Éric Borgnis Desbordes, *Pierre Ier de Bretagne (1213-1237). Pierre de Dreux, un Capétien sur le trône ducal*, Fouesnant, Yoran Embanner, 2013, p. 8).

29. La mère d'Aelis de France, Constance de Castille, est sœur de Sanche III de Castille, lui-même père d'Alphonse VIII de Castille, père de Blanche.

30. Fragment, n° 37, 34.

31. Date (Saint Polycarpe) et lieu : RHF 18, 131 A; *Chroniques de Saint-Martial de Limoges*, *op. cit.*, p. 86.

Jean[32], prénoms nouveaux dans la dynastie capétienne. Alphonse est le prénom du père de Blanche, Alphonse VIII de Castille, et fréquent dans l'onomastique espagnole. Il devait être prévu en cas de naissance d'un fils. Le second garçon est une surprise et le pragmatisme entraîne un choix rapide, car les jumeaux ont une faible espérance de vie. Nous sommes aux vigiles de la saint Jean Chrysostome, et c'est peut-être le saint « du lendemain » qui a prévalu[33]. Maître Jacob, certainement appelé d'urgence en Gâtinais à l'occasion de l'accouchement, reçoit quarante-trois sous pour ses dépenses.

Peu après Louis prend la croix contre les albigeois et l'hérésie cathare, mais des préoccupations plus graves le retiennent au nord du royaume et le roi s'oppose à son départ en Languedoc[34]. Nous connaissons déjà les événements de l'assemblée d'avril 1213, où le prince Louis se voit confier la conquête de l'Angleterre, malgré un acte de Philippe Auguste qui bride largement son fils en assujettissant tout à son accord et au respect du domaine royal[35]. Au même moment, le pape Innocent III recommande à Blanche son légat, signe de l'importance qu'il lui accorde dans cette revendication du trône Plantagenêt. Peu importe, l'expédition est avortée cette fois-ci. Mais il est certain que Louis et Blanche, ensemble, continuent d'espérer le moment propice.

La bataille de Muret remportée en septembre 1213 par Simon de Montfort contre les albigeois est de bon augure, tandis que la guerre au nord du royaume se prépare. Le roi Jean débarque à La Rochelle en février 1214 et prend des places fortes au sud de la Loire avec l'alliance des Poitevins, mais échoue devant Nantes[36] – « la ville la plus florissante des Armoriques[37] » –, tenue par Pierre de Dreux, cousin de Louis et comte de Bretagne du chef de son épouse Alix de Thouars.

Dans l'ambiance de campagne et d'une bataille rangée que l'on envisage peut-être, alors que la menace se précise au sud comme

32. Cette information est donnée par Le Nain de Tillemont, qui se fonde sur Pierre Matthieu, qui lui-même dit l'avoir lue dans le martyrologe de Poissy (Le Nain De Tillemont, t. 1, p. 421).

33. Saint Jean Chrysostome était fêté le 27 janvier (*La Légende dorée*, p. 167). À moins, mais c'est plus discutable, qu'elle n'ait voulu honorer son oncle le roi Jean.

34. Charles Petit-Dutaillis, *Louis VIII…*, *op. cit.*, p. 187.

35. Voir III. 4., « Les affaires se compliquent… ».

36. Catherine Hanley, *Louis, The French Prince…*, *op. cit.*, p. 54.

37. Guillaume le Breton, *La Vie de Philippe II*, p. 69.

au nord du royaume, le nouveau fils mis au monde par la princesse Blanche passe totalement inaperçu. Il naît à Poissy[38] « le jour de saint Marc l'évangéliste après Pâques[39] », c'est-à-dire le 25 avril 1214[40], en l'absence de son père qui pendant ce temps défie l'oncle Jean en Anjou. Pourtant, il restera dans l'histoire sous le nom de saint Louis.

En juillet, son père s'illustre à la Roche-aux-Moines en mettant Jean en fuite, quelques jours avant la victoire de Bouvines. Le prince ne rejoint son épouse qu'après la trêve conclue entre les rois de France et d'Angleterre, fin septembre. Blanche ne l'a pas vu depuis plusieurs mois. Certainement, Louis est auprès d'elle lorsqu'elle apprend le décès de son père Alphonse VIII survenu le 6 octobre 1214, puis celui de sa mère Aliénor d'Angleterre trois semaines plus tard[41]. On ne peut douter de son chagrin, mais il faut considérer qu'elle n'a pas vu ses parents depuis l'âge de douze ans, qu'elle en a vingt-six et que sa famille à elle, désormais, est en France.

Le trône d'Angleterre en ligne de mire

Les années qui suivent 1214, après Bouvines, révèlent un couple princier impatient de régner. Mais Philippe Auguste ne concède aucun nouveau pouvoir à son fils dans le royaume. Et comme Louis n'est pas Henri le Jeune ou Richard Cœur de Lion, qu'il n'a aucune intention régicide, il lui faut trouver d'autres voies.

En avril 1215, il part soutenir Simon de Montfort, toujours en lutte contre les hérétiques cathares, mais surtout contre Raymond VI de Toulouse au comté convoité. Dans une situation politique fort complexe entre le Siège apostolique et les acteurs locaux, Louis, accompagné notamment de Guillaume de Ponthieu[42], retrouve Simon et l'aide à prendre Narbonne et Toulouse. Ce haut fait lui vaut la reconnaissance du clergé toulousain et le cadeau d'une relique, la « mandibule » – la mâchoire – de saint Vincent[43]. Quand il estime en

38. Geoffroi de Beaulieu et Guillaume de Chartres, *Vie de Saint Louis*, ed. by M. Gaposchkin Cecilia et Sean L. Field, Cornell University, 2014, § 34, p. 111.
39. Joinville, § 69, p. 187 et § 617, p. 513.
40. Pour l'année, voir Élie Berger, *Blanche de Castille…*, *op. cit.*, p. 20, n. 1.
41. *Ibid.*, p. 18-19.
42. Charles Petit-Dutaillis, *Louis VIII…*, *op. cit.*, p. 190.
43. Georges Minois, *Blanche…*, *op. cit.*, p. 128.

avoir assez fait, il rentre en Île-de-France, où le premier projet matrimonial concernant sa progéniture prend forme.

À l'été 1215, les jumeaux Alphonse et Jean sont morts, peut-être quelques semaines ou quelques mois après leur naissance, peut-être plus tard. De leur épitaphe assez obscure, il ressort que ceux qui sont nés de roi mais qui n'ont pas régné ont leur place dans le royaume céleste[44]. On ne sait si ces vers consolateurs ont touché les parents qui, malheureusement, devaient s'attendre à cette issue prématurée et fatale. Ce qui est sûr, c'est que dans le contrat de juillet projetant le mariage du prince héritier Philippe, âgé de six ans, à Agnès de Donzy, l'héritière du comté de Nevers du chef de sa mère, âgée d'environ dix ans[45], seul leur autre fils Louis est mentionné, comme devant se substituer à son frère aîné en cas de décès[46].

Dans le même temps, la révolte gronde en Angleterre contre un roi Jean vieillissant, odieux à nombre de ses barons en raison de ses confiscations et emprisonnements arbitraires, ses taxations exorbitantes, son tempérament imprévisible et sa cruauté qui le font craindre et haïr[47]. Isabelle de Gloucester, sa première épouse remariée au comte d'Essex, entre elle-même durablement en rébellion contre lui[48]. Pendant ce temps, la reine Isabelle d'Angoulême, qui doit souffrir les maîtresses de Jean, pudiquement appelées dans les comptes royaux « amies du roi », n'est pas plus à la fête[49].

Le 15 juin 1215, les grands ont contraint leur roi à signer la Grande Charte – *Magna Carta* – qui traite des libertés, des impôts, ou encore de la justice, et qui place Jean sinon sous tutelle, du moins sous contrôle d'une assemblée de barons[50]. Mais le souverain fait

44. Les Sainte-Marthe, t. 1, p. 505; Le Nain De Tillemont, t. 1, p. 421.

45. Étienne Pattou, « Maison de Châtillon » [PDF], [en ligne] Racines et histoire, actualisé le 17/07/2023.

46. André Du Chesne, *Histoire généalogique de la Maison de Chastillon. Preuves du Livre premier*, Paris, 1621, p. 40-41.

47. Pour une synthèse sur le « portrait de Jean », voir Frédérique Lachaud, *Jean sans Terre…, op. cit.*, chapitre 13, « Jean sans Terre, le mal-aimé des chroniqueurs ». Voir aussi Wilfred L. Warren, *King John… op. cit.*, p. 11-16. Sur la détestation du roi Jean par ses barons anglais, même si elle n'est pas unanime, les faits parlent d'eux-mêmes.

48. Sally Spong, « Isabella of Gloucester… », *op. cit.*, p. 194.

49. Frédérique Lachaud, *Jean sans Terre…, op. cit.*, p. 211.

50. Sur ces événements, voir notamment Frédérique Lachaud, *Jean sans Terre…, op. cit.*, chapitre 22; Wilfred L. Warren, *King John…, op. cit.*, p. 232-240.

appel à Innocent III pour casser son serment de respecter la *Magna Carta* et son annulation par le Saint-Siège entraîne la guerre civile[51].

À l'automne, les barons révoltés – qui, pour beaucoup, sont tout aussi français qu'anglais en raison des fiefs qu'ils détiennent – prennent une décision inouïe : ils font appel au prince Louis et lui offrent la couronne s'il peut déposer Jean. En cas de succès, l'héritier du royaume de France régnerait donc sur l'Angleterre avec son épouse Blanche de Castille, nièce du roi et petite-fille d'Henri II Plantagenêt, comme ont pu en rêver – brièvement – Henri le Jeune et Marguerite de France en 1179[52]. Ainsi, à moyen terme – Philippe Auguste est quinquagénaire –, ce présomptif Louis Ier d'Angleterre et Louis VIII de France réunirait les deux trônes sous un seul sceptre. Spectaculaire proposition et intéressante uchronie, mais pour Blanche et Louis, qui sont jeunes et qui trépignent discrètement au seuil du palais de la Cité, c'est l'opportunité d'une vie grandiose. Ils vont s'y investir corps et âme.

La première action est d'envoyer de petits contingents de troupes en renfort des rebelles qui tiennent Londres, en novembre 1215 et en janvier 1216[53]. Puis, une assemblée est convoquée à Melun en avril pour discuter de la question : faut-il traverser la Manche ou non ? Du 23 au 26 avril, une première confrontation a lieu. Philippe Auguste oppose vertement au légat du pape venu interdire ce projet guerrier au motif que l'Angleterre est désormais sous suzeraineté du Saint-Siège, que ce royaume « n'a jamais été le patrimoine de Saint Pierre, ni ne l'est, ni le sera ». Nous nous rappelons en effet que Jean l'avait « cédée » au pape dont il se reconnaissait vassal à la veille du premier projet d'invasion par Louis en mai 1213[54]. En outre, poursuit le roi de France, Jean n'est pas l'héritier légitime, pour trois raisons : la première, qui ne manque pas d'ironie lorsque l'on se rappelle le rôle déterminant de Philippe Auguste à cette époque, est qu'il a tenté de s'emparer de la couronne de son frère Richard et été condamné comme traître ; la deuxième est qu'il a assassiné son neveu Arthur de Bretagne et été jugé « dans notre cour » par ses

51. Frédérique Lachaud, *Jean sans Terre…*, *op. cit.*, p. 332.

52. Voir I. 3., « Questions de succession : une reine régnante en France ? ».

53. Catherine Hanley, *Louis, The French Prince…*, *op. cit.*, p. 76 ; Georges Minois, *Blanche…*, *op. cit.*, p. 129.

54. Voir III. 4, « La guerre, les gagnantes et les perdantes… ».

pairs ; enfin, la troisième est qu'« aucun roi ni aucun prince ne peut donner son royaume sans le consentement de ses barons[55] ».

Le lendemain, Louis entre en lice, non sans avoir jeté un regard oblique au pauvre légat qui supplie le roi et son fils de renoncer. L'un de ses chevaliers prend la parole et reprend la trame de la veille qui conduit à conclure que le trône d'Angleterre est en déshérence. On en vient alors à l'argument principal : « Comme il appartient aux barons de pourvoir au royaume vacant, ils ont choisi le seigneur Louis [du chef] de sa femme, dont la mère, qui est reine de Castille, est seule vivante de tous les frères et sœurs du roi d'Angleterre[56] », du moins en 1199 au moment de l'accession au trône de Jean. Il faut ainsi en conclure que le droit au trône *du chef* de son épouse, qui elle-même le détient *du chef* de sa mère, c'est-à-dire une double succession par les femmes, est tout à fait accepté par les Capétiens – et leurs contemporains – qui y ont intérêt. Le légat objecte, le clan princier réfute, et le prince – hors de lui – finit par déclarer à son père :

> Seigneur, quoique je sois votre homme lige pour le fief que vous m'avez assigné dans le pays d'en deçà de la mer [l'Artois], il ne vous appartient pas de décider pour ce qui concerne le royaume d'Angleterre. [...] Je vous prie donc de ne me gêner en rien dans la poursuite de mon droit ; car je combattrai, s'il le faut, jusqu'à la mort pour l'héritage de mon épouse[57].

Selon un chroniqueur anglais, Philippe Auguste laisse faire devant la volonté inébranlable de son fils, malgré la menace d'excommunication. Le légat n'est de toute façon pas de taille à se mesurer aux Français réunis contre lui. Mais il en va tout autrement d'Innocent III, à qui Louis a délégué des ambassadeurs chargés de plaider sa cause, et la bataille juridique prend un tour plus aigu au moment où, sans attendre, le prince « audacieux et guerrier[58] » embarque pour les côtes anglaises. Le pape reçoit ses défenseurs « d'un air chagrin » et balaye efficacement la question du meurtre d'Arthur[59].

---

55. Matthieu Paris, t. 3, p. 106-107.
56. *Ibid.*, p. 108.
57. *Ibid.*, p. 109-110.
58. *Chr. Louis VIII*, p. 58.
59. Matthieu Paris, t. 3, p. 115-121.

Il admet cependant l'hypothèse que le jeune Henri d'Angleterre, fils d'Isabelle d'Angoulême et du roi, ne pourrait pas succéder à son père Jean, étant englobé dans sa condamnation, mais, dit-il : « Ce ne serait pas une raison pour que Blanche [de Castille] dût lui succéder, car il y a de plus proches héritiers. » Et de les énumérer : en premier lieu, la sœur d'Arthur, Aliénor de Bretagne – maintenue en captivité par les Plantagenêts successifs et dont nul ne se préoccupe plus –; et ensuite Otton de Brunswick [Otton IV], fils de l'aînée des sœurs d'Angleterre, Mathilde, et donc cousin germain de Blanche – et perdant chanceux de Bouvines qui a pu échapper à la capture. Il poursuit : si l'on envisage les enfants d'Aliénor d'Angleterre, mère de Blanche, c'est le frère cadet de cette dernière, Henri Ier de Castille, qui doit succéder, « car le mâle doit être préféré », et même s'il n'y avait « aucun mâle », on devrait encore privilégier la « reine de Léon » Bérengère, sœur aînée de Blanche[60]. Et toc !

« Que nenni votre Honneur », répondent en quelque sorte les avocats de Louis : les enfants du frère [Geoffroy Plantagenêt] ne doivent pas succéder du moment où ce frère ne vivait plus à l'époque de la sentence [des pairs de France en 1204] ; et ainsi la nièce de Jean [Aliénor de Bretagne], qui est la sœur d'Arthur, ne doit pas succéder, parce qu'elle n'est pas dans la ligne descendante, étant fille du frère [Geoffroy]. Semblablement à l'époque de la sentence, la mère d'Otton [de Brunswick, Mathilde d'Angleterre] ne vivait plus, donc elle n'a pas succédé, donc Otton ne doit pas succéder. Mais la reine de Castille [Aliénor d'Angleterre], qui était sœur [de Mathilde], vivait à cette époque. Cette dernière pouvait donc succéder. Et puisqu'elle est morte, ce sont ses enfants qui succèdent[61]. Et voilà !

« Point », répond le pape qui répète que, dans ce cas, le mâle de la famille ou l'aînée ont des droits supérieurs à Blanche. À quoi les envoyés rétorquent à peu près : « Premier arrivé, premier servi ! » Chacun sait sans le dire qu'un droit héréditaire, même discutable ou franchement contesté, est inopposable s'il est soutenu par des forces armées. Le roi Étienne de Blois, en son temps, n'avait pu empêcher l'emperesse Mathilde de traverser la Manche pour revendiquer son trône !

60. Matthieu Paris, *op. cit.*, p. 122.

61. *Ibid.* À ce stade, on se référera utilement à l'annexe 6 sur les fratries Plantagenêts !

Innocent III commence à perdre patience et remet sur le tapis l'argument d'autorité, à savoir qu'il est le légitime suzerain de l'Angleterre et que Louis ne doit pas lui faire la guerre. S'il veut s'opposer à Jean, qu'il s'attaque aux fiefs que ce dernier tient du roi de France ! Non, non, non, insistent les impertinents messagers, la guerre contre le roi d'Angleterre a débuté *avant* que Jean ne cède son royaume au pape[62]. Et ainsi de suite…

Ce qu'il faut retenir au milieu de cette passe d'armes savoureuse, c'est qu'il ressort clairement que si le « mâle doit être préféré », il n'est pas exclusif d'une succession par les femmes pour la papauté. Ainsi, en ce début de XIIIe siècle, le droit au trône des princesses capétiennes, déjà évoqué dans la seconde partie du XIIe siècle[63], est confirmé.

Blanche pugnace

Pendant que la joute sur les droits de Blanche et Louis se déroule à Rome, ce dernier a déjà mis le pied en Angleterre. Nous ne détaillerons pas ici les péripéties de cette expédition, mais seulement les faits qui concernent Blanche de Castille, la reine d'Angleterre présomptive sinon présomptueuse, et Isabelle d'Angoulême, reine d'Angleterre légitime. Ce qui est une guerre de conquête côté français est dans les faits une guerre civile côté anglais[64].

Lorsque Louis embarque en mai 1216, Blanche est enceinte de cinq mois. Elle apprend quelques semaines plus tard la mort du pape Innocent III, survenue le 16 juillet, fervent défenseur des princesses et des reines maltraitées, mais qui a excommunié son mari.

Une nouvelle fois, Louis, son époux, est en guerre au moment de son accouchement à la fin du mois de septembre[65]. C'est encore un

62. Matthieu Paris, t. 3, p. 123-124.

63. Voir I. 1., « Du vœu de croisade à Antioche (1145-1148) » (cas de Marie de France) ; I. 3., « Questions de succession : une reine régnante en France ? » (cas de Marguerite de France) ; II. 2., « Philippe Auguste et Richard Cœur de Lion : "a clash of Kings" ! » (cas de Marie, d'Alix et Aelis de France).

64. Sur cette invasion française de l'Angleterre, nous renvoyons notamment à l'excellente et récente étude de Catherine Hanley, *Louis, The French Prince Who Invaded England*, New Haven et Londres, Yale University Press, 2016 (qui n'offre pas cependant d'appareil de notes).

65. « Hoc anno natus est Robertus filius Ludovici regis in exitu septembris », Annales de Saint-Denis, p. 289.

garçon, prénommé Robert, peut-être en hommage à l'aïeul capétien, ou en l'honneur de Robert II de Dreux, cousin aîné et proche de Louis qui l'accompagne outre-Manche. Pendant ses relevailles, une nouvelle sensationnelle parvient en France : le roi Jean, acculé dans le nord de l'Angleterre, est mort d'une fièvre aiguë et foudroyante le 19 octobre 1216. La dépression et l'épuisement ont sans doute accéléré sa fin[66].

Malheureusement pour le camp français, ce rebondissement positif sur le papier se change en piège inextricable. Le prince Louis, bien qu'ayant l'avantage sur le terrain puisqu'il est désormais maître de Londres et de l'est de l'Angleterre – l'imprenable citadelle de Douvres exceptée –, et même s'il se considère déjà roi en investissant le palais de Westminster[67], voit bientôt surgir un obstacle majeur : l'héritier du roi Jean et d'Isabelle d'Angoulême, Henri.

Si ce dernier n'a que neuf ans, il est fort bien entouré et sacré dès le 26 octobre à Gloucester par son clan, sa mère la reine à ses côtés[68]. Le vieux Guillaume le Maréchal – que nous avions laissé comme fidèle compagnon d'Henri le Jeune et qui a servi tous les rois Plantagenêts – est nommé régent. Ce choix d'un homme respecté n'est pas sans conséquence. Les barons s'opposaient au gouvernement du roi Jean, mais aussi à sa personne même. Sa mort change donc la donne, et même si les défections ne sont ni immédiates ni massives[69], les transfuges vers le *de facto* Henri III sont inéluctables, d'autant que le régent donne des assurances sur le respect de la Grande Charte – objet du mécontentement initial. Pendant ce temps, la guerre piétine devant Douvres et Louis a désespérément besoin de renforts.

Une « trêve des confiseurs » est négociée à Noël 1216 et, fin février 1217, le prince rentre en France pour solliciter l'aide paternelle et royale. Selon Guillaume le Breton, Philippe Auguste accueille fraîchement son fils et lui refuse tout financement[70], pour des raisons

66. Sur la mort du roi Jean, voir Frédérique Lachaud, *Jean sans Terre…, op. cit.*, p. 341-344.

67. Catherine Hanley, *Louis, The French Prince…, op. cit.*, p. 95.

68. Charles Petit-Dutaillis, *Louis VIII…, op. cit.*, p. 513. Il est étonnant que les biographes de Louis VIII ne signalent pas la présence de la reine Isabelle d'Angoulême au couronnement de son fils, malgré la source qui l'atteste, présentée en preuve justificative dans Dutaillis.

69. Catherine Hanley, *Louis, The French Prince…, op. cit.*, p. 125.

70. Guillaume le Breton, *La Vie de Philippe II*, p. 170.

que nous éclaircirons bientôt. Dans la foulée, Louis retrouve Blanche et fait la connaissance de son dernier fils, Robert, dans une ambiance morose, d'autant que le nouveau pape Honorius III suit la ligne ferme de son prédécesseur et exige l'arrêt des combats.

Le prince retraverse la Manche en avril avec les renforts de cent quarante chevaliers[71] « et ayant tiré de ses amis de fortes sommes d'argent[72] ». Mais bientôt, ses barons essuient une cuisante défaite au siège de Lincoln. Il faut dire que la forteresse est tenue par une femme exceptionnelle, dame Nicole de la Haye, déjà châtelaine de la place sous Henri II et fidèle jusqu'au bout au roi Jean qui l'a nommée *sheriff* du comté[73]. À plus de soixante ans, Nicole organise la défense et tient sa position bien que le camp français ait investi les faubourgs de la ville. Ceux-ci sont eux-mêmes assiégés par les forces anglaises et la débâcle est complète le 20 mai 1217. Louis, à la dernière extrémité et dans le plus grand dénuement, implore une nouvelle fois des secours « à son père et à Blanche, son épouse et dame[74] » : « Aussi, je vous fais savoir que nous sommes hors d'état ou de résister ou de quitter l'Angleterre, si vous ne me faites passer des troupes et des subsides[75]. » Cet appel au secours jette Blanche et le roi dans la plus grande consternation, mais ce dernier, qui a sûrement compris que « les carottes sont cuites » et que les fonds seront perdus, ne veut pas en outre s'opposer à la papauté en aidant son fils excommunié. Dès lors, une vive discussion s'engage très certainement entre Blanche et son beau-père, et finalement « il abandonna à l'épouse de Louis le soin de cette affaire. Celle-ci s'acquitta avec énergie du devoir qu'on lui confiait, et en peu de temps elle fit passer au secours de son mari trois cents chevaliers de renom parfaitement équipés, accompagnés d'une forte troupe d'hommes d'armes[76] ».

Cette confrontation entre Blanche et Philippe Auguste – très vraisemblable puisque le roi, à ce stade de la « Bérézina » du moins, était

71. Catherine Hanley, *Louis, The French Prince…*, *op. cit.*, p. 136.
72. Guillaume le Breton, *La Vie de Philippe II*, p. 171.
73. Catherine Hanley, *Louis, The French Prince…*, *op. cit.*, p. 147.
74. Matthieu Paris, t. 3, p. 174.
75. *Ibid.*, p. 175.
76. *Ibid.*, p. 175-176. Guillaume le Breton, lui, passe totalement sous silence l'action remarquable de Blanche, attribuant le rassemblement des renforts à Robert de Courtenay.

opposé à la dépense – a été romancée un demi-siècle plus tard par un ménestrel de Reims dans un dialogue vif et édifiant : « Laisserez-vous ainsi mourir mon seigneur votre fils en une contrée étrangère ? Sire, pour Dieu ! il doit régner après vous. Envoyez-lui ce dont il a nécessité, au moins les rentes de son patrimoine », dit Blanche. Remarquons avec malice, ce qui trahit la chronique tardive, que le royaume supposé héréditaire de Blanche est devenu une « contrée étrangère ». On note également au passage que Philippe Auguste est réputé garder pour lui les revenus du « patrimoine » de son fils, c'est-à-dire de l'Artois.

« Pour tout de bon, je n'en ferai rien, répond le roi à Blanche.

— Non, Sire ?

— Non, vraiment. »

La tension dramatique est à son comble.

« Au nom de Dieu, s'écrie alors la princesse, je sais bien ce que je ferai.

— Que ferez-vous donc ? s'inquiète le roi.

— Par la benoîte mère de Dieu, j'ai de beaux enfants de mon seigneur ; je les mettrai en gage et je trouverai bien des gens qui me prêteront sur eux. »

Et Blanche s'en va furieuse, mais le roi, soudain convaincu par cette menace, se rend, tout en trouvant un stratagème pour ne pas s'impliquer, bien dans ses cordes en effet :

« Blanche[77], je vous donnerai de mon trésor tant que vous voudrez et vous en ferez ce que vous voulez, mais sachez en vérité que je ne lui enverrai rien. » Cette solution à l'amiable corrobore la version du chroniqueur anglais où le roi délègue « le soin de l'affaire » à sa bru. Blanche, soulagée, approuve : « Sire, vous dites bien[78]. » Clap de fin !

La princesse gagne l'Artois, recrute des troupes et monte une flotte de quatre-vingts navires qui quitte les côtes vaillamment le 20 août, mais une tempête et la contre-attaque anglaise anéantissent

77. Il est improbable que Philippe Auguste se soit jamais adressé à sa belle-fille en l'appelant « Blanche ». Le titre était employé même entre membres de la famille, ou le lien de parenté. Sans titre officiel, puisqu'elle n'est pas comtesse d'Artois, il devait l'appeler « Dame Blanche » ou « Ma fille ».

78. Ménestrel de Reims, § 301, p. 157-158. Voir Georges Minois, *Blanche...*, *op. cit.*, p. 135.

les vaisseaux et ruinent les espérances du couple princier[79]. Les fonds de la guerre et l'énergie de la princesse pour les lever sont engloutis par les flots.

Les négociations s'ouvrent aussitôt et finiront par le traité de Lambeth, le 18 septembre 1217[80], en présence de la reine Isabelle d'Angoulême[81]. Les termes reflètent toute la sagacité de Guillaume le Maréchal, qui préserve l'avenir de son jeune souverain Henri III : le prince Louis abandonne ses prétentions au trône contre 10000 marcs d'argent, ce qui représente alors un quart du budget de la couronne anglaise[82]. Fin septembre, il quitte définitivement l'Angleterre et retrouve sa famille, riche, mais vaincu.

Isabelle s'en va…

Louis n'est pas le seul à regagner le continent plein d'amertume après cette « guerre du trône ». La reine d'Angleterre Isabelle d'Angoulême, en juillet 1217, traverse la Manche et rejoint le comté dont elle est suzeraine, sans retour[83]. La conséquence directe est la séparation définitive d'avec les quatre enfants qu'elle a mis au monde et qui vivent dans le royaume – dont l'héritier du trône, Henri III. Ils sont alors âgés de quelques mois à dix ans. Une petite Jeanne, promise à Hugues X de Lusignan, fils de Hugues IX, ce fiancé malheureux d'Isabelle en 1200, est élevée à la cour poitevine depuis 1214 en raison de l'alliance « pré-Bouvines » entre Jean et ses turbulents vassaux[84].

Mais pourquoi la reine d'Angleterre quitte-t-elle son royaume, son fils héritier, et ses autres enfants peu après la mort de son époux

---

79. Catherine Hanley, *Louis, The French Prince…, op. cit.*, p. 170-174 ; Georges Minois, *Blanche…, op. cit.*, p. 136 ; Charles Petit-Dutaillis, *Louis VIII…, op. cit.*, p. 165-169.

80. Donné par Guillaume le Breton, *La Vie de Philippe II*, p. 173-177.

81. David Carpenter, *Henry III. 1207-1258*, New Haven et Londres, Yale University Press, 2020, p. 14 ; Charles Petit-Dutaillis, *Louis VIII…, op. cit.*, p. 175 et 515.

82. Catherine Hanley, *Louis, The French Prince…, op. cit.*, p. 176.

83. Sur Isabelle d'Angoulême, voir notamment le récent article de Sally Spong, « Isabella of Angoulême : The Vanished Queen », *Norman to Early Plantagenet Consorts. Power, Influence, and Dynasty*, éd. Aidan Norrie, Carolyn Harris, J. L. Laynesmith, Danna R. Messer, Elena Woodacre, Palgrave Macmillan, 2023, p. 197-215.

84. Clément de Vasselot de Régné, *Le « Parentat » Lusignan…, op. cit.*, p. 189.

Jean sans Terre ? Pour le comprendre, il faut revenir sur sa vie outre-Manche depuis que, fillette, elle a été enlevée à sa terre natale. Dix-sept ans plus tard, la collection de ses griefs envers sa contrée d'adoption et les hommes qu'elle y a côtoyés forme un vrai catalogue.

Lorsqu'elle est épousée par le roi Jean en 1200, nous l'avons vu, elle n'a pas plus de dix ans, tandis qu'il en a trente-quatre. Si deux chroniqueurs rapportent que le marié aime « moult » sa femme[85], aucun ne dit que c'est réciproque. En outre, vu l'âge d'Isabelle, les marques de « l'amour » du roi ne sont que l'expression des conventions sociales qui signalent à tous son statut de reine désormais incontestable, et le respect enthousiaste pour une épouse qui concrétise un succès politique. Nul doute, en effet, que le roi a soufflé sa fiancée à Hugues IX de Lusignan pour empêcher la puissance d'un vassal qui aurait alors réuni ses terres aux comtés de la Marche et d'Angoulême[86].

Ainsi, à peine débarquée en Angleterre, l'enfant-reine est couronnée à Westminster[87]. Le roi, ravi des chants de la célébration, récompense généreusement les interprètes[88]. À quelle date le mariage est-il « consommé » ? Sans doute assez vite, car Jean se trouve dans la même situation que Philippe Auguste en 1180 lorsqu'il épouse Isabelle de Hainaut – une union contestée liée à de forts enjeux territoriaux[89].

Puis les années passent, et la petite fille grandit. A-t-elle la beauté de sa mère Alice de Courtenay, vantée par le biographe de Guillaume le Maréchal, et qui aurait fait tourner la tête du chevalier et de son maître Henri le Jeune en son temps[90] ? On ne sait. On la trouve en tout cas très régulièrement accompagnant son époux dans ses déplacements en Angleterre ou sur le continent[91]. Si les mentions d'Isabelle dans les comptes royaux sont beaucoup plus nombreuses que ce que l'on pensait encore récemment[92], et

85. Anonyme de Béthune, p. 104 ; Hoveden, *Annals*, t. 2, p. 483.

86. Nicholas Vincent, « Isabella of Angoulême... », *op. cit.*, p. 172.

87. Sally Spong, « Isabella of Angoulême... », *op. cit.*, p. 172.

88. Jordan William Chester, « Isabelle d'Angoulême, By the Grace of God, Queen », *Revue belge de philologie et d'histoire*, t. 69, fasc. 4, 1991, p. 826.

89. Voir I. 4., « Isabelle de Hainaut : une reine-enfant... ».

90. Nicholas Vincent, « Isabella of Angoulême... », *op. cit.*, p. 177.

91. Comme le montre Sally Spong, « Isabella of Angoulême... », *op. cit.*, p. 205-207.

92. À ce sujet, voir Sally Spong, (*ibid.*, p. 201) qui recense plus de 70 occurrences entre 1204 et 1216.

attestent l'attention de Jean pour Isabelle, cela démontre-t-il pour autant qu'elle avait une liberté d'action dans l'administration de ses biens ?

Ce n'est pas sûr, car malgré un douaire qui semble étendu[93], elle ne paraît pas avoir l'autorité pour l'administrer. Si la reine possède un grand sceau[94], il apparaît qu'il sert peu puisque aucune charte émise par Isabelle pendant le règne de Jean ne nous est parvenue[95]. Et surtout, elle ne perçoit pas de revenus, qui tombent directement dans les poches de son époux[96]. Cet empêchement contraste avec la gestion largement autonome d'Aliénor d'Aquitaine de son douaire[97], et qui en outre percevait le *Queen's Gold*, l'or de la reine, une taxe de 1 % sur les amendes et les transactions monétaires du roi[98]. Rien de tel pour Isabelle, que le mari préfère dédommager en nature, et très occasionnellement, semble-t-il[99]. Il la maintient ainsi dans un état de grande dépendance. Les membres de son hôtel sont d'ailleurs choisis par lui[100], signe d'une surveillance qui s'apparente à une *custodia*.

Elle ne semble pas mieux traitée que la première épouse du roi dont il est divorcé, Isabelle de Gloucester, qui elle aussi reçoit des cadeaux, et même des rentes, et qui séjourne parfois dans les mêmes résidences, si ce n'est au même moment[101]. D'ailleurs, le roi ne se cache pas d'avoir de « belles amies » comme le notent joliment les comptes royaux[102], ce qui fait dire au chroniqueur qu'il était « trop convoiteux des belles femmes[103] », dont il a d'ailleurs engendré de nombreux enfants bâtards[104]. Résumons : Isabelle est donc une femme trompée ouvertement et dépendante financièrement de son mari.

À l'automne 1207, elle met au monde un héritier, prénommé Henri comme son grand-père Plantagenêt, puis un second deux ans

93. Nicholas Vincent, « Isabella of Angoulême… », *op. cit.*, p. 185, 186.
94. William Chester Jordan, « Isabelle d'Angoulême… », art. cit., p. 827.
95. Nicholas Vincent, « Isabella of Angoulême… », *op. cit.*, p. 205.
96. *Ibid.*, p. 187, 189.
97. *Ibid.*, p. 190.
98. *Ibid.*
99. *Ibid.*, p. 192.
100. *Ibid.*, p. 200.
101. *Ibid.*, p. 196 ; Wilfred L. Warren, *King John… op. cit.*, p. 139 ; Sally Spong, « Isabella of Gloucester… », *op. cit.*, p. 193 et références des PR en note 57.
102. Frédérique Lachaud, *Jean sans Terre…*, *op. cit.*, p. 211.
103. Anonyme de Béthune, p. 105.
104. Sally Spong, « Isabella of Gloucester… », *op. cit.*, p. 191.

plus tard, baptisé Richard comme son oncle Cœur de Lion[105]. Les comptes royaux montrent qu'elle est alors comblée de cadeaux par son mari qui honore ainsi son nouveau statut de mère[106]. Viennent ensuite trois filles : Jeanne à l'été 1210, nommée comme sa tante, reine de Sicile et comtesse de Toulouse malheureuse; Isabelle en 1214; et Aliénor, sans doute en 1217[107]. En 1214, elle participe activement en Poitou au traité de fiançailles entre sa fille Jeanne et Hugues X de Lusignan[108]. Ses enfants, cependant, lui sont retirés très tôt pour être confiés à l'évêque de Winchester, proche de Jean[109]. La pratique n'est pas inhabituelle, mais il faut aussi souligner qu'elle n'est pas systématique. Il est démontré qu'Aliénor d'Aquitaine gardait ses jeunes enfants auprès d'elle autant qu'il lui était possible[110]. Pour Isabelle, le lien maternel semble coupé dès la naissance, et l'on comprend donc mieux que son affection pour sa progéniture n'ait pas pesé lourd dans sa décision de quitter l'Angleterre.

D'autres signes montrent que le couple ne s'entend pas et qu'Isabelle, avec le temps, méprise Jean davantage. Un chroniqueur rapporte des répliques cinglantes de la reine, dont il témoigne qu'elles étaient fréquentes, et qui la faisaient craindre. Peut-être est-ce en 1204, au moment où Philippe Auguste enchaîne les succès en Anjou et en Normandie, que Jean accuse Isabelle d'être la cause de ses défaites : « Oyez, dame, j'ai tout perdu à cause de vous », à quoi la reine aurait répondu : « Sire, j'ai perdu le meilleur chevalier du monde à cause de vous[111]. » À une autre occasion, peut-être en 1206, alors que le couple est sur le continent, Jean lui aurait dit pour la rassurer sur la situation peu brillante : « Dame, ne vous inquiétez pas, par la foi que je vous dois, je connais un coin [angle] sûr où vous serez préservée du roi de France et de son pouvoir

105. Henri III est né le 1er octobre 1207 et Richard le 6 janvier 1209 (Sally Spong, « Isabella of Angoulême…, *op. cit.*, p. 207-208).

106. *Ibid.*, p. 208.

107. Jeanne est née le 22 juin 1210, Isabelle d'Angoulême vers juin 1214 et Aliénor d'Angleterre vers mai 1217 (*ibid.*, p. 208-209, p. 210 et n. 63).

108. *Ibid.*, p. 209.

109. Nicholas Vincent, « Isabella of Angoulême… », *op. cit.*, p. 198.

110. Colette Bowie, *The Daughters of Henry II…*, *op. cit.*, p. 36-40.

111. Anonyme de Béthune, p. 104. Le « por vous », traduit ici par « à cause de vous » est plus généralement traduit par « pour vous », ce qui donne une signification contraire.

pendant dix ans. » « Sire », raille la reine qui maîtrise son échiquier, « je crois bien que vous êtes roi à désirer d'être maté dans un coin[112] ». Si l'anecdote est véridique, elle manifeste l'humour corrosif, mais aussi l'intelligence d'Isabelle d'Angoulême.

Mais il y a plus significatif et rédhibitoire pour la reine. Jean ne l'associe pas aux traditionnelles clauses de salut de ses chartes, où figure pourtant sa famille, et même son frère détesté Richard[113]. Et, bien pire, lorsqu'il dicte son testament à la veille de sa mort dans les circonstances tragiques que l'on sait, son absence est criante. Pas une mention, pas un legs. Le roi s'occupe uniquement de son propre salut et de la protection de ses fils, qu'il confie à des hommes de son entourage[114]. L'exclusion de son épouse de cette protection se retrouve dans son ultime lettre au pape Honorius III[115] et confirme l'intention de l'écarter du pouvoir, sinon de lui nuire.

Lorsqu'il meurt, en octobre 1216, les plus jeunes enfants d'Isabelle, même ses filles, sont remis aux mains d'hommes[116] qui lui dénient son rôle de tutrice et de mère. Elle joue pourtant le jeu du conseil de régence dominé par l'incontournable Guillaume le Maréchal. Dans le contexte de guerre civile entre barons fidèles ou rebelles au trône Plantagenêt, elle légitime par sa présence le couronnement de son fils aîné en octobre 1216, désormais Henri III[117]. Le Conseil l'humilie pourtant en la « déménageant » visiblement contre son gré dans le château d'Exeter, le logement qu'elle occupe semblant à ces hommes « *inadequate*[118] », ce qui signifie peut-être à leurs yeux « somptuaire ». En rongeant son frein, elle sacrifie à la coutume en associant son mari dans les clauses de salut de trois actes qu'elle émet en 1217[119]. Elle semble impliquée – ou utilisée? – par les

112. Anonyme de Béthune, p. 105.

113. Nicholas Vincent, « Isabella of Angoulême... », *op. cit.*, p. 198 (à une exception près en 1204).

114. Le testament de Jean sans Terre est publié et traduit en anglais par Stephen D. Church, « King John's Testament and the Last Days in his Reign », *The English Historical Review*, vol. 125, n° 514, 2010, p. 516-518.

115. Nicholas Vincent, ed. *The Letters and Charters of Cardinal Guala Bicchieri, Papal Legate in England, 1216-1218*, Canterbury and York Society, n° 83, 1996, lettre n° 140b.

116. Nicholas Vincent, « Isabella of Angoulême... », *op. cit.*, p. 198.

117. Sur l'implication d'Isabelle dans les tractations, voir Sally Spong, « Isabella of Angoulême..., *op. cit.*, p. 211.

118. *Ibid.*, p. 198.

119. *Ibid.*

régents pour le traité de Lambeth en octobre qu'elle crédibilise par sa présence[120], et qu'elle facilite sans doute, grâce à sa parenté avec le prince Louis. On imagine qu'ensuite, elle revendique son douaire, l'éducation de ses filles, un rôle au sein du Conseil qui gouverne au nom de son fils, et qu'une fin de non-recevoir lui est opposée, avec ou sans ménagement. Sans terres, sans revenus, sans ses enfants et sans rôle politique, la reine d'Angleterre, à vingt-huit ans, est humiliée et rejetée vers une obscure destinée. Mais elle est comtesse d'Angoulême en propre. C'est pourquoi elle décide de partir.

Ces hommes méprisants du Conseil à l'égard d'Isabelle sont sans nul doute ravis à double titre de son départ pour le Poitou : ils sont débarrassés d'une présence encombrante dans leur *gentlemen's club*, et ils comptent sur elle pour assurer la souveraineté anglaise dans son fief angoumois[121]. Ils ne vont pas tarder à déchanter.

La seule chose qu'Isabelle retire avec satisfaction de l'Angleterre, c'est sa titulature. Elle reste « Reine d'Angleterre par la grâce de Dieu » et même « Dame d'Irlande, duchesse de Normandie et d'Aquitaine, et comtesse d'Anjou ». Tout cela est nominal bien entendu, puisque le roi de France détient nombre de ces fiefs, mais elle impose ainsi son rang. Bien accueillie à Angoulême par le maire qui lui remet solennellement la clé de la cité[122], elle prend en main ses affaires avec énergie. Très vite, elle revendique Saintes comme faisant partie de son douaire attribué en 1200, alors même que cette ville a été allouée à sa fille Jeanne qui doit épouser Hugues X de Lusignan[123]. Il y a là un curieux conflit d'intérêts entre la mère et la fille. C'est peut-être à cette occasion que l'évêque de la place menace de l'excommunier[124]. Mal lui en prend. Il est débouté dès 1218 par le pape lui-même, qui accorde à la comtesse-reine les privilèges royaux dont il la juge digne : la possibilité pour son chapelain d'officier même pendant un interdit, et l'impossibilité de l'excommunier ou de jeter l'interdit sur ses terres sans l'accord du Saint-Siège[125].

---

120. David Carpenter, *Henry III. 1207-1258*, *op. cit.*, p. 14 ; Charles Petit-Dutaillis, *Louis VIII…*, *op. cit.*, p. 175 et 515.
121. Nicholas Vincent, « Isabella of Angoulême… », *op. cit.*, p. 206.
122. William Chester Jordan, « Isabelle d'Angoulême… », art. cit., p. 834.
123. *Ibid.*, p. 835.
124. Clément de Vasselot de Régné, *Le « Parentat » Lusignan…*, *op. cit.*, p. 196.
125. William Chester Jordan, « Isabelle d'Angoulême… », art. cit., p. 834.

Toutefois, il est perceptible qu'Isabelle a du mal à se faire respecter des seigneurs locaux ou des agents du roi d'Angleterre en Poitou qui n'ont nul intérêt à lui verser les revenus des places de son douaire[126]. En 1218 ou 1219, elle se plaint à son « très cher fils Henri » que malgré ses suppliques au Conseil, « vous n'avez rien fait jusqu'à présent[127] ». Puis elle menace, « car vous savez que nous ne pouvons pas gouverner et défendre notre terre sans votre aide et vos conseils ». En cas de rupture de la trêve avec le roi de France, c'est le Poitou qui sera le plus en danger. Selon elle, ce n'est pas Philippe Auguste qui est le plus à craindre, mais ses proches voisins et certainement l'évêque de Saintes. Ce qu'elle demande, c'est une aide militaire, car « bien que notre mari ne nous ait rien légué » – l'amertume est sensible –, « vous devriez de droit nous aider [...] afin que nous puissions défendre notre terre ». Il y va de l'honneur et du profit de son fils Henri. Le Conseil fait-il la sourde oreille ? Lui refuse-t-il ses droits sur le douaire anglais qui lui est dû ? C'est probable. Ce qui est sûr, c'est que, suffisamment édifiée par l'inertie opposée au droit des reines à récupérer leurs rentes – n'a-t-elle pas constaté elle-même les difficultés de Bérengère de Navarre avant elle ? –, elle décide de se dédommager autrement.

Ainsi, à la stupéfaction générale, elle épouse au printemps de 1220 le comte Hugues X de Lusignan – qui, rappelons-le, est initialement destiné à sa fille Jeanne. Il faut dire que le marié a sans doute la trentaine et la promise flouée par sa mère n'a que dix ans. Sa lettre à Henri III, ou plutôt aux hommes qui le dirigent, pour annoncer ce coup, a changé de ton. Elle y retrace le contexte historique : à la mort son père, le pauvre Hugues X de Lusignan s'est retrouvé sans héritiers en Poitou, ses amis ne lui ont pas permis d'épouser Jeanne en raison de son « âge tendre » et lui ont conseillé d'épouser dès que possible une femme « en France » susceptible de lui procurer rapidement un héritier[128]. Voyez le danger : avec un tel projet, le Poitou et la Gascogne auraient été perdus. Face à ce grand péril, Isabelle prend donc sur elle d'épouser le comte de la Marche. Ayant procédé « plus pour votre bénéfice que pour le mien », la comtesse

126. Sur ses différends avec les barons locaux, voir Clément de Vasselot de Régné, *Le « Parentat » Lusignan...*, *op. cit.*, p. 196.

127. *Royal and Other Historical Letters*, p. 22.

128. Ce projet de mariage français existait bel et bien (voir Clément de Vasselot de Régné, *Le « Parentat » Lusignan...*, *op. cit.*, p. 194-195).

d'Angoulême prie son fils de restaurer dans ses droits son nouveau mari, et en premier lieu en lui cédant Niort et les châteaux d'Exeter et Rockingham. Ce n'est pas tout : Isabelle réclame aussi un legs de 3 500 marcs que Jean lui aurait promis – ce qui, il faut bien le dire, est très improbable[129]. Elle anticipe la réaction incrédule des régents en ajoutant deux menaces sous-jacentes : si Henri traite avec Hugues X, il le servira « de tout son pouvoir » au lieu d'être « contre lui »; et si ces affaires sont menées à bien, le roi pourra envoyer des messagers pour récupérer sa sœur Jeanne[130]. À bon entendeur, salut!

Outre l'énorme scandale provoqué par le fait qu'une reine douairière d'Angleterre épouse de son propre chef son beau-fils présomptif, la nouvelle est une catastrophe pour le Conseil d'Henri III. Il se produit exactement ce que le roi Jean avait voulu éviter vingt ans plus tôt en épousant Isabelle : la réunion de Lusignan, la Marche et Angoulême[131], une puissance considérable en Aquitaine. On imagine la jubilation d'Isabelle en célébrant ses noces avec le fils de celui à qui elle avait été destinée (souvenons-nous qu'elle devait épouser Hugues IX de Lusignan avant de s'unir à Jean sans Terre) et qui a cinq ans de moins qu'elle. Oui, elle doit bien rire en imaginant la mine déconfite de ces hommes qui l'ont exclue trois ans plus tôt. Mais « le plus grand chevalier du monde », Guillaume le Maréchal, n'est plus là pour apprécier l'ironie de la situation. Il s'est éteint octogénaire l'année précédente.

Peu après, la fiancée Jeanne, qui a fini par être rendue à son frère Henri III, est mariée au roi d'Écosse[132].

---

129. Le Conseil refuse de lui payer cette somme (voir William Chester Jordan, « Isabelle d'Angoulême… », art. cit., p. 835, n. 62).

130. *Royal and Other Historical Letters*, p. 114-115. Traduction en anglais dans *Letters of Royal and Illustrious Ladies of Great Britain*, vol. 1, éd. Mary Anne Everett Wood, Londres, 1846, p. 29-30.

131. Nicholas Vincent, « Isabella of Angoulême… », *op. cit.*, p. 208.

132. Clément de Vasselot de Régné, *Le « Parentat » Lusignan…*, *op. cit.*, p. 197-200.

La cour du prince.
La mort du roi

Ces tensions entre Isabelle et l'Angleterre – évidentes de 1216 avec la mort de Jean sans Terre à 1220 avec le remariage de la reine douairière – sont certainement suivies avec intérêt à la cour de Philippe Auguste comme à la cour de Blanche et Louis. Mais côté français, ces années sont marquées par d'autres événements.

En 1217, Blanche apprend la mort de son frère Henri de Castille. La Couronne espagnole, qui devrait alors passer à sa sœur Bérengère, est cédée par elle à son neveu Ferdinand, dont elle assure la tutelle pour la Castille « avec tant de sagesse et de vigueur que nul ne se serait avisé d'y commettre un acte de violence[133] ». Mais c'est un autre fait marquant qui bouleverse la vie du couple : leur fils aîné Philippe meurt en 1218 après juillet[134] à l'âge de neuf ou dix ans. Il est inhumé à Notre-Dame de Paris[135] et un poète nous dit que le père est « moult triste[136] »; la mère aussi, bien sûr. Deux fils, Louis et Robert, âgés de quatre et deux ans, assurent désormais la descendance capétienne.

Le prince, qui a manqué le départ de la cinquième croisade détournée vers Damiette en Égypte avec à sa tête le roi de Jérusalem Jean de Brienne, obtient à cette époque l'accord de son père, pressé par Honorius III, pour aller guerroyer contre les albigeois en Languedoc. Il part en mai 1219 alors que Blanche est enceinte. Début juin, il prend Marmande et laisse massacrer la population « hérétique », effroyable tuerie racontée par un contemporain de cette « croisade » : « Les chairs, le sang, les cervelles, les troncs, les membres, les corps morts et pourfendus, les foies, les poumons brisés gisent par les places, comme s'il en avait plu. La terre, le sol, la rue sont rouges du sang répandu. Il ne reste ni hommes ni femmes, jeunes ou vieux[137]. »

---

133. L'évêque Luc de Tuy, cité par Georges Minois, *Blanche…*, *op. cit.*, p. 137.

134. LTC, t. 1, n° 1302, p. 467-468. L'Acte, émis à Lorris en juillet 1218, établit le douaire d'Agnès (voir Lindy Grant, *Blanche of Castile…*, *op. cit.*, p. 57). Les Sainte-Marthe, t. 1, p. 512.

135. Les Sainte-Marthe, t. 1, p. 512.

136. Philippe Mousket, v. 24250.

137. Cité par Georges Minois, *Blanche…*, *op. cit.*, p. 146.

Guillaume le Breton déplore que l'on ait tué « tous les bourgeois avec les femmes et les petits enfants, tous les habitants jusqu'au nombre de cinq mille[138] ». Après cette boucherie que le prince a laissé faire, il est stoppé devant Toulouse. Une fois le service de quarante jours dû par les barons terminé, on rentre à Paris sur cet « échec désolant », comme le qualifiera le pape[139], et Louis se console en étant auprès de Blanche lorsqu'elle met au monde en septembre 1219 un sixième fils, baptisé Jean, comme ce jumeau disparu quelques années plus tôt[140]. Puis un septième arrive l'année suivante, à la Saint-Martin 1220[141] : Alphonse. Ces années fécondes engendrent un huitième fils, Philippe Dagobert, le 22 février 1222[142].

À cette époque, une lettre d'Honorius III nous dévoile en même temps la foi scrupuleuse de Blanche et l'attention qu'elle porte à ses fragiles enfants. Elle confie au prieur de Saint-Victor, proche du couple[143], que lors des maladies de ses fils, elle a fait des vœux pour leur guérison, mais qu'elle en a oublié certains et n'a donc pu les accomplir. Elle implore la miséricorde auprès du prélat pour le salut de son âme. La supplique remonte au pape, qui prend l'affaire très au sérieux et confie « à la discrétion » du prieur l'échange de ces vœux oubliés par « d'autres œuvres miséricordieuses[144] ».

La succession est assurée et représentée par celui qui est désormais l'aîné des fils, Louis. Il n'a que huit ans, mais son grand-père Philippe Auguste lui prodigue déjà des conseils de gouvernance : « L'on doit récompenser les gens de sa maison, l'un plus, l'autre moins, selon la façon dont ils servent », ou encore « Nul ne peut être bon gouverneur d'une terre s'il ne sait aussi hardiment et durement refuser, qu'il ne sait donner[145] ». Cependant, il n'a guère le temps de parfaire l'éducation de l'enfant.

138. Cité par Charles Petit-Dutaillis, *Louis VIII…, op. cit.*, p. 199.

139. *Ibid.*, p. 200.

140. Annales de Saint-Denis, p. 280 ; Les Sainte-Marthe, t. 1, p. 505. La pratique de redonner le prénom d'un enfant défunt est courante au Moyen Âge.

141. Le 11 novembre (Annales de Saint-Denis, p. 280).

142. Le Nain De Tillemont, t. 1, p. 420 ; Philippe Mousket, v. 24254 ; Annales de Saint-Denis, p. 280.

143. Il est l'un des exécuteurs testamentaires de Louis VIII (*Vie de Louis VIII*, p. 125).

144. Lettre du 20 décembre 1220 d'Honorius III au prieur de Saint-Victor (RHF 19, 714 D).

145. D'après Joinville, § 662, p. 541.

En septembre 1222, le vieux roi est gravement malade. Dans un grand état d'agitation semble-t-il[146], il dicte son testament à son fidèle conseiller devenu évêque de Senlis en 1213, frère Guérin[147], un moine guerrier de l'ordre de l'Hôpital. Bien que la distribution curieuse et sans logique apparente des légataires ou les sommes faramineuses attribuées aient été soulignées[148], un aspect très important de ce document est passé sous silence dans l'historiographie : Ingeburge de Danemark, en l'occurrence la seule femme nommée dans le testament, qualifiée en la circonstance de « reine de France » (*regina Francie*) et d'« épouse bien-aimée » (*carissima uxor*), ce qui pourrait laisser penser que les sentiments du roi pour elle sont respectueux, sinon affectueux, est pourtant traitée de façon bien singulière.

Le roi lui lègue 10000 livres parisis, « quoique nous aurions pu [lui] donner davantage ». Mais que ne l'a-t-il fait?! Placée en deuxième position de son testament, après ceux à qui il a fait du tort ou qu'il a extorqués « injustement » – ce qui, on l'imagine, constitue un large groupe dont les bénéficiaires ne sont pas précisés nommément –, nous voyons qu'il existe une cohérence dans l'esprit du roi, malgré sa fébrilité. Ses torts envers Ingeburge sont de fait exorbitants, et le but étant de les réparer pour sauver son âme, pourquoi ne lui donne-t-il pas « davantage »? Il fournit lui-même l'explication : « Nous nous sommes imposé ce taux, afin de pouvoir rendre pleinement ce que nous avons injustement reçu[149]. » En clair, Philippe Auguste lui rembourse sa dot qui, nous l'avons vu[150], avait été fixée à 10000 marcs d'argent. N'en avait-il touché que la moitié? Car la parité marc-livre parisis en 1222 est de 1 pour 2[151] et le montant du legs devrait donc être de 20000 livres. Passons… Quelle que soit la manière de considérer la justification du roi,

146. Marc Smith, « Le testament de Philippe Auguste (septembre 1222), de la paléographie à l'histoire », *Comptes rendus des séances de l'Académie des inscriptions et belles-lettres*, 159e année, n. 1, 2015. p. 48.

147. *Ibid.*, p. 47- 48.

148. Marc Smith remarque notamment que le fils légitimé du roi Philippe Hurepel n'est mentionné que « bien tard » dans le testament, après les lépreux (*ibid.*, p. 38).

149. Traduction dans Guillaume le Breton, *La Vie de Philippe II*, p. 193.

150. Voir II. 3., « Le scandale "Ingeburge de Danemark" ».

151. Voir la « Note sur les monnaies » en début d'ouvrage dans John W. Baldwin, *Philippe Auguste…*, *op. cit.*

le principe est mesquin, d'une grande avarice et, pour tout dire, détestable[152]. Le troubadour qui a écrit que le roi est « avare, qui a en abondance or et argent » et prédit qu'au « jugement dernier, il paiera cher sa félonie et sa fourberie » trouve ici une illustration de ses propos[153]. Car on ne voit pas qu'un legs plus élevé – il est riche, « millionnaire » dirait-on aujourd'hui – peut lui nuire de quelque façon pour son salut. Peut-être le roi a-t-il couché son épouse sur son testament – à défaut de l'avoir couchée dans son lit – uniquement sur le conseil de frère Guérin, qui semble avoir eu une influence décisive à ce moment crucial[154].

Mais le roi, qui souffre de « fièvre quarte[155] », se rétablit suffisamment pour atteindre la Sainte-Madeleine, le 14 juillet 1223. D'après un chroniqueur, il réunit ses fils, promeut Philippe Hurepel comte de Clermont et lui demande d'être loyal envers son frère Louis, en passe de devenir Louis VIII. À ce dernier, il conseille de bien gérer son trésor, « un comble après les dons extravagants de son testament[156] », de conserver les terres conquises et, curieuse recommandation, d'honorer la reine Ingeburge « non comme marâtre mais comme mère ». Enfin, il livre un commandement politique ou une rancune personnelle : ni le comte Ferrand ni le comte Renaud « le boulenois » ne doivent être libérés[157].

Ses ultimes paroles pour Louis sonnent comme une confession : « Fils, tu ne m'as jamais contristé[158] », lui aurait-il dit. Peut-être repense-t-il à son vieil ennemi Plantagenêt, mort seul au siècle précédent, sans ses fils belliqueux et vengeurs. De Pacy, il veut se faire transférer à Paris où se réunit une assemblée « pour l'affaire des Albigeois[159] », mais il

152. Au contraire, la somme semble considérée dans l'historiographie moderne comme très généreuse et le « bémol » n'est curieusement jamais relevé.

153. Peire Vidal en 1187, cité et traduit par Yves Lefèvre, « L'image du roi chez les poètes », *La France de Philippe Auguste…*, *op. cit.*, p. 139, n. 1.

154. C'est l'hypothèse convaincante de Marc Smith, « Le testament de Philippe Auguste… », art. cit., p. 48.

155. Guillaume le Breton, *Philippide*, p. 370.

156. Comme le remarque justement Georges Minois, *Blanche…*, *op. cit.*, p. 149.

157. Philippe Mousket, v. 23700 *sq.*

158. « Fili, nunquam me contristati » (Conon de Béthune cité et traduit par Charles Petit-Dutaillis, *Louis VIII…*, *op. cit.*, p. 216 : « Fils, tu ne m'as jamais causé de peine »).

159. Guillaume le Breton, *La Vie de Philippe II*, p. 198.

meurt à Mantes à près de cinquante-huit ans[160], non loin de la tombe de sa troisième épouse, Agnès de Méranie.

Il est inhumé à Saint-Denis dès le lendemain, le 15 juillet, en présence de la multitude de prélats venues parler de croisade, et du roi de Jérusalem Jean de Brienne, présent pour la même raison. Avec le décès du vieux roi, un nouveau règne glorieux s'annonce.

160. John W. Baldwin, *Philippe Auguste…*, *op. cit.*, p. 491 ; Philippe Mousket, v. 23650 *sq.*

3

Le règne de Blanche de Castille et Louis VIII

« La paix brillait sur la terre,
la concorde régnait librement dans tout le royaume ;
nul rebelle ne tournait ses armes injustes
contre l'éclat de la Majesté Royale ;
la Normandie ne levait plus la tête,
la Flandre ne se refusait point à porter le joug
de ce prince puissant. »

Nicolas de Bray[1]

À la mort de Philippe Auguste, la situation dans le royaume est inédite. Blanche de Castille, épouse de Louis VIII, est la reine en titre. Mais trois reines douairières qui ne regrettent pas leurs époux vivent dans une relative proximité géographique de la cour de France : Ingeburge de Danemark, veuve de Philippe Auguste ; Bérengère de Navarre, veuve de Richard Cœur de Lion, et Isabelle d'Angoulême, veuve de Jean sans Terre. En outre, avec le nouveau règne, des princesses mises à l'écart se manifestent – comme Marie de Ponthieu, spoliée de son comté après Bouvines, ou Jeanne de Flandre, dont le mari croupit toujours au Louvre. En arrière-plan des décisions de Louis VIII, Blanche œuvre avec patience pour la paix, avec sollicitude pour la réconciliation.

1. Nicolas de Bray, *La Geste*, p. 21.

Un double sacre joyeux et un pouvoir bien établi

Il est important de rappeler que lorsque Blanche de Castille et Louis VIII se font sacrer à Reims le 6 août 1223, ils sont mariés depuis déjà plus de deux décennies et sont âgés de trente-cinq ans. La princesse a mis au monde neuf enfants, dont cinq fils ont survécu. Au même moment, elle entame une nouvelle grossesse. Sans réel pouvoir politique jusqu'à la mort du patriarche, mais avec une grande liberté de mode de vie et suffisamment d'argent, le couple a tissé des liens avec ses futurs vassaux et a côtoyé les officiers de la cour. Les épreuves l'ont soudé et l'on peut penser qu'ils en ont tiré quelques leçons, notamment de l'échec de la conquête anglaise. En un mot, c'est un couple royal déjà mature et expérimenté, contrairement à Philippe Auguste en 1180 ou Louis VII et Aliénor en 1137, encore adolescents.

Les premières mesures du règne de Louis VIII sont en faveur de son frère Philippe Hurepel[2] et de sa belle-mère Ingeburge au sujet de son douaire[3]. Le couple prend ensuite la route de Reims pour être sacré le 6 août 1223.

Même si la cathédrale est en plein chantier après un incendie survenu en 1210, la foule est immense et la joie est à son comble, car il n'y a pas eu de couronnement depuis plus de quarante ans, et le roi et la reine sont sacrés ensemble « le jour de la saint Sixte[4] ». Il n'y a pas encore d'érudits pour nous expliquer que le sacre de la reine revêt une portée très inférieure à celui du roi et les contemporains, eux, constatent que Louis et Blanche sont « oints » de la même façon par l'archevêque Guillaume de Joinville[5]. Philippe Hurepel,

2. LTC, t. 2, n° 1629, p. 23.
3. Charles Petit-Dutaillis, *Louis VIII…*, *op. cit.*, n° 12, p. 450.
4. *Vie de Louis VIII*, p. 95.
5. Il faut lutter contre cette tendance historiographique de dévalorisation du sacre des reines. Pour trois chroniqueurs contemporains, le rite est équivalent pour le roi et la reine : « Ensi li abbés, com jou di,/ Aporta l'ampoule à cel di./ Et mesire Loéis vint,/ Si atirés com li couvint,/ Et sa feme de l'autre part ;/ *Et l'arcevesques leur départ/ Del cresme : si les a sacrés./ Et bénéis et ordenés* » (Philippe Mousket, v. 24225-24232 ; traduction dans Philippe Delorme, *Blanche…*, *op. cit.*, p. 101) ; « Lors fu sacreiz mes sires Loueys et ma dame Blanche sa famme, *et furent enoint de la sainte ampoule que Dieus envoia des cieus* à mon seigneur saint Remi pour enoindre Cloovis, qui fu li premiers rois crestiens dou roiaume de France ; *et furent enoint par la main l'arcevesque Guillaume de Joinville*, qui adonc estoit arcevesque de Rains »

frère du roi, a l'honneur ambivalent de tenir l'épée, reconnaissant par là même sa sujétion. Le roi de Jérusalem, déchu de son royaume depuis que l'empereur Frédéric II le lui a sournoisement soufflé en épousant sa fille Marie, mais qui porte toujours fièrement son titre, apporte son prestige nostalgique[6].

L'heure est à la fête, le faste est déployé et la noblesse porte « de riches draps cousus d'or », de l'écarlate, « de noires zibelines » taillées avec recherche et élégance[7]. Le menu du banquet, hélas, ne nous est pas livré par le chroniqueur, qui se contente de relater qu'il y a « tant de nourritures et de mets, qu'il serait épuisant d'en raconter davantage[8] », mais rien ne nous empêche d'imaginer ensemble un menu non contractuel selon la cuisine du temps. Les convives se sont installés autour des tables posées sur des tréteaux, disposées en U, et le couple royal préside bien sûr au milieu, peut-être sur une estrade, entouré des hôtes d'honneur.

On s'ouvre l'appétit en mangeant des fruits frais de saison, melons, abricots, tomates et poires, mais aussi des salades. Puis viennent les potages, aux herbes fraîches ou aux courges compte tenu de la chaleur de l'été. Il est temps d'engloutir les viandes en sauce à couleur vive, civet de lièvre à la noix de muscade, poulet au fenouil et aux amandes, pigeon à la cannelle et au poivre, chevreau rôti arrosé de jus de citron et saupoudré de persil haché, chapon au miel. Les poissons grillés ne sont pas en reste et l'on sert des brochettes d'anguilles, des truites marinées. Les bons vins coulent à flots des tonneaux venus de Bourgogne, d'Anjou, de Touraine. Pour l'occasion, du vin de Chypre a été sorti des caves de Philippe Auguste qui en raffolait. Lors d'une pause bienvenue, des entremets sont proposés – c'est-à-dire des spectacles chantés et dansés par

---

(Ménestrel de Reims, § 309, p. 161 ; traduction dans Philippe Delorme, *Blanche…*, *op. cit.*, p. 98). L'historienne britannique Lindy Grant relève déjà ces deux sources (voir Lindy Grant, *Blanche of Castile…*, *op. cit.*, p. 62 et n. 4, p. 343). Un « Extrait d'un abrégé de l'histoire de France » (RHF 18, p. 431) relate également : « Quant tout ce fu fait Loeys ses fix s'en ala à Rains et mena Blanche sa fame avec lui *et furent coronez et sacrez*, tot droit le premier jor d'aoust par un diemanche » [« Quand tout fut fait, Louis son fils, s'en alla à Reims, emmenant avec lui sa femme Blanche ; ils furent couronnés et sacrés un dimanche, le premier jour d'août » (traduction dans *Chr. Louis VIII*, p. 73)].

6. Jean Richard, *Histoire des croisades…*, *op. cit.*, p. 318-319.

7. Philippe Mousket cité et traduit par Philippe Delorme, *Blanche…*, *op. cit.*, p. 99.

8. *Ibid.*, p. 105.

les jongleurs et troubadours, des acrobates – pendant lesquels on se délecte de pâtés, tourtes, tartes et blanc-manger. Vient ensuite l'heure des desserts avec le flan aux fruits secs, la crème d'amande, la mousse de pommes, les poires au vin grec. Le banquet se termine par le service de fromages et de fruits confits accompagnés d'hypocras ou de malvoisie. Il nous restera peut-être assez de gourmandise pour suçoter une dragée[9].

Après le sacre à Reims, Louis et Blanche entament une tournée qui les mène de Compiègne à Bourges ou Fontainebleau. Ils sont de retour à Paris fin octobre 1223, qui accueille ses nouveaux souverains dans une atmosphère de liesse. Un poète – qui d'ailleurs écrit comme si le roi était célibataire puisque Blanche ne figure pas dans son récit grandiloquent de l'entrée solennelle – nous raconte les parfums d'encens, les festins publics, les chœurs de danse formés par « de timides jeunes filles », les chanteurs, les mimes et les musiciens chers au couple royal[10].

Avec l'allégresse des sujets, la richesse léguée par Philippe Auguste tant en numéraire qu'en fiefs conquis sur les Plantagenêts et des fils pour assurer la succession, le règne s'annonce sous les meilleurs auspices. Des conseillers continuent d'épauler loyalement Louis VIII – particulièrement l'évêque de Senlis, frère Guérin, nommé chancelier ; le chambrier Barthélemy de Roye ; le bouteiller Robert de Courtenay-Champignelles, cousin du roi ; et le connétable Mathieu de Montmorency, petit-fils de celui qui avait épousé la reine Adélaïde de Maurienne.

Le roi et la reine se dirigent ensuite vers le nord du royaume. Ils passent à Abbeville en décembre où ils sont assurément accueillis par Marie de Ponthieu. Ose-t-elle évoquer le sujet sensible de son comté dont Philippe Auguste l'a dépossédée ? En mars 1224, le couple est de retour à Paris et c'est au palais de la Cité que naît leur fille Isabelle[11].

---

9. Ce menu est librement inspiré des indications et recettes gourmandes proposées dans l'ouvrage d'Odile Redon, Françoise Sabban, Silvano Serventi, *La Gastronomie au Moyen Âge. 150 recettes de France et d'Italie*, Paris, Éditions Stock, 1991.

10. Nicolas de Bray, *La Geste*, p. 12-13.

11. La naissance d'Isabelle est souvent marquée en mars 1225 selon les Annales de Saint-Denis (1225). Mais une chronique de Tours, plus fiable et compatible avec la naissance d'Étienne en 1225, l'indique en mars 1224 (RHF 18, 305 A).

Peu après, Honorius III, par la médiation de proches de Louis, tente d'intercéder pour la libération de Ferrand de Portugal. Les émissaires plaident « l'inexpérience » du comte de Flandre qui a été mal conseillé, et si Renaud de Dammartin n'est pas nommé, il semble le mauvais génie idéal qui aurait mené Ferrand à ses agissements coupables[12]. Ces arguments, cependant, n'attendrissent pas Louis VIII, et le mari de Jeanne de Flandre reste ferré au Louvre. De toute façon, Louis a d'autres préoccupations : il prépare la guerre contre le jeune roi anglais Henri III qui menace de débarquer en Gascogne. Il s'assure alors en mai l'alliance d'Isabelle d'Angoulême et de Hugues X de Lusignan par une rente substantielle de 2000 livres parisis et la promesse de places jusqu'à Bordeaux[13]. Par ailleurs, soucieux de contenter sa belle-mère Ingeburge, il accède à sa demande d'un don de muids de blé en faveur des Hospitaliers de Corbeil[14].

Blanche, elle, est sollicitée par Honorius III pour intercéder en faveur de l'empereur de Constantinople, Robert de Courtenay, et sauver cette « nouvelle France » acquise « avec la gloire d'une grande vaillance » du temps du roi Philippe[15]. Mais Louis, peu préoccupé du lointain Empire latin, réunit son armée à Tours le 24 juin 1224 et part pour une campagne victorieuse en Poitou, puis jusqu'à La Rochelle dont il commence le siège en août. Il est accompagné notamment de Jean de Brienne qui, bientôt octogénaire, vient d'épouser en troisièmes noces Bérengère de Léon, nièce de la reine Blanche tout juste âgée de vingt ans[16].

Tandis que « des troupeaux de femmes ébranlent les airs de leurs lamentations retentissantes[17] » sous les murs de La Rochelle, d'autres défilent à Paris. Le vendredi 12 août, les Parisiennes et les Parisiens prient pour le triomphe du roi « depuis l'église cathédrale jusqu'à saint Antoine » et « trois reines assistent à cette procession » : Blanche, Ingeburge et Bérengère de Léon[18]. Si la chronique ne nous

12. Dominique Barthélemy, *La Bataille de Bouvines…*, *op. cit.*, p. 167.

13. Clément de Vasselot de Régné, *Le « Parentat » Lusignan…*, *op. cit.*, p. 207.

14. Charles Petit-Dutaillis, *Louis VIII…*, *op. cit.*, n° 131, p. 467.

15. *Regesta Honorii Papae III* [Registres pontificaux d'Honorius III], t. 2, Pierre Pressutti, Rome, 1895, n° 5006, p. 250.

16. Lindy Grant, *Blanche of Castile…*, *op. cit.*, p. 65 ; Georges Minois, *Blanche…*, *op. cit.*, p. 168.

17. Nicolas de Bray, *La Geste*, p. 40.

18. *Vie de Louis VIII*, p. 107.

dit pas que la reine de France est l'initiatrice de cette procession solennelle, la présence des princesses marque les esprits, d'autant que la victoire survient le lendemain pour Louis : La Rochelle capitule, au grand désarroi des Anglais[19]. Lorsque Louis rentre dans la capitale deux ou trois semaines plus tard, les retrouvailles avec Blanche doivent être chaleureuses car, peu de temps après, elle est à nouveau enceinte.

Si Louis rencontre à Vaucouleurs en novembre le roi d'Allemagne Henri VII, fils de l'empereur Frédéric II Hohenstaufen, d'où il ressort un pacte de neutralité vis-à-vis des affaires anglaises, le couple séjourne essentiellement dans ses châteaux d'Île-de-France jusqu'au printemps 1225[20].

Où l'on retrouve Jeanne de Flandre et Marie de Ponthieu

C'est à cette époque qu'un certain ermite sort de sa retraite flamande et prétend être Baudouin de Hainaut et de Flandre, l'empereur de Constantinople mort dans la bataille d'Andrinople en 1205[21], et père de la comtesse Jeanne, dont elle n'a aucun souvenir. Dans un contexte économique en berne, l'affaire prend de formidables proportions, fomentée par des barons de Jeanne insatisfaits de leur suzeraine et de sa sympathie française[22], soutenus par une population au bord de la famine et du délire[23]. L'énergumène est amené à Valenciennes, où il se conduit bientôt en seigneur. Il émet des actes et les scelle, adoube et juge sans complexe[24].

Les ducs de Brabant et de Limbourg, proches de l'Angleterre, reconnaissent sans problème l'ermite comme étant l'empereur de

19. David Carpenter, *Henry III…, op. cit.*, p. 40.
20. Charles Petit-Dutaillis, *Louis VIII…, op. cit.*, n° 258, p. 439-440.
21. Voir III. 4., « Jeanne de Flandre et de Hainaut… ».
22. Gilles Lecuppre, « Jeanne de Constantinople face au fantôme de son père », *Jeanne de Constantinople, comtesse de Flandre et de Hainaut*, Paris, Somogy éditions d'art, 2009, p. 33, 35; Dominique Barthélemy, *La Bataille de Bouvines…, op. cit.*, p. 169; Georges Minois, *Blanche…, op. cit.*, p. 174.
23. Gilles Lecuppre, « Jeanne de Constantinople… », *op. cit.*, p. 34-35; Georges Minois, *Blanche…, op. cit.*, p. 173.
24. Gilles Lecuppre, « Jeanne de Constantinople… », *op. cit.*, p. 35.

Constantinople et Henri III lui-même écrit au revenant[25]. Bref, il s'agit bien d'un complot destiné à écarter Jeanne de Flandre, et dont son ex-beau-frère Bouchard d'Avesnes est l'un des leaders.

On se souvient que Philippe Auguste avait confié à Bouchard la tutelle de la sœur cadette de Jeanne, Marguerite, vers 1212, et que ce dernier, bien que chantre et de trente ans son aîné, l'avait épousée et en avait eu deux fils[26]. Il avait bientôt réclamé ses droits à l'héritage sur la Flandre du chef de sa femme, et Jeanne avait dès 1216 fait appel au pape pour annuler ce mariage, arguant de la situation ecclésiastique de Bouchard. Il avait ignoré l'ordre du pape et Jeanne l'avait emprisonné en 1219. Finalement, en 1223, elle avait convaincu sa sœur Marguerite d'épouser un seigneur champenois, Guillaume de Dampierre, ce qui avait heurté une partie de la noblesse flamande. Bouchard, lui, s'était rendu à Rome pour faire pénitence et avait ressurgi en Flandre plein de rancune en 1224[27]. On en était là quand le faux Baudouin s'était manifesté, comme par hasard.

Pour Jeanne, qui a compris la manœuvre de tentative de renversement, c'est la catastrophe. Elle envoie à l'ermite des conseillers qui ont un doute affreux sur son identité, mais la population, qui vénère son homme providentiel, accuse la comtesse de mauvaise foi[28]. En mai, l'arnaque vire à la guerre civile et Jeanne, acculée, se rend à Paris et supplie Louis VIII de l'aider. Le roi, qui n'a aucun intérêt à une alliance anglo-flamande, agit rapidement, mais non sans précaution pécuniaire : Jeanne s'engage à lui rembourser ses frais de campagne contre le faux Baudouin à hauteur de 20 000 livres[29].

Sagement, avant d'engager le combat, le roi convoque le pseudo-empereur à Péronne, qui, lors d'un interrogatoire sur son passé, s'avère incapable de répondre à des questions simples sur « son » hommage à Philippe Auguste ou sur « son » épouse Marie de Champagne[30]. Démasqué, il s'enferme dans Valenciennes, qui résiste à sa comtesse avant de se rendre. Avec une redoutable colère,

25. Gilles Lecuppre, *op. cit.*

26. Voir III. 4., « Jeanne de Flandre et de Hainaut... »; *Genealogiae Comitum Flandriae*, MGH SS 9, p. 328; *Anonyme de Laon*, MGH SS 26, p. 453.

27. Isabelle Guyot-Bachy, *La Flandre et les Flamands...*, *op. cit.*, p. 121.

28. Gilles Lecuppre, « Jeanne de Constantinople... », *op. cit.*, p. 36.

29. Charles Petit-Dutaillis, *Louis VIII...*, *op. cit.*, n° 248, p. 483.

30. Gilles Lecuppre, « Jeanne de Constantinople... », *op. cit.*, p. 35, n. 9.

Jeanne impose de lourdes amendes aux communes qui ont soutenu la rébellion, des sommes dont elle fera bientôt bon usage[31]. Le faux père, lui, s'enfuit, est pris, livré à la comtesse, exhibé, enchaîné, puis torturé et pendu[32]. C'est en général de cette façon que finissent les imposteurs qui fleurissent en ces temps lorsque le corps d'un prince n'a pas été retrouvé[33], ce qui est le cas du père de Jeanne, capturé par les Bulgares. Jeanne vient donc de faire passer le message à sa noblesse et à ses sujets, comme l'aurait fait d'ailleurs un seigneur masculin : c'est elle qui règne en Flandre, et le roi de France n'est pas loin. Les chroniqueurs ne tarderont pas à ruiner sa *fama*, l'accusant de parricide et, bien sûr, d'adultère[34].

Elle comprend de son côté que sa situation de « célibataire » est dangereuse et tente sans doute une nouvelle fois de convaincre Louis VIII de libérer son mari. Son refus expliquerait qu'un projet de remariage soit envisagé peu après. Est-ce à l'initiative de Jeanne ou à celle du comte de Bretagne Pierre de Dreux? On ne sait. Toujours est-il que ce cousin du roi déjà possessionné du duché breton et qui médite de marier sa fille Yolande au roi d'Angleterre, envoie des messagers à Rome pour faire prononcer le divorce entre Ferrand de Portugal et Jeanne, qu'il se propose d'épouser lui-même[35]. Il argue qu'il a obtenu l'accord de Jeanne. C'est quand même la moindre des choses!

Toute cette agitation matrimoniale est encore secrète et pour l'heure, Louis et Blanche portent leur attention sur leur famille. Entre mars et juillet 1225, les parents instaurent à Notre-Dame une messe en mémoire de leur héritier mort sept ans plus tôt, Philippe[36], ce qui témoigne de l'attachement au souvenir de ces enfants tôt perdus. Peut-être parce qu'il prend conscience à cette occasion que la mort peut survenir à tout instant, Louis VIII rédige son testament

31. Gilles Lecuppre, *op. cit.*, p. 37.
32. *Ibid.*, p. 36.
33. Signalons, pour la Flandre encore, en 1309, l'affaire des « ressuscités de Courtrai » et du pseudo Jean de Vierzon, « neveu » de la reine Marie de Brabant, qui sort lui aussi de son ermitage pour reprendre sa place aux côtés de « sa » riche veuve, Marie de Mortagne (voir Gaëlle Audéon, *À la cour de Philippe le Bel…*, *op. cit.*, p. 100).
34. Gilles Lecuppre, « Jeanne de Constantinople… », *op. cit.*, p. 37-38.
35. Élie Berger, *Blanche de Castille…*, *op. cit.*, p. 34-35 ; RHF 18, 316 A.
36. Charles Petit-Dutaillis, *Louis VIII…*, *op. cit.*, p. 484 ; Les Sainte-Marthe, t. 1, p. 512.

en juin et « ses femmes » y tiennent une place de choix. À Blanche, « illustre reine des Français », il lègue 30 000 livres et confirme son douaire en Artois. Sa « chère fille » Isabelle hérite de 20 000 livres[37], somme généreuse. L'aîné de ses fils, Louis, sera roi et possédera « tout le royaume de France et toute la terre de Normandie », mais le cadet, Robert, tiendra l'Artois, « la dot de sa mère » Blanche exceptée. Le troisième, qui est Jean, aura l'Anjou et le Maine, le quatrième, Alphonse, le Poitou et l'Auvergne, le cinquième, Philippe Dagobert « et tous les autres qui naîtront après lui », seront clercs.

D'ailleurs, dans la dernière moitié de l'année 1225[38] naît un nouveau fils. C'est le onzième enfant mis au monde par Blanche, qui en a porté neuf sur les douze dernières années, et l'on peut considérer que sa santé est robuste. Le nourrisson est baptisé Étienne par le cardinal et légat du pape Frangipani[39], arrivé récemment en France mais qui tisse des liens amicaux avec le couple royal. Le prénom est peut-être choisi par amitié pour le comte Étienne II de Sancerre, proche du roi.

En juillet 1225, à Chinon, les suppliques de Marie de Ponthieu pour recouvrer son comté, certainement appuyées par Blanche elle-même qui connaît de longue date – nous l'avons vu – cette cousine issue de germains[40], trouvent enfin une écoute attentive auprès du roi Louis VIII. Sa durable rancune contre les Ponthieu est sûrement due à l'absence de ralliement de Simon de Dammartin lorsqu'il a envahi l'Angleterre en 1216. Nulle trace en effet de l'époux de Marie aux côtés des troupes françaises[41].

Aussi, les conditions que Louis impose à son pardon sont drastiques et la forme est un abaissement proche de l'humiliation :

37. LTC, t. 2, n° 1710, p. 54-55 ; *Vie de Louis VIII*, p. 121-125.

38. Ce fils n'étant pas désigné dans le testament, sa naissance est postérieure à juin 1225.

39. Les informations sur Étienne ne sont données que par les Sainte-Marthe (T. 1, p. 421), fondées sur le manuscrit d'une Chronique de Tours. Nous n'avons pas retrouvé cette mention dans les sources imprimées.

40. Le père de Blanche de Castille, Alphonse VIII (dont le père est Sanche III de Castille), est cousin germain d'Aelis de France (dont la mère est Constance de Castille, épouse de Louis VII, et sœur de Sanche III).

41. Simon de Dammartin est absent des chroniques mais aussi des comptes royaux anglais entre 1212 et 1216, ce qui laisse penser que sa situation d'exilé était inconfortable et peut-être impécunieuse. Il n'avait cependant aucun intérêt, du vivant de Philippe Auguste, à rallier le prince Louis, alors que ses terres étaient confisquées et son frère en prison.

Marie reconnaît le bien-fondé du roi à tenir ses fiefs en sa main « tant que son mari [Simon de Dammartin] vivra ». Mais « considérant le péril dans lequel ses fils et filles [sont] de perdre un jour tout ce qui [peut] leur appartenir des biens paternels et maternels », et qu'ils ne doivent « que par la faveur de l'autorité royale », elle cède au roi et à ses héritiers des terres et dépendances, et non des moindres – Aubigny, Doullens, Saint-Riquier... –, en échange de la jouissance d'Abbeville, de quelques places « que possédait mon père », et de la somme de 2000 livres parisis. Marie devient femme lige « en ligne féminine » pour le comté de Ponthieu et ses enfants nés ou à naître pourront hériter d'elle « par le droit de succession maternelle ».

C'est une manière d'exclure clairement Simon de Dammartin de toute prétention au comté, qu'il ne pourra tenir que du chef de sa femme ou de ses enfants. D'ailleurs, il n'est pas autorisé à rentrer dans les terres de Ponthieu ou du roi sans le consentement de ce dernier ou celui de ses héritiers[42]. Pour plus de sûreté, Louis VIII exige le serment de toutes les communes du Ponthieu et la promesse que Marie mettra à disposition ses places en cas de nécessité[43].

Marie accepte tout pour sauver son titre et le comté dont elle est l'héritière légitime. Assistent à cette « reddition » – outre ses cousins germains, c'est-à-dire le roi lui-même et son frère Philippe Hurepel[44] – l'archevêque de Tours, les évêques de Clermont et Beauvais, tous les proches conseillers du roi, dont l'inévitable frère Guérin, et une bonne vingtaine d'autres barons et officiers, ce qui dit l'importance du traité et la défiance laissée par Bouvines. Il faut aussi se représenter la vulnérabilité et la solitude de ces femmes

42. Selon Louandre cependant, l'ancien comte d'Aumale profite de la mort du roi Philippe Auguste pour revenir en Ponthieu et tente à Abbeville de « rentrer en possession du fief de sa femme ». Mais Louis VIII envoie des soldats et les habitants d'Abbeville et des communes avoisinantes « [s'empressent] d'ouvrir leurs portes aux troupes royales » (Du Cange, *Histoire des comtes de Ponthieu...*, *op. cit.*, p. 146, n. 2 et François César Louandre, *Histoire d'Abbeville...*, *op. cit.*, t. 1, p. 157). L'information n'est pas référencée.

43. LTC, t. 2, n° 1713, p. 56-57 ; Clovis Brunel, *Actes des comtes de Ponthieu*, n° 278, p. 407 ; Du Cange, *Histoire des comtes de Ponthieu...*, *op. cit.*, p. 146-149 ; Henri Malo, *Un grand feudataire*, *op. cit.*, p. 223 ; Dominique Barthélemy, *La Bataille de Bouvines...*, *op. cit.*, p. 170.

44. Rappelons-nous qu'Aelis de France est demi-sœur de Philippe Auguste.

cernées d'une multitude d'hommes puissants, dans ces transactions de haut niveau où leur marge de manœuvre et de négociation est nulle, malgré la suscription imposante – « Moi, Marie, comtesse de Ponthieu[45]... » – qui pourrait laisser penser qu'elles expriment leur volonté, quand elles n'entérinent bien souvent que leur renoncement.

Dernières affaires avant une nouvelle « croisade »

La fin de l'année est inquiétante pour Louis VIII. Les Anglais ont reconquis les places perdues en 1224 en Gascogne, et ils importent avec satisfaction de volumineuses quantités de vin[46]. Plus grave dans l'immédiat, Blanche et Louis apprennent les manigances du cousin Pierre de Dreux et son double projet de mariage : le premier pour faire de sa fille la reine d'Angleterre, le second pour devenir comte de Flandre en épousant Jeanne. Blanche, avec sa force de conviction et les appuis de Gautier d'Avesnes, comte de Blois du chef de son épouse Marguerite et frère aîné du fameux Bouchard, et du roi du Portugal en personne, Sanche II, neveu de Ferrand, convainc Louis que l'emprisonnement de ce dernier est pire que la liberté[47]. La réunion de deux fiefs aussi puissants que la Bretagne et la Flandre, toujours susceptibles d'alliances avec l'Angleterre, n'est pas acceptable.

Le roi fait alors d'une pierre deux coups pour parer à ces menaces matrimoniales. Il réunit en novembre 1225 une assemblée à Bourges pour envisager une nouvelle croisade en Languedoc contre l'hérésie cathare et se croise le 30 janvier 1226, à la satisfaction du pape, qui refuse à Pierre de Dreux la dispense pour le mariage de sa fille Yolande avec Henri III[48].

En avril 1226, à Melun, un traité aux termes exorbitants est scellé[49], dont l'objectif est clairement de profiter financièrement de la situation vulnérable du comte et de la comtesse de Flandre

45. « Ego Maria comitissa Pontivi... » (LTC, t. 2, n° 1713, p. 56).
46. David Carpenter, *Henry III..., op. cit.*, p. 39.
47. Voir Philippe Mousket, v. 27757 *sq.*; autres sources données par Élie Berger, *Blanche de Castille..., op. cit.*, p. 68, n. 2.
48. Georges Minois, *Blanche..., op. cit.*, p. 179.
49. LTC, t. 2, n° 1761, p. 76-77.

et de les tenir « en notre main ». Ferrand retrouvera sa liberté à Noël contre une première somme de 25 000 livres, payable avant la libération. Les villes de Lille, Douai et l'Écluse – avec toutes leurs dépendances et leurs revenus – sont données en gage au roi jusqu'au paiement total de cette avance. Douai, dans tous les cas, sera tenue par le roi aux frais du comte et de la comtesse pendant dix ans. S'ajoute, « outre la somme susdite », un montant tout aussi substantiel de 25 000 livres, ce qui porte le tout à 50 000 livres. Les cas de décès avant la délivrance sont prévus : celui de Ferrand qui libère Jeanne de payer la somme, et celui du roi qui oblige les héritiers à « procéder à la libération du comte de la manière susmentionnée ». Mais pas question de relâcher Ferrand si la campagne contre les albigeois n'est pas terminée. Les engagements comtaux ne peuvent être rompus sans excommunication du pape. Enfin, Jeanne et Ferrand « ne nous inquiéterons pas, ni ne nous feront la guerre, ni à nos enfants, ni à nos hommes » et « ne peuvent bâtir de nouvelles forteresses ni fortifier les anciennes en Flandre, de ce côté de la rivière appelée Escaut ».

Les époux signent tous les deux ce traité sans que l'on sache s'ils ont pu se revoir. C'est probable. Mais un acte séparé et pour le moins curieux est juré au même moment par Jeanne en présence des seuls roi et légat du pape, bref, en grand secret et au plus haut sommet séculier et ecclésiastique[50]. Elle doit s'engager, par *verba de presenti*[51], à accepter Ferrand comme époux au dimanche des Rameaux, c'est-à-dire quelques jours après ce serment, le 12 avril 1226. Faute de quoi, pas de libération de Ferrand. Mais pourquoi le roi et le légat l'obligent-ils à ce « renouvellement de vœux » insolite? N'est-elle pas mariée à Ferrand depuis 1212? Certes, mais de l'eau a coulé sous les ponts, elle est *de facto* séparée de son mari depuis douze ans et le projet « Dreux » est encore frais. Pour résumer, la confiance ne règne pas. Sans parler de l'apparence du prince après plus d'une décennie d'emprisonnement sous le règne de Philippe Auguste, qui n'a pas dû dépenser beaucoup pour son

50. LTC, t. 2, n° 1763, p. 77.

51. Il s'agit de « distinctions juridiques opérées par les canonistes du XIe siècle entre deux formes d'engagement matrimonial : le contrat *per verba de futuro* correspond à des fiançailles qui peuvent être rompues. En revanche, un mariage *per verba de presenti* intervient entre deux personnes nubiles et est immédiatement valable » (Clément de Vasselot de Régné, *Le « Parentat » Lusignan…*, *op. cit.*, p. 95-96).

confort, ce qui fait peut-être craindre un rejet de la part de Jeanne. En effet, il y a fort à parier que Ferrand, qui approche la quarantaine, a vieilli prématurément. Le roi prend donc des garanties pour que ce dernier reste bien comte de Flandre aux côtés d'une Jeanne qui doit sa survie à la couronne de France, et qu'il ne se sente pas libre pour un remariage hostile. Ni elle.

Avant de partir pour le Languedoc, et à côté de cette grande affaire, Louis a pris le temps d'en régler de plus petites. Dans un différend qui oppose la comtesse et le comte de Boulogne, Mathilde et Philippe Hurepel, à Marie de Ponthieu au sujet d'une terre située « entre la Canche et l'Authie », il est témoin de leur arrangement. Marie cède au couple la vicomté de Montreuil et cent livres de rentes pour compléter la transaction[52]. Entre cousins, tout est bien qui finit bien.

Mais l'affaire albigeoise presse et « le roi s'arrache aux embrassements de sa chaste épouse, et la laisse tout inondée de larmes[53] » pour retrouver son ost à Bourges. Blanche ne le sait peut-être pas encore, mais elle est de nouveau enceinte.

52. Charles Petit-Dutaillis, *Louis VIII…*, *op. cit.*, n° 318, p. 492 et n° 352, p. 496.

53. Nicolas de Bray, *La Geste*, p. 64. Le poète, qui ne lésine pas sur le mélodrame, décrit le jour du départ une reine qui « déchire ses vêtements de pourpre de Tyr ; de ses mains elle frappe sa poitrine, et montre à découvert la douleur qui dévore son cœur », scène doublée de présages funestes qui préparent à la fin tragique du roi (*ibid.* p. 65).

4

La fin de Louis VIII et les premières décisions de Blanche (1226-1227)

« Fut grand ennui et grand désarroi,
Qu'en France on eut en trois ans, trois rois. »

Philippe Mousket[1]

Alors que leur jeunesse, leur entente et leur expérience promettaient à Blanche et Louis un règne long et brillant dans un royaume déjà agrandi par Philippe Auguste et qui ne demandait qu'à s'étendre, le destin guerrier du prince s'interrompt brutalement trois ans après son accession au trône. Il laisse son épouse avec de nombreux enfants mineurs, la France à gouverner et de multiples difficultés.

La mort du Lion et ses dernières volontés

Le 16 mai 1226, Louis quitte Bourges vers le sud avec son ost. L'ambiance n'est pas bonne et l'enthousiasme des barons pour cette nouvelle croisade languedocienne, malgré les encouragements exigeants d'Honorius III, fait défaut. Déjà en décembre, plusieurs d'entre eux – et non des moindres – se sont plaints au roi des « excès

1. Philippe Mousket, v. 27695.

intolérables » que le clergé de leurs fiefs leur fait subir et menacent d'agir de leur propre chef ou de faire appel directement au pape si leur supplique n'est pas prise en compte[2]. Il s'agit là bien sûr de querelles de juridictions et de pertes financières pour les seigneurs. Parmi les principaux signataires se trouvent les comtes Hugues X de Lusignan et Pierre de Dreux.

De nombreuses villes du Languedoc se rendent, mais Avignon doit être forcée par un siège en plein mois d'août, avec ses inéluctables infections et ses milliers de morts[3]. Heureusement, Louis VIII en réchappe. Le comte Thibaud IV de Champagne, arrivé avec retard[4], après son service de quarante jours « s'en retourne chez lui sans la permission du roi ni du légat[5] ». On poursuit la route victorieuse jusqu'au pied de Toulouse, mais la saison est trop avancée pour un nouveau siège, au demeurant très incertain. On rentre.

Malheureusement, à cette période une épidémie s'abat « par toute la France » et cette « pestilence » touche les jeunes plus que les vieux[6]. L'archevêque de Reims Guillaume de Joinville a succombé. Louis VIII, lui aussi, tombe gravement malade et ne remonte pas plus loin que Montpensier en Auvergne.

En homme responsable et prévoyant, il a rédigé son testament en 1225 – nous l'avons vu –, et le premier article de l'acte est de désigner « notre fils, qui nous succédera sur le trône » comme détenteur du royaume. De même, sentant la mort approcher à grands pas, il réunit le 3 novembre tous ses fidèles, vassaux et prélats de quelque importance qui l'accompagnent et leur fait jurer solennellement de rendre « hommage et fidélité » à son fils Louis comme « seigneur et roi de France », et de le faire couronner[7]. Les chevaliers les plus prestigieux sont incontestablement Philippe Hurepel, frère du roi, Gautier d'Avesnes, comte de Blois, et Enguerrand III de Coucy. Les prélats sont l'archevêque de Sens, Gautier Cornut, l'évêque de Beauvais, Milon de Nanteuil, l'évêque de Noyon, Gérard de Bazoches, et l'évêque de Chartres, Gautier. Ils sont au moins vingt-cinq à prêter serment. Le poète ajoute que le roi confie

2. LTC, t. 2, n° 1734, p. 62.
3. 2000 selon la *Vie de Louis VIII*, p. 119.
4. Selon la Chronique de Tours (Lindy Grant, *Blanche of Castile…*, *op. cit.*, p. 76).
5. *Vie de Louis VIII*, p. 119.
6. *Chr. Louis VIII*, p. 84.
7. LTC, t. 2, n° 1811, p. 97.

particulièrement la protection de ses fils à son connétable Mathieu de Montmorency et au frère Guérin – tous deux à Paris – ainsi qu'à Jean de Nesle[8], sans qu'il y ait là, si la chose est avérée, aucune conséquence juridique[9]. En revanche, brillent par leur absence Thibaud IV de Champagne, Pierre de Dreux et Hugues X de Lusignan.

Selon un chroniqueur, le seigneur Archambaud de Bourbon ayant entendu que l'étreinte d'une femme pourrait sauver le roi se met en quête de ce qui se fait de mieux : une jeune vierge, « généreuse » et bien éduquée. Assurément, ce cumul de qualités doit faire de l'effet. Le sire Archambaud de Bourbon l'introduit dans la chambre du roi pendant son sommeil. À son réveil, ce dernier lui demande ce qu'elle fait là et lorsqu'il comprend ses nobles intentions de le guérir par le sexe, il lui répond « gracieusement » : « Non, jeune fille, car en aucun cas je ne pécherai mortellement. » Sur ce, il ordonne à son vassal zélé de marier la belle honorablement[10]. Cette anecdote racontée comme un conte – remède miracle, quête d'une vierge, secret, morale édifiante – a cependant un double mérite. Le « péché mortel », qui va désormais hanter la dynastie capétienne, c'est-à-dire l'adultère, apparaît ici avec évidence[11]. L'historiette confirme par ailleurs les nombreux témoignages contemporains d'un prince épris de son épouse, fidèle, profondément attaché aux préceptes religieux sur le mariage.

Mais le roi, « blond et beau de visage » en digne « héritier du Hainaut » rend l'âme le 8 novembre et laisse l'image d'un prince « lettré, responsable »,« actif à la guerre »[12], ce qui lui vaudra le nom de Louis VIII le Lion[13], tel Richard avant lui. Il a trente-neuf ans.

8. Philippe Mousket, v. 27251 *sq*.

9. Félix Olivier-Martin, *Les Régences et la majorité des rois sous les Capétiens directs et les premiers Valois (1060-1375)*, Librairie du Recueil Sirey, 1931, p. 48.

10. Guillaume de Puylaurens (Version latine dans Beyssier, « Guillaume de Puylaurens et sa chronique », *Troisièmes mélanges d'histoire du Moyen Âge*, Paris, 1904, p. 150. Passage cité et traduit dans Georges Minois, *Blanche…*, *op. cit.*, p. 184 ; Philippe Delorme, *Blanche…*, *op. cit.*, p. 122).

11. Cette hantise du « péché mortel » aboutira à « l'Affaire des brus » en 1314, où le roi Philippe le Bel accusera ces trois belles-filles, en même temps et contre toute vraisemblance, d'avoir commis ce crime d'adultère (voir Gaëlle Audéon, *Philippe le Bel et l'Affaire des brus*, *op. cit.*).

12. *Chr. Louis VIII*, p. 89.

13. Geste de Louis VIII : « Déjà cependant l'aurore avait depuis trois jours réjoui le monde de l'apparition de sa lumière de pourpre, lorsque le noble Louis, portant un cœur de lion, partit de la ville de Bourges […] » (Nicolas de Bray, *La Geste*, p. 66

La volonté royale de relier la dynastie capétienne à Charlemagne, qui se manifeste déjà à la fin du règne de Philippe Auguste, devient manifeste après la mort de Louis VIII et les chroniqueurs rappellent alors que sa mère, Isabelle de Hainaut, descend du Carolingien[14], ce qui est exact par deux branches. Les successeurs se targueront également de cette ascendance aussi prestigieuse que nostalgique mais pour l'heure, le gouvernement du royaume est plus urgent que la postérité.

Blanche de Castille : la légalité de sa régence contestée ?

Entre le serment collectif le 3 novembre 1226 et sa mort qui survient le 8, le roi a complété ses volontés de façon non équivoque auprès de trois témoins ecclésiastiques : l'archevêque de Sens et les évêques de Chartres et de Beauvais. Que leur dit-il qu'il aurait omis lors de l'assemblée ? Louis exprime qu'il veut que le futur roi « et ses autres enfants » soient placés « sous le bail et la tutelle de notre très précieuse dame Blanche la reine, leur mère », jusqu'à ce qu'ils atteignent « l'âge légal »[15]. Les termes sont sans ambiguïté : Blanche doit gouverner pour son fils Louis jusqu'à ce qu'il soit majeur. Cela ne surprendra personne puisque c'est exactement ce qui s'est passé[16].

Mais alors que s'achève bientôt notre récit, il nous faut pourtant nous arrêter sur cette « passation de pouvoir », très importante. Car l'historiographie moderne tend à démontrer qu'il y a eu fraude et que Blanche, à son insu ou de son plein gré, a usurpé la gouvernance du royaume. Bien sûr, il n'en est rien. Sur quoi se fondent ces affirmations ou insinuations d'un « coup de force » au plus haut niveau proche du « coup d'État » ? Sur plusieurs constats que nous allons présenter.

---

et p. 27 ; voir Charles Petit-Dutaillis, *Louis VIII…, op. cit.*, p. 15). L'allusion à la prophétie de Merlin, « Le lion pacifique mourra dans le ventre de la montagne », est une autre occurrence (*Vie de Louis VIII*, p. 120). Les *Grandes Chroniques de France* entérinent : « Le roy Loys fu en sa vie fiers comme un lyon envers les mauvais, et paisible merveilleusement envers les bons. » (GCF, t. 7, p. 24)

14. Andrew W. Lewis, *Le Sang royal. La famille capétienne et l'État, France, x^e^-xive siècle*, Paris, Éditions Gallimard, 1981, 1986, p. 147-156 ; Colette Beaune, *Naissance de la nation France*, Paris, Éditions Gallimard, 1985, p. 216.

15. LTC, t. 2, n° 1828, p. 102.

16. Nous ne rentrons pas ici dans le débat sur le début du règne personnel de Louis IX.

L'acte en question, scellé des trois prélats, n'est pas daté et, après la mort du roi, on estime qu'il aurait pu être émis « en cachette »[17]. Il est vrai qu'on peut se demander pourquoi Louis VIII n'a pas profité de l'assemblée réunissant ses barons pour exprimer cette volonté qui, dès lors, semble suspecte. Ensuite, le roi se serait décidé « après mûre délibération[18] » et « sain d'esprit » – précisions justificatives qui sèment le doute. S'il était vraiment en état d'exprimer sa volonté, quel besoin de la coucher par écrit ? Et d'ailleurs, après la mort de son mari, Blanche de Castille n'aurait été qu'un jouet entre les mains de ceux qui gouvernaient vraiment.

En préambule, il faut mettre en exergue que contester la sincérité de cet acte ultime de Louis VIII revient à accuser l'archevêque de Sens et les évêques de Chartres et de Beauvais d'« association de malfaiteurs » et de parjure. Ils auraient profité honteusement de ces graves circonstances pour trahir la volonté du roi et manigancer un futur gouvernement à leur profit. Or, l'archevêque, Gautier Cornut, ancien chapelain de Philippe Auguste et de Louis VIII et nommé à Sens en 1223, certainement âgé, joue déjà un rôle considérable bien avant la mort du roi[19] et il n'a aucune raison de craindre une régence, quelle qu'elle soit. Milon de Nanteuil, candidat malheureux de Philippe Auguste à l'archevêché de Reims en 1202, évêque de Beauvais depuis 1218, est incontestablement un proche et fidèle de la famille royale. Enfin, Gautier, évêque de Chartres depuis 1219, semble surtout désireux de s'occuper de son évêché et ne fait pas parler de lui. Ont-ils le profil de parjures ? Rien n'est moins sûr.

Il est également facile de réfuter toutes les assertions des détracteurs de la légalité de la régence de Blanche dès que l'on considère le rôle des femmes dans l'histoire. D'abord, rappelons que, dans « les usages du temps », le fait que la tutelle des enfants et le gouvernement des fiefs soient confiés à l'épouse ou la mère est largement répandu – c'est presque la règle de droit, comme nous l'avons déjà constaté à de nombreuses occasions. Souvenons-nous de grandes vassales comme Marie de France ou Blanche de Navarre, mais aussi

17. Remarquons qu'Alexandre Teulet (1807-1866) place logiquement cet acte en novembre 1226 dans les *Layettes du Trésor des chartes* (LTC, *ibid.*).

18. Ou « mûre réflexion » (voir Félix Olivier-Martin, *Les Régences et la Majorité des rois…*, *op. cit.*, p. 52, n. 1).

19. John W. Baldwin, *Philippe Auguste…*, *op. cit.*, p. 166 ; Gérard Sivéry, *Louis VIII le Lion*, Paris, Fayard, 1995, p. 243.

de la reine Adèle de Champagne pendant la croisade de Philippe Auguste. Il n'y a donc dans la décision de Louis VIII rien d'inhabituel ni d'extraordinaire[20]. Remarquons également que la reine a « carte blanche », si l'on ose le jeu de mots, car cette « régence » – le terme n'apparaîtra qu'en 1316 – n'est assortie d'aucun conseil d'officiers ou de vassaux de la couronne qui restreindrait ses pouvoirs[21]. Qui mieux qu'une mère, en effet, pour veiller aux intérêts de ses enfants ? C'est ce que veut signifier le terme de « génitrice » inscrit dans l'acte. Que des princes du sang comme Philippe Hurepel aient l'ambition d'exercer cette régence à leur profit ne change rien aux coutumes féodales que chacun connaît[22]. Le choix de Blanche est d'autant moins suspect que nul n'ignore combien le couple est uni et que leur amour est fondé sur un respect et une confiance réciproques.

Nul n'ignore non plus le rôle décisif de la reine, et donc ses qualités de médiatrice, notamment dans le récent traité de Melun qui doit mener à la libération du comte Ferrand de Portugal, à laquelle Louis VIII, de toute évidence, était opposé. Et impossible de ne pas voir l'énergie dont elle fait preuve dans des situations périlleuses, ce qu'elle a démontré en rassemblant fonds et gens d'armes lors de la conquête de l'Angleterre, qui n'est pas si lointaine.

Que l'acte incriminé ait été rédigé et scellé dans l'urgence après la mort du roi ne fait pas de doute. Mais d'une part cette « ordonnance de dernière volonté » en présence de trois témoins est un acte classique[23], et pour des raisons que nous ignorons, Louis VIII a préféré cette procédure en deux temps, et qui conserve la discrétion sur la régence dans les jours qui suivent sa mort. Craignait-il la réaction de certains barons prêts à tout pour prendre le pouvoir ? C'est probable, comme l'avenir proche le démontrera. Mais cette

20. En outre, la forme même du document confirme sa sincérité (Félix Olivier-Martin, *Les Régences et la majorité des rois…*, *op. cit.*, p. 51).

21. Félix Olivier-Martin, *Les Régences et la majorité des rois…*, *op. cit.*, p. 52.

22. Une seule source mentionne cette « aspiration à régner » du frère du roi (Guillaume de Puylaurens) et une seconde, sujette à caution, évoque la volonté des barons de porter Philippe sur le trône (Ménestrel de Reims ; voir Félix Olivier-Martin, *Les Régences et la majorité des rois…*, *op. cit.*, p. 55). Plusieurs historiens ont noté cette absence de revendication du frère du roi (Félix Olivier-Martin, *Les Régences et la majorité des rois…*, *op. cit.*, p. 57 ; Jean Richard, *Saint Louis*, Paris, Fayard, 1983, p. 37 ; Philippe Delorme, *Blanche…*, *op. cit.*, p. 141).

23. Jean Richard, « Les pouvoirs de Blanche de Castille », *op. cit.*, p. 93.

ordonnance ne surgit pas, comme le disent certains, longtemps après les faits pour justifier *a posteriori* les volontés du roi. Enfin, elle n'est pas tenue secrète. Le roi meurt à Montpensier le 8 novembre, est inhumé à Saint-Denis le 15 et son fils Louis – désormais Louis IX – est couronné à Reims le 29, ce qui, compte tenu des distances et des moyens de transport, est une gageure. Dès le début du mois de décembre, Jeanne de Flandre puis ses communes émettent des actes où Louis IX et Blanche, « illustre reine et mère du roi », figurent dans l'adresse[24], ce qui prouve que le « bail » de la reine est déjà de notoriété publique. Après la première fronde des barons qui, nous allons le voir, se clôt dès mars 1227, les actes les plus importants mentionnent toujours la reine mère[25]. Le nouveau pape Grégoire IX lui-même s'adresse à elle autant qu'au roi son fils[26]. Ainsi, à peine quatre mois après la mort de Louis VIII, nul ne conteste son rôle de baillistre. Il n'y a d'ailleurs aucune remise en cause juridique de son pouvoir[27]. Comme toujours, les oppositions prendront la forme de diffamations, par le moyen d'un jugement misogyne – les femmes ne sont pas aptes à régner – et par l'accusation traditionnelle et à laquelle nous sommes désormais habitués, l'adultère, notamment avec un légat du pape[28].

Nous pouvons toutefois repérer une stratégie de Blanche sur cette reconnaissance de son statut de régente qu'elle n'impose pas systématiquement. Deux exceptions sont notables. D'abord, des actes de moindre conséquence sont adressés à son fils seul[29], ce qui s'explique aisément. Et avec une grande intelligence politique, elle ménage les susceptibilités de ceux qui sont essentiels au soutien royal, mais à la loyauté gourmande ou fragile : ainsi, à cette période charnière, le comte de Boulogne, Philippe Hurepel, ne s'adresse

24. LTC, t. 2, n° 1831, p. 102.

25. LTC, t. 2, n° 1922, p. 119 (Pierre de Dreux, comte de Bretagne); n° 1924, p. 121 (Isabelle, comtesse d'Angoulême); n° 1926, p. 122 (Richard de Cornouailles); Martène et Durant, *Veterum scriptorum*, t. 1, p. 1214 (Enguerrand III de Coucy).

26. *Ibid.*, p. 1210 (mai 1227, voir Élie Berger, *Blanche de Castille…*, *op. cit.*, p. 83 et n. 1).

27. Voir Félix Olivier-Martin, *Les Régences et la majorité des rois…*, *op. cit.*, p. 57-61.

28. Pour une synthèse de ces diffamations, voir notre conclusion mais aussi et notamment Félix Olivier-Martin, *Les Régences et la Majorité des rois…*, *op. cit.*, p. 57-60; Georges Minois, *Blanche…*, *op. cit.*, p. 195-200.

29. LTC, t. 2, n° 1916, p. 117; LTC, n° 1923, p. 121.

qu'au roi – « son neveu[30] » –, et le comte Thibaud IV de Champagne également[31].

Blanche imprime donc sa marque gouvernementale et ses décisions très rapidement. Malgré tout, à l'annonce de la mort de son mari, elle est dévastée.

Le chagrin de Blanche, baillistre du royaume

La chronique rimée nous montre Blanche, qui n'est pas prévenue du décès de son époux, aller au-devant du cortège qui ramène le corps de Louis VIII et envoyer ses fils à sa rencontre. Frère Guérin aurait alors annoncé la douloureuse nouvelle. Il est bien plus probable que des messagers aient été dépêchés à frère Guérin à Paris et qu'il lui ait appris personnellement l'irréparable au palais de la Cité.

Le chagrin de Blanche est immense. Elle perd l'époux aimé, aimant, avec qui elle a vécu vingt-six années chaleureuses et solidaires. Elle perd le roi avec qui elle devait régner de longues années. Elle perd le père des sept ou huit enfants[32] qui lui restent et d'un futur nouveau-né qu'il ne connaîtra pas. Sa situation doit lui sembler insurmontable et, dans l'immédiat, elle s'abandonne à sa souffrance sans retenue. À Saint-Denis, c'est son beau-frère Philippe Hurepel qui mène le deuil « car la reine pleurait tant, que tous en furent démentant[33] », c'est-à-dire bouleversés.

Elle est certainement informée par les trois prélats – avant ou après l'enterrement – des volontés de son époux qui en font la tutrice de ses enfants, singulièrement de l'héritier, et la baillistre du royaume. Il est probable que sa première décision est de garder cette responsabilité secrète tant que son fils n'est pas sacré à Reims, car il est trivial de rappeler que les hommes puissants tentent toujours d'exclure les femmes du pouvoir. Il lui faut donc prendre les problèmes dans l'ordre : d'abord légitimer son fils par l'adoubement,

---

30. LTC, t. 2, n° 1909, p. 114 ; n° 1920, p. 118.

31. LTC, t. 2, n° 1227, p. 123.

32. Étienne est peut-être déjà décédé. Aubri de Trois-Fontaines ne le mentionne pas mais indique Charles, qui n'est pas né (Aubri de Trois-Fontaines, MGH SS 23, p. 919) et Philippe Mousket dit qu'il avait six fils et une fille, mais il se peut qu'il ait compté Charles et non Étienne lui aussi (Philippe Mousket, v. 27141 *sq.*).

33. Philippe Mousket, v. 27312-27313. (« Démenter » signifie « se lamenter »).

bien qu'il ne soit pas majeur, ensuite le faire couronner à Reims, enfin révéler la régence pour placer les grands devant le fait accompli.

De fait, les courriers des prélats pour inviter les barons au couronnement du jeune Louis IX – qui n'a pas treize ans – font bien mention de la volonté de Louis VIII de voir son fils lui succéder, mais n'évoquent pas le gouvernement qui s'ensuivra[34]. Prudence. Ainsi Louis IX est-il adoubé chevalier à Soissons puis sacré roi le 29 novembre 1226. Soulignons le courage de la reine, qui est alors certainement enceinte de sept mois et qui voyage en litière à l'aube de l'hiver. À Reims, l'absence de certains saute aux yeux de tous. Manquent à l'appel le comte de Bretagne Pierre de Dreux et le comte d'Angoulême Hugues X de Lusignan. Thibaud IV de Champagne, lui, se voit refuser l'accès à la cité sur ordre de la reine[35]. Elle a eu le temps de connaître les manquements du vassal qui a quitté son roi « sans autorisation » et elle lui en veut. Beaucoup. Ajoute-t-elle foi aux rumeurs d'empoisonnement de Louis VIII qui commencent à circuler et dont le comte de Champagne serait l'instigateur[36] ? C'est peu probable, et d'ailleurs, la mère de Thibaud, Blanche de Navarre, doit porter l'épée lors du sacre. Mais une autre pairesse de France, Jeanne de Flandre, lui dispute cet honneur et l'on imagine que c'est Blanche qui « tranche » en faveur de l'oncle du roi, Philippe Hurepel, comte de Boulogne[37].

Malgré des défections notables, plusieurs personnalités de premier plan – outre les comtesses de Champagne, de Flandre et de Boulogne – sont présentes à Reims, venant du nord et de l'est : le jeune duc Hugues IV de Bourgogne ; le frère de Pierre de Dreux, Robert, dit « Gasteblé », comte de Dreux ; Henri II, comte de Bar ; Gautier d'Avesnes, comte de Blois du chef de sa femme Marguerite de Blois ; Jean de Montmirail, comte de Chartres du chef de sa femme Élisabeth de Blois ; les seigneurs Enguerrand III de Coucy et ses frères, Archambaud de Bourbon ou Jean de Nesle. Le vieux roi Jean de Brienne et sa jeune épouse Bérengère ainsi que des sommités de la chrétienté – comme le patriarche de Jérusalem, le

34. LTC, t. 2, n° 1812, p. 97 et suivantes.
35. Élie Berger, *Blanche de Castille…*, *op. cit.*, p. 66.
36. *Ibid.*, p. 44.
37. Philippe Mousket, v. 27705 *sq.*

légat du pape Frangipani, ou encore les archevêques de Sens et de Bourges – apportent également un prestige certain à ce sacre précipité et endeuillé.

Nous pouvons donc constater que Blanche n'est nullement isolée et que les récits ultérieurs qui la présentent comme une « femme étrangère » et n'ayant « ni parents ni amis dans tout le royaume de France[38] » sont loin de la réalité de 1226. C'est d'ailleurs pour cette raison, et grâce à un entourage compétent formé des conseillers de Philippe Auguste, qu'elle peut dès le retour à Paris prendre les affaires en main.

La première d'entre elles est la libération de Ferrand qui, compte tenu des événements, est retardée de quelques jours. Blanche de Castille applique strictement le traité imposé par Louis VIII en avril, mais l'assortit de précautions supplémentaires, notamment la promesse solennelle de Jeanne de Flandre à « mon très cher seigneur Louis, roi de France et à ma très chère reine Blanche », que Ferrand, une fois libéré, « observera et accomplira toutes les conventions que nous avons faites pour sa libération », sous peine d'une amende de 5 000 marcs[39]. Les communes de Flandre s'engagent elles aussi, et comme la rançon est payée « cash » par Jeanne[40], rien ne s'oppose plus à la liberté de Ferrand. Il est enfin relâché le 6 janvier 1227 et avec son épouse[41] s'empresse de gagner la Flandre où il est accueilli avec chaleur[42]. Il a passé treize années au Louvre et il sait qu'il doit sa délivrance à la reine. Il lui est désormais loyal.

La reine s'assure également de son beau-frère le comte de Boulogne, à qui elle octroie dès le mois de décembre 1226 les châteaux de Mortain et de Lillebonnne, ainsi que la suzeraineté sur le comté de Saint-Pol[43], à quoi s'ajoute bientôt une rente de 6 000 livres[44]. C'est une sage précaution parce que les dissensions qui couvaient entre les « barons de l'Ouest » et Louis VIII avant

38. Joinville, § 72, p. 189.
39. G. Doudelez, « Les résultats de la bataille de Bouvines et l'exécution du traité de Melun par la Flandre (II) », *Revue des questions historiques*, 1237, p. 53 ; Élie Berger, *Blanche de Castille…*, *op. cit.*, p. 68-69.
40. G. Doudelez, *op. cit.*, p. 55-56.
41. Élie Berger, *Blanche de Castille…*, *op. cit.*, p. 70.
42. Philippe Mousket, v. 27778 *sq.*
43. *Ibid.*, p. 97 ; LTC, t. 2, n° 1909, p. 114.
44. LTC, t. 2, n° 1920, p. 118.

son décès, comme nous l'avons évoqué[45], menacent désormais le royaume.

En effet, l'annonce de la mort du roi de France a électrisé le jeune Henri III d'Angleterre, désormais âgé de dix-neuf ans. Son projet est de reconquérir les fiefs angevins perdus par son père Jean sans Terre et il médite bientôt la mise sur pied d'une flotte pour revenir sur le continent. Pour tromper son impatience, il fait arrêter les marchands français dans ses ports[46]. Il envoie dès le mois de décembre des ambassadeurs à Hugues X de Lusignan, et donc à sa mère Isabelle d'Angoulême, qui se heurtent presque à ceux de Blanche de Castille venus avec des propositions sonnantes et trébuchantes. Hugues informe aussitôt Henri III de cette visite française en le pressant d'accéder à ses « pétitions[47] ».

Parallèlement, Henri III a annoncé son mariage prochain avec Yolande de Dreux, fille de feu la duchesse de Bretagne, Alix de Thouars, et de Pierre de Dreux[48]. Outre une prestigieuse alliance, ce dernier lorgne l'honneur de Richmond en Angleterre, qu'il tient du chef de son épouse[49].

Désormais, chacun sait à quoi s'en tenir sur la réalité du pouvoir de Blanche : elle l'exerce avec fermeté. Elle va démontrer aussitôt que l'affrontement armé ne lui fait pas peur. Mais peut-être a-t-elle une autre échéance avant son départ en campagne, car n'oublions pas qu'elle est lourdement enceinte au moment de la mort de son mari et il est probable qu'elle accouche dans le courant de janvier 1227[50]. Elle prénomme ce nouveau fils Charles, peut-être en référence à Charlemagne, dont son époux est le descendant regretté.

Puis, face à la puissante coalition qui se met en branle contre son autorité, la reine prend la tête d'un ost impressionnant avec son fils Louis IX, entouré de Philippe Hurepel, Robert de Dreux-Gasteblé,

45. Voir IV. 4. « La mort du Lion… ».

46. Élie Berger, *Blanche de Castille…, op. cit.*, p. 75.

47. David Carpenter, *Henry III…, op. cit.*, p. 62 ; Élie Berger, *Blanche de Castille…, op. cit.*, p. 79.

48. David Carpenter, *ibid.*, p. 43.

49. Élie Berger, *Blanche de Castille…, op. cit.*, p. 78.

50. Les Annales de Saint-Denis, qui datent la naissance à la fin mars 1227 (Annales de Saint-Denis, p. 280), ne peuvent être retenues, en raison du départ de l'ost du roi à Bourges le 16 mai 1226. Même si Blanche a suivi son époux jusque-là et qu'elle est tombée enceinte « *in extremis* », les neuf mois fatidiques de la grossesse ne peuvent mener jusqu'en mars 1227.

et du légat du pape Frangipani. Ils sont à Tours le 20 février, à Chinon le lendemain[51]. Mais personne n'est fervent des batailles rangées, et des négociations sont aussitôt initiées. Au terme des trois semaines que durent les pourparlers, Blanche montre pour la première fois son expertise en alliances matrimoniales.

Elle désolidarise d'abord Thibaud IV de Champagne de ses comparses – il est encore mortifié de l'affront royal qui l'a privé du sacre –, et il aurait pu chanter à cette occasion :

> En ce temps plein de félonie,
> d'envie et de trahison,
> d'injustice et de méfaits,
> sans vertu ni courtoisie,
> où nous les barons,
> faisons empirer le siècle[52]...

Le 16 mars 1227, à Vendôme, Pierre de Dreux et Hugues de Lusignan prêtent hommage au roi. Au premier, elle promet le mariage de son fils Jean, âgé de huit ans, héritier du Maine et de l'Anjou selon le testament paternel, avec Yolande de Dreux, six ans, et le comte de Bretagne recevra Le Mans à la mort de... Bérengère de Navarre. L'idée ne doit guère la réjouir ! Pierre de Dreux obtient également les revenus immédiats de plusieurs places en Anjou et d'autres avantages significatifs[53]. Bref, il y a là largement de quoi calmer ses sympathies anglaises.

Quant aux Angoulême, ils sont également neutralisés par des projets matrimoniaux : le prince Alphonse, héritier du Poitou, épousera une fille Lusignan, tandis que l'héritier du comté d'Angoulême épousera Isabelle de France. Les dispenses doivent être requises auprès du pape, mais le roi donne des places en gage, qui resteront acquises au couple en l'absence d'union[54]. Un argument purement financier n'est

51. Élie Berger, *Blanche de Castille...*, *op. cit.*, p. 81.

52. *Anthologie de la poésie lyrique...*, p. 175. Cette chanson de Thibaud est en fait composée en faveur de la croisade.

53. Élie Berger, *Blanche de Castille...*, *op. cit.*, p. 84-85.

54. Nathalie Kerignard, « Les mariages des enfants d'Isabelle d'Angoulême et de Hugues X de Lusignan », *Isabelle d'Angoulême, comtesse-reine et son temps (1186-1246)* [Actes du colloque tenu à Lusignan, 8 au 10 novembre 1996] Poitiers, *Civilisation médiévale*, 5, 1999, p. 50-51 ; Clément de Vasselot de Régné, *Le « Parentat » Lusignan...*, *op. cit.*, p. 212 ; Élie Berger, *Blanche de Castille...*, *op. cit.*, p. 86.

sûrement pas étranger à ce renouvellement d'alliances : la comtesse Isabelle d'Angoulême reçoit en compensation de son douaire anglais, inévitablement perdu, une rente de 5 000 livres tournois pendant dix ans, et l'échec à reprendre Bordeaux promise par Louis VIII à Hugues X en 1219 est dédommagé par une rente de 5 600 livres sur la même période. Ainsi, les Lusignan se voient promettre la somme faramineuse de 106 000 livres tournois[55]. Les Anglais ne peuvent pas s'aligner et le marché est conclu.

Les contemporains, loin de dénier à la reine le gouvernement du royaume qui ne serait le fait que des officiers et clercs, considèrent au contraire que ce traité de Vendôme est son œuvre[56], et il porte déjà sa marque diplomatique.

Mais ses succès ne s'arrêtent pas là. Blanche signe également une trêve avec Richard de Cornouailles, frère cadet d'Henri III, venu en Aquitaine pour défier les Français, mais qui se trouve désormais privé d'alliés[57], et elle assure ses arrières avec l'Empire en missionnant l'évêque de Beauvais auprès d'Henri VII, roi des Romains[58]. L'expédition de reconquête envisagée avec enthousiasme par Henri III dont la flotte est prête en juin 1227[59] n'aura pas lieu, malgré le soutien du nouveau pape Grégoire IX à sa cause[60].

À la mort de frère Guérin en avril 1227, Blanche prend la décision hautement symbolique de se passer de chancelier, titre que son époux Louis VIII avait conféré à l'hospitalier, alors même que Philippe Auguste avait évité cette officialisation. Ce même mois, on apprend la mort dans sa prison du Goulet du comte de Boulogne déchu, Renaud de Dammartin, qui s'est vraisemblablement suicidé[61]. La libération en début d'année de Ferrand de Portugal, qu'il a sûrement apprise, a été son ultime espoir. Mais les mois ont passé et nul ne s'est soucié de son sort, pas même la nouvelle reine qui semble pourtant magnanime. Malheur aux vaincus.

55. Clément de Vasselot de Régné, *Le « Parentat » Lusignan…, op. cit.*, p. 212.
56. Élie Berger, *Blanche de Castille…, op. cit.*, p. 86, n. 2.
57. *Ibid.*, p. 88.
58. *Ibid.*, p. 102.
59. David Carpenter, *Henry III…, op. cit.*, p. 63.
60. Élie Berger, *Blanche de Castille…, op. cit.*, p. 90.
61. Aubri de Trois-Fontaines, MGH SS 23, p. 919.

Lors de cette délicate période de transition du pouvoir, la reine Blanche de Castille a déminé tous les dangers un à un. Alors qu'elle est veuve depuis seulement quelques mois. Alors qu'elle est déjà mère de sept ou huit enfants. Alors qu'elle est une femme dans un monde d'hommes. À trente-neuf ans, avec l'énergie d'une Aliénor d'Aquitaine mais dans un contexte de paix relative du royaume qui lui permet de privilégier l'intelligence politique et diplomatique plutôt que la brutalité, Blanche a réussi à s'imposer à tous comme la reine régnante de France, celle avec qui, durant la longue minorité de son fils Louis, il va falloir compter. Mais là commence une autre histoire[62]...

62. La lectrice ou le lecteur trouvera déjà aux éditions Perrin les biographies et études relatives aux règnes suivants : Georges Minois, *Blanche de Castille*, Paris, Perrin, 2018 ; Sophie Brouquet, *Marguerite et Éléonore de Provence. Sœurs et reines de France et d'Angleterre*, Paris, Perrin, 2023 ; Xavier Hélary, *La Dernière Croisade*, Paris, Perrin, 2016 ; Georges Minois, *Philippe le Bel*, Paris, Perrin, 2014.

Conclusion

Ce voyage au cœur des familles capétienne et Plantagenêt a révélé quatre reines d'Angleterre, huit reines de France, des impératrices de Constantinople, mais aussi d'innombrables princesses liées par des ramifications lignagères et qui sortent ainsi de l'invisibilité.

Leurs destinées ont bien des points communs : une séparation fréquente et brutale d'avec leurs parents dans l'enfance pour un mariage dans une cour étrangère et lointaine (Agnès de France, les filles d'Aliénor d'Aquitaine, Isabelle d'Angoulême...) ; des unions arrangées pour elles avec des hommes qui pourraient être leur père ou leur grand-père (Adèle de Champagne, Marie de France, Ide de Boulogne...) ; plus tard le deuil de leurs fils ou filles emportés par la mortalité infantile, quand elles ne meurent pas en couches elles-mêmes (Constance de Castille, Isabelle de Hainaut...) ; plus tard encore leurs batailles pour obtenir le douaire qui leur est dû (Adélaïde de Maurienne, Jeanne d'Angleterre, Bérengère de Navarre...) ou préserver le comté de leur fils ou de leur fille face à des seigneurs puissants qui les méprisent ou les spolient (Blanche de Navarre, Jeanne de Flandre, Marie de Ponthieu...). Nombre d'entre elles sont également touchées, directement ou indirectement, par les conséquences des voyages Outremer de leurs maris et fils et plusieurs se croisent, volontairement ou non : Aliénor d'Aquitaine, Bérengère de Navarre et Jeanne d'Angleterre, Marguerite de France...

Pourtant, dans une société patriarcale où la violence s'exerce de multiples façons à l'égard des femmes – de l'empêchement juridique ou financier à la stricte *custodia*, de l'emprisonnement au viol –, nous constatons une grande disparité de situations dans l'existence de ces princesses, qui tient à leur statut politique et à leur puissance territoriale, bien sûr, mais aussi à la personnalité des hommes qui les entourent et dont quelques-uns sont respectueux de leur épouse (Baudouin V de Hainaut, Philippe d'Alsace, Louis VIII...), et également à leur intelligence et à leur volonté propre. Si certaines semblent à la merci de leur entourage masculin, comme Aelis de France, tenue en captivité pendant deux décennies et abusée par son beau-père présomptif, d'autres, avec des marges de manœuvre parfois réduites ou dans des circonstances dramatiques, comme le veuvage, forcent le destin et imposent la reconnaissance de leur pouvoir de gouvernement.

La toute jeune reine Isabelle de Hainaut, en passe d'être répudiée en 1184, crée un précédent spectaculaire en s'opposant publiquement à la décision de Philippe Auguste, qui recule. Sa seconde épouse, Ingeburge de Danemark, résiste vingt ans à toutes les violences et les coercitions pour faire reconnaître son statut de femme mariée et de reine de France, et vainc en 1213, alors que l'invasion de l'Angleterre se prépare. Ces épisodes marquent la dynastie et plus aucune reine capétienne n'est répudiée jusqu'à l'affaire « de la tour de Nesle[1] ».

De nombreuses princesses, lorsque leur mari part en croisade ou meurt, exercent la régence en leur absence ou en attendant la majorité de l'héritier. Marie de France et plus tard Blanche de Navarre gouvernent fermement la Champagne jusqu'aux vingt et un ans de leurs fils. Adèle de Champagne est nommée au Conseil par Philippe Auguste en 1191 lors de la troisième croisade. Blanche de Castille, que son époux a désignée baillistre du royaume avant de mourir, sera encore aux commandes lorsque son fils Louis IX partira vers la Terre sainte en 1248. Elle s'éteindra épuisée à soixante ans en 1252, sans avoir revu le roi, qui retardera son retour contre toute raison, laissant le royaume à vau-l'eau[2].

Des comtesses gouvernent le fief dont elles sont les héritières directes, comme Élisabeth de Vermandois, Jeanne de Flandre, et

1. Voir *infra*, note 4.

2. Sur la septième croisade, voir Gaëlle Audéon, *La Septième Croisade et le Vrai Louis IX. 1248-1254*, Paris, Éditions L'Harmattan, coll. « Historiques », série Travaux, 2022.

plus tard sa sœur Marguerite, comme Ide de Boulogne avant son troisième remariage ou Isabelle d'Angoulême après la mort de Jean sans Terre. Et les veuves administrent avec efficacité leur douaire. Les situations ne sont donc pas uniformes mais ce qui est certain, c'est que ces femmes sont aptes à exercer le pouvoir et qu'elles démontrent des qualités de gouvernement et d'administration remarquables.

Il s'agit là des comtesses ou duchesses et le cas des reines de France est bien différent. Nous avons vu que, depuis Louis VII, elles sont maintenues dans une fonction essentiellement reproductive et sont sévèrement empêchées politiquement. Même Aliénor d'Aquitaine ne joue aucun rôle dans l'administration de son duché après son mariage avec le souverain français. Adèle de Champagne semble toutefois gagner en pouvoir de décision lorsque le roi, âgé, tombe gravement malade, puis lorsque son fils part en croisade. Mais l'ordonnance-testament de Philippe Auguste bride sérieusement le champ d'action des régents à cette période. Blanche de Castille sera la dernière reine capétienne directe à jouer un rôle politique majeur.

Ni Marguerite de Provence aux côtés de Louis IX, ni les épouses de leur fils Philippe III, Isabelle d'Aragon ou Marie de Brabant, ni Jeanne de Navarre aux côtés de Philippe le Bel n'auront un espace de pouvoir public reconnu et durable. Cela ne signifie évidemment pas qu'elles sont dénuées d'influence sur le roi, ou qu'elles sont totalement absentes des décisions. Elles conservent indéniablement un rôle de représentation, et peuvent être des ambassadrices occasionnelles. Louis IX, qui a maintenu son épouse dont il se défie sous étroite surveillance, l'a missionnée auprès du roi d'Angleterre, mari de sa sœur Éléonore de Provence. Philippe le Bel, qui a administré directement le comté de son épouse Jeanne de Navarre, l'a pourtant désignée comme régente en cas de décès. Mais il faudra attendre Jeanne de Bourgogne, l'une des dernières Capétiennes, petite-fille de Saint Louis et de Marguerite de Provence, épouse du premier Valois Philippe VI, pour qu'une reine porte à nouveau une responsabilité de gouvernance, qualifiée de « lieutenance générale du royaume », dans le contexte du début de la guerre de Cent Ans[3].

3. Anne-Hélène Allirot, *Filles de roy de France, Princesses royales, mémoire de saint Louis et conscience dynastique (de 1270 à la fin du XIVe siècle)*, Turnhout, Brepols, 2010, p. 414.

Plus grave, un *continuum* de diffamation des femmes de pouvoir se met clairement en place aux XIIe et XIIIe siècles, dont le climax sera l'emprisonnement des belles-filles de Philippe le Bel en 1314[4]. Il faut en effet insister sur le nombre anormal de princesses et de reines capétiennes accusées d'adultère ou d'autres crimes, de leur vivant ou peu après leur mort, et il n'est pas inutile de dresser l'inventaire de ces diffamations :

Aliénor d'Aquitaine, reine de France puis d'Angleterre : calomnies d'adultère ;

Élisabeth de Vermandois, comtesse de Vermandois et de Flandre : calomnies d'adultère ;

Marguerite de France, reine d'Angleterre puis de Hongrie : calomnies d'adultère ;

Marie de France, comtesse de Champagne : calomnies de « lascivité » ;

Jeanne de Flandre : calomnies de parricide et d'adultère ;

Blanche de Castille : calomnies, après son veuvage, de relations coupables avec – entre autres – un cardinal ;

Marie de Brabant, reine de France (XIIIe siècle) : calomnies d'avoir été commanditaire de l'assassinat de l'héritier du trône ;

Marguerite de Bourgogne, petite-fille de Saint Louis, reine de Navarre ; Blanche et Jeanne de Bourgogne, filles de Mahaut d'Artois (XIVe siècle) : accusations d'adultères simultanés ;

Mahaut d'Artois, comtesse d'Artois et de Bourgogne, pairesse du royaume (XIVe siècle) : accusation d'avoir été commanditaire d'empoisonnement ;

Jeanne de Bourgogne, petite-fille de Saint Louis, sœur de Marguerite de Bourgogne, reine de France (XIVe siècle) : calomnies d'avoir été commanditaire d'assassinats.

Cette liste pourrait bien sûr être poursuivie pour les siècles suivants avec Isabeau de Bavière, Catherine de Médicis, Marguerite de Valois, Anne d'Autriche…

On s'en doute, le point commun de ces jugements laissés à la postérité est qu'ils ont été publiés et diffusés par des hommes, ecclésiastiques pour certains, familiers du roi pour d'autres. Loin d'être seulement le fait de « mauvaises langues », ces accusations poursuivent le but politique de délégitimer et discréditer les femmes

4. Sur ce scandale de « la Tour de Nesle », voir Gaëlle Audéon, *Philippe le Bel et l'Affaire des brus*, *op. cit.*

dont le pouvoir les menace. Il s'agit bien d'éliminer la concurrence qu'elles représentent. Marie de Brabant, inquiétée par une rumeur d'assassinat par empoisonnement de son beau-fils, rumeur lancée dans l'entourage du favori de son mari, Pierre de la Broce, a senti le vent du boulet. Ce seront finalement les belles-filles de Philippe le Bel qui seront tragiquement déchues, au moment où la perspective de voir régner une reine capétienne est sérieusement envisagée – le couple héritier ayant un seul enfant, Jeanne (II) de Navarre, née en 1312.

Car nous avons montré qu'aucune tradition capétienne n'empêchait qu'une fille règne en France, en l'absence de frères[5]. Le cas s'est posé à plusieurs reprises lorsque Louis VII s'épouvantait de sa « multitude de filles ». Si ce roi et Aliénor d'Aquitaine avaient péri en croisade en 1144, leur unique enfant, Marie, serait devenue reine. Si Philippe Auguste – considéré comme perdu en 1179 – était mort, sa sœur Marguerite de France serait montée sur le trône, selon toute vraisemblance. La succession par les femmes est si légitime – s'il n'y a pas de frère, bien sûr – que le prince Louis, futur Louis VIII, n'hésite pas à revendiquer juridiquement le trône d'Angleterre en raison des « droits de sa femme » Blanche de Castille, qui elle-même les tient de sa mère Aliénor d'Angleterre. Le pape reconnaît d'ailleurs que si le « mâle doit être préféré », en son absence, une fille peut succéder au trône. Il est donc curieux et nécessairement intentionnel que ce principe féodal reconnu par les contemporains soit remis en cause avec insistance par l'historiographie moderne. Il faut bien sûr rapprocher cette intention de l'invisibilisation des femmes dans l'histoire de France, dont les auteurs s'attachent à promouvoir les « grands hommes ».

Il est désormais temps d'écrire le récit national avec les femmes dedans. C'est ce qui a motivé cet ouvrage, et c'est l'une des petites pierres apportées à la belle Cité des dames de Christine de Pizan.

5. Voir I. 1., « Du vœu de croisade à Antioche (1145-1148) » (cas de Marie de France); I. 3. « Questions de succession : une reine régnante en France? »; II. 2., « Philippe Auguste et Richard Cœur de Lion : "a clash of Kings"! »; IV. 2., « Le trône d'Angleterre en ligne de mire (1215-1216) ».

Annexes

Annexe 1

Ascendance maternelle d'Aliénor d'Aquitaine

Aymeric Ier, vicomte de Châtellerault († 1151) ép. **Dangereuse** de L'Isle-Bouchard († 1151) Concubine de Guillaume IX d'Aquitaine

- Hugues II, vicomte de Châtellerault († 1172)
- Raoul de Faye
- **Aénor de Châtellerault** († v. 1130) ép. Guillaume X d'Aquitaine († 1137)
  - **Aliénor d'Aquitaine**
  - Alix/Pétronille d'Aquitaine
  - Guillaume Aigret d'Aquitaine († v. 1130)
- Amable de Châtellerault

Annexe 2

Ascendance paternelle d'Aliénor d'Aquitaine

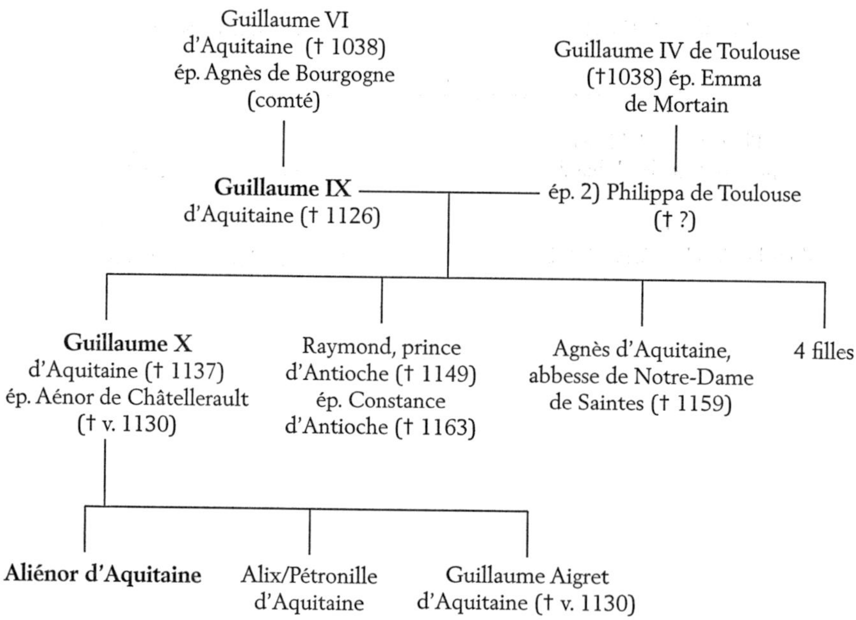

Annexe 3

Ascendance royale de Raoul de Vermandois

Henri Ier († 1060) ép. 2) Anne de Kiev

Philippe Ier († 1108)
ép. 1) Berthe de Hollande

dont Louis VI le Gros († 1137)

Hugues, comte de Vermandois
ép. Adélaïde de Vermandois

dont Raoul de Vermandois

Annexe 4

Descendance d'Aliénor d'Aquitaine et Henri II Plantagenêt

Henri II Plantagenêt (1133-1189)
ép. Aliénor d'Aquitaine en 1152 (v. 1120-1204)

Guillaume (1153-1156)	**Henri le Jeune** (1155-1183) **ép. Marguerite de France** (1158-1197)	Mathilde (1156-1189) ép. Henri de Saxe	**Richard Cœur de Lion** (1157-1199) Fiancé à **Aelis de France** de 1169 à 1191 ép. Bérangère de Navarre en 1191 à Chypre	Geoffroy (1158-1186) ép. Constance de Bretagne (v. 1161-1201)	**Aliénor d'Angleterre** (1161-1214) ép. Alphonse VIII de Castille	**Jeanne d'Angleterre** (1165-1199) ép. 1) Guillaume II de Sicile en 1177 2) Raymond VI de Toulouse en 1196	**Jean sans Terre** (1166-1216) ép. 1) Isabelle de Gloucester 2) Isabelle d'Angoulême (v. 1190-1246)
	sans postérité	3 fils	sans postérité	Aliénor de Bretagne (1182-1241) et Arthur de Bretagne (1187-1203) assassiné par Jean sans Terre	12 enfants dont **Blanche de Castille** (v. 1188-1252) ép. Louis VIII le Lion (1187-1226)	2 fils dont Raymond VII de Toulouse (1197-1249) ép. Sancie d'Aragon	dont Henri III d'Angleterre (1207-1272) ép. Éléonore de Provence

Annexe 5

Liens des maisons d'Anjou et de Blois

Guillaume le Conquérant († 1087) ép. Mathilde de Flandre

- dont
  Adèle de Normandie
  ép. Étienne II de Blois
  († 1102)
  - dont
    Thibaud de Blois,
    comte de Champagne
    et de Blois
    ép. Mathilde de Carinthie
    - dont
      Henri Ier de Champagne
      dit Henri le Libéral
  - dont
    Étienne de Blois,
    roi d'Angleterre
    ép. Mathilde de Boulogne
    - dont
      Eustache de Blois
      ép. Constance de France,
      sœur de Louis VII
- dont
  Henri Ier Beauclerc
  († 1135)
  ép. 1) Marguerite d'Écosse
  - dont
    Mathilde l'Emperesse
    ép. 2) Geoffroy V,
    comte d'Anjou
    - dont
      Henri Plantagenêt
      ép. Aliénor d'Aquitaine

Annexe 6

Descendance de Louis VII

Louis VII (1121-1180)

- ép. **1. Aliénor d'Aquitaine** en 1137 (v. 1120-1204)
  - **Marie de France** (1145-1198)
    ép. Henri Ier de Champagne (1127-1181)
  - Alix de France (1151-1198)
    ép. Thibaud V de Blois (1130-1191)
- ép. **2. Constance de Castille** en 1154 (v. 1136-1160)
  - **Marguerite de France** (1158-1197)
    ép. 1) en 1160, Henri le Jeune († 1183) (fils d'Aliénor et de Henri II)
    2) en 1186, Béla III de Hongrie
  - **Aelis de France** (1160-ap. 1218)
    fiancée à Richard Cœur de Lion de 1169 à 1191
    ép. Guillaume de Ponthieu (1178-1221) en 1195
- ép. **3. Adèle de Champagne** en 1160 (1140-1206)
  - **Philippe II Auguste** (1165-1223)
    ép. 1) **Isabelle de Hainaut** (1170-1190)
    2) Ingeburge de Danemark (1173-1236)
    3) Agnès de Méranie (v. 1172-1201)
  - **Agnès de France** (1171-ap. 1220 ?)
    ép. 1) Alexis II Comnène en 1181
    2) Andronic Ier Comnène
    3) Théodore Branas

Annexe 7

Ascendance et descendance d'Ide de Boulogne

Mathilde de Boulogne, reine d'Angleterre
ép. Étienne de Blois († 1154), roi d'Angleterre

|

dont Marie de Boulogne
ép. (rapt) Mathieu d'Alsace († 1173)
(frère du comte de Flandre Philippe d'Alsace)

|

dont **Ide de Boulogne**
ép. (rapt) Renaud de Dammartin
(frère de Simon de Dammartin)

|

Mathilde de Boulogne
ép. Philippe Hurepel
(fils d'Agnès de Méranie et de Philippe Auguste)

Annexe 8

Descendance de Marie de France et Henri Ier de Champagne (Henri le Libéral)

Marie de France (1145-1198)
ép. Henri Ier de Champagne (v. 1172-1181)

Henri II de Champagne († 1297)
Fiancé à Yolande de Hainaut
puis Ermesinde de Namur
ép. **Isabelle de Jérusalem**

dont Alix de Champagne
ép. 1) Hugues Ier de Chypre

et **Philippa de Champagne**
ép. Erard de Brienne

Scholastique de Champagne
ép. Guillaume IV de Mâcon

4 enfants

Marie de Champagne († 1204)
ép. Baudouin VI de Hainaut,
comte de Flandre
et de Hainaut,
empereur latin de Constantinople

Jeanne de Flandre
ép. 1) Ferrand de Portugal

et Marguerite de Flandre
ép. 1) Bouchard d'Avesnes
2) Guillaume de Dampierre

Thibaud III de Champagne († 1201)
ép. **Blanche de Navarre**

Marie (morte jeune)
et Thibaud IV de Champagne

Bibliographie

SOURCES IMPRIMÉES

Ambroise, *L'Estoire de la guerre sainte*, éd. et trad. Gaston Paris, Paris, 1897.

Annals of Roger of Hoveden (The), éd. T. Riley, 1853 (2 vol.)

Brunel Clovis, *Recueil des actes des comtes de Pontieu*, Paris, 1930.

Calendar of Documents Preserved in France, 1, *918-1206*, éd. John Horace Round, Londres, 1899.

Cartulaire de l'abbaye de Cysoing et de ses dépendances, éd. Ignace de Coussemaker, Lille, sans date.

Cartulaire du comté de Ponthieu, Abbeville, Mémoires de la Société d'émulation d'Abbeville, 2, 1897.

Catalogue des Actes de Philippe-Auguste, éd. Léopold Delisle, Paris, 1856.

Chronica Monsterii de Melsa, 1, éd. Edward A. Bond, Londres, 1866.

Chronicon Sancti Dionysii ad cyclos paschales, Paris, Bibliothèque de l'École des chartes, 1879, p. 261-295.

Chronique de Geoffroy, prieur de Vigeois, trad. fr. François Bonnélye, Tulle, éd. Mme Veuve Detournelle, 1864.

Chronique de Guines et d'Ardre par Lambert, curé d'Ardre (918-1203), éd. Godefroy Meniglaise, Paris, 1855.

Chronique de Morigny, éd. Léon Mirot, Paris, 1909.

Chronique rimée de Philippe Mouskes, 2, éd. Baron de Reiffenberg, Bruxelles, 1838.

Chroniques de Saint-Martial de Limoges, éd. Duplès-Agier, Paris, 1874.

Continuation de Guillaume de Tyr (1184-1197) (La), éd. Margaret Ruth Morgan, Paris, Librairie orientaliste Paul Geuthner, 1982.

Continuation de l'histoire des croisades de Guillaume de Tyr, par Bernard le Trésorier, éd. M. Guizot (fr.), in *Collection des mémoires relatifs à l'histoire de France*, Paris, 1824.

Correspondence of Thomas Becket, Archbishop of Canterbury, 1162-1170 (The), éd. et trad. Anne J. Duggan, Oxford, 2000 (2 vol.).

Deeds of Pope Innocent III by an Anonymous Author (The), trad., présentation et notes par James M. Powell, Washington D.C., The Catholic University of America Press, 2004.

Eudes de Deuil (voir Odon de Deuil).

Expugnatio Hibernica (voir Giraud le Cambrien).

« Un fragment du compte de l'Hôtel du prince Louis de France pour le terme de la purification 1213 », éd. Robert Fawtier, *Moyen Âge*, n° 43, 1933, p. 225-250.

Geoffroy de Villehardouin, *La Conquête de Constantinople*, trad. et présentation par Jean Dufournet, Paris, Éditions Flammarion, 2004.

Gervais de Canterbury, *The Historical Works of Gervase of Canterbury*, éd. William Stubbs, *The Chronicle of the Reigns of Stephen, Henri II and Richard I*, Londres, Rolls Series, 1879-1880 (2 vol.).

Gesta Innocentii III, 1, éd. Baluze, Paris, 1682.

Gesta Regis Henrici Secundi Benedicti Abbatis (voir Roger de Hoveden).

Gilbert de Mons, *Chronique de Hainaut*, éd. Denis-Charles Godefroy de Ménilglaise (lat., fr.), Tournai, 1874, (2 vol.).

—, *La Chronique de Gislebert de Mons*, éd. Léon Vanderkindere (lat.), Bruxelles, 1869,1879.

Giraud le Cambrien [ou Giraud de Barri], *De Principis Instructione Liber*, éd. George F. Warner, *Giraldi Cambrensis Opera*, 8, Londres, 1891.

—, Giraldus Cambrensis, *The Conquest of Ireland (Expugnatio Hibernica)*, *Parentheses Publications, Medieval Latin Series*, Cambridge, Ontario, trad. Thomas Forester, Thomas Wright, 2001.

Grande Chronique de Matthieu Paris, A. Huillard-Bréholles (fr.), Paris, 1840-1841 (9 vol.).

Grandes chroniques de France, éd. Jules Viard, Paris, Champion, 1920-1953 (10 vol.).

Guillaume de Newburgh, *Historia regum Anglicarum*, *Chronicles of the Reigns of Stephen, Henry II, and Richard I*, 1 et 2, éd. Richard Howlett, Londres, 1884, 1885.

Guillaume de Tyr, *Histoire des croisades*, éd. M. Guizot (fr.), *Collection des mémoires relatifs à l'histoire de France*, Paris, 1824 (3 vol.).

Guillaume le Breton, *La Vie de Philippe II Auguste*, trad. M. Guizot, éd. Jean-François Merle, Clermont-Ferrand, Éditions Paleo, 2017.

—, *Philippide*, éd. M. Guizot (fr.), *Collection des mémoires relatifs à l'histoire de France*, Paris, 1825.

—, *Philippidos*, éd. H.-F. Delaborde (lat.), *Œuvres de Rigord et de Guillaume le Breton*, 2, Paris, 1885.

Heriman de Tournai, *Historia Restauratae S. Martini Ecclesiae* (RHF 13, p. 392-410).

Histoire de Guillaume le Maréchal (L'), éd. Paul Meyer, Paris, 1891-1901 (3 vol.).

Historia gloriosi regis Ludovici, éd. Auguste Molinier, Paris, 1887 (et RHF 12, pp. 124-133).

Historia Pontificalis (voir Jean de Salisbury)

Historia regum Anglicarum (voir Guillaume de Newburgh).

Inscriptions de la France du v*e* *siècle au* xviii*e* *: ancien diocèse de Paris*, éd. Ferdinand de Guilhermy, Paris, 1873-1883 (5 vol.).

Istore et croniques de Flandres, éd. Kervyn de Lettenhove, Joseph-Bruno-Marie-Constantin, Bruxelles, 1879 (2 vol.).
Itinerarium Peregrinorum et Gesta Regis Ricardi, éd. William Stubbs, Londres, 1864.
Jacques de Guyse, *Histoire de Hainaut*, 14, Paris, Paulin, 1882.
Jean de Salisbury, *Historia Pontificalis*, éd. et trad. Marjorie Chibnall, *The Historia Pontificalis of John of Salisbury*, Oxford, Clarendon Press, 1986.
—, *The Letters of John of Salisbury*, 2, éd. W. J. Millor, S.J. & C. N. L. Brooke, Oxford University Press, 1979.
Joinville, *Vie de saint Louis*, trad., présentation et notes de Jacques Monfrin, Paris, Le Livre de poche, « Lettres gothiques », 1995.
Layettes du Trésor des chartes, éd. Alexandre Teulet, t. 1 et 2, Paris, 1863, 1866.
Letters of Royal and Illustrious Ladies of Great Britain, vol. 1, éd. Mary Anne Everett Wood, Londres, 1846.
Luchaire Achille, *Études sur les actes de Louis VII*, Paris, 1885.
Martène et Durant (Dom), *Thesaurus novus anecdotorum*, 1, Paris, 1717.
—, *Veterum scriptorum et monumentorum historicorum, Collectio*, 1, Paris, 1724.
Matthieu Paris (voir *Grande Chronique de Matthieu Paris)*.
Ménestrel de Reims (Le), *Récits d'un Ménestrel de Reims*, éd. Natalis de Wailly, Paris, 1876.
Nicétas Chôniatès, *O City of Byzantium, Annals of Niketas Choniates*, trad. angl. Harry J. Magoulias, Detroit, Wayne State University Press, 1984.
Nicolas de Bray, *La Geste de Louis VIII, suivie de la Vie de Louis VIII*, trad. François Guizot (fr.), éd. Nathalie Desgrugillers, Clermont-Ferrand, Éditions Paleo, 2004.
Odon de Deuil, *Histoire de la croisade de Louis VII*, éd. M. Guizot (fr.), *Collection des mémoires relatifs à l'histoire de France*, Paris, 1825.
Orderic Vital, *Historia ecclesiastica* (RHF 12, p. 585-770).
Philippe Mousket (voir *Chronique rimée de Philippe Mouskes)*.
Pipe Rolls, *The Great Rolls of the Pipe of the Reign of Henry the Second*, 5th to 34th years, Londres, Pipe Rolls Society, 1884-1925 (30 vol.).
—, *The Great Rolls of the Pipe for the First Year of the Reign of King Richard the First A. D. 1189-1190*, éd. Joseph Hunter, Londres, 1844.
Ralph de Diceto, *Radulfi de Diceto decani Lundoniensis opera historica*, éd. W. Stubbs, *The Historical Works of Master Ralph de Diceto*, Londres, 1876 (2 vol.) (et RHF 13, p.183-205).
Recueil des actes de Philippe Auguste, 1, éd. Henri-François Delaborde, Paris, 1916.
Recueil des historiens des Croisades, historiens occidentaux, 1, Paris, 1844.
Recueil des historiens des Gaules et de la France, éd. Martin Bouquet et al., Paris, 1734-1904 (24 vol.).
Regesta Honorii Papae III [Registres pontificaux d'Honorius III], Pierre Pressutti, Rome, 1895 (2 vol.).
Richard de Devizes, *Chronicon Ricardi Divisiensis de Rebus Gestis Ricardi Primi*, éd. E. Josepho Stevenson, Londres, 1838.
Rigord, *Histoire de Philippe Auguste*, trad. fr. Élisabeth Charpentier, Georges Pon et Yves Chauvin, Paris, CNRS ÉDITIONS, 2006.
Robert de Clari, *La Conquête de Constantinople*, traduction, présentation et notes par Jean Dufournet, Paris, Honoré Champion, 2004.
Robert of Torigny, *Chronicles of the Reigns of Stephen, Henry II, and Richard I*, 4, éd. Richard Howlett, Londres, 1889.

Roger de Hoveden, *Chronica*, vol. 3, éd. William Stubbs (lat.), Oxford, Cambridge, 1868-1871-1870 (4 vol.).

—, *Gesta Regis Henrici Secundi Benedicti Abbatis : The Chronicle of the Reigns of Henry II and Richard I*, éd. William Stubbs, 1867 (2 vol.).

—, *Annals of Roger of Hoveden (The)*, éd. T. Riley, 1853 (2 vol.).

Royal and Other Historical Letters Illustrative of the Reign of Henry III, 1, éd. Walter Waddington Shirley, Londres, 1862.

Roger de Wendover, *Chronica, sive Flores Historiarum*, 2, éd. Henricus O. Coxe, Londres, 1841.

Suger, *Vie de Louis VI le Gros*, Traduction Henri Waquet, Éditions Les Belles Lettres, 1964.

—, *Œuvres*, t. I, *Écrit sur la consécration de Saint-Denis. L'Œuvre administrative. Histoire de Louis VII*, éd. et trad. Françoise Gasparri, Paris, Les Belles Lettres, 2008.

—, *Histoire de Louis VII (Historia Gloriosi Regis Ludovici VII)*, trad. Françoise Gasparri, Paris, Les Belles Lettres, 2008.

« Un fragment du compte de l'Hôtel du prince Louis de France pour le terme de la purification 1213 », éd. Robert Fawtier, *Moyen Âge*, n° 43, 1933, p. 225-250.

Vie de Louis le Gros par Suger suivie de L'Histoire du roi Louis VII, « De glorioso Rege Ludovico, Ludovici filio », éd. Auguste Molinier, Paris, 1887.

SOURCES GÉNÉALOGIQUES

Anselme (P.), *Histoire généalogique et chronologique de la maison royale de France, des pairs, grands officiers de la Couronne, de la Maison du Roy et des anciens barons du royaume…*, 1726-1733, (9 vol.).

Histoire généalogique de la maison de France… par Scevole et Louis de Sainte-Marthe, 1, Paris, 1647.

Pattou Étienne, [en ligne] Racines et histoire.

Van Kerrebrouck Patrick, *Nouvelle histoire généalogique de l'auguste Maison de France. Les Capétiens. 987-1328*, Villeneuve-d'Ascq, 2000.

SOURCES LITTÉRAIRES

Anthologie de la poésie lyrique française des XIIe *et* XIIIe *siècles*, éd. bilingue de Jean Dufournet, Éditions Gallimard, 1989.

Boèce, *La Consolation de philosophie*, éd. Claudio Moreschini, trad. Eric Vanpeteghem, Paris, Le Livre de poche, coll. « Lettres gothiques » dirigée par Michel Zink, 2005.

Chanson des trouvères, trad., présentation et notes de Samuel N. Rosenberg et Hans Tischler avec la collaboration de Marie-Geneviève Grossel, Le Livre de poche, coll. « Lettres gothiques », 1995.

Geste du roi Arthur (La), éd. et trad. Emmanuèle Baumgartner et Ian Short, Paris, Éditions 10/18, 1993.

Chrétien de Troyes, *Le Chevalier de la Charette*, édition critique, traduction, présentation et notes de Charles Méla, Paris, Le Livre de poche, coll. « Lettres gothiques », 1992.

Jacques de Voragine, *La Légende dorée*, Paris, Éditions du Seuil, 1998.

Marie de France,
—, *Lais de Marie de France*, éd. Karl Warnke, trad. Laurence Harf-Lancner, Paris, Le Livre de poche, coll. « Lettres gothiques », 1990.
—, *Fables*, trad. Françoise Morvan, Arles, Actes Sud, 2008, 2010.

SOURCES SECONDAIRES – ÉTUDES ET TRAVAUX RÉFÉRENCÉS

2000-2023

Allirot Anne-Hélène, *Filles de roy de France, princesses royales, mémoire de saint Louis et conscience dynastique (de 1270 à la fin du XIVe siècle)*, Turnhout, Brepols, 2010.
Audéon Gaëlle, *À la cour de Philippe le Bel, 1305-1313*, Paris, Éditions L'Harmattan, coll. « Historiques », série Travaux, 2021.
—, *Philippe le Bel et l'Affaire des brus. 1314*. Préface d'Éliane Viennot, Paris, Éditions L'Harmattan, coll. « Historiques », série Travaux, 2020 (signalons qu'une nouvelle édition de cet ouvrage est en préparation).
—, « L'âge d'Aliénor d'Aquitaine et de Louis VII », [en ligne], Academia.edu, 2023.
—, « Compléments sur l'incident d'Antioche », [en ligne] Academia.edu, 2023.
Aurell Martin, *Aliénor d'Aquitaine*, Paris, Presses universitaires de France, 2020.
—, « Rompre la concorde familiale : typologie, imaginaire, questionnements », *La Parentalité déchirée : les luttes intrafamiliales au Moyen Âge* (éd. Martin Aurell), Turnhout, Brepols, 2010.
—, *L'Empire des Plantagenêt*, Paris, Éditions Perrin, coll. « Tempus », 2003, 2004.
Baldwin John W., « La vie sexuelle de Philippe Auguste », in *Mariage et sexualité au Moyen Âge. Accord ou crise?*, dir. Michel Rouche, *Cultures et civilisations médiévales*, XXI, 2000, p. 217-229.
Baraton Édouard, *La Romanie orientale : l'empire de Constantinople et ses avatars au Levant à l'époque des croisades*, thèse sous la direction de Gilles Grivaud, Normandie Université, 2018.
Barrau Julie, « Jean de Salisbury, intermédiaire entre Thomas Becket et la cour capétienne? », in *Plantagenêts et Capétiens : confrontations et héritages*, éd. Martin Aurell et Noël-Yves Tonnerre, Turnhout, Brepols, 2006, p. 505-516.
Barthélemy Dominique, *La Bataille de Bouvines*, Paris, Perrin, 2018.
—, *Nouvelle histoire des Capétiens. 987-1214*, Paris, Éditions du Seuil, 2012.
Baury Ghislain et Corriol Vincent, *Bérengère de Navarre (v. 1160-1230). Histoire et mémoire d'une reine d'Angleterre*, Rennes, Presses universitaires de Rennes, 2022.
Beech George T., « The Eleanor of Aquitaine Vase », *Eleanor of Aquitaine, Lord and Lady*, éd. Bonnie Wheeler et John C. Parsons, New York, Palgrave Macmillan, 2002, p. 366-376.
Benham J.E. M., « Philip Augustus and the Angevin Empire : The Scandinavian Connexion », *Mediaeval Scandinavia 14*, 2004, p. 37-50.
Boffa Sergio, « Le rôle équivoque joué par le duc de Brabant Henri Ier à la bataille de Bouvines (27 juillet 1214) », *Cahiers de civilisation médiévale*, n° 59, 2016, p. 337-356.
Borgnis Desbordes Éric, *Constance de Bretagne (1161-1201). Une duchesse face à Richard Cœur de Lion et Jean sans Terre*, Fouesnant, Yoran Embanner, 2018.

—, *Pierre Ier de Bretagne (1213-1237). Pierre de Dreux, un Capétien sur le trône ducal*, Fouesnant, Yoran Embanner, 2013.
Bournazel Éric, *Louis VI le Gros*, Paris, Éditions Fayard, 2007.
Bowie Colette, *The Daughters of Henry II and Eleonor of Aquitaine*, Turnhout, Brepols, 2014.
—, « To Have and Have Not : The Dower of Joanna Plantagenet, Queen of Sicily (1177-1189) », *Queenship in the Mediterranean : Negotiating the Role of the Queen in the Medieval and Early Modern Eras*, Palgrave Macmillan, 2013, p. 27-50.
Bradbury Jim, *Philip Augustus. King of France 1180-1223*, 1998, New York, Routledge pour cette édition, 2013.
Brown Elizabeth A. R., « Eleanor of Aquitaine Reconsidered : The Woman and Her Seasons », in *Eleanor of Aquitaine, Lord and Lady*, éd. Bonnie Wheeler et John C. Parsons, New York, Palgrave Macmillan, 2002, p. 1-54.
Brundage James A., « The Canon Law of Divorce in the Mid-Twelth Century : Louis VII c. Eleanor of Aquitaine », in *Eleanor of Aquitaine, Lord and Lady*, éd. Bonnie Wheeler et John C. Parsons, New York, Palgrave Macmillan, 2002, p. 213-221.
Buresi Pascal, « L'apogée almohade : la bataille d'Alarcos et son contexte historique », in *Averroès et l'averroïsme : un itinéraire historique du Haut Atlas à Paris et à Padoue* [en ligne], Lyon, Presses universitaires de Lyon, 2005, http://books.openedition.org/pul/19546.
Carpenter David, *Henry III. 1207-1258*, New Haven et Londres, Yale University Press, 2020.
Cazilhac Jean-Marc, *Le Douaire des reines de France à la fin du Moyen Âge*, Paris, Éditions L'Harmattan, coll. « Historiques », série Travaux, 2017.
Chauou Amaury, *Les Plantagenêts et leur cour. 1154-1216*, Paris, Presses universitaires de France/Humensis, 2019.
Cheynet Jean-Claude, *Histoire de Byzance*, Paris, Presses universitaires de France, coll. « Que sais-je? », 2005, 2017.
Chollet Loïc, *Les Sarrasins du Nord. Une histoire de la croisade balte par la littérature (XIIe-XVe siècle)*, Neuchâtel, Éditions Alphil, Presses universitaires suisses, 2019.
Church Stephen D., « King John's Testament and the Last Days in his Reign », *The English Historical Review*, vol. 125, nº 514, juin 2010.
Cloulas Ivan, « Le douaire de Bérengère de Navarre, veuve de Richard Cœur de Lion, et sa retraite au Mans », *in* Martin Aurell (dir.), *La Cour Plantagenêt (1154-1204). Actes du colloque tenu à Thouars du 30 avril au 2 mai 1999*, Poitiers, CESCM, 2000, p. 89-94.
Delorme Philippe, *Blanche de Castille*, Paris, Pygmalion, 2002.
—, *Aliénor d'Aquitaine*, Paris, Pygmalion, 2001.
Devard Jérôme, « Des rumeurs au scandale », *Cahiers de recherches médiévales et humanistes*, 23, 2012, p. 397-415.
Diggelmann Lindsay, « Marriage as Tactical Response : Henry II and the Royal Wedding of 1160 », *The English Historical Review*, vol. 119, nº 483, septembre 2004, p. 954-964.
Dufour Jean, « Adèle de Champagne, troisième femme de Louis VII, une reine méconnue », in *Reines et princesses au Moyen Âge. Actes du cinquième colloque international de Montpellier-Université Paul-Valéry (24-27 novembre 1999)*, vol. 1, Les Cahiers du C.R.I.S.M.A., 2001, p. 35-41.

Eleanor of Aquitaine, *Lord and Lady*, éd. Bonnie Wheeler et John C. Parsons, New York, Palgrave Macmillan, 2002.

Evergates Theodore, *Marie of France, Countess of Champagne, 1145-1198*, Philadelphie, University of Pennsylvania Press, 2019.

—, *Henry the Liberal, Count of Champagne, 1127-1181*, Philadelphie, University of Pennsylvania Press, 2016.

Flori Jean, *Aliénor d'Aquitaine*, Paris, Éditions Payot et Rivages, 2004.

Galland Bruno, *Philippe Auguste, le bâtisseur du royaume*, Paris, Éditions Belin, 2014, 2016.

Gasparri Françoise, *Suger de Saint-Denis. Abbé, soldat, homme d'État au XII*[e] *siècle*, Paris, Éditions A. & J. Picard, 2015.

Girbea Catalina, « Culture littéraire à la cour de Philippe Auguste », *Autour de Philippe Auguste*, dir. Martin Aurell et Yves Sassier, Paris, Classiques Garnier, 2017.

Grabié Élia, *Les Femmes de la cour à Byzance aux XI*[e] *et XII*[e] *siècles*, Mémoire de recherche Master 1 études médiévales, Toulouse, Université Toulouse II-Jean-Jaurès, 2016.

Gillingham John, « The Meetings of the Kings of France and England, 1066-1204 », in *Normandy and its Neighbhours, 900-1250. Essays for David Bates*, éd. D. Crouch et K. Thomspson, Turnhout, Brepols, 2011, p. 17-42.

Grant Lindy, *Blanche of Castile. Queen of France*, New Haven, Yale University Press, 2016.

Guyot-Bachy Isabelle, *La Flandre et les Flamands au miroir des historiens du royaume X*[e]*-XV*[e] *siècle*, Villeneuve-d'Ascq, Presses universitaires du Septentrion, 2017.

Hamilton Bernard, *The Leper King and his Heirs. Baldwin IV and the Crusader Kingdom of Jerusalem*, Cambridge, Cambridge University Press, 2000.

Hanley Catherine, *Louis, The French Prince who Invaded* England, New Haven et Londres, Yale University Press, 2016.

Heebøll-Holm Thomas K., « A Franco-Danish Marriage and the Plot against England », *Haskins Society Journal*, vol. 26, 2015, p. 249-270.

Herrin Judith, « Les femmes de la cour à Byzance », éd. Élisabeth Malamut et Andréas Nicolaïdès, *Impératrices, princesses, artistocrates et saintes souveraines. De l'Orient chrétien et musulman au Moyen Âge et au début des Temps modernes*, Aix-en-Provence, Presses universitaires de Provence, 2014.

Hilsdale Cecily J., « Constructing a Byzantine "Augusta" : A Greek Book for a French Bride », *The Art Bulletin*, vol. 87, n° 3, sept. 2005, p. 458-483.

Histoire générale du christianisme. Des origines au XVe *siècle*, t. 1, Jean-Robert Armogathe, Pascal Montaubin, Michel-Yves Perrin (dir.), Paris, Presses universitaires de France, 2010, 2011, p. 969-970.

Hivergneaux Marie, « Queen Eleanor and Aquitaine », in *Eleanor of Aquitaine, Lord and Lady*, éd. Bonnie Wheeler et John C. Parsons, New York, Palgrave Macmillan, 2002, p. 55-76.

Hodgson Natasha R., *Women Crusading and the Holy Land in Historical Narrative*, Woodbridge, The Boydell Press, 2007.

Hornaday Aline G., « A Capetian Queen as Street Demonstrator : Isabelle of Hainaut », *Capetian Women*, éd. Kathleen Nolan, New York, Palgrave Macmillan, 2003, p. 77-98.

Huchet Jean-Charles, « Trobairitz : les femmes troubadours », in *Voix de femmes au Moyen Âge*, dir. Danielle Régnier-Bohler, Paris, Robert Laffont, 2006, p. 3-73.

Huneycutt Lois L., « The Creation of a Crone : The Historical Reputation of Adelaide of Maurienne », *Capetian Women*, éd. Kathleen Nolan, New York, Palgrave Macmillan, 2003, p. 27-44.

Jardot Lucie, *Sceller et gouverner. Pratiques et représentations du pouvoir des comtesses de Flandre et de Hainaut (XIIIe-XVe siècle)*, Rennes, Presses universitaires de Rennes, 2020.

Jordan William Chester, « Isabelle d'Angoulême, By the Grace of God, Queen », *Revue belge de philologie et d'histoire*, t. 69, fasc. 4, 1991, p. 821-852.

Kapferer Anne-Dominique, « Chapitre III. Boulogne devient une ville (1113-1339) », *Histoire de Boulogne-sur-Mer : ville d'art et d'histoire* [en ligne], Villeneuve-d'Ascq, Presses universitaires du Septentrion, 2014.

Kristo Gyula, *Histoire de la Hongrie médiévale*, t. 1 : *Le Temps des Arpads*, Rennes, Presses universitaires de Rennes, 2000.

Lecuppre Gilles, « Jeanne de Constantinople face au fantôme de son père », *Jeanne de Constantinople, comtesse de Flandre et de Hainaut*, Paris, Somogy éditions d'art, 2009, p. 33-41.

Lequain Élodie, *L'Éducation des femmes de la noblesse en France à la fin du Moyen Âge (XIIIe-XIVe siècles)*, thèse de doctorat, C. Beaune (dir.), Université Paris X-Nanterre, 2005.

Leveleux-Teixeira Corinne, « Le sexe des anges. L'Église, les fiançailles et le mariage des enfants. Le point de vue de quelques canonistes méridionaux (XIIIe-XIVe siècles) », *Cahiers de Fanjeaux*, Privat, 2019, p. 237-259, hal-03090503, [en ligne].

Lewis Andrew W., « The Birth and Childhood of King John », *Eleanor of Aquitaine, Lord and Lady*, éd. Bonnie Wheeler et John C. Parsons, New York, Palgrave Macmillan, 2002, p. 159-175.

Macé Laurent, *Les Comtes de Toulouse et leur entourage. XIIe-XIIIe siècles. Rivalités, alliances et jeux de pouvoir*, Toulouse, Éditions Privat, 2000.

Mazo Karras Ruth, *Unmarriages : Women, Men and Sexual Unions in the Middle Ages*, Philadelphie, University of Pennsylvania Press, 2012.

Minois Georges, *Blanche de Castille*, Paris, Éditions Perrin 2018.

—, *Richard Cœur de Lion*, Paris, Éditions Perrin, 2017.

Nielsen Torben Kjersgaard, « Celestine III and the North », *Pope Celestine III (1191-1198). Diplomat and Pastor*, éd. John Doran et Damian Smith, New York, Ashgate Publishing, 2008, p. 159-178.

Nolan Kathleen, « The Tomb of Adelaide of Maurienne and the Visual », in *Capetian Women*, éd. Kathleen Nolan, New York, Palgrave Macmillan, 2003.

Norman to Early Plantagenet Consorts. Power, Influence, and Dynasty, Aidan Norrie, Carolyn Harris, J. L. Laynesmith, Danna R. Messer, Elena Woodacre (éd.), Palgrave Macmillan, 2023.

Parks Annette P., « Rescuing the Maidens from the Tower : Recovering the Stories of Two Female Political Hostages », in *Feud, Violence and Practice Essays in Medieval Studies in Honor of Stephen D. White*, éd. Belle S. Tuten et Tracey L. Billado, Farnham, Ashgate, 2010, p. 279-291.

Pastoureau Michel, *Le roi tué par un cochon*, Paris, Éditions du Seuil, 2015.

Parsons John Carmi, « Violence, the Queen's Body, and the Medieval Body Politic », éd. Mark D. Meyerson, Daniel Thiery and Oren Falk, *« A great effusion of blood » ? : Interpreting Medieval Violence*, Toronto, University of Toronto Press, 2004, p. 241-267.

Perry Guy, *The Briennes. The Rise and Fall of Champenois Dynasty in the Age of the Crusades*, c. *950-1356*, Cambridge University Press, 2018.

—, « "Scandalia… tam in oriente quam in occidente" : The Briennes in East and West, 1213-1221 », *Crusades*, 10, 2011, p. 63-77.

Richard Jean, « Les pouvoirs de Blanche de Castille », *Femmes de pouvoir, femmes politiques durant les derniers siècles du Moyen Âge et au cours de la première Renaissance*, dir. Éric Bousmar, Jonathan Dumont, Alain Marchandisse et Bertrand Schnerb, Bruxelles, De Boeck, 2012, p. 91-100.

Rousseau Constance M., « Neither Bewitched nor Beguiled : Philip Augustus's Alleged Impotence and Innocent III's Response », *Speculum*, vol. 89, n°2, 2014, p. 410-436.

Sampsonis Florence, « L'Empire latin de Constantinople (1204-1261), l'ombre d'un empire », *Les Empires médiévaux*, dir. Sylvain Gouguenheim, Paris, Éditions Perrin, 2019, p. 253-274.

Sabra Hussein Ahmad, *Les Assassins, mercenaires à la demande. Le cas des isaméliens chiites en Iran et au Levant (XIIe-XIIIe siècle)*, Paris, Éditions L'Harmattan, 2022, p. 115-125.

Settipani Christian, *Les Liens dynastiques entre Byzance et l'étranger à l'époque des Comnènes et des Paléologues*, Paris, Éditions De Boccard, 2021.

Short Ewan, « The Agency and Authority of Agnes of France and Margaret of Hungary in the Aftermath of the Fall of Constantinople (1204-1206) », in *Frontiers*, Issue 03, 2019, p. 28-37 et notes p. 96-101.

Smith Marc, « Le testament de Philippe Auguste (septembre 1222), de la paléographie à l'histoire », *Comptes rendus des séances de l'Académie des inscriptions et belles-lettres*, 159e année, 1, 2015, p. 19-52.

Spong Sally, « Isabella of Angoulême : The Vanished Queen », in *Norman to Early Plantagenet Consorts. Power, Influence, and Dynasty*, éd. Aidan Norrie, Carolyn Harris, J. L. Laynesmith, Danna R. Messer et Elena Woodacre, Londres, Palgrave Macmillan, 2023, p. 197-215.

—, « Isabella of Gloucester : Heiress, Lord, Forgotten Consort », *Norman to Early Plantagenet Consorts. Power, Influence, and Dynasty*, éd. Aidan Norrie, Carolyn Harris, J. L. Laynesmith, Danna R. Messer, Elena Woodacre, Palgrave Macmillan, 2023, p. 179-195.

Stone A. F., « The Oration by Eustathios of Thessaloniki », *Byzantion. Revue internationale des études byzantines*, t. 73, fasc. 1, 2003, p. 112-126.

Storey Gabrielle, « Berengaria of Navarre : Overshadowed Consort », in *Norman to Early Plantagenet Consorts. Power, Influence, and Dynasty*, éd. Aidan Norrie, Carolyn Harris, J. L. Laynesmith, Danna R. Messer et Elena Woodacre, Londres, Palgrave Macmillan, 2023, p. 159-178.

—, « Berengaria of Navarre and Joanna of Sicily as Crusading Queens. Manipulation, Reputation, and Agency », *Forgotten Queens in Medieval and Early Modern Europe. Political Agency, Myth-Making, and Patronage*, éd. Valerie Schutte et Estelle Paranque, Londres, Routledge, 2019.

Strickland Matthew, *Henry the Young King, 1155-1183*, New Haven et Londres, Yale University Press, 2016.

Tanner Heather, « Elisabeth and Eleanor of Vermandois : Succession and Governance in the Counties of Vermandois, Valois and Amiens », *Medieval Prosopography*, vol. 34, 2019.

Turner Ralph V., *Aliénor d'Aquitaine*, Paris, Éditions Fayard, 2011.

—, « Eleanor of Aquitaine in the Governments of her Sons Richard and John », *Eleanor of Aquitaine, Lord and Lady*, éd. Bonnie Wheeler et John C. Parsons, New York, Palgrave Macmillan, 2002, p. 77-95.

Van Tricht Filip, « The Byzantino-Latin Principality of Adrianople and the Challenge of Feudalism (1204/6 – ca. 1227/28). Empire, Venice, and Local Autonomy », *Dumbarton Oaks Papers*, vol. 68, 2014, p. 325-342.

Vasselot de Régné (de) Clément, *Le « Parentat » Lusignan (xe-xive siècles) : Structures, parenté vécue, solidarités et pouvoir d'un lignage arborescent*, thèse de doctorat, dir. John Tolan, Martin Aurell, Nantes, Université de Nantes, 2018.

Viennot Éliane, *La France, les femmes et le pouvoir. L'invention de la loi salique*, Paris, Éditions Perrin, 2006.

Vincent Nicholas, « The Court of Henry II », in *Henry II, New Interpretations*, éd. Christopher Harper-Hill et Nicholas Vincent, Woodbridge, The Boydell Press, 2007, p. 278-334.

Vones-Liebenstein Ursula, « Aliénor d'Aquitaine, Henri le Jeune et la révolte de 1173 : un prélude à la confrontation entre Plantagenêt et Capétiens ? », in *Plantagenêts et Capétiens : confrontations et héritages*, éd. Martin Aurell et Noël-Yves Tonnerre, Turnhout, Brepols, 2006, p. 75-93.

Waroquier Romain, « Les hommes du pouvoir. L'entourage des comtes de Vermandois au xiie siècle », in *Le Moyen Âge*, 2022, p. 559-604.

Wingler Clément, « L'architecture militaire à Étampes et en Essonne du xie au xiiie siècle », *Collection Mémoire(s) d'Étampes*, vol. 2, MH, avril 2021.

1945-1999

Baldwin John W., *Philippe Auguste*, Paris, Éditions Fayard, 1991.

Bautier Robert-Henri, « Philippe Auguste. La personnalité du roi », *La France de Philippe Auguste : le temps des mutations.* Actes du colloque international organisé par le CNRS, dir. Robert-Henri Bautier, Paris, Éditions du CNRS, 1986, p. 32-57.

Beaune Colette, *Naissance de la nation France*, Paris, Éditions Gallimard, 1985.

Bienvenu Jean-Marc, « Aliénor d'Aquitaine et Fontevraud », *Cahiers de civilisation médiévale*, 29e année, n° 113-114, janvier-juin 1986, *Y a-t-il une civilisation du monde Plantagenêt ? Actes du colloque d'histoire médiévale*, Fontevraud, 26-28 avril 1984, p. 15-27.

Bradbury Jim, *Philip Augustus. King of France 1180-1223*, 1998, New York, Routledge pour cette édition, 2013.

Bruguière Marie-Bernadette, « Le mariage de Philippe-Auguste et d'Isambour de Danemark : aspects canoniques et politiques », *Mélanges offerts à Jean Dauvilliers*, Toulouse, Université des sciences sociales de Toulouse, 1979, p. 135-156.

Cheynet Jean-Claude, *Pouvoir et contestations à Byzance*, Paris, Publications de la Sorbonne, 1990, 1996.

Chibnall Marjorie, *The Empress Matilda. Queen Consort, Queen Mother and Lady of the English*, Oxford, Blackwell Publishers, 1991, 1993.

Conklin George, « Ingeborg of Denmark, Queen of France, 1193-1213 », *Queens and Queenship in Medieval Europe*, éd. A. Duggan, Woodbridge, The Boydell Press, 1997, p. 39-52.

Damsholt Nanna, « Medieval Women's Identity in a Postmodern Light. The Example of Queen Ingeborg », *The Birth of Identities. Denmark and Europe in the Middles Ages*, éd. Brian Patrick McGuire, Copenhagen, Reitzel Publishers, 1996, p. 225-241.

de Cant Geneviève, *Jeanne et Marguerite de Constantinople. Comtesses de Flandre et de Hainaut au XIIIe siècle*, Bruxelles, Éditions Racine, 1995, 1997.

Déjean Jean-Luc, *Les Comtes de Toulouse.1050-1250*, Paris, Éditions Fayard, 1979, 1988.

Duby Georges, « Dans la France du Nord-Ouest au XIIe siècle : les "jeunes" dans la société aristocratique », *Annales. Économies, sociétés, civilisations*, 19e année, n° 5, 1964, p. 835-846.

Falmagne Jacques, *Baudouin V, comte de Hainaut. 1150-1195*, Montréal, Presses de l'Université de Montréal, 1966.

Flori Jean, *Richard Cœur de Lion*, Paris, Éditions Payot et Rivages, 1999.

Gaudemet Jean, « Le dossier canonique du mariage de Philippe Auguste et d'Ingeburge de Danemark (1193-1213) », *Revue historique de droit français et étranger*, vol. 62, n°1, 1984, p. 15-29.

Gillingham John, *Richard Cœur de Lion*, Paris, Éditions Noêsis, 1978, 1996.

—, « Richard I and Berengaria of Navarre », *Bulletin of the Institute of Historical Research*, vol. 53, n° 128, nov. 1980, p. 157-173.

Godding Robert, « Une œuvre inédite de Thomas de Cantimpré. "La Vita Iaonnis Cantipratensis" », *Revue d'histoire ecclésiastique*, vol. 76, n° 2, Louvain, 1981.

Guerout Jean, *Le Palais de la Cité à Paris des origines à 1417 : essai topographique et archéologique*, 1953.

Holt James Clark, « Aliénor d'Aquitaine, Jean sans Terre et la succession de 1199 », *Cahiers de civilisation médiévale*, n° 113-114, 1986, p. 95-100.

Jaeger C. Stephen, « L'amour des rois : structure sociale d'une forme de sensibilité aristocratique », *Annales. Économies, sociétés, civilisations*, 46e année, n° 3, 1991, p. 547-571.

Kerignard Nathalie, « Les mariages des enfants d'Isabelle d'Angoulême et de Hugues X de Lusignan », *Isabelle d'Angoulême, comtesse-reine et son temps (1186-1246)* [Actes du colloque tenu à Lusignan, 8 au 10 novembre 1996], Poitiers, Centre d'études supérieures de civilisation médiévale, *Civilisation médiévale*, 5, 1999, p. 47-55.

Kupper Jean-Louis, « Mathilde de Boulogne duchesse de Brabant († 1210) », in *Femmes, mariages-lignages. XIIe-XIVe siècles. Mélanges offerts à Georges Duby*, Bruxelles, De Boeck Université, 1992, p. 233-255.

Laiou Angeliki E., *Mariage, amour et parenté à Byzance aux XIe-XIIIe siècles*, Paris, De Boccard, 1992.

Lefèvre Yves, « L'image du roi chez les poètes », *La France de Philippe Auguste : le temps des mutations.* Actes du colloque international organisé par le CNRS, dir. Robert-Henri Bautier. Paris, Éditions du CNRS, 1986, p. 133-144.

Lewis Andrew W., « La date du mariage de Louis VI et d'Adelaïde de Maurienne », *Bibliothèque de l'École des chartes*, 1990, t. 148, livraison 1, p. 5-16.
—, *Le Sang royal. La famille capétienne et l'État, France, xᵉ-xivᵉ siècle*, Paris, Gallimard, 1981, 1986.
Longnon Jean, *Les Compagnons de Villehardouin. Recherches sur les croisés de la quatrième croisade*, Genève, Librairie Droz, 1978.
Magdalino Paul, *The Empire of Manuel I Komnenos. 1143-1180*, Cambridge, Cambridge University Press, 1993.
Molnar Miklós, *Histoire de la Hongrie*, Paris, Hatier Littérature générale, 1996.
Molin Jean-Baptiste et Mutembe Portais, *Le Rituel du mariage en France du xiiᵉ au xviᵉ siècle*, Paris, Éditions Beauchesne, 1974.
Moreau-Néret Adrien, « Le comte de Vermandois Raoul IV de Crépy et Péronelle d'Aquitaine sœur de la reine Aliénor », in *Fédération des sociétés d'histoire et d'archéologie de l'Aisne, Mémoires*, t. 18, 1972, p. 82-116.
Pernoud Régine, *Aliénor d'Aquitaine*, Paris, Le Livre de poche, 1965.
Pernoud Régine, Geneviève de Cant, *Isambour. La reine captive*, Paris, Éditions Stock, 1987.
—, *Aliénor d'Aquitaine*, Paris, Le Livre de poche, 1965.
Redon Odile, Sabban Françoise, Serventi Silvano, *La Gastronomie au Moyen Âge. 150 recettes de France et d'Italie*, Paris, Éditions Stock, 1991.
Richard Jean, *Histoire des croisades*, Paris, Fayard, 1996, pour cette édition Fayard/ Pluriel, 2010.
—, *Saint Louis*, Paris, Fayard, 1983.
Riis Thomas, « Autour du mariage de 1193 : l'épouse, son pays et les relations franco-danoises », *La France de Philippe Auguste : le temps des mutations*. Actes du colloque international organisé par le CNRS, dir. Robert-Henri Bautier, Paris, Éditions du CNRS, 1986, p. 341-361.
Rudt de Collenberg Wilpertus Hugo, « L'empereur Isaac de Chypre et sa fille (1155-1207) », *Byzantion. Revue internationale des études byzantines*, t. 38, fasc. 1, 1968, p. 123-179.
Sassier Yves, *Louis VII*, Paris, Éditions Fayard, 1991.
Sivéry Gérard, *Louis VIII le Lion*, Paris, Éditions Fayard, 1995.
Trindade Ann, *Berengaria. In Search of Richard the Lionheart's Queen*, Dublin, Four Court Press, 1999.
Vincent Nicholas, « Isabella of Angoulême : John's Jezebel », éd. Stephen D. Church, *King John : New Interpretations*, Woodbridge, Boydell & Brewer, 1999, p. 165-219.
Warren Wilfred L., *Henry II*, New Haven et Londres, Yale University Press, 1973, 2000.
—, *King John*, New Haven et Londres, Yale University Press, 1961, 1997.
Yannopoulos Panayotis, « Le couronnement de l'empereur à Byzance : rituel et fond institutionnel », *Byzantion*, t. 61, fasc. 1, 1991, p. 71-92.

Antérieur à 1945

Arbois de Jubainville (D') M.-H., *Histoire des ducs et des comtes de Champagne, Catalogue des actes des comtes de Champagne*, Paris, 1859-1866 ((8 vol.).

Cartellieri Alexander, *Philipp II August, König von Frankreich*, t. 4-1, Leipzig, 1921.
—, « L'avènement de Philippe Auguste (1179-1180) », *Revue historique*, t. 52, fasc. 2, 1893, p. 241-258.
—, t. 53, fasc. 2, 1893, p. 261-279.
—, t. 54, fasc. 1, 1894, p. 1-33.
Dejeanne Jean-Marie-Lucien, « Le troubadour Cercamon », *Annales du Midi : revue archéologique, historique et philologique de la France méridionale*, t. 17, n° 65, 1905, p. 27-62.
Doudelez G., « Les résultats de la bataille de Bouvines et l'exécution du traité de Melun par la Flandre (II) », *Revue des questions historiques*, mars 1937, p. 22-62.
Du Cange, *Histoire des comtes de Ponthieu et de Montreuil*, [XVIIe], éd. A. Le Sueur, Abbeville, 1916.
Eyton Robert William, *Court, Household, and Itinerary of King Henry II*, Londres, 1878.
Géraud Hercule, « Mercadier. Les routiers au treizième siècle », *Bibliothèque de l'École des chartes*, 1842, t. 3, p. 417-447.
—, *Ingeburge de Danemark, reine de France, 1193-1236*, Mémoire de feu Hercule Géraud, couronné par l'Académie des inscriptions et belles-lettres dans sa séance du 11 août 1844, 2 parties, *Bibliothèque de l'École des chartes*, 1845, t. 6, p. 3-27 et p. 93-118.
Gervaise F. A., *Histoire de Suger*, Paris, 1721, t. 3.
Grousset René, *Histoire des croisades*, t. III : *1188-1291. L'anarchie franque*, Paris, Éditions Perrin, coll. « Tempus », 1936, 2006.
Histoire chronologique et dogmatique des conciles de la chrétienté, par M. l'Abbé André d'Avallon, t. 4, Paris, 1854.
Histoire généalogique des comtes de Ponthieu et maires d'Abbeville (L) de 1183 à 1657, par le R. P. Ignace-Joseph de Jésus-Maria, Paris, 1657.
Landon Lionel, *The Itinerary of King Richard*, Londres, Kraus Reprint, 1935, 1974.
Le Glay Edward, *Histoire de Jeanne de Constantinople, comtesse de Flandre et de Hainaut*, Lille, 1841.
Le Moyne de La Borderie Arthur, *Histoire de Bretagne*, 6 vol., Rennes, Paris, Picard, 1898-1914.
Le Nain de Tillemont Louis Sébastien, *Vie de Saint Louis*, éd. Renouard, 1847-1851 (6 vol.).
Louandre François César, *Histoire d'Abbeville et du comté de Ponthieu*, Paris, 1844-1845 (2 vol.).
Luchaire Achille, *Études sur les actes de Louis VII*, Paris, 1885.
Olivier-Martin Félix, *Les Régences et la majorité des rois sous les Capétiens directs et les premiers Valois (1060-1375)*, Librairie du Recueil Sirey, 1931.
Petit Ernest, *Histoire des ducs de Bourgogne de la race capétienne*, Paris, 9 vol., 1885-1905.
Richard Alfred, *Histoire des comtes de Poitou (778-1204)*, 2 tomes, Paris, éd. Picard et fils, 1903.
Zeller B. et Luchaire A., *Philippe Auguste et Louis VIII*, Paris, 1884.

Index

Remarque : bien que le titre « de France » soit anachronique sur cette période pour désigner les filles et fils des rois, nous l'employons ici pour distinguer des princesses et princes capétiens.

B

C

D

E

F

G

I

J

K

L

M

N

O

P

R

S

Remerciements

À Marion, pour m'avoir confié ce magnifique projet.

À Éliane, pour son œuvre inspirante, pour sa disponibilité, ses conseils et son soutien sans faille.

À Christelle, pour sa sororité active et chaleureuse.

À Brigitte, pour son enthousiasme et ses encouragements à mon travail « de fourmi ».

Je souhaite également ici remercier les bibliothécaires du service du PEB de la BU Lettres de Nantes Université et du CRHIA pour leur expertise et leur gentillesse.

Table

QUATRIÈME PARTIE
De Philippe Auguste à Louis VIII (1214-1226) : l'ombre et la lumière

ANNEXES

Pour en savoir plus
sur les Éditions Perrin
vous pouvez consulter notre site Internet

www.editions-perrin.fr

lisez!

et nous suivre sur les réseaux sociaux

Editions Perrin

@EditionsPerrin

@editionsperrin

#lisez! engagé

www.lisez.com

Pour plus d'information :

Imprimé sur du papier issu de forêts gérées durablement.

CET OUVRAGE A ÉTÉ ACHEVÉ D'IMPRIMER SUR ROTO-PAGE
PAR L'IMPRIMERIE FLOCH À MAYENNE EN JANVIER 2025

N° d'impression : 106292
N° d'éditeurs : K10613/01
Imprimé en France